潘士荣　林浩钊◎编著

财务BP

从数据分析到管理报表应用实战

图书在版编目(CIP)数据

财务BP从数据分析到管理报表应用实战/潘士荣,林浩钊编著. —上海:立信会计出版社,2024.3
ISBN 978 - 7 - 5429 - 7597 - 3

Ⅰ. ①财… Ⅱ. ①潘…②林… Ⅲ. ①财务管理－研究 Ⅳ. ①F275

中国国家版本馆 CIP 数据核字(2024)第 052778 号

责任编辑　张巧玲
助理编辑　战小雨

财务BP从数据分析到管理报表应用实战
CAIWU BP CONG SHUJU FENXI DAO GUANLI BAOBIAO YINGYONG SHIZHAN

出版发行　立信会计出版社	
地　　址　上海市中山西路 2230 号	邮政编码　200235
电　　话　(021)64411389	传　　真　(021)64411325
网　　址　www.lixinaph.com	电子邮箱　lixinaph2019@126.com
网上书店　http://lixin.jd.com	http://lxkjcbs.tmall.com
经　　销　各地新华书店	
印　　刷　固安华明印业有限公司	
开　　本　787 毫米×1092 毫米	1/16
印　　张　23.5	
字　　数　470 千字	
版　　次　2024 年 3 月第 1 版	
印　　次　2024 年 3 月第 1 次	
书　　号　ISBN 978 - 7 - 5429 - 7597 - 3/F	
定　　价　118.00 元	

如有印订差错,请与本社联系调换

前言

决策需要数据作支持，计划需要数据作表达，执行需要数据作参考，控制需要数据作依据，考核需要数据作衡量。

大数据智能化时代，面对海量的数据，财务 BP 和决策分析人员应如何提炼浓缩信息，把需要的信息传递给领导或客户？如何将这些烦琐庞杂的数据快速转变为对决策有用的信息？如何对分散独立的报表进行整合和分析？如何对预算进行有效的跟踪管理和分析？

本书基于最常用的 Excel 分析工具，介绍数据分析在业务中的应用，帮助我们做出最佳的经营决策。书中不仅提供了数据分析的基础知识，还讲解了数据分析与统计的基本工具和方法。

一个完善的、有说服力的报告，不仅要用数据说话，还要用图表说话，本书结合具有实用价值的实际案例，介绍利用 Excel 快速制作各种分析报表和图表的方法和技巧。

根据财政部《管理会计应用指引第 801 号——企业管理会计报告》，企业管理会计报告是指企业运用管理会计方法，根据财务和业务基础信息加工整理形成，满足企业价值管理和决策支持需要的内部报告。管理会计报告核心的部分是企业各层级的管理报表，本书通过真实企业案例，详细讲解了主要业务环节管理报表构建的方法和技巧，为企业各层级进行规划、决策、控制和评价提供有用的信息。

本书在案例的选取上，精选代表性强的核心业务案例，整体内容涵盖从数据分析到管理报表构建一体化设计，内容体系全面完整。

本书适用于财务 BP、财务经理人员、财务分析和经营管理分析人员参考和学习。

最后，引用美国学者米尔顿在《深入浅出数据分析》这本书里的一句话：

"如今，不管是不是自称数据分析师，人人都得处理堆积如山的数据。熟谙一切数据分析技术方法的分析者会比其他人技高一筹：他们知道如何处理所有的数据材料，如何将原始数据转变成推进现实工作的妙策，如何分解和构建复杂问题的数据集，进而牢牢把握工作中的各种问题的要害。"

　　本书的编写得到了立信会计出版社各位老师的指导和帮助，在此表示衷心的感谢！此外，在编写过程中，本书参考和借鉴了书后所列参考文献部分内容，在此也对这些文献的编著人员表示崇高的敬意和真诚的感谢！

　　由于本人水平有限，再加上时间仓促，书中难免存在不足之处，敬请广大读者批评指正。

作者

2024 年 5 月

目录

第一章　从数据分析到驱动决策 /001

第一节　数据分析、数据要素和数字经济 001
　一、什么是数据分析 001
　二、数据要素和数字经济 002

第二节　从原始数据到管理信息 004
　一、信息与数据 004
　二、管理信息及其作用、特点和分类 005
　三、数据分析的5大步骤 008

第三节　财务BP如何用数据驱动决策 010
　一、建立业财融合的数据分析思维 010
　二、构建全流程数据分析体系 011
　三、打造PDCA循环的持续完善机制 012

第二章　数据收集 /013

第一节　数据收集的渠道 013
　一、内部数据的收集 013
　二、外部数据的收集 014

第二节　数据收集的方法 015
　一、市场调查收集数据 015

二、原始数据手工录入 018

三、原始数据的获取与导入 022

第三章　数据处理 /023

第一节　数据清洗 023

一、缺失值的处理 023

二、Excel 单元格返回错误的处理 024

三、字符数据的规范化处理 026

四、含有合并单元格的数据表的处理 028

五、单元格含有未知字符或空字符的处理 028

第二节　数据排序、筛选和分组 029

一、数据排序 029

二、数据筛选 031

三、数据分组 033

第三节　数据分类汇总与合并 035

一、数据的分类汇总 035

二、工作表数据的合并计算 036

三、选择性粘贴合并数据 037

第四节　数据的转换和转置 037

一、数据的转换 037

二、数据的转置 039

第四章　数据分析的方法与应用 /041

第一节　数据分析方法和工具的选择 041

一、如何选择数据分析方法 041

二、数据分析工具的选择 042

第二节　经营数据的常用分析方法和应用 043

一、比较分析法 043

二、比率分析法 044

三、趋势分析法 044
　　四、因素分析法 045
　　五、数理统计法 047
　　六、运筹学方法 047
第三节　数据分析必备的统计知识 047
　　一、统计的涵义及其相关概念 047
　　二、统计指标 049
　　三、时间序列 051
第四节　数据分析中 Excel 函数的应用 056
　　一、函数应用基础 056
　　二、数据分析中主要 Excel 函数的应用 063

第五章　使用数据透视表分析数据 /093

第一节　创建数据透视表 093
　　一、数据透视表及其优越性 093
　　二、创建和设置数据透视表 094
　　三、数据透视表的操作技巧 096
　　四、为数据透视表插入图表 103
第二节　运用数据透视表的实战案例 103
　　一、运用数据透视表构建市场调查分析模型 103
　　二、美心食品店的销售分析 106
　　三、天山公司财务指标分析 111

第六章　使用模拟分析功能分析数据 /115

第一节　方案管理器的应用 115
　　一、关于方案管理器 115
　　二、方案管理器的应用案例 116
第二节　单变量求解的应用 119
　　一、关于单变量求解 119

二、单变量求解的应用案例 120

第三节　模拟运算表的应用 **125**
　　一、关于模拟运算表 125
　　二、模拟运算表的应用案例 125

第七章　使用规划求解工具分析数据 /129

第一节　规划求解工具 **129**
　　一、规划求解工具概述 129
　　二、安装规划求解加载项 129
　　三、规划求解工具应用示范 132
　　四、规划求解结果及问题处理 134

第二节　应用规划求解工具分析数据 **136**
　　一、线性规划求解方法的应用 136
　　二、非线性规划求解方法的应用 156

第八章　使用分析工具库分析数据 /167

第一节　分析工具库 **167**
　　一、分析工具库概述 167
　　二、安装分析工具库加载项 168

第二节　使用分析工具库分析数据的应用 **169**
　　一、方差分析工具 169
　　二、相关系数工具 171
　　三、协方差工具 174
　　四、描述统计工具 175
　　五、指数平滑工具 178
　　六、F-检验（双样本方差）工具 181
　　七、傅利叶分析工具 183
　　八、直方图工具 184
　　九、移动平均工具 187

十、随机数发生器工具 189

十一、排位与百分比排位工具 192

十二、回归工具 194

十三、抽样工具 200

十四、t-检验工具 202

十五、z-检验工具 203

第九章 数据分析可视化呈现 /205

第一节 认识 Excel 图表 205
一、Excel 图表类型 205
二、图表元素的组成与设置 206

第二节 Excel 基本图表的制作 209
一、七种常见基础图表的制作 209
二、其他五种基础图表的制作 217

第三节 Excel 特殊图表的制作 228
一、10 种特殊图表的制作 228
二、用迷你图表展示数据 250

第四节 Excel 动态图表的制作 252
一、用动态图表展示数据 252
二、动态图表中的 Excel 控件设置与应用 253
三、动态图表制作案例 258

第五节 运用条件格式实现数据可视化 262
一、条件格式的设置 262
二、条件格式设置数据可视化案例 263

第十章 管理会计报告和管理报表设计 /269

第一节 管理会计报告 269
一、了解管理会计报告 269
二、战略层管理会计报告 270

三、经营层管理会计报告……………………………………………271
　　四、业务层管理会计报告……………………………………………272
第二节　管理报表设计……………………………………………………273
　　一、管理报表设计的四个要点………………………………………273
　　二、管理报表设计的四大思路………………………………………274
　　三、管理报表总体设计………………………………………………275
　　四、管理报表结构设计………………………………………………276
　　五、管理报表涉及的 Excel 技术应用………………………………277

第十一章　管理报表应用实战 /281

第一节　A 商贸有限公司管理报表应用实战……………………………281
　　一、管理报表总体设计………………………………………………281
　　二、管理报表结构设计………………………………………………283
　　三、管理报表涉及主要技术要领……………………………………286
第二节　F 物流公司公路运输事业部管理报表应用实战………………301
　　一、管理报表总体设计………………………………………………301
　　二、管理报表结构设计………………………………………………303
　　三、管理报表涉及主要技术要领……………………………………305

第十二章　项目数据分析实战 /315

第一节　项目数据分析概述………………………………………………315
　　一、项目概述…………………………………………………………315
　　二、项目数据分析……………………………………………………316
　　三、项目基础数据……………………………………………………317
第二节　项目的投资估算和资金筹措……………………………………319
　　一、投资估算的含义和作用…………………………………………319
　　二、投资估算的内容…………………………………………………320
　　三、投资估算的编制…………………………………………………321
　　四、静态投资部分的估算方法………………………………………322

五、动态投资部分的估算方法 ... 329
　　六、项目流动资金估算 ... 330
　　七、项目资金筹措 ... 331
第三节　项目的财务评价 ... 332
　　一、项目经济效果评价的内容和基本方法 ... 333
　　二、项目经济效果评价指标 ... 333
第四节　项目投资的不确定性分析 ... 338
　　一、盈亏平衡分析 ... 338
　　二、敏感性分析 ... 340
第五节　案例：H公司太阳能集热管项目的经济效果评价 ... 342
　　一、项目概述 ... 342
　　二、项目的投资估算与资金筹措 ... 342
　　三、项目的生产成本和费用估算 ... 344
　　四、项目的财务评价 ... 344
　　五、项目的风险分析 ... 346

参考文献 ... 361

第 一 章 从数据分析到驱动决策

第一节　数据分析、数据要素和数字经济

一、什么是数据分析

数据分析是指用适当的统计分析方法、信息技术、定量方法以及数学的或基于计算机的模型，以及与分析对象有关的知识，对收集到的大量数据进行汇总、理解并消化，使这些烦琐庞杂的数据快速转变和整合，从而提取有用信息和形成结论而对大量的数据进行详细研究和概括总结的过程。

数据分析的目的是把数据背后的信息挖掘和提炼出来，帮助企业管理人员深入了解他们的业务情况，在经营活动中做出更佳的决策。

随着信息技术的发展及应用的深入，在大数据、人工智能等新技术的推动下，在数据分析依据、方法手段和作用等方面都呈现出新的发展趋势。人们对数据的价值越来越重视，数据采集、存储、安全技术也变得日益重要，数据分析和数据挖掘技术得到了日益广泛的应用。

利用数据分析技术从海量数据中提取的信息具有极高的价值，以支持企业的决策。例如，定价决策、消费者细分市场决策、电商网站对消费者的产品推荐决策、推销活动的奖品设置、超市积分兑换政策的制定等。数据分析可以渗透到这些业务环节中，帮助实现业务流程优化，发现新的商业机会、提升组织的营销能力、提高客户的满意度，降低用户的流失率、提前预测风险并进行防范等。

下面是关于大数据对市场预测及决策分析支持的沃尔玛著名"啤酒与尿布"的案例。该案例正式刊登在 1998 年的《哈佛商业评论》上。虽然那时还没有进入大数据时代，但其成功经验为大数据时代的数据挖掘与数据分析开拓了思路，奠定了基础。

【案例1-1】

"啤酒与尿布"的故事发生于 20 世纪 90 年代的美国沃尔玛超市中，沃尔玛的超市管理人

员分析销售数据时发现了一个令人难以理解的现象：在某些特定的情况下，"啤酒"与"尿布"这两件看上去毫无关系的商品会经常出现在同一个购物篮中。这种独特的销售现象引起了管理人员的注意，经过后续调查发现，这种现象大多出现在年轻的父亲身上。

在美国有婴儿的家庭中，一般母亲在家中照看婴儿，年轻的父亲前去超市购买尿布。父亲在购买尿布的同时，往往会顺便为自己购买啤酒，这样就出现了啤酒与尿布这两件看上去不相干的商品经常会出现在同一个购物篮的现象。如果这位年轻的父亲在卖场只能买到两件商品之一，他就很有可能会放弃而到另一家商店购买，直到可以一次同时买到啤酒与尿布为止。沃尔玛发现了这一独特的现象，开始在卖场尝试将啤酒与尿布摆放在相同的区域，让年轻的父亲可以同时找到这两件商品，并很快地完成购物。沃尔玛超市因此获得了很好的商品销售收入。

1993年美国学者艾格拉沃（Agrawal）提出通过分析购物篮中的商品集合，找出商品之间关联关系的关联算法，并根据商品之间的关系，找出客户的购买行为。艾格拉沃从数学及计算机算法角度提出了商品关联关系的计算方法——Aprior算法。沃尔玛从20世纪90年代尝试将Aprior算法引入到POS机数据分析中，并获得了成功，于是产生了"啤酒与尿布"的故事。

卖场中"啤酒与尿布"的现象比比皆是，为什么"啤酒与尿布"的故事只产生在沃尔玛的卖场中，而不是其他零售门店？这里有两个原因。

第一个原因：沃尔玛先进的计算机技术是"啤酒与尿布"故事的强大支持后盾。零售业目前使用的很多新技术都是沃尔玛率先"尝鲜"的，比如沃尔玛最早在门店尝试计算机记账，最早在门店收款台尝试使用外形丑陋俗称"牛眼"的条码扫描器进行收款等。由于沃尔玛具备先进的技术手段，"啤酒与尿布"的故事在沃尔玛产生就不足为奇了。

第二个原因：沃尔玛拥有一双锐利的慧眼。沃尔玛是一家极其讲究卖场现场管理的企业，沃尔玛创始人老沃尔顿最大的乐趣就是不停地在卖场巡视，运用自己的双眼发现数据背后的事实。因此，没有沃尔玛管理人员的慧眼，"啤酒与尿布"的故事也会淹没在大量的零售数据中。

二、数据要素和数字经济

1. 新生产要素——数据要素

2020年3月30日，中共中央、国务院印发的《关于构建更加完善的要素市场化配置体制机制的意见》提到"土地、劳动力、资本、技术和数据"五大要素市场，工业和信息化部发布的《"十四五"大数据产业发展规划》提出加快培育数据要素市场，即建立数据要素价值体系、健全数据要素市场规划、提升数据要素配置作用。"数据"已被普遍认可为比肩"土地、劳动力、资本、技术"的第五大生产要素。

"数据"作为生产要素，已成为企业经济不可或缺的资源，为规范企业数据资源相关会计处理，强化相关会计信息披露，财政部制定印发了《企业数据资源相关会计处理暂行规定》，自2024年1月1日起施行。

《企业数据资源相关会计处理暂行规定》明确了数据资源是否可以作为资产确认、作为哪类资产确认和计量,以及如何进行相关信息披露等相关会计问题的适用范围和数据资源会计处理适用的准则,以及列示和披露要求。

2. 新经济形态——数字经济

国家发展和改革委员会发布的《"十四五"数字经济发展规划》提出加快企业数字化转型升级。引导企业强化数字化思维,提升员工数字技能和数据管理能力,全面系统推动企业研发设计、生产加工、经营管理、销售服务等业务数字化转型。

近年来,数字经济发展速度之快、辐射范围之广、影响程度之深前所未有,正在成为重组全球要素资源、重塑全球经济结构、改变全球竞争格局的关键力量。2021年10月18日,中央政治局就"把握数字经济发展趋势和规律推动我国数字经济健康发展"进行第三十四次集体学习。习近平总书记明确指示,要不断做强做优做大我国数字经济。我国数字经济将转向深化应用、规范发展、普惠共享的新阶段。我国已形成横向联动、纵向贯通的数字经济战略体系。

数字经济是以数字化的知识和信息为关键生产要素,以数字技术为核心驱动力量,以现代信息网络为重要载体,通过数字技术与实体经济深度融合,不断提高经济社会的数字化、网络化、智能化水平,加速重构经济发展与治理模式的新型经济形态。具体包括四大部分:一是数字产业化,即信息通信产业,具体包括电子信息制造业、电信业、软件和信息技术服务业、互联网行业等;二是产业数字化,即传统产业应用数字技术所带来的产出增加和效率提升部分,包括但不限于工业互联网、智能制造、车联网、平台经济等融合型新产业新模式新业态;三是数字化治理,包括但不限于多元治理,以"数字技术+治理"为典型特征的技管结合,以及数字化公共服务等;四是数据价值化,包括但不限于数据采集、数据标准、数据确权、数据标注、数据定价、数据交易、数据流转、数据保护等。数字经济的"四化框架"如图1-1所示。

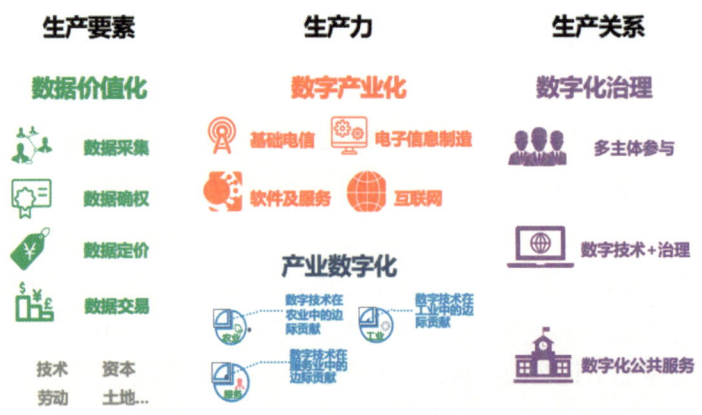

图1-1 数字经济的"四化框架"

第二节 从原始数据到管理信息

一、信息与数据

信息至今尚未有一个统一的、确切的定义。人们在研究信息定义时往往与各自的工作领域相联系,在不同领域中对信息的内涵有不同的理解,形成不同的定义和描述。

从广泛意义上说,信息是对事物运动状态和特征的描述,而数据是载荷信息的物理符号。信息和数据是不可分离而又有一定区别的概念,一方面并非任何数据都能表示信息,信息只是认识了的数据,是数据的含义;另一方面信息是更本质地反映事物的概念,而数据则是信息的具体表现。

数据不会解释任何东西,例如,"1325"是数据,这个数据到底表示的是高度、宽度或重量,我们不得而知,所以数据是没有意义的,如果我们在其中添加"千米",即"1325千米",它将成为信息,表示的是距离,但还不是一个完整的信息,如果我们继续添加成为"北京到上海的高铁距离是1325千米",这就成为一个完整的信息。因此,数据和信息的关系可以理解为:

$$信息 = 数据 + 数据解码$$

上式中的"数据解码"是对数据的"解释说明"或是对数据的"加工处理和分析"。例如,上述对数据"1325"的解释说明是"北京到上海的高铁距离",则数据就变为完整的信息;

而更多的情况是需要对数据进行加工处理后，再采用适当的分析方法，才能成为完整的、有用的信息。因此，信息与数据的主要区别如表 1-1 所示。

表 1-1　信息与数据的区别

比较基准	信息	数据
含义	信息是处理后的数据输出	数据是未经修饰的事实和数字，被用作计算机系统的输入
特点	信息是具有逻辑含义的产品和数据组	数据可以是连续的值（如声音、图像，称为模拟数据）也可以是离散的（如符号、文字，称为数字数据）
依存关系	依赖数据	不依赖信息
测量单位	以有意义的单位（如金额、距离、重量等）进行度量	以位和字节为单位

另外，需要指出的是，在计算机系统中常将信息与数据不加区分地使用。如信息处理与信息管理，在计算机系统中也常称为数据处理与数据管理。

二、管理信息及其作用、特点和分类

1. 管理信息的概念

管理信息是指以文字、数字、图表、音像等形式描述的，反映组织各业务及管理控制活动在空间上的分布状况和时间上的变化程度的数据，以及与之相关的外部环境状况，对组织的管理决策和管理目标的实现具有参考价值的数据、情报资料的总称。

在企业管理中，常将管理信息定义为：经过加工处理后对企业生产经营活动有影响的数据。

就一个企业数据加工而言，由于处理结果的输出内容是为某种特定需要服务的，这里要强调的是其内容含义，所以将处理的结果称为管理信息。而对于处理过程中所需的输入资料，由于此时它尚不能为某一特定的需要服务，要对它进行处理，注意的是其表现形式，故通常称输入资料为数据。例如，企业中的完工单、质量检验单、考勤卡、产品销售明细记录等原始凭证，是用来记录产品完成数量、产品质量、职工出勤和产品销售等实际状况的数据，把这些数据经过整理分析后就成了对管理活动有用的信息。例如，将产品销售明细记录进行整理和汇总与销售计划进行对比分析，通过计算销售计划完成百分比等指标找到销售环节存在的问题，将质量检验单进行整理和汇总可以分析废品的数量和比率，并据此分析造成废品的各种原因、废品损失对产品成本影响的程度等，为管理决策提供依据。

只有经过加工处理的数据，才能成为管理决策有用的信息。管理中涉及的数据是一种广义的数据，它不仅包括数值数据，而且也包括非数值数据，如声音、各种特殊符号、图形、图像、表格、文字等。

数据和管理信息之间的区别是相对的,低层决策用的信息又可以加工处理为高一层级决策所需信息的数据,这就是信息间的递归定义,如图1-2所示。

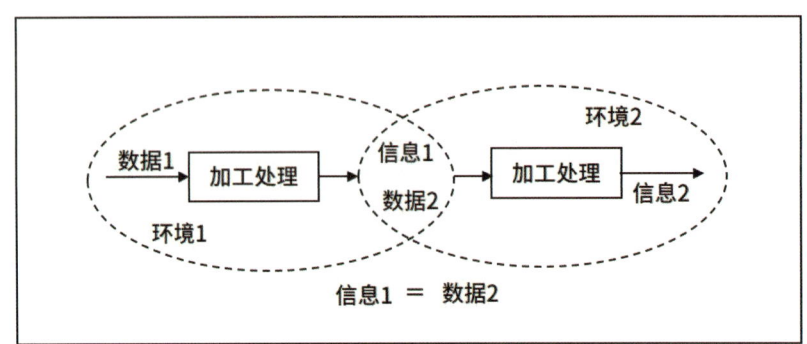

图1-2　信息间的递归定义示意图

例如,出具财务报表的过程形成了信息1,财务报表作为信息1(数据2)进一步加工处理,如对报表进行分析和计算各项财务指标等,则形成了信息2,即成为更高决策层所需信息的数据。

2. 管理信息的作用

(1) 管理信息是管理活动的基础和核心。

任何管理活动都以管理信息的获取、加工和转化为基本内容,以管理信息的及时正确处理为核心。管理者通过信息的有效利用,完成企业生产经营过程的计划、组织、激励、控制、领导等管理职能。管理信息渗透在企业组织业务和管理活动之中,组织内部众多部门、环节、岗位之间相互联结而成一个有机的整体,信息流是各管理层次、工作环节联系的纽带,信息则是企业运行的"中枢神经"。

(2) 管理信息是提高管理效益的关键。

管理信息是重要的资源,快速掌握管理信息有利于对企业资源做出合理的安排决策。决策者只有快速准确地获取信息,充分利用信息,才能把握准确的时机,提高决策效益。

(3) 管理信息是有效控制企业运行过程的灵魂。

从控制论的观点看,管理过程就是信息收集、传递、加工、判断、决策的过程。企业管理过程中的控制,就是根据管理信息来不断调整企业自身的运作状况,不断克服不利于预期目标实现的行为。

3. 管理信息的特点

从信息处理的角度出发,管理信息既有一般信息的特点,又有其本身独特之处,这些特点可归纳如下:

（1）原始数据来源的分散性。

管理活动所要处理的数据来源分散，既有分布在企业内部各生产、作业环节和职能部门的原始数据，也有来自外部的数据。

（2）信息资源的非消耗性。

管理信息一经搜集，就可以多次使用，供有关部门共享而不影响本身的内容。信息用户越多，使用成本越低，使用越广泛。

（3）信息量大。

企业产品（或商品）的种类、数量，生产用的物资、设备、工具，企业员工情况，财务、供应、销售、协作单位状况等都是管理部门必需的信息，管理活动中要接触处理的信息十分庞杂。

（4）信息处理方法的多样性。

由于管理信息量大，形式多样，不仅有数字信息还有声音、文字、图形、图像等信息，处理方法与手段常有区别。

在管理加工方面，除传统的算术运算和简单统计加工外，近年来数理统计、运筹学中的许多方法，在经济管理领域中的应用日益广泛，信息加工的多样性、复杂性也随之增加。

（5）信息的发生、加工、应用在空间、时间上的不一致性。

例如，超市销售信息在收款处随时发生，信息加工在职能部门或计算中心，而信息的使用则在其他部门或公司的高层。信息可能是按天、周或月进行加工和应用。

4. 管理信息的分类

为了科学地管理和合理化使用信息，可以按不同的标志将管理信息分类。信息分类方法很多，常用的有以下三种：

（1）按信息的稳定程度划分。

按照稳定程度，管理信息可分为固定信息和流动信息。

固定信息是指在一定时期内具有相对稳定性并可重复利用的信息。

流动信息是指在生产经营活动中不断产生和变化的信息，它的时效性很强，往往只是一次性利用的价值。

（2）按信息的作用划分。

按照作用，管理信息可分为决策信息、控制信息和作业信息。

决策信息是指企业在制定发展战略、经营决策时所依据的信息，主要包括企业经营要素（经济要素、技术要素、人力要素）、供产销现状与变化趋势，以及企业外部的政治经济环境、自然资源状况、人文环境、市场供求状况、竞争对手情况、政策法规等信息。

控制信息是指组织与控制生产经营过程所依据的信息，主要包括各种计划指令、定额、标准、规章制度、动态统计数据、报表以及新的调整指令等。绝大部分控制信息来源于企业内部职能部门和生产部门。

作业信息是反映企业生产经营活动过程动态状况的信息，主要包括原始记录、台账、凭证、基层报表等，它主要用于考核评价作业岗位、基层部门的工作成果，并为控制信息和决策信息提供基础性依据。

（3）按信息的来源划分。

按照来源，管理信息可分为内部信息和外部信息。

内部信息主要包括计划指令信息、质量信息、核算信息（作业核算、统计核算、会计核算）、业务管理信息等。

外部信息主要包括政治信息、经济信息、法律信息、人文信息、地理信息、供求关系信息、竞争对手信息、本企业市场地位信息、行业科技发展趋势信息、潜在市场信息、资源供应信息、客户信息等。

三、数据分析的 5 大步骤

数据分析过程的规范化、标准化可以提高分析的工作效率，减少差错。数据分析一般有 5 大步骤，包括明确分析需求、数据收集、数据处理、数据分析和形成分析结论，如图 1-3 所示。

图 1-3　数据分析的 5 大步骤

1. 明确分析需求

数据分析的第一步就是要明确数据分析需求，也就是为什么要进行数据分析以及数据分析的目的。例如，某公司正在编制下一年度经营预算，经营预算编制的起点是下一年度销售数量，则预测下一年度的销售量就是数据分析的需求。

2. 数据收集

根据数据分析需求的不同，需要收集内外部的数据资料，比如企业内部的销售明细记录、成本费用等数据为内部数据；而银行利率、通货膨胀率等为外部数据。数据资料根据时期的不同，可分为历史数据、当前数据和预测数据。

3. 数据处理

一般采集来的原始数据都是相对粗糙和不规则的，需要根据数据分析的需求，借助数据处理工具和技术对原始数据进行一系列的加工处理，包括分类、增加、删除、修改、转换、合并、拆分、排序、筛选和检索等操作，最终变成自己需要的数据。

4. 数据分析

基于处理好的数据，根据数据分析的需求，通过适用的数据分析软件，采用相关的分析方法对其进行分析和挖掘，得出与分析需求相关的结论。

数据分析方法可以根据前述决策分析的类型选择专业的分析方法，比如决策分析类型是描述性分析，则分析方法有比较分析法（水平、垂直比较）、趋势分析法、因素分析法等。

数据分析软件有 LINGO、MATLAB、SPSS、Python 及 Excel 等。财务人员可以用 Excel 软件进行数据分析，Excel 中数据选项卡中的模拟分析功能，以及加载规划求解工具和数据分析工具具有强大的分析功能，可以满足一般的经营分析需求。

数据挖掘是大数据时代的一个新名词，实际上数据挖掘是更高级的数据分析方法，数据挖掘常用的分析方法有分类、回归分析、聚类、关联规则、特征、变化和偏差分析、Web 页挖掘等，这些分析方法根据不同的数据分析需求，分别从不同的角度对大量数据进行分析，并挖掘出有价值的信息。

5. 形成分析结论

数据分析最终要表达和总结在整个数据分析过程中形成的结论。根据分析需求的不同，分析结论的表达和总结可以有不同的形式，比如 Excel 电子表格形式或者以 PPT、Word 或 PDF 文档为载体的数据分析报告。当需要把数据分析报告分发到外部时，宜采用 PDF 文档作为数据分析报告的载体。

一图胜千言，数据可视化也是分析结论呈现的一种形式。数据可视化是以图形的方式呈现结构化或非结构化数据，将相对晦涩的数据通过可视和交互的方式进行展示，以形象、直观地表达数据的内涵和规律，它借助图形展示事物的原理、规律和逻辑，从而将隐藏在数据中的信息直接呈现给人们。

一般来说，在撰写数据分析报告时，要注意以下 6 个要点：

（1）框架结构有层次。

（2）思路清晰易理解。

（3）主次分明突要点。

（4）图文并茂显生动。

（5）结论明确有论证。

（6）建议措施要可行。

第三节　财务 BP 如何用数据驱动决策

大数据和智能化时代，财务 BP 和决策分析人员将这些烦琐庞杂的海量数据快速转变为对决策有用的信息需要从以下三个方面入手：

（1）建立业财融合的数据分析思维。

（2）构建全流程数据分析体系。

（3）打造 PDCA 循环的持续完善机制。

一、建立业财融合的数据分析思维

作为财务和业务之间的桥梁纽带，财务 BP 是业财融合的"执行者"和"实践者"，因此，首先要有业财融合的数据思维。所谓业财融合，指的是"业务财务双向融合"：

从财务融入业务：财务人员在做好账务核算的同时，要深入到业务流程中，了解产品生产与工艺、新产品研究与开发、项目立项与实施、供销合同签订等业务流程，通过财务衍生数据，数据服务管理，管理规划业务、支持业务。

从业务融入财务：财务人员要站在业务角度，了解业务如何驱动财务、如何在财务上表现、带给财务什么影响，从而在财务上做出最佳处理对策和方案。

给大家介绍笔者亲身经历的一个案例。

【案例1-2】

笔者曾经是一家企业的财务总监，公司对外签订的合同需要财务审核。当时公司新建的项目准备正式投产，需要跟供电部门签订供电合同，在对合同审核时，笔者发现基本电费计算方式有两个选项，变压器容量法和最大需量法，为了了解两种电费收取方法的差异，遂打电话咨询生产部门，回复是大多数企业选择的都是变压器容量法，他们也不知道两种计算方式的差别。

为此，关于工业企业的电费计算方法笔者特地进行了专门的研究。工业企业的电费包括两部分，一部分是基本电费，另一部分是电量电费。电量电费根据电表显示的实际使用量计算，而基本电费的计算则有两种方法，变压器容量法和最大需量法。工业企业电费构成如图1-4所示。

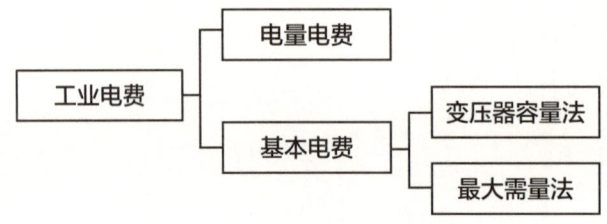

图 1-4　工业企业电费的构成

那么，变压器容量法和最大需量法的具体计算方法是如何规定的？

变量器容量法是根据公司安装的变压器容量来计算基本电费，是一个固定费用；最大需量法是用户每月测定的最大需量计费值乘以基本电费需量，是一个变动费用。当公司的用电负荷较高时，选用变压器容量法比较合适，当用电负荷较低时，选择最大需量法比较合适。根据笔者公司所在地区基本电费收费标准，以及公司配置的变压器容量，经过分析和测算，这两种方法计算的无差别平衡点是 73.7%，也就是说当用电负荷高于 73.7% 时采用变压器容量法比较合适，低于 73.7% 时采用最大需量法比较合适。

因为是新的项目，生产有一个爬坡的过程，通过向生产部门了解未来 3 年公司的产能，每年分别只能达到变压器可供最大用电负荷的 40%、60% 和 90%，所以向公司建议第 1 年和第 2 年采用最大需量法计算基本电费，第 3 年再采用变压器容量法。通过基本电费计算方法的选择，第 1 年和第 2 年为公司节约电费支出 85 万元。

上述案例就是一个典型的业财融合的案例，首先从财务融入业务，了解合同，了解具体的业务，再从业务融入财务，了解业务如何驱动财务、如何在财务上表现、带给财务什么影响，最后提出合理的建议为公司决策提供依据。

二、构建全流程数据分析体系

全流程数据分析体系，是指包括"事前、事中和事后"的全链条数据分析体系。

事前分析，防患于未然。事前分析是指在某项经济活动发生以前，根据有关的计划和资料，对未来可能出现的问题或事物发展变化的趋势进行的分析。如进行重大投资时的可行性分析、产品销售预测、成本预测预控分析、内部承包指标测算分析、主要经济指标分解等，都属于事前分析。事前分析的主要目的是防患未然，使专业部门或专业人员对于未来的工作心中有数。

事中分析，过程控制与跟踪。事中分析是在业务活动过程中，根据经营数据的分析，找出存在的问题，根据查明的原因及时解决。如分析预算执行的进度、业务完成质量的好坏、影响预算进度的原因、增产节约和增收节支情况、项目实施进展情况等。

事后分析，回顾与总结。事后分析是指在阶段性经济活动结束以后，运用有关的资料，对于该经济活动的结果进行的分析。如月度、季度、年度终了所进行的定期分析，对已经发生的问题进行的专题分析，对出现的典型情况进行的典型分析等，均属于事后分析。事后分析对于评价企业的经济活动情况，总结成绩，发现问题，是一种不可缺少的分析形式。

不论是事前分析、事中分析还是事后分析，都要保证各项数据的连续性、科学性、正确性，从而保证分析结果的准确可靠，赋能企业数字化转型。

三、打造 PDCA 循环的持续完善机制

PDCA 循环法是美国质量管理专家沃特·阿曼德·休哈特（WalterA.Shewhart）首先提出的，最初用于全面质量管理，后来由戴明采纳、宣传，获得普及，所以又称戴明环。

PDCA 循环的基本原理是做任何一项工作，首先要有计划，然后根据计划去执行、检查和总结，并通过持续改善和不断循环，一步一步地提高水平，把工作越做越好。PDCA 循环分为四个阶段，其中：

Plan（计划）：为计划阶段，主要解决为什么做、做什么、在哪儿做、什么时候做、由谁来做、如何做等问题。

Do（执行）：为实施阶段，按已经制定的计划和措施，具体组织实施和执行。

Check（检查）：为检查阶段，把实施结果和计划目标进行比较，检查计划的执行情况。

Act（处理）：为处理阶段，总结经验教训，把成功的经验制度化，对存在的问题制定消除措施，反馈于下一个循环。

PDCA 循环有以下 3 个主要特点：

（1）周而复始、循环往复。PDCA 循环的四个过程不是运行一次就完结，而是周而复始地进行。一个循环结束，解决了一部分问题，可能还有问题没有解决，或者又出现了新的问题，再进行下一个 PDCA 循环，依次类推。

（2）大环套小环、小环保大环。一个公司或组织的整体运行体系与其内部各子体系的关系是大环带动小环的有机逻辑组合体，互相促进，推动大循环。

（3）阶梯式上升、转一周升一级。PDCA 循环不是停留在一个水平上的循环，而是爬楼梯上升式的循环，不断解决问题的过程就是水平逐步上升的过程，每转动一周，就提升一个台阶，达到新的水平。

因此，企业在应用数据去驱动决策时，以总目标为导向，在各个部门和小组内实施 PDCA 循环，大环带动小环，一级带一级，有机地构成一个运转的体系，争取每循环一次，就解决一部分问题，取得一部分成果，水平就提高一步。到了下一次循环，又有了新的目标和内容，这样循环上升，持续改善，使企业的数据应用和管理水平不断提高。

第二章 数据收集

第一节 数据收集的渠道

一、内部数据的收集

公司内部数据主要是指生产经营活动产生的数据，包括公司的财务数据、统计与业务数据、计划及预算资料等。

1. 财务数据

财务数据主要包括财务会计数据和管理会计数据。财务会计数据是指财务报告，包括资产负债表、利润表、所有者权益变动表及现金流量表等按财务会计制度编制的各类报表以及有关附表等。管理会计数据主要包括责任会计核算数据、决策会计数据和企业成本报表等数据。

2. 统计和业务数据

统计数据主要是指各种统计报表和企业内部统计数据。业务数据主要是指与各部门经营业务及技术状况等数据资料，比如：

（1）从企业 POS 机、电商平台、支付平台等导出营销数据、网店运营数据，包括不同产品、时期、顾客、分销渠道的销售记录及市场占有率等。

（2）从企业信息管理系统如企业资源计划系统、销售系统、客户关系管理系统等获取需要的基础数据、生产数据、库存数据、订单数据、供应链数据等。

（3）从机器设备中读取生产运行数据、监控数据等。

（4）从企业各供产销业务部门获取各类业务资料、顾客资料等。

3. 计划及预算资料

计划及预算资料是企业管理的目标或标准，包括企业的生产计划、经营计划、财务计划、财务预算，以及各种消耗定额、储备定额、资金定额等。

二、外部数据的收集

企业外部数据主要来源于调研人员所在企业以外的机构记录的资料或其他各种资料，如政府及其相关部门、中介机构、报纸杂志、企业间交换的信息，国外有关信息，以及通过互联网获取的相关数据。

1. 政府及其有关部门发布的信息

政府及其相关部门发布的信息主要包括国家宏观经济信息、有关法规信息或综合部门发布的信息。国家宏观经济信息，如物价上涨率或通货、银行利息率、各种税率等；有关法规包括会计法、会计准则、审计准则、会计制度等。综合部门发布的信息包括国家统计局定期公布的统计报告或统计分析；国家发改委的国民经济计划及有关部门的经济形势预测；各证券市场和资金市场有关股价、债券利息等方面的信息等。

2. 中介机构的信息

中介机构信息是指会计师事务所、资产评估师事务所和工程咨询事务所等提供的企业审计报表、资产评估报告和项目可行性研究报告等。

3. 报纸杂志的信息

报纸杂志的信息指各种经济著作、报纸及杂志的科研成果、调查报告、经济分析中所提供的与企业财务分析有关的信息。

4. 企业间交换的信息

企业间交换的信息指企业与同行业其他企业或有业务往来的企业间相互交换的报表及业务信息等。

5. 国外有关信息

国外有关信息指从国外取得的各种经济信息。取得的渠道有出国考察访问、国际会议交流、购买国外经济信息报纸杂志等。

6. 通过互联网获取的相关数据

大数据智能化时代，互联网已经成为每个人生活和工作的重要组成部分。通过互联网，企业可以获取如市场环境数据、行业发展数据、竞争数据等的相关数据，获取方式有免费公开数据下载、网络爬取数据或付费购买等。

免费公开数据：在互联网中存在很多免费公开数据，如国家各级统计机构提供的包含经济民生等各个方面的经济数据、行业数据、统计年鉴等，一般可直接下载。

网络爬取数据：利用 Java、Python 等爬虫工具爬取网络数据，也是重要的数据获取方式。网络爬虫可以通过代码模拟人类通过浏览器访问网站，获取相应的数据，然后将获取的数据经过处理后保存成文件或存储到数据库中供分析使用。网络爬虫还可以爬取一些手机 App 客户端上的数据。

付费平台或工具：随着人们对数据需求的不断增加，大数据交易平台和各种网络数据采集工具发展得如火如荼，数以千计的数据采集工具为数据分析工作的顺利开展提供了丰富的资源。除了专门的数据采集器，大多数数据交易平台还提供非常完备的分析结论。

第二节　数据收集的方法

一、市场调查收集数据

市场调查是指运用科学的方法，有目的、系统性地收集、记录、整理有关市场数据资料，并就所获得的数据资料进行分析、评估和报告的过程。其目的是为企业发现市场机会、找准市场定位、调整经营策略、进行经营决策等提供客观依据。

市场调查收集数据一般包括确定问题和调查目标、制定调查计划和收集信息。

1. 确定问题和调查目的

调查项目可以分为三类：一是试探性调查，通过收集分析数据揭示问题的真正性质，从而发现问题，提出问题。例如，某车企为调查本年度有意向购买新能源汽车的家庭数量，收集上年度购买新能源汽车的家庭数量的数据。二是描述性调查，即明确一些特定的量值。例如，调查有多少家庭愿意花30万元以上购买新能源汽车。三是因果性调查，即检验因果关系，看某一因素变动，会如何影响其他量，分析问题原因。例如，调查某新能源汽车价格下降20%，或者价格下降5万元，能增加多少购买者。

2. 制定调查计划

市场调查的第二个步骤是制定出如何最为有效地收集所需数据的计划。制定的调查计划一般包括资料来源、调查方法、调查手段、抽样方案和联系方法几个方面的要素，如表2-1所示。

表2-1　市场调查计划构成要素

构成要素	说明
资料来源	二手资料、一手资料
调查方法	观察法、访问法、问卷法、实验法
调查手段	问卷、座谈
抽样方案	抽样单位、样本规模、抽样程序
联系方法	电话、邮寄、网络、面访

（1）资料来源。

确定调查计划中资源的来源是收集二手资料、一手资料，或者两者都要收集。二手资料就是为其他目的已经收集到的资料，而一手资料则指为了当前特定目的而收集的原始资料。调查人员开始时总是先收集二手资料，以判断问题是否部分或全部解决了，不再需要去收集成本很高的一手资料。二手资料是调查的起点，其优点是成本低且可以立即使用。然而，调查人员所需要的资料可能不存在，或者由于种种原因，资料不够准确、不可靠、不完整或者已经过时。这时调查人员就需要花费时间和金钱去收集更切题和准确的一手资料。

（2）调查方法。

收集一手资料常用的方法有以下四种：

①观察法，即利用眼睛、耳朵等感官以直接观察的方式考察并搜集资料。例如，市场调查人员到客户公司观察其商品的发运情况。

②访问法，包括结构化访问、无结构化访问和集体访问三种类型。结构化访问有事先设计好的、有一定结构的调查问卷或提纲；无结构化访问没有统一的问卷，通过调查人员与被访者的自由交流来进行；集体访问通过集体座谈的方式，通常邀请6～10人，在调查人员引导下，就一种产品、一项服务、一个组织或其他话题展开讨论。

③问卷法，是通过设计调查问卷，通过让被调查者填写问卷的方式获得所调查对象的信息的方法，适用于描述性调查。

④实验法，是用实验的方式，将调查对象控制在特定环境条件下，对其进行观察以获得信息。

（3）调查手段。

在收集一手资料时所采用的主要调查手段是问卷和座谈。

问卷是收集一手资料时最普遍采用的手段，因为问卷中的问题设计可以非常灵活多变。鉴于问题形式会影响到问卷的调查效果，因此问卷中一般包括闭合式和开放式两种类型的问题。闭合式问题事先确定了所有可能的答案，答卷人可以从中选择一个或多个答案。开放式问题允许答卷人用自己的语言无任何限制地回答问题。因此一般情况下，开放式问题需要了解人们是如何想的，而不是衡量持某种想法的人有多少，它在试探性调查阶段特别有用。而闭合式问题事先规定所有答案，很容易进行解释和列表分析。

座谈调查是由熟知情况和富有实践经验的调查人员主持会议，依据事先准备好的调查提纲，向到会者提出问题，展开讨论，借以取得资料的一种方法。开调查会时，调查者和调查对象可以直接对话、共同研讨、互相启发、相互核实，使所取得的资料符合实际。参加调查会的人必须熟悉情况，有一定的代表性，能提供比较可靠的情况，人数一般以3～8人为宜。

（4）抽样方案。

在设计抽样方案时，必须确定抽样单位、样本规模和抽样程序三个问题。

抽样单位。解决向什么人调查的问题。调查者必须定义抽样的目标总体，一旦确定了抽样单位，必须确定出抽样范围，以便目标总体中所抽样本被抽中的机会是均等的或已知的。

样本规模。主要确定调查多少人的问题。大规模样本的结果更可靠，但是没有必要为了得到完全可靠的结果而调查整个或部分目标总体。如果抽样程序正确的话，不到1%的样本就能提供比较准确的结果。

抽样程序。解决如何选择答卷人的问题。为了得到有代表性的样本，应该采用概率抽样的方法。概率抽样可以计算抽样误差的置信度。但由于概率抽样的成本过高、时间过长，调查者也可以采用非概率抽样的方法。概率抽样与非概率抽样的类型如表2-2所示。

表2-2 概率抽样与非概率抽样的类型

抽样类型		释义
概率抽样	简单随机抽样	总体的每个成员都有已知的或均等的被抽中的机会
	分层随机抽样	将总体分成不重叠的组（如年龄组），在每组随机抽样
	整群抽样	将总体分成不重叠的组（如街区组），随机抽取若干组
非概率抽样	随意抽样	调查者选择总体中最易接触的成员来获取信息
	估计抽样	调查者按自己的估计选择总体中可能提供准确信息的成员
	定额抽样	调查者按若干分类标准确定每类规模，然后按比例在每类中选择特定数量的成员进行调查

（5）联系方法。

一般有邮寄问卷、电话访问、网络调研和面访四种联系方法，它们各自的优缺点如表2-3所示。

表2-3 不同联系方法的优缺点

联系方法	优点	缺点
邮寄问卷	当被访者不愿意面访或担心调查者会曲解其回答时可采用的最好方法	回收率低、回收速度慢
电话访问	被访者不理解问题时能得到解释，回收率比邮寄问卷高，速度快	只能访问有电话的人、时间不能太长、不能过多涉及隐私问题
网络调研	成本低、反馈快	只能联系有网络的人
面访	最传统、最常用的方法	面访成本高、需要更多的管理计划和监督工作，容易受到被访问者偏见的影响，有时也容易曲解被访问者的想法

3. 收集信息

收集信息是市场调查中成本最高，最容易出错的阶段。在采用问卷调查时，可能会出现某些被调查者不在家必须重访或更换被调查者、某些被调查者拒绝合作、某些人的回答或在有些问题上有偏见或存在不诚实等情况。在采用实验法进行调查时，调查人员必须注意，要使实验组与控制组匹配，并尽可能消除参与者的参与误差，实验方案要统一形式并且要能够控制外部因素的影响等。

二、原始数据手工录入

1. 使用记录单输入数据

使用记录单输入数据，通过显示完整记录的对话框，可以方便地录入数据、核对数据、按条件查找数据、修改及删除数据等，如图2-1所示。

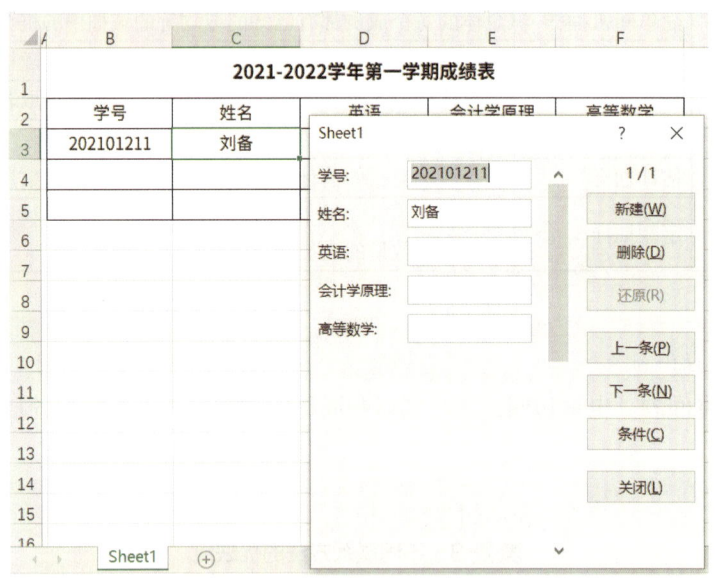

图2-1 记录单录入数据示例

在Excel 2016中将记录单添加到主选项卡的方法：【文件】→【选项】→【自定义功能区】→【不在功能区命令】，找到记录单命令，然后添加到主选项卡即可。

2. 数据验证下拉选项输入数据

利用"数据选项卡"中的"数据验证"功能可以控制数据的类型和范围，还可以快速、准确地输入一些数据。例如，录入身份证号码、手机号这些长数据时，可避免操作过程中出错。

对于需要多次重复输入的数据，用下拉式选项输入数据，能提高输入效率。如图 2-2 所示，鼠标依次点击【数据】→【数据验证】，可以调出数据验证框，数据有效性可以帮助防止、避免错误的发生。

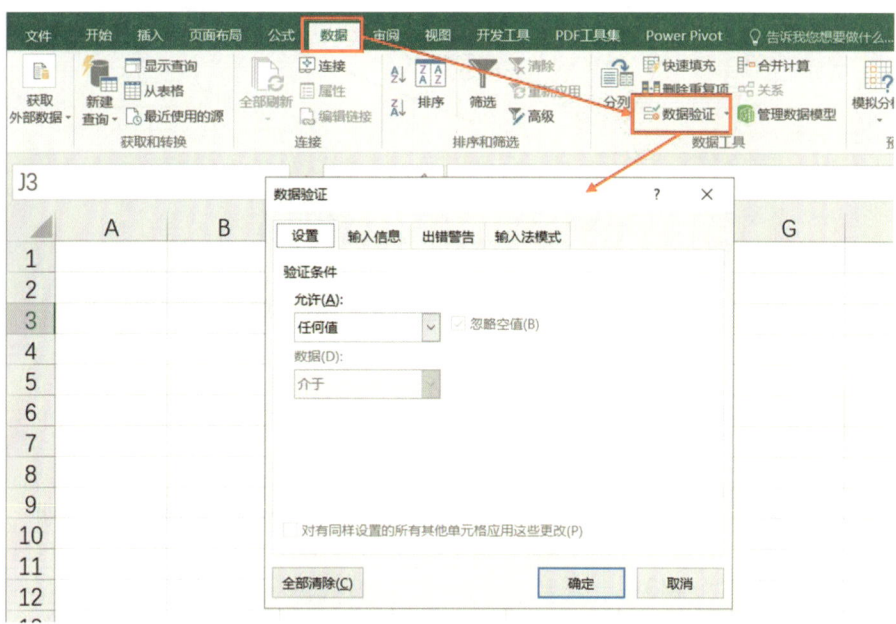

图 2-2　调出数据验证框

如图 2-3 所示，可以在"品名""规格""单位"所在列建立下拉菜单，方便单击选择输入。

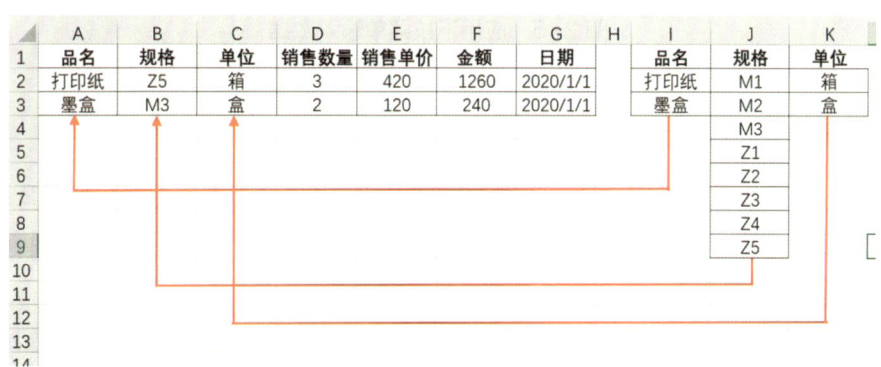

图 2-3　多次重复输入的数据建立下拉菜单

例如,"规格"所在列应用"数据验证"功能建立下拉菜单的操作如图2-4和图2-5所示。

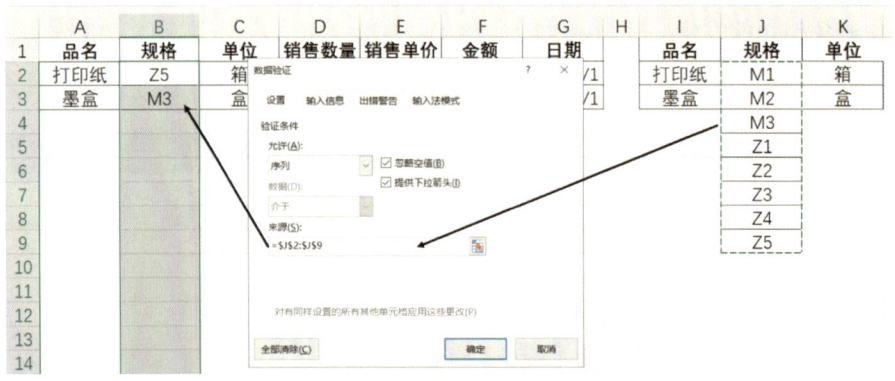

图2-4 调出数据验证设置下拉菜单

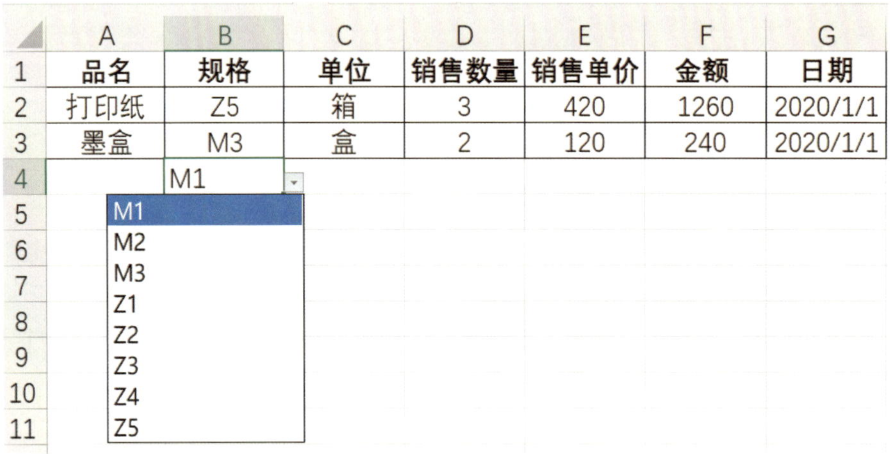

图2-5 应用下拉菜单输入数据

3.自动填充和自定义序列提高工作效率

Excel中的自动填充功能可以快速填充序号、等差和等比数据、奇偶数据和日期等。

如果有一组需要重复输入的数据无法实现自动填充,比如从星期一到星期日,调出自定义序列框进行设置后即可自动填充。自定义序列设置步骤:依次选择【文件】→【选项】→【高级】→【常规】→【编辑自定义列表】,调出如图2-6所示"自定义序列"对话框,即可以自定义设置需要的填充序列。

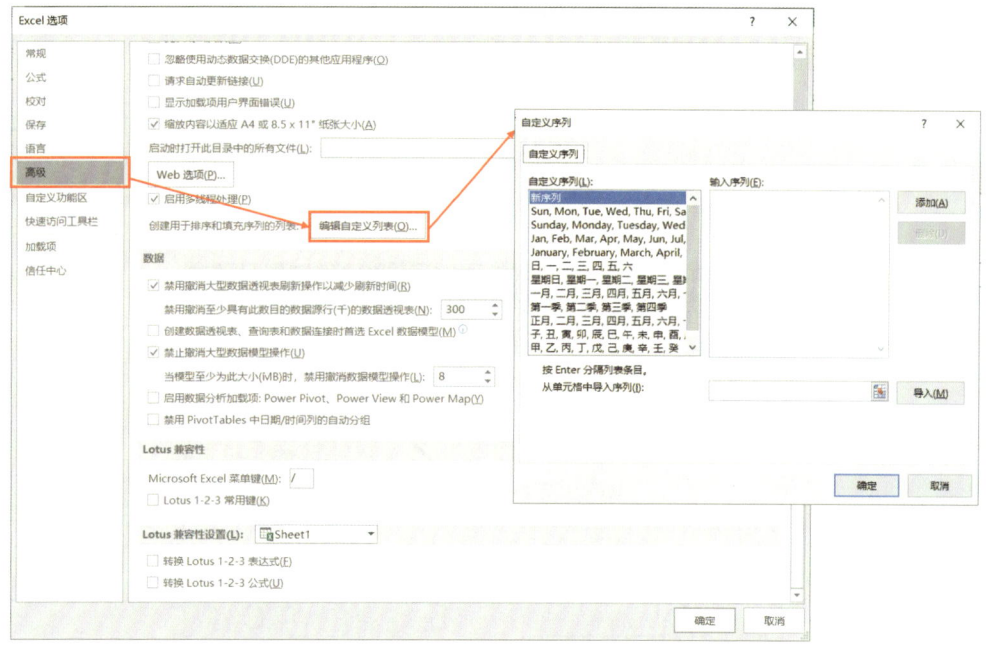

图 2-6 自定义序列设置

4．利用 Tab 键光标横向移动录入数据

图 2-7 为光标横向移动示意图。首先光标在 D3 单元格录入刘备的英语成绩后，按 Tab 键则光标横向移到 E3 单元格，每按一次 Tab 键光标横向移动一个单元格，当在 F3 单元格中录入刘备的高等数学成绩后，按回车键，则光标自动转到 D4 单元格，可以录入关羽的英语成绩，然后继续按 Tab 键则光标横向移动，需要换行时，按回车键则光标返回到下一行横向录入的起点单元格。

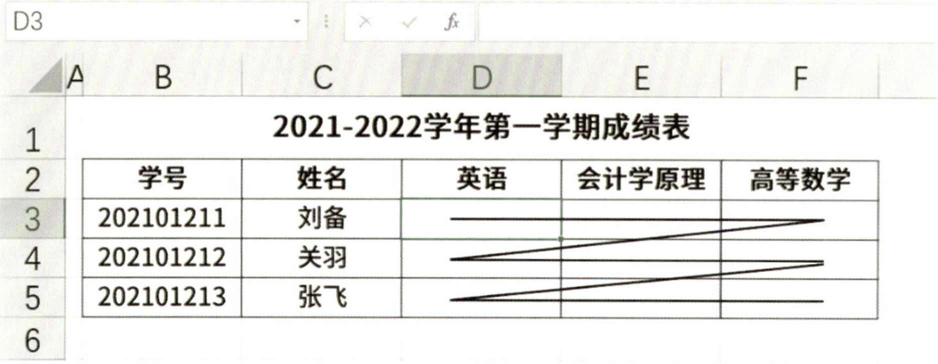

图 2-7 横向移动录入数据

三、原始数据的获取与导入

当需要的数据是外部数据时，可以通过【数据】→【获取外部数据】功能实现，如图2-8所示。

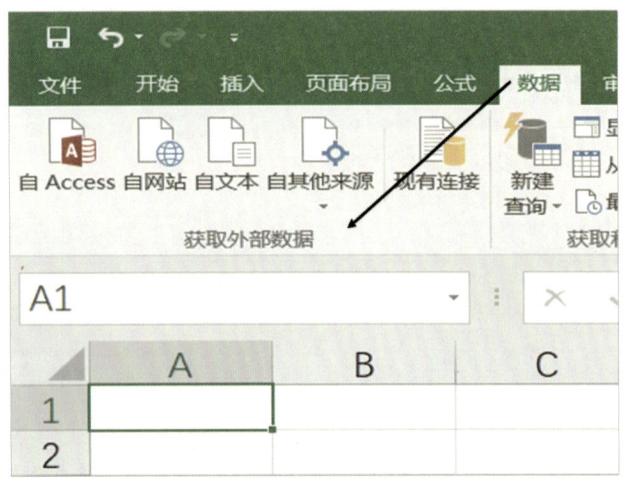

图 2-8　获取外部数据示例

获取的外部数据可以是 SQL、Oracle 或 Access 数据库文件中的数据，也可以是网站数据，或者是文本（txt）文件和 Excel 文件中的数据。

第三章 数据处理

数据处理是将大量相关、抽象的数据转换为可以实现特定分析目标的有价值、有意义的信息，转换过程包含对数据的收集、增加、删除、修改、存储、加工、分类、归并、计算、排序、转置、筛选、转换、透视、检索，以及传播中加工整理的过程。

第一节 数据清洗

一、缺失值的处理

缺失值是指在数据采集与整理过程中无法获得的或丢失的内容。

一般情况下，数据都是以关系型表的方式采集的，如某次调查中一些受访者的基本情况，如表3-1所示。

表3-1 受访者基本情况表

姓名	年龄（岁）	性别	职业	收入（元）
张三	20	—	文员	4 500
李四	30	女	工程师	8 000
王五	35	男	工程师	10 000
赵六	—	女	文员	4 200

表3-1中，数据采集时无法获得相应信息，就会出现缺失值，如张三的性别和赵六的年龄就出现了缺失。

缺失值的处理一般有两种方式，第一种是删除对应的记录，如表3-1中，如果张三的性别出现缺失，则将张三的所有信息从数据库中删掉。这种方式在数据缺失非常少的情况下是可行的。但如果各个项目中都有少数的数据缺失，对所有缺失的记录都进行删除可能就会使总样本量变得非常小，从而损失许多有用信息。缺失值处理的第二种方式是进行插值处理，所谓插值，是指人为地用一个数值去替代缺失的数值。

插值处理根据缺失值的不同,有以下方法。

1. 依概率插值

依概率插值是假定各变量取各种值的可能性是相等的,但有些情况下,我们可以事先知道一个变量取各种值的概率。例如,我们知道在上例的单位中,女性占的比例是75%,男性的比例是25%,则在对张三的性别进行赋值时,不是按50%概率赋为"女",而是按75%概率赋为"女"。

2. 就近插值

就近插值是指根据缺失记录附近的其他记录的情况对缺失值进行插值。例如,在上例中,张三的性别出现缺失,此时可以用其邻近的李四的性别数据替代张三的性别数据,由于李四的性别为"女",所以将张三的性别也赋为"女"。

就近插值是依概率插值的一种简化处理方式,设想在整个单位的职工中,女性占的比例是75%,则在一般情况下,与张三邻近的记录性别为"女"的概率也应当为75%,就近插值实际上就是依概率插值。

使用就近插值时,需要对抽样过程进行必要的了解,如果抽样时性别有交叉出现的情况,例如,经常是调查完一名男性后就调查一名女性,则使用采用就近插值处理数据缺失就会出现较多的错误。

3. 随机插值

根据缺失值的各种可能情况,等概率地进行插值。

例如,在上例中,张三的性别有两种可能性,一是"男",二是"女",可以简单地掷一枚硬币,如果正面朝上,则赋值为"男",如果反面朝上,则赋值为"女"。

4. 分类插值

依概率插值是将记录置于总体的背景上进行插值,没有充分利用记录的其他信息。如果在记录的其他信息中有某些项目与缺失项目存在相关性,则可以根据这些辅助信息对总体进行分类,在每一类内部进行插值处理。

例如,在上例中,张三的职业是"文员",假定该单位中95%的"文员"性别为"女",则在进行插值时,就不是使用全单位的女性比例75%,而是使用"文员"中的女性比例95%对张三的性别进行赋值。

二、Excel 单元格返回错误的处理

Excel 的单元格在处理时,通常由于操作错误或数据匹配问题,单元格中会显示错误提示,常见的8种错误提示产生的原因和解决方法如下。

1. 错误提示"#####"

原因：如果单元格所含的数字、日期或时间的宽度大于单元格本身的宽度，就会产生"#####"错误。

解决方法：可以通过拖动列表之间的宽度来修改列宽。

2. 错误提示"#VALUE!"

原因：在需要输入数字或逻辑值时输入了文本，Excel 不能将文本转换为正确的数据类型。

解决方法：确认公式或函数所需的运算符或参数正确，并且公式引用的单元格中包含有效的数值。例如，如果单元格 A1 包含一个数字，单元格 A2 包含文本"学籍"，则公式"=A1+A2"将返回错误值"#VALUE!"。

3. 错误提示"#DIV/0!"

原因：在公式中，除数使用了指向空单元格或包含零值单元格的单元格引用（在 Excel 中如果运算对象是空白单元格，Excel 将此空值当作零值）。

解决方法：修改单元格引用，或者在用作除数的单元格中输入不为零的值。

4. 错误提示"#NAME?"

原因：在公式中使用了 Excel 不能识别的文本或在公式中输入文本时没有使用双引号，产生错误值"#NAME?"。

解决方法：将公式中的文本括在双引号中。

5. 错误提示"#N/A"

原因：当在函数或公式中没有可用数值时，将产生错误值"#N/A"。

解决方法：可以用 IFERROR 函数将其消除。

6. 错误提示"#REF!"

原因：删除了由其他公式引用的单元格，或将移动单元格粘贴到由其他公式引用的单元格中。

解决方法：重新设置新的引用。

7. 错误提示"#NUM!"

原因：在需要数字参数的函数中使用了不能接受的参数。

解决方法：确认函数中使用的参数类型正确无误。

8. 错误提示"#NULL!"

原因：使用了不正确的区域运算符或不正确的单元格引用。

解决方法：使用正确的区域运算符或正确的单元格引用。

三、字符数据的规范化处理

字符数据的规范化处理包括拆分、提取和合并单元格内的字符和数字。

（1）应用函数拆分单元格字符和数符。

如图 3-1 所示，在 Excel 工作表的单元格区域 A2:A6 中为城市和区号，现在需要将城市和区号分别拆分到单元格区域 B2:B6 和单元格区域 C2:C6 中。

拆分字符时，可以在单元格 B2 中输入公式"=LEFT(A2，LENB(A2)–LEN(A2))"，并填充至单元格 B6。

拆分字符时，可以在单元格 C2 中输入公式"=RIGHT(A2，2*LEN(A2)–LENB(A2))"，并填充至单元格 C6。

	A	B	C
1	拆分前	拆分后	
2	北京010	北京	010
3	上海021	上海	021
4	合肥0551	合肥	0551
5	平顶山0375	平顶山	0375
6	乌鲁木齐0991	乌鲁木齐	0991

图 3-1　拆分单元格内的字符和数字

（2）应用 Excel 快捷键【Ctrl+E】处理数据。

【Ctrl+E】是 Excel 2013 版中新增的快捷键，功能非常强大，像文本拆分、信息提取、信息合并、调整格式，以及提取文字中的数字，都可以通过这个快捷键来实现，它能通过比对字符串间的关系，来给出最符合用户需要的一种填充规则。

例如，从身份证号码中提取每个人的出生日期，有很多种方法，用快捷键是最高效的，只需要在首个单元格（C2 单元格）输入"刘二"身份证号码中对应的出生日期"19650821"，然后把光标移动 C3 单元格，按【Ctrl+E】，就可以立即将所有人员身份证号码中的出生日期提取到单元格区域 C3:C7，如图 3-2 所示。

	A	B	C
1	姓名	身份证号	出生日期
2	刘二	230402196508214101	19650821
3	张五	230402197301251234	
4	钱东	230402198506031019	
5	赵南	230402199004110514	
6	汪西	230402198111122034	
7	李北	230402196906213528	

	A	B	C
1	姓名	身份证号	出生日期
2	刘二	230402196508214101	19650821
3	张五	230402197301251234	19730125
4	钱东	230402198506031019	19850603
5	赵南	230402199004110514	19900411
6	汪西	230402198111122034	19811112
7	李北	230402196906213528	19690621

图 3-2 【Ctrl+E】快捷键提取出生日期

快捷键【Ctrl+E】对含字符和数字的单元格中的数字提取也非常高效，例如，图 3-3 所示的差旅费记录表中，差旅费用的计算如果通过输入每条记录对应的数据并相加的方法，工作量大且容易出错。可以在 C3 单元格输入第 1 项费用数据 "108"，然后把光标移动 C4 单元格，按【Ctrl+E】，便可以将所有项目的费用记录的数据提取到单元格区域 C4:C12，最后在 B13 单元格输入 "=SUM(C3:C12)"，即可计算"费用合计"为 3 249.00 元。

图 3-3 【Ctrl+E】快捷键提取单元格中的数字

四、含有合并单元格的数据表的处理

合并单元格是在表格处理中经常用到的操作,但是如果在基础数据表中有合并单元格,会给基础数据表后续带来很大的麻烦,无论是利用函数或者数据透视表,都会得到错误的结果。

合并单元格是指将两个或两个以上的单元格合并为一个单元格,所以合并单元格存在空单元格。如果基础数据表中存在大量的合并单元格,一个一个地查找处理会很烦琐也容易出错,可以用快捷键F5,选择定位条件为"空值",就可以一次性把工作表中的所有合并单元格选中,然后集中一次性处理,如图3-4所示。

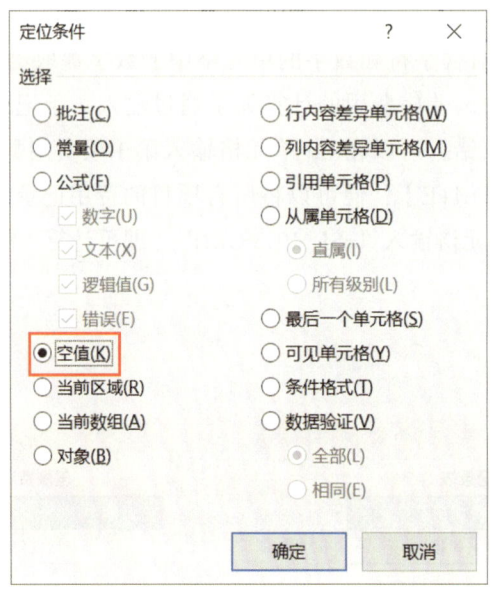

图 3-4　定位值选中合并单元格

五、单元格含有未知字符或空字符的处理

有时因从系统里导出数据或者手工输入的误操作,单元格里含有未知字符或者空格,这些都需要在数据分析之前进行清除,以免影响数据分析结果,最常用的处理方式是查找和替换。

在Excel中,通过【Ctrl+F】快捷键调出【查找与替换】对话框,在"查找内容"输入框中输入空格或者复制未知字符,在"替换为"输入框中什么也不输入,鼠标单击"全部替换"按钮即可,如图3-5所示。

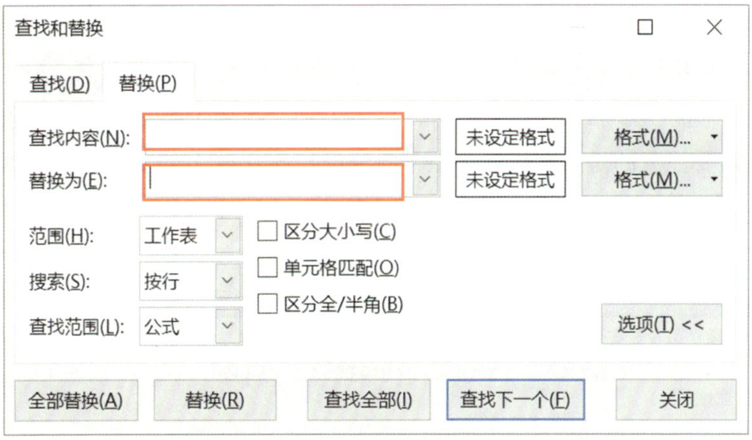

图 3-5　查找和替换未知字符或空字符

第二节　数据排序、筛选和分组

一、数据排序

在分析工作中，经常需要对数据进行排序，依次点击【数据】→【排序】，出现如图 3-6 所示的排序对话框。

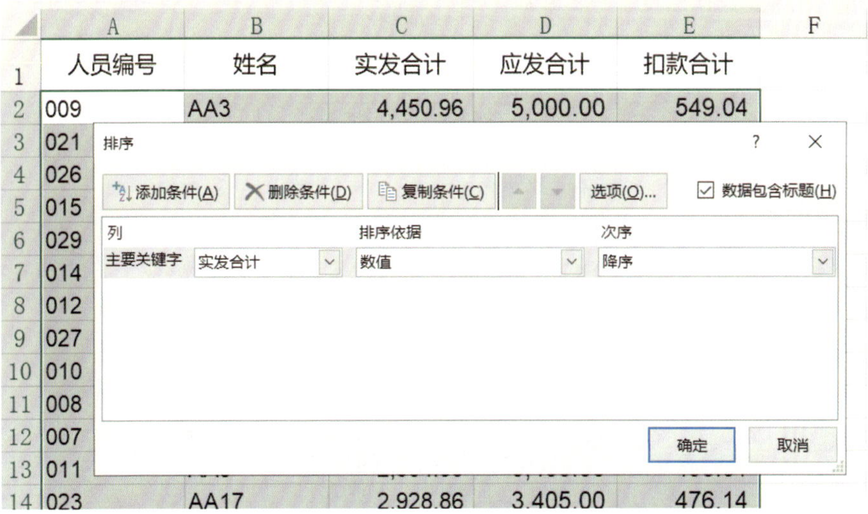

图 3-6　排序对话框

可以根据数据排序分析的需要进行选择和设置，可以按单条件、多条件排序，排序方向可以按列或按行排序。

当点击排序框的"添加条件"功能时，可以添加"次要关键字"设置多条件排序，如图 3-7 所示。需要注意的是，在进行多条件排序时，排序框中的复选框"数据包含标题"应勾选上。

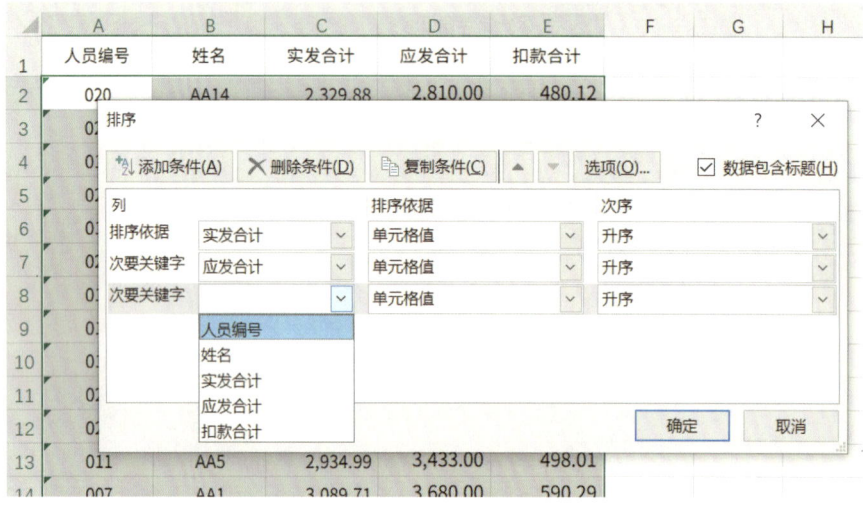

图 3-7　设置多条件排序

当点击排序框的"选项"功能时，可以调出"排序选项"对话框，对排序方向"按列排序"或"按行排序"进行设置，如图 3-8 所示。

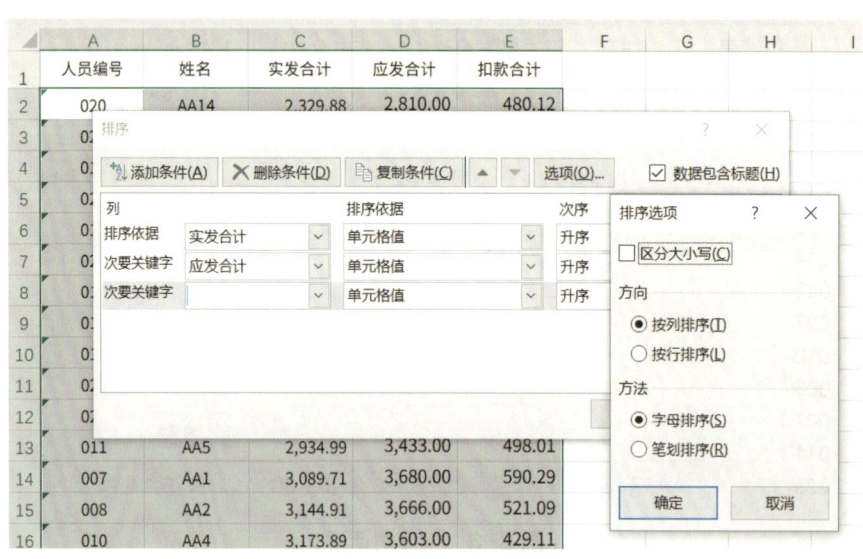

图 3-8　排序方向的设置

二、数据筛选

1. 筛选

当需要从工作表的众多的数据中根据需要选出符合条件的数据时,可以使用筛选功能。在进行筛选操作时,光标选中需要筛选的区域,点击【数据】→【筛选】,筛选区域表头的每个单元格都出现了一个倒三角形,点击这个倒三角形,根据出现的下拉菜单,即可进行筛选操作,如图3-9所示。

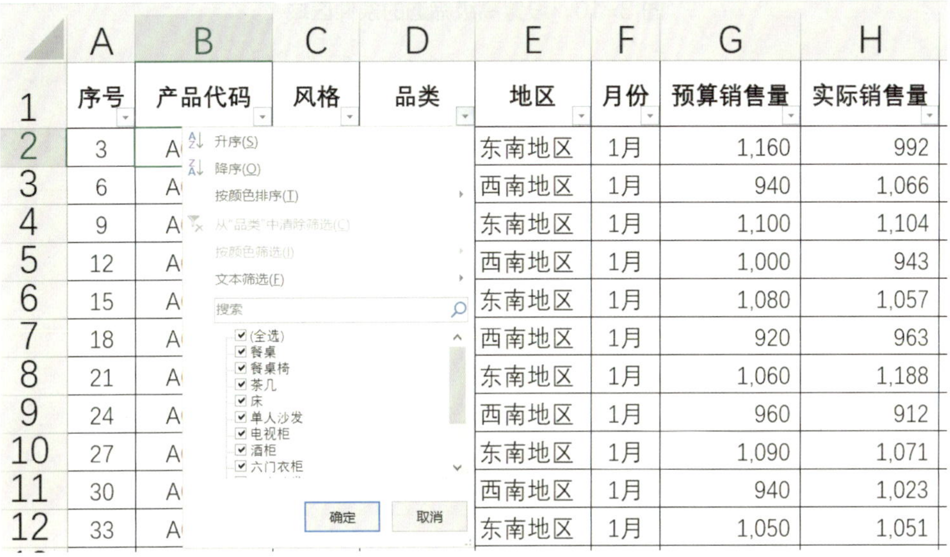

图3-9 筛选操作及下拉选项

根据筛选的下拉框,既可以按升序、降序和颜色排序,又可以按"颜色""文本""数字""搜索"进行筛选。

2. 高级筛选

Excel高级筛选功能是筛选功能的升级,可以设置更多更复杂的筛选条件,而且可以将筛选出的结果输出到指定位置,具有强大的数据处理功能。

例如,我们需要筛选出图3-10中风格为韩式,品类为茶几,地区为东南地区,以及月份为3月的销售记录,并将结果复制到其他区域。

首先,建立筛选条件区域。由于将结果复制到其他区域,可以设置该区域所在的工作表,使筛选条件区域的表头与数据源区域的表头一致。如图3-10所示。

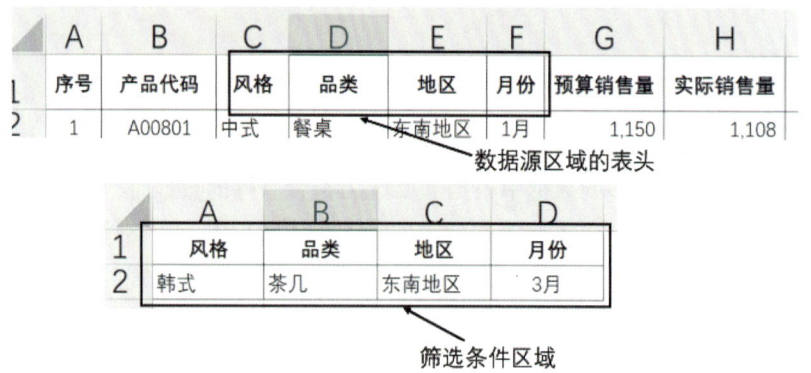

图 3-10 设置高级筛选的条件区域

然后，鼠标移到将结果复制到其他区域所在的工作表，单击选择【数据】→【高级筛选】后，调出"高级筛选"对话框，如图 3-11 所示。

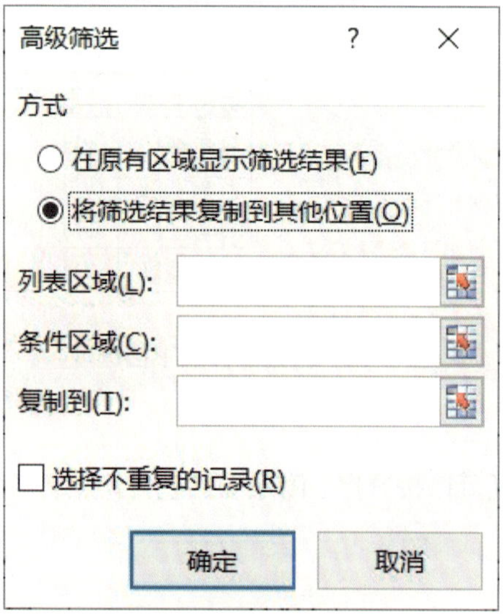

图 3-11 高级筛选对话框

在"高级筛选"对话框选择"将筛选结果复制到其他位置"，然后在"列表区域"输入筛选数据源，在"条件区域"输入已设置好的条件区域，在"复制到"输入放置筛选结果位置所在单元格，点击确认即可。

高级筛选还可以提取两张表的重复数据，如图 3-12 所示，将表 1 作为"列表区域"，表 2 作为"条件区域"，重复数据可以提取出来。

表1

产品代码	风格
A00101	中式
A00102	韩式
A00103	法式
A00201	中式
A00202	韩式
A00203	法式
A00301	中式
A00302	韩式

表2

产品代码	风格
A00603	法式
A00203	法式
A00702	韩式
A00101	中式
A00801	中式
A00802	韩式
A00803	法式
A00102	韩式

产品代码	风格
A00101	中式
A00102	韩式
A00203	法式

图 3-12　提取表 1 和表 2 中的重复值

三、数据分组

数据采集中的要求是尽可能完整地保留原始状况，但在进行数据处理时，可能需要对数据进行一定的归类，以便于分析。这种数据归类的过程，称为数据分组。

例如，在调查中，受访者的年龄是按实际年龄进行记录的，但在数据分析时，需要将其分为 20 岁以下、20 ～ 30 岁、30 ～ 40 岁、40 ～ 50 岁、50 岁以上等若干个组。

数据分组中需要考虑以下内容。

1. 分组标志

一批数据可以按不同的标志进行分组，选择分组标志要根据研究目的进行。例如，要研究受教育程度对收入的影响，则分组应当按学历和月收入两个标志进行，而没有必要再使用身高、体重等标志进行分组。

2. 组数

按同一标志，可以将数据分成不同数量的组，如按年龄分组，可以分为儿童、成年人两组，也可以分为青少年、中年、老年三个组，也可以按 10 年或者 5 年为一段分为更多的组。

组数的确定受研究目的和样本量两个因素影响。

研究目的不同，对于分组的细化程度也会有所不同。例如，研究目的是分析不同年龄段的就业状态，则分组应当按就业身份进行细分，例如，需要按 5 年为一段将就业人口分为 6 ～ 7 个组，因为在现实经济生活中，25 岁与 30 岁人群的就业状态是存在差异的。但如果要了解的是消费观念等问题，则可以将组分得粗一些，如按青年、中年、老年划分就可以了。

组数的确定还受到样本量的影响，样本量较大时，组数也可以更大一些，反之则组数应当小一些。例如，当拥有 10 000 个样本时，将总体分为 10 个组也是可以的，但如果只有 30 个样本，分为 2～3 个组就已经足够了，再进一步细分后，每一组的样本量太小，就很难做出推断了。

3. 组距

组距是指每个组的范围跨度。例如，按年龄 20～30 岁分为一组，则该组的组距为 10 岁。

各组的平均组距是受组数影响的，组数越多，组距越小，反之则越大。但具体落实到每一个组，则情况还有所不同。例如，按年龄将人口分为未成年、就业人口和退休人口三组时，三个组的范围分别是 16 岁以下，16～65 岁和 65 岁以上，三个组的组距显然是不同的。

组距的确定受自然和社会规律以及样本结构两个因素影响。

从自然和社会规律方面来说，组距的确定是客观的，如上述中人口的分组，是按就业身份进行划分的，这种划分方法不能被改变。

按样本结构确定组距是针对一些没有客观标准的标志进行分组时采用的方法。例如，按收入进行分组时，组距的确定并没有客观标准。此时，可以根据样本的结构划分组距，使每一组的样本数大致接近。

4. 组限

组限指组与组之间的界限，组限与组距是一对相互影响的关系，组距调整了，组限也就发生了变化，反之，组限一旦确定下来，组距也就确定了，组距等于组的上限与下限之差。

组限的确定有时是客观的，需要根据实际研究的内容进行调整。例如，未成年人与成年人的分组界限是 16 岁，这是按国际标准的就业人口界限确定的。但如果分组的目的是研究样本的民事行为能力，则这一分组界限就需要调整为 18 岁。

有些时候，一个组可能会缺失上限或者缺失下限，如年龄中的"60 岁以上组"，就无法获得一个确定的上限，在人的身高项目中，"150 厘米以下组"就是一个缺下限组。

对于连续型的变量来说，相邻组的上限和下限会是同一的。例如，在对收入进行分组时，"500～1 000 元"和"1 000～1 500 元"就出现了重合，此时，统计惯例是将重合的值计入后一组，即上述两组的划分为"500～1 000 元（不含）"和"1 000～1 500 元（不含）"。

5. 组中值

组中值是一个组中处于中间位置的值，往往用来代表一个组的平均状况。

$$组中值 = \frac{(上限 + 下限)}{2}$$

第三节 数据分类汇总与合并

一、数据的分类汇总

当数据源的数据量较大，而且需要分析的数据对象类别较多时，比如，图 3-13 所示销售明细表需要分别按风格、品类或地区字段对销售情况进行分析，则可以通过分类汇总功能快速对销售情况进行汇总计算。

	A	B	C	D	E	F	G	H
1	序号	产品代码	风格	品类	地区	月份	预算销售量	实际销售量
2	3	A00803	法式	餐桌	东南地区	1月	1,160	992
3	6	A00803	法式	餐桌	西南地区	1月	940	1,066
4	9	A01003	法式	餐桌椅	东南地区	1月	1,100	1,104
5	12	A01003	法式	餐桌椅	西南地区	1月	1,000	943
6	15	A00603	法式	茶几	东南地区	1月	1,080	1,057

图 3-13 分类汇总字段

例如，以“风格”作为分类字段，首先将该销售明细表以“风格”作为关键字进行排序，然后点击【数据】→【分类汇总】，在弹出“分类汇总”对话框中：

“分类字段”选“风格”；“汇总方式”根据分析需要可以选择“求和”“平均数”“计数”等；“选定汇总项”勾选“实际销售额（万元）”。

然后分别勾选“替换当前分类汇总”和“汇总结果显示在数据下方”，点击确定后，完成“风格”字段的分类汇总操作，可以选择分级显示汇总结果，如图 3-14、图 3-15 所示。

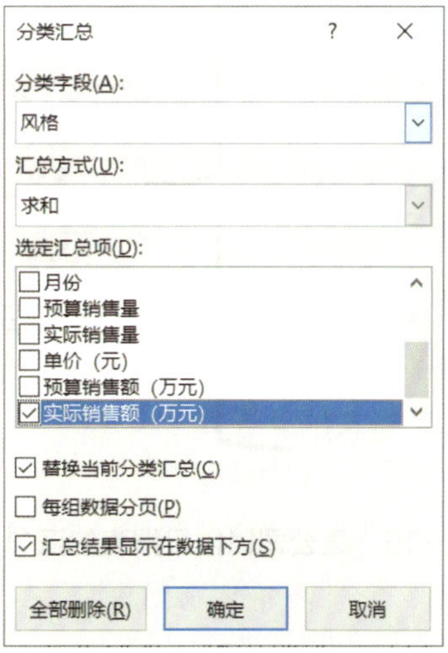

图 3-14 分类汇总对话框

	序号	产品代码	风格	品类 优销	单价	预算(销)	实际销售额(万元)
146			法式 汇总				33,997.98
291			韩式 汇总				34,088.82
436			中式 汇总				31,748.78
437			总计				99,835.58
438							

图 3-15 分类汇总结果示例

二、工作表数据的合并计算

有时我们需要将不同工作表中的数据进行合并计算。如果需要合并计算的工作表的表头结构相同，可以利用 Excel 中的合并计算功能进行快速计算。合并计算的功能非常强大，可以根据需要选择求和、平均值、计数、最大值、最小值、标准差、方差等不同的合并计算功能。

例如某公司三个分店的销售日报表，需要合并求和计算汇总到一张表中，就可以使用合并计算功能实现，如图 3-16 所示。

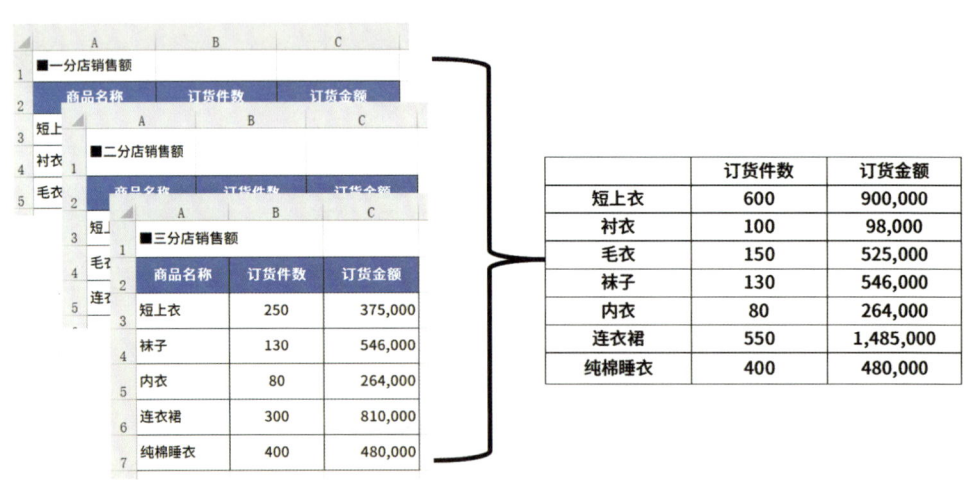

图 3-16 某公司销售日报表的汇总计算

三、选择性粘贴合并数据

如图 3-17 所示,工作表中有两张第一季度产量表。现在需要将第一季度产量表(2)中的产量记录与第一季度合并,可以选中单元格区域 C11:E13 的数据,按鼠标右键选择"复制",然后将光标移到 C4 单元格,按鼠标右键调出【选择性粘贴】对话框,勾选"跳过空单格"前的复选框,单击"确定"按钮即可。

图 3-17　选择性粘贴合并数据

第四节　数据的转换和转置

一、数据的转换

有时候,从公司的信息系统里导出的数据或者从外部采集的数据是字符型数据,这会影响后续分析工作的计算和汇总。因此,需要将这些字符型的数据进行转换,接下来将介绍字符型日期和字符型数据的转换。

1. 字符型日期的转换

如图 3-18 所示,左边工作表的 A 列日期是字符型日期,需要转换为 C 列所示的标准日期格式,转换方法是:鼠标单击"数据"选项卡,选择"分列"功能,在弹出的"文本分列向导"的第 1 步、第 2 步按默认分别鼠标单击,在第 3 步对话框的"列数据格式"单选"日期",并选择转换的日期格式,本示例选择"YMD",即"年月日"格式,如图 3-18 右边对话框所示,在"目标区域"选择"=$C$1"单元格,将转换的数据放置 C 列,然后鼠标单击"完成"按钮即可。

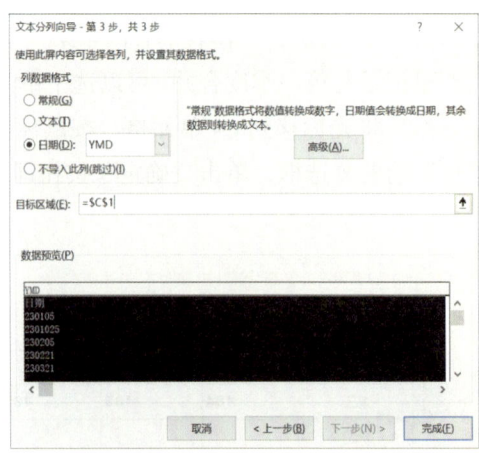

图 3-18　字符型日期的转换

2. 字符型数据的转换

如图 3-19 所示，汇总单元格区域 C2:C11 中的数据为字符型数据。在单元格 C12 输入公式"=SUM(C2:C11)"，返回的结果为"0"，原因是该区域的数据为字符型数据，无法进行有效汇总。处理的方法是在 G2 单元格输入公式"=VALUE(C2)"，并填充复制到 G11 单元格，在单元格 G12 输入公式"=SUM(G2:G11)"，即可返回正确的汇总结果。

	A	B	C	D	E	F	G
1	序号	商品代码	销售额（元）		序号	商品代码	销售额（元）
2	1	A001	3,680.00		1	A001	3,680.00
3	2	A002	3,666.00		2	A002	3,666.00
4	3	A003	5,000.00		3	A003	5,000.00
5	4	A004	3,603.00		4	A004	3,603.00
6	5	A005	3,433.00		5	A005	3,433.00
7	6	A006	3,718.00		6	A006	3,718.00
8	7	A007	2,908.00		7	A007	2,908.00
9	8	A008	3,856.00		8	A008	3,856.00
10	9	A009	4,000.00		9	A009	4,000.00
11	10	A010	3,154.00		10	A010	3,154.00
12		合计	0.00			合计	37,018.00
13			=SUM(C2:C11)				=SUM(G2:G11)

图 3-19　字符型数据的转换

二、数据的转置

在数据整理时，行和列的互相转换的操作是必不可少的。行列转换操作可以通过“选择性粘贴”中的“转置”功能或者使用 TRANSPOSE 函数实现。

1. 通过“选择性粘贴”进行数据转置

如图 3-20 所示，工作表的单元格区域 A2:D5 的表格需要转置为单元格区域 A8:D11 的表格。可以选中单元格区域 A2:D5，将鼠标放置 A8 单元格，按右键调出“选择性粘贴”对话框，勾选“转置”前的复选框，鼠标单击“确定”即可。

商品销售明细（单位：元）

商品名称	1月	2月	3月
床	3,336.06	3,341.68	3,385.98
衣柜	2,206.52	2,182.23	2,162.56
沙发	1,689.94	1,684.40	1,666.89

商品名称	床	衣柜	沙发
1月	3,336.06	2,206.52	1,689.94
2月	3,341.68	2,182.23	1,684.40
3月	3,385.98	2,162.56	1,666.89

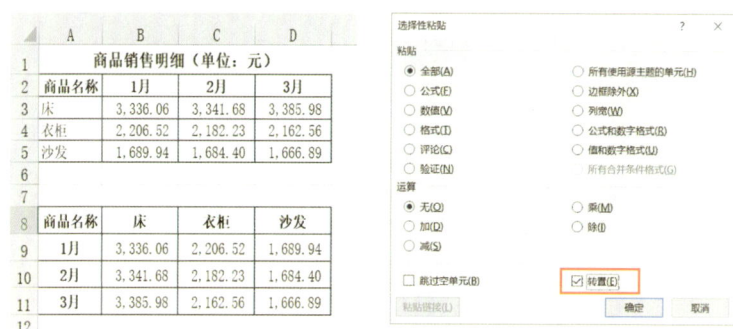

图 3-20 通过“选择性粘贴”进行数据转置

2. 使用 TRANSPOSE 函数进行数据转置

在使用 TRANSPOSE 函数对单元格区域 A2:D5 的表格进行转置时可执行以下步骤。选中单元格区域 A8:D11，在编辑栏输入公式“=TRANSPOSE(A2:D5)”，按下“CTRL+SHIFT+ENTER”，设置组数公式即可，如图 3-21 所示。

商品销售明细（单位：元）

商品名称	1月	2月	3月
床	3,336.06	3,341.68	3,385.98
衣柜	2,206.52	2,182.23	2,162.56
沙发	1,689.94	1,684.40	1,666.89

商品名称	床	衣柜	沙发
1月	3,336.06	2,206.52	1,689.94
2月	3,341.68	2,182.23	1,684.40
3月	3,385.98	2,162.56	1,666.89

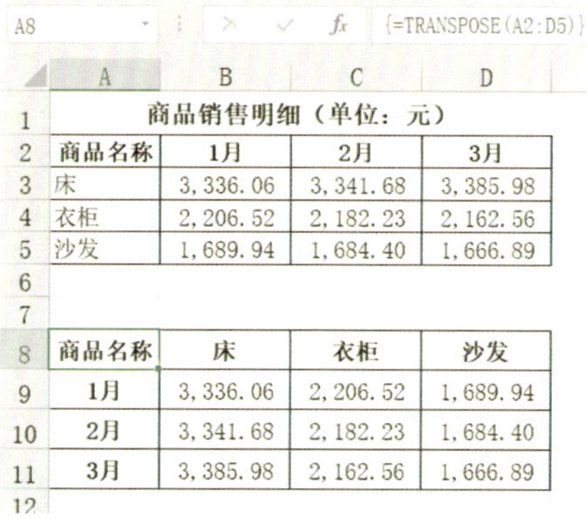

图 3-21 使用 TRANSPOSE 函数进行数据转置

第四章 数据分析的方法与应用

第一节 数据分析方法和工具的选择

一、如何选择数据分析方法

决策分析的类型包括描述性分析、预测性分析和规定性分析三种类型。在数据分析时，应根据决策分析的类型，采用适当的分析方法。

1. 描述性分析

描述性分析是运用最多、形式最基本也是最容易为人们所理解的分析类型。大多数业务分析都是从描述性分析开始的。通过描述性分析，可以对经营业绩进行评价，反映过去和现状。例如，以下问题一般由描述性分析解决：

（1）我们完成预算指标了吗？每个部门预算执行情况怎么样？

（2）本月的营业收入和利润情况怎样？与上月比或去年同期比增减情况如何？

（3）本季度销售增长最快的是哪款产品？

（4）我们接到了多少客户的投诉？主要反映的是哪些问题？

常用的描述性分析方法包括比较分析法（水平、垂直比较）、趋势分析法、因素分析法等。

2. 预测性分析

预测性分析即根据历史的数据，找出数据存在的规律或内在逻辑关系，并结合当前情况，对未来的情况作出研判，以提前作出相应的准备或应对措施，从而减少对未来事物认识的不确定性，以指导我们的决策行动，减少决策的盲目性。例如，以下问题一般由预测性分析解决：

（1）根据最近三年的销售数量，预测下一年度销售量是多少？

（2）如果市场需求下降了10%，对我们的利润影响有多大？

（3）在新的地区新开一家门店，亏损的风险有多少？

常用的预测性分析方法包括移动平均法、平滑指数法、回归分析法等。

3. 规定性分析

规定性分析又称规范性分析，是最难理解的一种分析类型。在许多问题中，如生产计划的排产、原材料的下料、合金的配料以及运输路径的规划，同时存在一个或多个约束条件。这些问题涉及了很多的选择或替代方案，对于一个决策者来说，不可能全都加以考虑。为了最大化或最小化地实现某些目的，比如利润最大化或成本最小化，规定性分析常常使用模拟和优化分析方法来确定最佳选择方案或替代方案，以指导企业的决策行动。例如，以下问题一般由规定性分析解决：

（1）产品如何定价将获得最大利润？

（2）如何下料最节省？

（3）供应地如何向目的地安排数量，运输成本最低？

（4）如何合理布局生产、配送中心等的选址？

常用的规定性分析方法需要运用到管理科学（运筹学）中的线性规划、非线性规划、排队理论、网络规划等。

二、数据分析工具的选择

常用的决策分析软件有 LINGO、MATLAB、SPSS、Python，以及 Excel 等。这些软件的主要功能如表 4-1 所示。

表 4-1　常用决策分析软件及其主要功能

软件名称	主要功能
LINGO	交互式的线性和通用优化求解器，快速、方便和有效地构建和求解线性、非线性和整数最优化模型的功能全面的工具
MATLAB	用于数据分析、无线通信、深度学习、图像处理与计算机视觉、信号处理、量化金融与风险管理、机器人控制系统等领域的商业数学软件。
SPSS	组合式软件包，它集数据录入、整理、分析功能于一身，基本功能包括数据管理、统计分析、图表分析、输出管理等
Python	Python 是一种解释型脚本语言，功能非常强大，可以应用 Web 和 Internet 开发、科学计算和统计、人工智能、桌面界面开发、软件开发、后端开发、网络接口等方面

从表 4-1 可以看出，不同的决策分析软件具有不同的分析功能，有些甚至拥有一些独特的功能。然而，这些软件通常价格比较昂贵，需要经过专业培训才能理解和运用。在进行决策分析时，有些软件需要进行编程，有些则需要应用特定的数理统计公式。因此，对于决策分析人员来说，掌握这些软件及其计算过程并不容易。

Excel 软件已经成为财务人员电脑中的标配软件。界面友好，易于理解，功能也非常强大。从普通表格的制作、数据记录、数据整理和商业图表的制作，到运用内置函数进行数据计算、数据分析，再到通过内置的规划求解和分析工具库加载项，或者加载外部分析插件（例如水晶球软件 Crystal Ball），可以实现更强大的数据分析功能。

第二节　经营数据的常用分析方法和应用

经营数据的常用分析方法主要包括比较分析法、比率分析法、趋势分析法、因素分析法、数理统计法、运筹学方法。

一、比较分析法

比较分析法是最常用的一种分析方法，它简单易懂，适用范围广泛，分析结果也容易理解。比较分析法根据分析的视角不同，可以分为水平分析法和垂直分析法。

水平分析法是指一种将企业报告期经营数据与企业前期或历史某一时期的经营数据进行对比的分析方法。表 4-2 反映了 ABC 公司营业收入 20×1 年与 20×2 年的比较（水平）分析。

表 4-2　ABC 公司营业收入比较（水平）分析

金额单位：万元

营业收入项目	20×1 年	20×2 年	增减额	增减比例
房屋建筑工程	62 508.42	72 432.66	9 924.24	15.88%
基础设施建设与投资	23 092.87	27 667.51	4 574.64	19.81%
房地产开发与投资	17 920.36	18 411.25	490.89	2.74%
其他	1 889.79	1 430.60	−459.19	−24.30%
合计	105 411.44	119 942.02	14 530.58	13.78%

垂直分析法是指在一张报表中，用表中各项目的数据与总体（或称报表合计数）相比较，以得出该项目在总体中的位置、重要性与变化情况。有时可以将水平分析法与垂直分析法结合起来应用。表 4-3 反映了 ABC 公司营业收入 20×1 年与 20×2 年的比较（垂直）分析。

表 4-3　ABC 公司营业收入比较分析表（垂直分析）

金额单位：万元

营业收入项目	20×1 年		20×2 年	
	金额	占比	金额	占比
房屋建筑工程	62 508.42	59.30%	72 432.66	60.39%
基础设施建设与投资	23 092.87	21.91%	27 667.51	23.07%
房地产开发与投资	17 920.36	17.00%	18 411.25	15.35%
其他	1 889.79	1.79%	1 430.60	1.19%
合计	105 411.44	100%	119 942.02	100%

二、比率分析法

比率分析法是指一种利用两项相关数值的比率来揭示企业经营情况的分析方法。根据分析目的和要求的不同，比率分析主要包括构成比率、效率比率和相关比率三种。

构成比率，又称结构比率，是某个经济指标的各个组成部分与总体的比率。反映部分与总体之间的关系。前述垂直分析法就是一种应用了构成比率的方法。

效率比率是指某项经济活动中所费与所得的比率，反映投入与产出的关系。例如，计件工资为 2 元/件，表示投入 2 元产出 1 件产品，这就是一种效率比率。又如，某型号小轿车在高速公路行驶的油耗为 7 升/百公里，表示每次行驶 100 公里需要消耗 7 升汽油，这也是一种效率比率。

相关比率是根据经济活动中客观存在的相互依存、相互联系的关系，将某项指标与其他相关指标进行比较所得的比率，反映有关经济活动的相互关系。例如，在财务比率分析中，资产负债率＝总负债÷总资产，流动比率＝流动资产÷流动负债，应收账款周转次数＝赊销收入÷应收账款平均余额。这些都是相关比率的例子。

三、趋势分析法

趋势分析法是将连续数期相同指标进行对比来分析该指标的变动趋势。趋势分析法可以评估某一指标一段时间内的运行轨迹，寻找其运行规律，能及时察觉潜在的变化迹象，还能推测偏差演变，警示未来可能出现的结果。例如，某公司在 2018—2022 年近 5 年间的营业收入和净利润，可以绘制成如图 4-1 所示的营业收入和净利润趋势图。

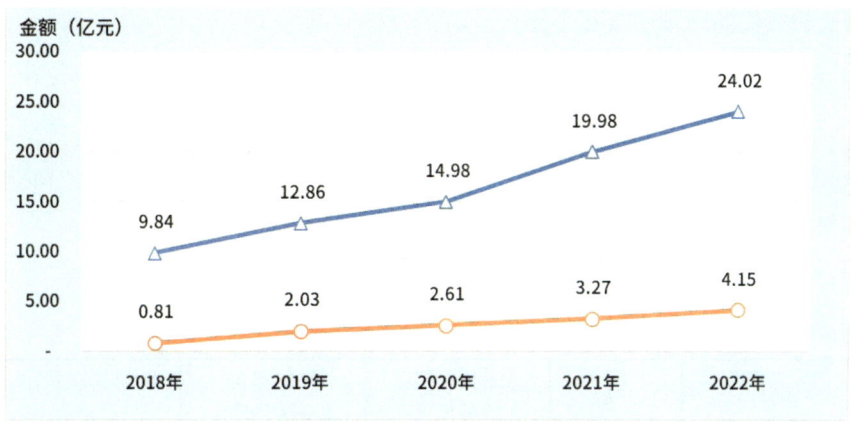

图 4-1 营业收入和净利润趋势图

四、因素分析法

因素分析法,又称为因素替换法或连环替代法,是一种用于确定几个相互关联的因素对分析对象影响程度的分析方法。根据分析的特点,分为连环替代法和差额分析法。

以连环替代法为例,当分析各因素变动对分析指标 Q 的影响程度时,按顺序替代。

计划指标:

$$Q_0 = A_0 \times B_0 \times C_0 \quad (1)$$

第一次替代(替代 A_0):

$$A_1 \times B_0 \times C_0 \quad (2)$$

第二次替代(替代 B_0):

$$A_1 \times B_1 \times C_0 \quad (3)$$

第三次替代(替代 C_0):

$$Q_1 = A_1 \times B_1 \times C_1 \quad (4)$$

分析各因素的影响:

(2) − (1) → A 因素变动对 Q 的影响。

(3) − (2) → B 因素变动对 Q 的影响。

(4) − (3) → C 因素变动对 Q 的影响。

将各因素变动综合起来,得到总影响:

$$\varDelta Q = Q_1 - Q_0$$

各因素的替代顺序排序有 2 个要点,即:

(1)先实物量指标,再质量(效率)指标,最后是价值量指标。

(2)同类指标中,影响大的排在前面,影响小的排在后面。

例如,根据表 4-4 所示的数据,某公司本月 M 材料总费用比计划超支 146 355 元,是哪些因素影响的?各因素影响程度是多少?

表 4-4　M 材料超支总差异

项目	产量	M 材料单耗(公斤)	材料单价(元/公斤)	M 材料总费用(元)
本月计划	5 000.00	2.30	170.43	1 959 945.00
本月实际	5 015.00	2.10	200.00	2 106 300.00
费用总差异				146 355.00

影响 M 材料超支的三个因素中,产量为实物量指标,材料单耗为质量(效率)指标,材料单价为价值量指标,按照产量、材料单耗和材料单价的顺序,通过连环替代法分析各因素的影响金额,如图 4-2 所示。

项目	产量	M材料单耗(公斤)	材料单价(元/公斤)	M材料总费用(元)	
本月计划	5,000.00	2.30	170.43	1,959,945.00	
本月实际	5,015.00	2.10	200.00	2,106,300.00	
费用总差异				146,355.00	
计划总费用	=计划产量×计划单耗×计划单价=			1,959,945.00	①
替代产量	=**实际产量**×计划单耗×计划单价=			1,965,824.84	②
替代单耗	=实际产量×**实际单耗**×计划单价=			1,794,883.55	③
替代单价	=实际产量×实际单耗×**实际单价**=			2,106,300.00	④
产量变动的影响	=②－①		5,879.83	S1	
单耗变动的影响	=③－②		-170,941.29	S2	
单价变动的影响	=④－③		311,416.46	S3	
费用总差异	=S1+S2+S3				

图 4-2　连环替代法分析各因素的影响

通过分析上图,产量变动的影响为 5 879.83 元,材料单耗变动的影响为 -170 941.29 元,材料单价变动的影响为 311 416.46 元。

五、数理统计法

数理统计法是数学的一门分支学科。以概率论为基础，运用统计学方法中样本的平均数、标准差、标准误、变异系数率、均方、检验推断、相关、回归等统计量的计算，对数据进行分析和研究，以得到所需的结果。

六、运筹学方法

运筹学方法主要通过把管理问题抽象成一个模型，通过求解该模型来获得解决问题的最优解。

目前，运筹学方法已在市场销售、生产计划、库存管理、运输问题、财政与会计、人事管理、设备维修等方面得到广泛应用。

第三节　数据分析必备的统计知识

一、统计的涵义及其相关概念

1. 统计的涵义

统计是指对某一现象有关数据的搜集、整理、计算和分析等活动。在现实中，统计有三种涵义：统计工作、统计资料、统计学。三者关系如下：

（1）统计工作与统计资料是统计过程与活动的成果的关系。统计工作活动的目的是获取统计资料，而统计资料的获取必须依靠统计工作来进行。

（2）统计工作与统计学是统计实践与统计理论的关系。统计学一方面是统计工作的经验总结和理论概括，另一方面又指导统计工作的实践。

（3）统计工作是先于统计学而发展起来的，也就是说先进行实践，再形成理论。

2. 统计中常用的三组概念

（1）总体与总体单位。

总体：是指同一性质基础上结合起来的许多个别事物的整体，又称为统计总体，简称总体。

总体单位：是指构成总体的每一个事物的总称。

两者关系：总体是由总体单位构成的。根据研究事物和对象的不同，有时总体单位也可以构成总体。

【案例 4-1】

2020年开展的第七次全国人口普查，如果要研究全国人口年龄、性别等情况，那么全国所有的人口就成了我们要研究的总体。每个省、自治区、直辖市的人口数则成为总体单位。如果我们研究的范围缩小为省、自治区、直辖市的话，那么此时省、自治区、直辖市的人口数又变成了总体，而不是总体单位。

【案例 4-2】

如果我们想了解某市至2023年6月为止，全市产值过2 000万元的1 985家规模以上工业生产情况，那么全市1 985家产值过2 000万元的企业就是我们需要统计的总体，每一家企业就是构成总体的总体单位。当要研究某一家企业内部问题，如企业员工的薪资情况，那么这家企业的所有员工就成了统计总体，每个员工则为总体单位。

结论：总体和总体单位随着研究对象的改变是可以相互转换的。

（2）指标与标志。

指标即反映总体现象数量特征的概念。一个完整的统计指标包括指标名称和指标数值两个部分，例如工业总产值5 000亿元，社会商品零售总额3 200亿元等。

标志即用来说明总体单位特征的名称，按其性质可以分为品质标志和数量标志。品质标志表示事物的质的特性，是不能用数值表示的，例如职工的性别、民族、工种等。数量标志表示事物的量的特性，是可以用数值表示的，例如职工年龄、工资、工龄等。品质标志主要用于分组，将性质不相同的总体单位划分开来，便于计算各组的总体单位数、计算结构和比例指标。数量标志既可用于分组，也可用于计算标志总量以及其他各种质量指标。

两者区别和联系：

区别：标志是说明总体单位属性的，一般不具有综合的特征；指标是说明总体综合数量特征的，具有综合的性质；统计指标都可以用数量来表示；在标志中，数量标志可以用数量来表示，品质标志只能用文字表示。

联系：统计指标的指标值是由各单位的标志值汇总或计算得来的。随着研究目的的不同，指标与标志之间可以相互转化。

（3）变异与变量。

变异：标志在同一总体不同总体单位之间的差异。

变量：将数量变异标志称为变量。数量变异标志的表现形式是具体的数值，称为变量值。

二、统计指标

1. 统计指标的涵义

统计指标是反映总体现象数量特征的基本概念及其具体数值的总称。构造一个统计指标需要注意六个方面的问题，一般称为统计指标的六要素。

（1）指标名称。

指标名称指描述指标的文字，例如温度、重量、合格率、资产负债率、存货周转率等。

（2）计量单位。

计量单位是指标的计量尺度，例如摄氏度、米、吨、元等。

（3）计算方法。

计算方法指在对总体进行测度时所使用的方法和注意事项。例如，在计算"收入"这一指标时，需要说明哪些内容需计算在内，对于各种隐性收入如何处理，实物收入如何折算等。

（4）时间限制。

时间限制是该指标描述的对象在时间上的范围。例如，"2022年全年总收入"是指从2022年1月1日起至12月31日止的全部收入值。

指标的时间限制包括时期和时点两类。时点是指某一瞬间的状况，多用于描述连续型的现象。例如，计算人口数时，使用的是时点（如2022年11月1日零时）限制。而时期指标是指一段时间内的累积情况，多用于描述离散型的现象。例如，计算收入情况时，可以用一个时期（如1月1日至12月31日）来描述。

（5）空间限制。

空间限制是指该指标所描述的对象在空间上的范围。例如，"杭州市滨江区常住人口"，其空间限制即为杭州市滨江区范围，在此范围之外的常住人口不予计算。

计算方法、时间限制和空间限制在统计中合称为指标的"口径"。在实际工作中，如果需要对指标进行比较，则一定要注意指标口径是否相同，口径不相同的指标是不能进行比较的。

（6）指标数值。

指标的最终计算结果，以数字形式表现。

2. 统计指标的特点

统计指标具有数量性、综合性和具体性三个特点。

（1）数量性。

所有的统计指标都可以用数值来表现，这是统计指标最基本的特点。统计指标所反映的是客观现象的数量特征，这种数量特征是统计指标存在的形式，没有数量特征的统计指标是不存在的。

（2）综合性。

综合性是指统计指标既是同质总体大量个别单位的总计，又是大量个别单位标志差异的综合，是许多个体现象数量综合的结果。统计指标的形成都必须经过从个体到总体的过程，它是通过个别单位数量差异的抽象化来体现总体综合数量的特点的。

（3）具体性。

统计指标的具体性有两方面的含义：一是统计指标不是抽象的概念和数字，而是一定的具体的社会经济现象的量的反映，是在质的基础上的量的集合。这一点使社会经济统计和数理统计、数学相区别；二是统计指标说明的是客观存在的、已经发生的事实，它反映了社会经济现象在具体地点、时间和条件下的数量变化。这点又和计划指标相区别。

3. 统计指标的分类

（1）根据反映的内容或其数值表现形式分类。

统计指标按照其反映的内容或其数值表现形式，可以分为总量指标、相对指标和平均指标三种。

①总量指标。

总量指标是反映现象总体规模的统计指标，通常以绝对数的形式来表现，因此又称为绝对数，如土地面积、国内生产总值、财政收入等。总量指标按其反映的时间状况不同又可以分为时期指标和时点指标。

时期指标又称时期数，它反映的是现象在一段时期内的总量，如产品产量、能源生产总量、财政收入、商品零售额等。时期数通常可以累积，从而得到更长时期内的总量。

时点指标又称时点数，它反映的是现象在某一时刻上的总量，如年末人口数、科技机构数、公司员工数、股票价格等。时点数通常不能累积，各时点数累计后没有实际意义。

②相对指标。

相对指标又称相对数，是两个绝对数之比，如经济增长率、物价指数、全社会固定资产增长率等。

相对数的表现形式通常为比例和比率两种，计量形式有单位的复名数和无名数。例如：万元GDP能耗；百分数、千分数、系数或倍数、成数。相对指标的种类及计算原则分为两类：

第一类，同一总体内部对比的相对指标主要包括：计划完成程度相对指标、计划执行进度相对指标、结构相对指标、比例相对指标和动态相对指标。

第二类，两个总体之间对比的相对指标包括：比较相对指标和强度相对指标。

【案例 4-3】

某企业计划规定单位产品成本降低2%，实际降低7%，则其单位成本降低计划完成程度＝（1−7%）÷（1−2%）＝94.9%。

【案例 4-4】

某建筑公司盖一栋大楼，计划完成时间为320天，实际完成时间290天，则计划完成程度＝290÷320＝90.63%。因此，该建筑公司超额完成了计划，超额完成量为1−90.63%＝9.37%。

③平均指标。

平均指标又称平均数或均值，它反映的是现象在某一空间或时间上的平均数量状况，如人均国内生产总值、人均利润等。

平均指标可分为数值平均指标和位置平均指标两类。

数值平均指标按计算方法分为算术平均数、调和平均数和几何平均数。

位置平均数包括中位数、众数等。

（2）根据反映总体现象的数量特性的性质不同分类。

统计指标按其所反映总体现象的数量特性的性质不同可分为数量指标和质量指标。

①数量指标。

数量指标是反映社会经济现象总规模水平和工作总量的统计指标，一般用绝对数表示，如职工人数、工业总产值、工资总额等。

②质量指标。

质量指标是反映总体相对水平或平均水平的统计指标，一般用相对数或平均数表示，如计划完成程度、平均工资等。

三、时间序列

时间序列就是同类指标值按照时间顺序排列而成的数列。

1. 水平指标

（1）发展水平。

发展水平是指时间序列中的各项指标值。

设时间序列各项为：a_0，a_1，a_2，a_3，…，a_{n-1}，a_n。

其中，a_0 表示期初水平；a_n 表示最末水平。

相对指标为：$a_j \div a_i (i<j)$。

其中，a_i 表示基期水平；a_j 表示报告期水平。

（2）序时平均数。

序时平均数（平均发展水平或动态平均数），是根据时间序列中各个时期或时点的发展水平（即指标值）加以平均所得到的平均数。

2. 速度指标

（1）发展速度。

发展速度表明现象在一定时期内的发展方向和程度的动态相对指标，包括定期发展速度和环比发展速度。计算公式如下：

$$定基发展速度 = 计算期发展水平 \div 固定基期发展水平 \times 100\%$$

$$环比发展速度 = 计算期发展水平 \div 前一期发展水平 \times 100\%$$

（2）增长速度。

增长速度是人们在日常社会经济工作中经常用来表示某一时期内某动态指标发展变化状况的动态相对数，表明社会现象增长程度的相对指标，是报告期的增长量与基期发展水平之比。计算公式如下：

$$增长速度 = （某指标报告期数值 - 该指标基期数值）\div 该指标基期数值$$

增长速度与发展速度的关系如下：

$$增长速度 = 发展速度 - 1$$

$$发展速度 = 增长速度 + 1$$

（3）平均发展速度。

平均发展速度可以按几何平均数或算术平均数进行计算。

【案例 4-5】

ABC 公司 2018—2022 年的股利支付情况如表 4-5 所示。

表 4-5　ABC 公司 2018—2022 年的股利支付情况明细表

金额单位：万元

年份	2018 年	2019 年	2020 年	2021 年	2022 年
股利	0.16	0.19	0.2	0.22	0.25

【要求】分别按几何平均数和算术平均数计算 ABC 公司股利平均发展速度。

【解析】设 ABC 公司股利发展水平为 g，则：

按几何平均数计算：

$$g = \sqrt[4]{\frac{0.25}{0.16}} - 1 = 11.80\%$$

按算术平均数计算：

$g = [(0.19-0.16)\div 0.16 + (0.20-0.19)\div 0.19 + (0.22-0.20)\div 0.20 + (0.25-0.22)\div 0.22]\times 100\% \div 4 = 11.91\%$。

3. 动态序列的分解和模型

（1）动态序列的分解。

动态序列的总变动（Y）一般可以分解为四种动态趋势，如表4-6所示。

表4-6 动态序列的四种动态趋势

动态趋势	说明
长期趋势（T）	指在一个长时期内居支配地位、起决定性作用的基本因素使得现象总体呈现出大致逐渐上升或下降的发展变动态势
季节波动（S）	指现象由于受社会条件、自然条件等因素的影响，在一个年度内随着季节的更替而引起的比较有规则的变动
循环波动（C）	指现象在较长时期内发生的周期性波动
不规则波动（I）	指由于受到意外的、偶然性的因素作用而使现象产生非周期性的随机波动。不过，在一个较长时期内，这种不规则波动的随机因素往往可以相互抵消

（2）动态序列的分解模型。

动态序列的分解模型包括乘法结构模型和加法结构模型。

①乘法结构模型。

动态序列的各项观察值是四种因素（相互影响）乘积的结果，乘法结构模型为：

$$Y = T \cdot S \cdot C \cdot I$$

②加法结构模型。

动态序列的各项观察值是四种因素（相互独立）的总和，加法结构模型为：

$$Y = T + S + C + I$$

当以年为时间单位时，动态序列不直接受季节波动的影响，加法结构模型变为：

$$Y = T + C + I$$

4. 长期趋势的测定

长期趋势的测定旨在剔除季节波动、循环波动和不规则波动等因素的影响，以揭示现象长期呈现出的逐渐上升或下降的基本变动趋势。

长期趋势的测定主要是求趋势值。测定方法主要包括扩大时距法、移动平均法和最小二乘法。

（1）扩大时距法。

扩大时距法是指通过扩大动态序列各项指标的时间跨度，从而消除因时距短而使各指标值受偶然性因素影响所引起的波动，以便使经修匀过的动态序列能够显著地反映现象发展变动总趋势的方法。

【案例4-6】

试判断甲公司 ABC 型号机床销售数量变化趋势，如表4-7、表4-8 所示。

表4-7 2022年ABC型号月度销售数量明细表

单位：台

月份	1	2	3	4	5	6	7	8	9	10	11	12
销售数量	513	472	480	497	601	470	359	812	555	660	721	763

表4-8 时距扩大为季度后的动态序列

单位：台

季列	1	2	3	4
销售数量	1 465	1 568	1 726	2 144

【解析】各月销量数量波动较大，难以观察到明显的规律性。将时距由月份扩大为季度后，销售数量呈现出递增的趋势。

（2）移动平均法。

移动平均法是对动态序列进行逐期移动以扩大时距，同时对时距已扩大了的新动态序列的各项指标值分别计算序时平均数，从而由移动平均数形成一列派生动态序列的方法。通过移动平均得到的一系列移动序时平均数分别就是各自对应时期的趋势值。

【案例4-7】

某公司2020—2022年摩托车销售数量资料如表4-9所示，试计算三项移动平均数。

表4-9 某公司2020－2022年摩托车销售数量明细表

单位：辆

季节顺序	实际销售数量	三项移动总数	三项移动平均数
1	10 030	—	—
2	15 006	37 053.00	12 351
3	12 017	42 078.00	14 026
4	15 055	41 087.00	13 696
5	14 015	46 122.00	15 374
6	17 052	44 144.00	14 715
7	13 077	48 220.00	16 073
8	18 091	47 207.00	15 736
9	16 039	51 153.00	17 051
10	17 023	51 085.00	17 028
11	18 023	54 141.00	18 047
12	19 095	—	—

（3）最小二乘法。

最小二乘法是用于估计回归模型参数的常用方法。其基本原理是要求实际值与趋势值的离差平方和为最小，以此拟合出优良的趋势模型，从而测定长期趋势。

针对以下的一种曲线形式：

$$Y_c = a + bx$$

已知一组 x 和 y，欲求一组 a 和 b，使得估计值 Y_c 与观察值 y 之间的离差最小。

构造总离差函数 Q 如下：

$$Q = \Sigma(y - Y_c)^2 = \Sigma(y - a - bx)^2$$

欲求一组 a、b，使得 Q 达到最小值，根据微积分的原理，可以分别就 a、b 求 Q 的偏导数，并令偏导数为 0，解联立方程得解如下：

$$\begin{cases} b = \dfrac{n\Sigma xy - \Sigma x \Sigma y}{n\Sigma x^2 - (\Sigma x)^2} \\ a = y - bx \end{cases}$$

对于大多数一元函数，最小二乘法都能够计算出唯一的一组 a 和 b，使 Q 达到最小。但这并不意味着两个变量 x 和 y 之间一定存在线性关系，最小二乘法仅提供求解 a 和 b 的算法，但求出来的系数是否有意义，还需要进行检验。

5.季节变动的测定

季节指数用于说明现象在各年某个月的同月平均数占各年总月平均数的比重。

若不考虑长期趋势的影响，直接根据原始时间序列来计算季节比率，即为按月（季）

平均法，或称直接平均法。按月（季）平均法是将全年的总量分配到每个月份，作为当月的理论数量，然后以各月的实际数量进行比较。季节指数高为旺季；季节指数低为淡季。

从这一结果中可以看到，所谓季节指数，是指某一季节的特定现象与全年的平均值相比，表现为一个比值。为了避免偶然因素对季节指数的干扰，通常要使用多个年份的结果进行平均处理，以获得一个较为稳定的指数。

【案例 4-8】

观察某商场一年中 4 个季节的衬衣销售量变化情况如下：

在表 4-10 中，可以计算出 5 年中所有 20 个季度的总平均数为 7 380 件。再用每个特定季度的平均数除以 7 380 件，即可得到该季度的季节指数。

例如，5 年中春季的平均数为 3 860，除以 7 380 得 52.30％，因此春季的季节指数为 52.30。依次计算出夏季、秋季和冬季的季节指数为 208.67、111.11 和 27.91。

表 4-10　某商场近五年四个季度的衬衣销售量分析表

年份	销售数量（件）				
	春季	夏季	秋季	冬季	平均
2018 年	3 000	12 000	6 000	1 200	5 550
2019 年	3 500	13 500	7 000	1 600	6 400
2020 年	3 800	15 000	8 500	2 100	7 350
2021 年	4 200	17 000	9 300	2 500	8 250
2022 年	4 800	19 500	10 200	2 900	9 350
平均	3 860	15 400	8 200	2 060	7 380
季节指数	52.3	208.67	111.11	27.91	399.99

从上表可以看出，夏季和秋季的季节指数较高，为旺季；冬季和春季的季节指数较低，为淡季。

第四节　数据分析中 Excel 函数的应用

一、函数应用基础

1. 在单元格建立公式

在 Excel 工作表的单元格内可以建立公式对数字数据进行加、减、乘、除等运算，当计算引用的单元格数据有变化时，公式计算的结果将随之更新。

Excel 中的公式和一般数学公式类似。如果 A1 单元格包含数字"200"，A2 单元格包含数字"300",则在 A3 单元格里输入公式"=A1+A2",则 A3 单元格将显示计算结果"500"。

如果将 A2 单元格数字改为"400",A3 单元格将随之自动更改计算结果"600"。

在 Excel 公式中,运算符是用来对公式中的元素进行运算而规定的特殊符号。Excel 有四种运算符类型:算术运算符、比较运算符、文本运算符和引用运算符,如表 4-11 所示。

表 4-11 Excel 中的四种运算符类型

类别	运算符及含义	含义	示例
算术	+（加号）	加	1 + 2
	−（减号）	减	2 − 1
	−（负号）	负数	−1
	*（星号）	乘	2*3
	/（斜杠）	除	4/2
	%（百分比）	百分比	10%
	^（乘方）	乘幂	3^2
比较	=（等号）	等于	A1 = A2
	>（大于号）	大于	A1>A2
	<（小于号）	小于	A1<A2
	>=（大于等于号）	大于等于	A1>= A2
	<=（小于等于号）	小于等于	A1<= A2
	<>（不等号）	不等于	A1<>A2
文本	&（连字符）	将两个文本连接起来产生连续的文本	比如:"祝你"&"快乐、开心!"会生成"祝你快乐、开心!"
引用	:（冒号）	区域运算符,对两个引用之间包括这两个引用在内的所有单元格进行引用	A1:D4（引用 A1 到 D4 范围内的所有单元格）
	,（逗号）	联合运算符,将多个引用合并为一个引用	SUM(A1:D1,A2:C2) 将 A1:D2 和 A2:C2 两个区域数字合计

在 Excel 中对运算符的优先顺序进行了如下规定。

（1）四类运算符的优先顺序为:引用运算符、算术运算符、文本运算符、比较运算符。

（2）数学运算符从高到低分为 3 个级别,分别是 % 和 ^、× 和 ÷、＋和－。

（3）比较运算符优先级相同。

2.Excel 中单元格的引用

在 Excel 中,单元格的引用有三种类型:相对引用、绝对引用和混合引用。相对引用、绝对引用和混合引用是指在公式中使用单元格或单元格区域的地址时，当用鼠标向旁边单元格拖动复制公式时，单元格的地址是如何变化的。

（1）单元格的相对引用。

在复制公式时，单元格地址会跟着发生变化。例如，在C1单元格中有公式"=A1+B1"，当将该公式用鼠标拖动复制到C2单元格时，公式会自动调整为"=A2+B2"，当将公式用鼠标拖动复制到D1单元格时，公式会自动调整为"=B1+C1"，如图4-3所示。

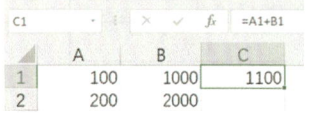 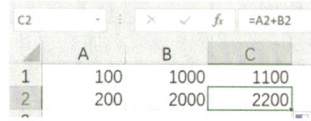 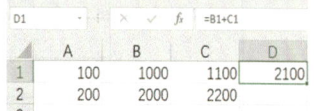

图4-3 单元格相对引用示例

（2）单元格的绝对引用。

在复制公式时，单元格地址不会跟着发生变化。例如，C1单元格中有公式"=$A$1+$B$1"，当将该公式用鼠标拖动复制到C2单元格时，公式仍为"=$A$1+$B$1"，而当将公式用鼠标拖动复制到D1单元格时，公式也保持为"$A$1+$B$1"，如图4-4所示。

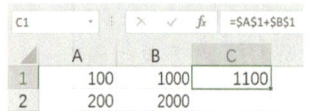 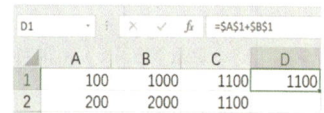

图4-4 单元格绝对引用示例

（3）单元格的混合引用。

在复制公式时，单元格地址的部分内容跟着发生变化。例如，C1单元格中有公式"=$A1+B$1"，当将该公式用鼠标拖动复制到C2单元格时，公式会自动调整为"=$A2+B$1"，当将公式用鼠标拖动复制到D1单元格时，公式会自动调整为"=$A1+C$1"，如图4-5所示。

图4-5 单元格混合引用示例

【提示】单元格地址相对引用、绝对引用和混合引用可以按快捷键 F4 进行互相切换，具体切换规则如表 4-12 所示。

表 4-12　单元格切换规则

F4	单元格	引用类型
第 1 次	$E$3	从相对引用变为绝对引用
第 2 次	E$3	只有行编号是绝对引用
第 3 次	$E3	只有列编号是绝对引用
第 4 次	E3	还原为相对引用

3. 函数的语法格式

Excel 函数是预先设置的，可以执行计算、分析等处理数据任务的特殊公式。

每个函数都包含三个部分：函数名称、参数和小括号，以常用的求平均数的函数 AVERAGE 为例，它的语法为：

"AVERAGE(number1,number2,...)"。

其中：

"AVERAGE" 称为函数名称，每个函数只有唯一的一个名称，它决定了函数的功能和用途。函数名称后是括号，括号内的用逗号分隔的内容 "number1,number2,..." 称为参数。

参数可以是常量（数字和文本）、逻辑值（如 TRUE 或 FALSE）、单元格引用地址和范围（如 E1：H1）等，甚至可以是另一个或几个函数等。参数的类型和位置必须符合函数语法的要求，否则将返回错误信息。

地址：例如，AVERAGE(B1,C3) 即是要计算 B1 单元格的值和 C3 单元格的值的平均数。

范围：例如，AVERAGE(A1:A4) 即是要对 A1:A4 区域范围的值计算平均数。

函数：例如，SQRT(AVERAGE(B1:B4)) 即是先对 B1:B4 区域范围的值计算平均数，再计算开平方根的值。

在使用函数中，括号里的参数部分出现 "[]" 时，表示 "[]" 里的参数是可选项。例如，计算终值的函数 FV 的语法格式为：

FV(rate,nper,pmt,[pv],[type])

"[]" 内的 "pv" 和 "type" 为可选项，根据函数执行任务的需要进行选择。

4. 给单元格（区域）定义名称

（1）什么是定义名称。

当我们新建工作簿时，如果不命名，会默认文件名为 "book1" "book2" "book3" 等等。当新建工作表时，如果不命名，会默认文件名为 "sheet1" "sheet2" "sheet3" 等等。单元格或单元格区域也会默认显示像 B2 或 D3:E5 这样的地址。定义名称就是给单元格或单元格区域重新起一个名字，并用此名称代替单元格或单元格区域的地址。合理使用名称可以实现很多功能，比如名称可以带入公式计算，名称可以快速定位到你想找到的数据行，可以使数据处理和分析更加快捷和高效。

（2）定义名称的方法。

Excel定义名称的方法有好多种，包括利用"公式选项卡"的"定义名称"选项、利用"名称框"直接填写或者利用"数据选项卡"的"名称管理器"选项等。下面以利用"数据选项卡"的"定义名称"选项为例进行说明。

如果需要将sheet1工作表的C2:E8单元格区域定义名称为"数据源"，首先，拖动鼠标，选中需要定义名称的C2:E8单元格区域，然后鼠标依次点击【公式】→【定义名称】，在弹出的"新建名称"对话框的"名称"框中输入"数据源"，"引用位置"框中会自动显示鼠标选中的区域"=Sheet1!$C$2:$E$8"，"新建名称"对话框的"范围"默认的选项是"工作簿"，表示定义的名称可以在整个工作簿中的任意一张工作表中使用，也可以将定义的名称应用范围选择仅仅在某一张工作表中使用，最后点击确定按钮，完成名称设置，如图4-6所示。

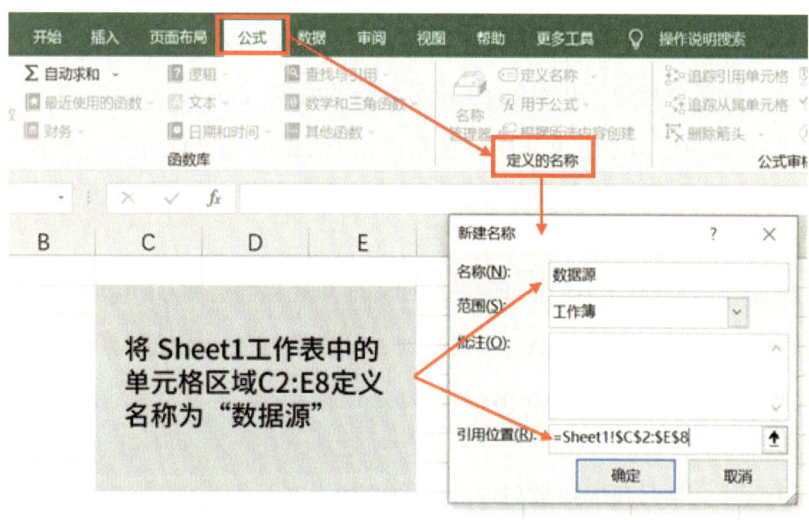

图4-6　利用定义名称选项设置名称

批量快速定义名称的方法如下。

①拖动鼠标，选中要定义名称的区域。

②鼠标依次点击【公式】→【根据所选内容创建】。

③在弹出的对话框中，可以将选中区域的首行、最左列、末行或者最右列的单元格内容设置为名称。

（3）给常量定义名称。

在 Excel 中，不仅可以为单元格或单元格区域定义名称，而且可以为常量定义名称，如果在工作表中的公式中经常需要使用 6% 的税率，则可以将 6% 定义为一个名为"税率"的常量名称。

具体操作是在弹出的"新建名称"对话框的"名称"框中输入"税率"，在"引用位置"框中输入公式"= 0.06"，点击确定按钮，完成名称设置，如图 4-7 所示。

这样，就可以在工作表中使用名称"税率"来代表 6% 的税率，并在公式中反复使用。

图 4-7　给常量定义名称

（4）名称的管理和调用。

名称的管理可以通过选择【公式】→【名称管理器】，调出如图 4-8 所示的"名称管理器"选项框，其中列出了所以已定义的名称。通过"名称管理器"选项框，可以执行各种操作，比如新建名称、编辑名称或删除名称。

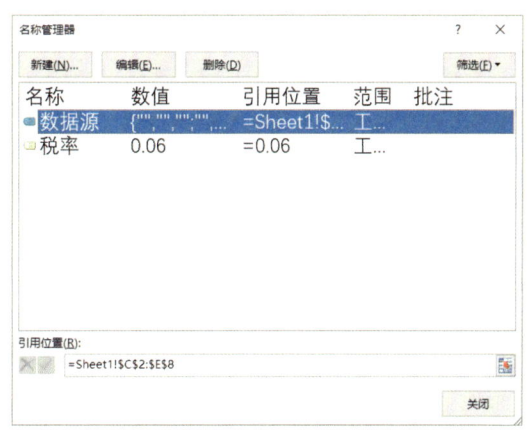

图 4-8　名称管理器选项

名称的调用可以直接在单元格中输入该名称，或者按 F3 快捷键。例如，在 C1 单元格中需要用 B1 单元格的数值乘以已定义好的名称"税率"，如图 4-9 所示，则可以在 C1 单元格录入"=B1*"后，接着输入"税率"，按回车键即可。

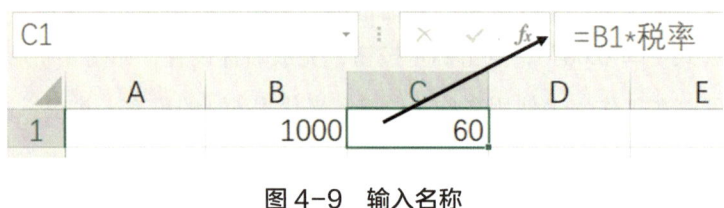

图 4-9 输入名称

另外，在 C1 单元格录入"=B1*"后，按 F3 键可以调出"粘贴名称"对话框。在已定义的名称中，选中"税率"，按确定即可，如图 4-10 所示。

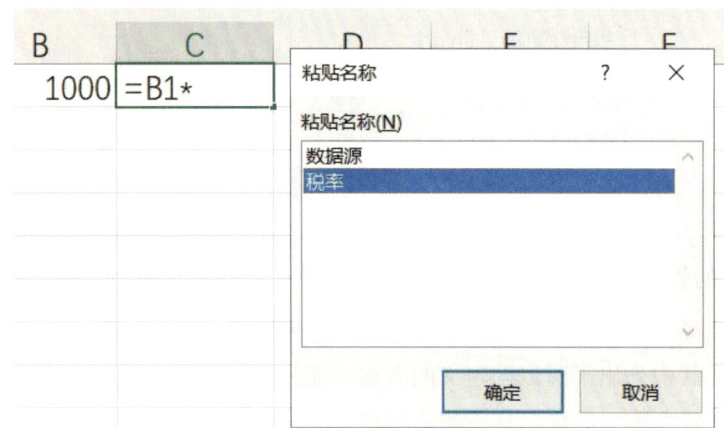

图 4-10 F3 键粘贴名称

（5）定义名称的规则如下。

①名称字符不能超过 255 个字符。一般情况下，为了便于记忆，名称应该尽量简短，否则就违背了定义名称的初衷。

②名称可以是任意字符与数字的组合，但不能以数字开头，不能以数字作为名称，名称不能与单元格地址相同。如果要以数字开头，可在数字前面加上下划线，如"_8xbct"。

③名称中不能包含空格，可以用下划线或点号代替。例如，名称不能是"中国 上海"，但可以用"中国_上海"或"中国.上海"。

④不能使用除下划线和点号以外的其他符号。但是，反斜线（/）和问号（？）可以使用，

但不能作为名称的开头，例如，"name?"可以使用，但"?name"就不可以。

⑤定义的名称中若含有英文字母，在调用时可以不区分大小写。

⑥定义的名称不能和 Excel 中默认的单元格或单元格区域的名称相同。

⑦在同一工作簿中定义的名称不能相同。

总之，建议使用简单易记的名称，遇到无效的名称时系统会给出错误提示。

二、数据分析中主要 Excel 函数的应用

Excel 内置函数有 10 类，包括逻辑函数、数学和三角函数、统计函数、文本函数、查找与引用函数、日期和时间函数、财务函数、数据库函数、信息函数和工程函数。另外，用户通过使用 VBA（Visual Basic for Applications）自行创建的函数，被称为用户自定义函数。

使用 Excel 函数可以满足各种数据处理的要求，可以简化或缩短工作表中的公式，使数据处理简单方便。

1. 逻辑函数

（1）IF 函数。

语法：IF(logical_test,value_if_true,value_if_false)。

即：IF（判断条件，符合条件的结果，不符合条件的结果）。

说明：如果指定条件的计算结果为 TRUE，IF 函数将返回某个值；如果该条件的计算结果为 FALSE，则返回另一个值。例如，如果 A1 大于 10，公式"=IF(A1>10," 大于 10"," 不大于 10")"将返回"大于 10"，如果 A1 小于等于 10，则返回"不大于 10"。

例如，在图 4-11 的表格中，根据 C 列销售额的金额，如果大于 200 万元在业绩评价所在的 D 列返回"优秀"，否则返回"一般"，可以在 D2 单元格输入公式"=IF(C2>200," 优秀"," 一般")"，然后选中 D2 单元格向下拖动鼠标填充复制公式。

D2 =IF(C2>200,"优秀","一般")

序	姓名	销售额（万元）	业绩评价
1	赵云	205	优秀
2	典韦	147	一般
3	关羽	228	优秀
4	马超	169	一般
5	张飞	211	优秀
6	黄忠	273	优秀
7	许褚	294	优秀
8	孙策	113	一般
9	太史慈	133	一般
10	夏候惇	280	优秀
11	夏候渊	218	优秀
12	张辽	202	优秀
13	甘宁	196	一般

图 4-11　用 IF 函数进行业绩评价

（2）IFERROR 函数。

语法：IFERROR(value,value_if_error)。

即：IFERROR（指定的公式，如果公式为错值时返回指定值）。

说明：如果公式的计算结果为错误，则返回指定的值；否则返回公式的结果。计算得到的错误类型有 #N/A、#VALUE!、#REF!、#DIV/0!、#NUM!、#NAME? 或 #NULL!。

例如，图 4-12 是计算销售人员 1 月销售计划完成率的，但由于李四在 1 月中旬才入职，没有设定计划值，但有实际值，如果在 Excel 表中直接用实际值除以计划值时，李四的计划完成率就会显示错误符号“#DIV/0!”，这时可以用 IFERROR 解决这个问题。

销售员	1月份计划	1月份实际	计划完成率	
张三	1,500,000.00	2,000,000.00	133.33%	
李四	-	500,000.00		=IFERROR(D4/C4,"")
王五	3,100,000.00	3,000,000.00	96.77%	

销售员	1月份计划	1月份实际	完成百分比	
张三	1,500,000.00	2,000,000.00	133.33%	
李四	-	500,000.00	#DIV/0!	=D9/C9
王五	3,100,000.00	3,000,000.00	96.77%	

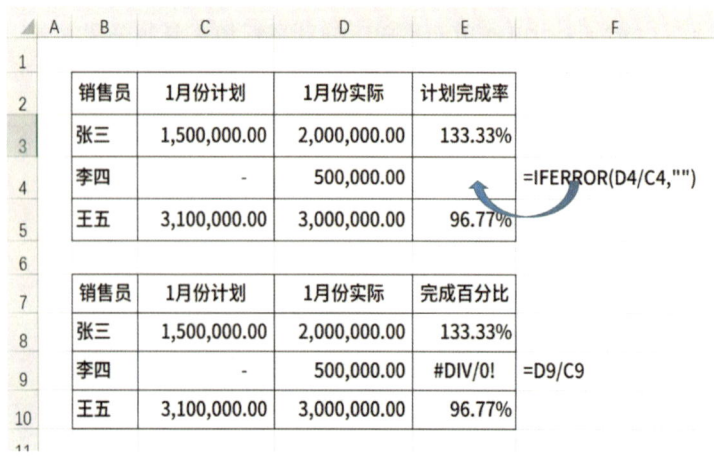

图 4-12　用 IFERROR 函数消除错误符号

（3）AND 函数。

语法：AND(logical1,[logical2], [logical3],...)

即：AND（逻辑表达式 1，［逻辑表达式 2］，［逻辑表达式 3］，……）

说明：AND 函数所有参数的计算结果为 TRUE 时，返回 TRUE；只要有一个参数的计算结果为 FALSE，则返回 FALSE。

例如，在图 4-13 所示的学生的成绩表中，判断语文和数学成绩同时超过 80 分的为 TRUE，否则为 FALSE，可以在 D2 单元格输入公式“=AND(B2>=80,C2>=80)”，并复制填充到 D5 单元格，只有关羽符合两门课均超过 80 分的条件，判断结果为 TRUE。

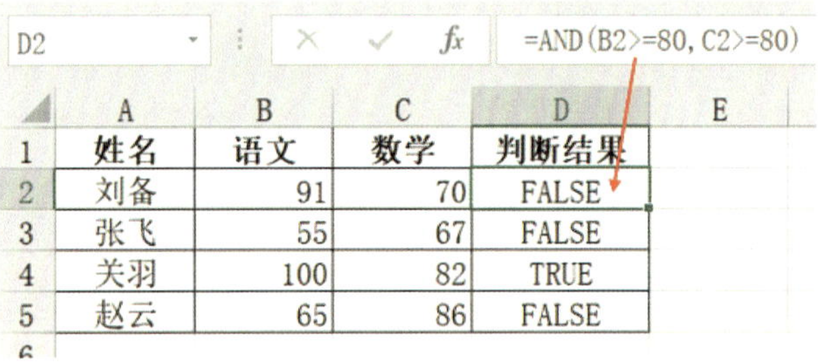

D2 =AND(B2>=80, C2>=80)

	A	B	C	D
1	姓名	语文	数学	判断结果
2	刘备	91	70	FALSE
3	张飞	55	67	FALSE
4	关羽	100	82	TRUE
5	赵云	65	86	FALSE

图 4-13　用 AND 函数进行判断

（4）OR 函数。

语法：OR(logical1,[logical2], [logical3],...)

即：OR（逻辑表达式 1，［逻辑表达式 2］，［逻辑表达式 3］，……）

说明：OR 函数所有参数的计算结果只要有一个 TRUE 时，返回 TRUE；全部参数计算结果为 FALSE，即返回 FALSE。

例如，在图 4-14 所示的学生的成绩表中，判断语文和数学成绩只要有一门 80 分的为 TRUE，否则为 FALSE，可以在 D2 单元格输入公式“=OR(B2>=80,C2>=80)”，并复制填充到 D5 单元格，只有张飞两门课均未超过 80 分，判断结果为 FALSE。

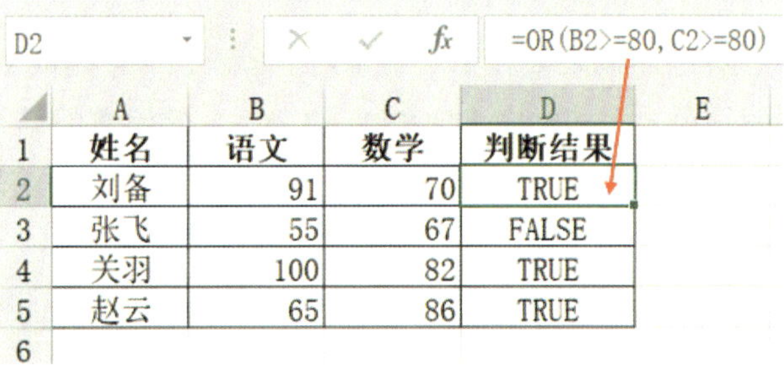

D2 =OR(B2>=80, C2>=80)

	A	B	C	D
1	姓名	语文	数学	判断结果
2	刘备	91	70	TRUE
3	张飞	55	67	FALSE
4	关羽	100	82	TRUE
5	赵云	65	86	TRUE

图 4-14　用 OR 函数进行判断

（5）NOT 函数。

语法：NOT(logical)。

即：NOT（逻辑表达式）。

说明：NOT 函数是用于对参数值求反的一种 Excel 函数。当要确保一个值不等于某一特定值时，可以使用 NOT 函数。简言之，就是当参数值为 TRUE 时，NOT 函数返回的结果恰与之相反，结果为 FALSE。

例如，在图 4-15 所示的学生的成绩表中，判断语文成绩低于 80 分的为 TRUE，否则为 FALSE，可以在 D2 单元格输入公式“=NOT(B2>=80)”，并复制填充到 D5 单元格，张飞和赵云的语文成绩均低于 80 分，判断结果为 TRUE。

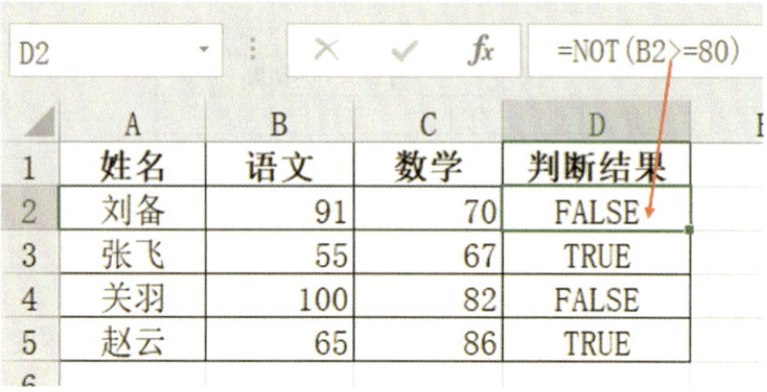

	A	B	C	D
1	姓名	语文	数学	判断结果
2	刘备	91	70	FALSE
3	张飞	55	67	TRUE
4	关羽	100	82	FALSE
5	赵云	65	86	TRUE

图 4-15　用 NOT 函数进行判断

2. 数学和三角函数

（1）ROUND 函数。

语法：ROUND(number,num_digits)。

即：ROUND（指定数，四舍五入到指定的位数）。

说明：ROUND 函数可将某个数字四舍五入到指定的位数。

例如，如果单元格 A1 含有 23.7825 并且希望将该数字四舍五入到小数点后两位，则可以使用公式“=ROUND(A1,2)”，此函数的结果为 23.78。

（2）ROUNDDOWN/ROUNDUP 函数。

语法与 ROUND 一样，不同之处在于一个是向下舍入，一个是向上舍入。如果单元格 A2 含有 85.625，则使用公式“=ROUNDDOWN(A2,2)”，此函数的结果为 85.62；如果单元格 A3 含有 32.622，则使用公式“=ROUNDUP(A3,2)”，此函数的结果为 32.63。

（3）SUMIF 函数。

语法：SUMIF(range,criteria,sum_range)。

即：SUMIF（判断区域，判断条件，对应的汇总域）。

说明：使用SUMIF函数可以对区域中符合指定条件的值进行求和。

例如，根据图4-16中所列的销售明细表，分别以"产品""销售员""月份"计算销售额的合计金额：在H3单元格输入公式"=SUMIF($C$3:$C$20,G3,$E$3:$E$20)"，然后填充复制到H4单元格；在H6单元格输入公式"=SUMIF($B$3:$B$20,G6,$E$3:$E$20)"，然后填充复制到H8单元格；在H10单元格输入公式"=SUMIF($D$3:$D$20,G10,$E$3:$E$20)"，然后填充复制到H12单元格。

	A	B	C	D	E	F	G	H
1								
2		销售员	产品	月份	销售额			销售额合计
3		张三	A	1月	2,000,000.00		A	16,500,000.00
4		李四	A	1月	500,000.00		B	11,150,000.00
5		王五	A	1月	3,000,000.00			
6		张三	B	1月	1,600,000.00		张三	10,000,000.00
7		李四	B	1月	300,000.00		李四	2,350,000.00
8		王五	B	1月	900,000.00		王五	15,300,000.00
9		张三	A	2月	2,000,000.00			
10		李四	A	2月	500,000.00		1月	8,300,000.00
11		王五	A	2月	3,000,000.00		2月	9,550,000.00
12		张三	B	2月	800,000.00		3月	9,800,000.00
13		李四	B	2月	250,000.00			
14		王五	B	2月	3,000,000.00			
15		张三	A	3月	2,000,000.00			
16		李四	A	3月	500,000.00			
17		王五	A	3月	3,000,000.00			
18		张三	B	3月	1,600,000.00			
19		李四	B	3月	300,000.00			
20		王五	B	3月	2,400,000.00			

图4-16 用SUMIF函数进行销售额合计

（4）SUMIFS函数。

语法：SUMIFS(sum_range,criteria_range1,criteria1,[criteria_range2,criteria2],...)。

即：SUMIFS（汇总区域，条件区域1，条件1，[条件区域2，条件2]，……）

说明：SUMIFS函数功能十分强大，可以用来进行多条件求和。

例如，根据图4-17中所列的销售明细表，可以同时以"产品""销售员""月份"多条件计算销售额的合计金额。

在H5单元格输入公式"=SUMIFS(E3:E20,C3:C20,H2,B3:B20,H3,D3:D20,H4)"，在H5单元格返回"2月李四销售A产品的合计金额500 000元"。

	A	B	C	D	E	F	G	H
1								
2		销售员	产品	月份	销售额		产品	A
3		张三	A	1月	2,000,000.00		销售员	李四
4		李四	A	1月	500,000.00		月份	2月
5		王五	A	1月	3,000,000.00		销售额合计	500,000.00
6		张三	B	1月	1,600,000.00			
7		李四	B	1月	300,000.00			
8		王五	B	1月	900,000.00			
9		张三	A	2月	2,000,000.00			
10		李四	A	2月	500,000.00			
11		王五	A	2月	3,000,000.00			
12		张三	B	2月	800,000.00			
13		李四	B	2月	250,000.00			
14		王五	B	2月	3,000,000.00			
15		张三	A	3月	2,000,000.00			
16		李四	A	3月	500,000.00			
17		王五	A	3月	3,000,000.00			
18		张三	B	3月	1,600,000.00			
19		李四	B	3月	300,000.00			
20		王五	B	3月	2,400,000.00			

H5 单元格公式：=SUMIFS(E3:E20,C3:C20,H2,B3:B20,H3,D3:D20,H4)

图 4-17　SUMIFS 函数多条件求和

（5）SUMPRODUCT 函数。

语法：SUMPRODUCT(array1,[array2],[array3],...)。

即：SUMPRODUCT（区域 1，[区域 2]，[区域 3]，……）。

说明：SUMPRODUCT 函数在给定的几组数组中，将数组间对应的元素相乘，并返回乘积之和。需要注意的是参与计算的数组参数必须具有相同的维数，否则，函数 SUMPRODUCT 将返回错误值"#VALUE!"。如果是非数值型的数组元素，函数 SUMPRODUCT 将其作为 0 处理。

在图 4-18 所示的工作表中，计算销售金额合计数时，如果用 SUM 函数，需要先将每个品种销售量乘以单价得到每个品种的合计金额，再将每个品种的合计金额用 SUM 函数汇总。但如果在 E14 单元格输入公式"=SUMPRODUCT(C2:C11,D2:D11)"将返回全部品种销售额合计数。

	A	B	C	D	E	F
1	序号	品名	销售量	单价（元）	金额（元）	
2	1	M01	42	168.00	7,056.00	
3	2	M02	37	186.00	6,882.00	
4	3	M03	42	161.00	6,762.00	
5	4	M04	41	138.00	5,658.00	
6	5	M05	30	179.00	5,370.00	
7	6	M06	31	190.00	5,890.00	
8	7	M07	39	172.00	6,708.00	
9	8	M08	30	118.00	3,540.00	
10	9	M09	22	159.00	3,498.00	
11	10	M10	40	129.00	5,160.00	
12	合计				56,524.00	=SUM(E2:E11)
13						
14					56,524.00	=SUMPRODUCT(C2:C11,D2:D11)
15						

图 4-18 SUMPRODUCT 函数计算汇总数

（6）SUBTOTAL 函数。

语法：SUBTOTAL(function_num,ref1,[ref2],...)。

即：SUBTOTAL（功能参数，需要计算的区域 1,［需要计算的区域 2］，……）。

说明：SUBTOTAL 函数可以返回列表或数据库中的分类计算结果。其中功能参数为 1 ～ 11 分别代表平均数、最大值、最小值和分类求和等。SUBTOTAL 函数主要配合数据表的筛选功能使用，对筛选显示出的项目进行相应的计算。

例如，图 4-19 是项目按日期记录的金额明细表，在 D18 单元格输入公式“=SUBTOTAL(9,D3:D16)”可以对筛选显示出的项目 2 进行金额汇总计算。

日期	项目	金额
2022-01-06	项目1	455,454.56
2022-01-07	项目2	422,970.56
2022-01-09	项目4	549,451.06
2022-01-10	项目1	61,381.39
2022-01-11	项目2	566.12
2022-01-12	项目3	287,485.80
2022-01-13	项目1	9,006.02
2022-01-14	项目2	324,433.58
2022-01-16	项目4	382,245.89
2022-01-18	项目2	630,266.90
2022-01-19	项目3	82.41
2022-02-08	项目2	621,906.63
2022-02-09	项目2	1,461.70
2022-02-10	项目3	221,076.16

D18 =SUBTOTAL(9,D3:D16)

	B	C	D
2	日期	项目	金额
4	2022-01-07	项目2	422,970.56
7	2022-01-11	项目2	566.12
10	2022-01-14	项目2	324,433.58
12	2022-01-18	项目2	630,266.90
14	2022-02-08	项目2	621,906.63
15	2022-02-09	项目2	1,461.70
17			
18			2,001,605.49

图 4-19 SUBTOTAL 函数对筛选项目汇总计算

3. 统计函数

（1）COUNT/COUNTA 函数。

语法：COUNT(value1,[value2],...)。

即：COUNT（单元格区域 1，［单元格区域 2］，……）。

说明：COUNT 函数用于计算包含数字的单元格以及参数列表中的数字的个数。通过 COUNT 函数可以获取区域或数字数组中数字字段的输入项的个数。

例如，输入公式“=COUNT(A1:A20)”可以计算区域 A1:A20 中数字的个数。如果该区域中有五个单元格包含数字，则结果为 5。

另外，COUNTA 函数与 COUNT 函数的用法相同，区别在于 COUNTA 函数计算包含数字和字符的单元格以及参数列表中数字和字符的个数，而 COUNT 函数仅计算包含数字的单元格个数。

（2）COUNTIF 函数。

语法：COUNTIF(range,criteria)。

即：COUNTIF（查找区域，判断条件）。

说明：COUNTIF 函数用于对区域中满足单个指定条件的单元格进行计数。例如，可以对区域 A1:A20 中数字中大于 100 的所有单元格进行计数，输入“=COUNTIF(A1:A20,">100")”，如果该区域中有两个单元格的数字大于 100，则结果为 2。

例如，图 4-20 所示工作表中，A1:A10 区域的 10 个单元格分别使用 COUNT 函数、COUNTA 函数和 COUNTIF 函数进行计数，结果为：含有数字字符的单元格有 5 个，含有非空字符的单元格有 7 个，数字大于 100 的单元格有 2 个。

	A	B
1		
2	102	
3	111	
4	35	
5		
6	78	
7		
8	65	
9	错误	
10	正确	
11		
12	5	=COUNT(A1:A10)
13	7	=COUNTA(A1:A10)
14	2	=COUNTIF(A1:A10,">100")

图 4-20　单元格区域计数

（3）COUNTIFS 函数。

语法：COUNTIFS(criteria_range1,criteria1,[criteria_range2,criteria2],...)。

即：COUNTIFS（区域 1，判断条件 1，［区域 2，判断条件 2］，……）。

说明：将条件应用于跨多个区域的单元格，并计算符合所有条件的次数。

例如，在图 4–21 所示的表中，可以使用 COUNTIFS 函数计算英语和计算机超过 80 分的人数。在 F17 单元格输入公式“=COUNTIFS(D5:D15,">80",G5:G15,">80")”，计算结果为 3。

在图 4–22 所示的表中，单元格区域 A1:C21 包含了 20 个人的名字以及年龄。现在要求在 E1:F5 单元格区域统计不同年龄段人数，可以利用 COUNTIFS 函数进行多条件计数。例如，统计“年龄分段”在“20–30”区间的人数时，可以在 F2 单元格输入公式“=COUNTIFS($C$2:$C$21,">=20"，$C$2:$C$21,"<=30")”。

F17 =COUNTIFS(D5:D15,">80",G5:G15,">80")

学号	姓名	英语	会计学原理	高等数学	计算机	合计	平均
202101212	刘备	87	93	82	81	343	85.75
202101213	关羽	91	82	78	84	335	83.75
202101214	张飞	76	81	56	92	305	76.25
202101215	赵云	85	91	74	78	328	82
202101216	马超	67	78	79	79	303	75.75
202101217	黄忠	80	90	72	56	298	74.5
202101218	曹操	82	88	78	92	340	85
202101219	张辽	56	77	74	77	284	71
202101220	张郃	88	78	78	55	299	74.75
202101221	孙权	58	79	95	73	305	76.25
202101222	周瑜	66	79	77	68	290	72.5

计算英语和计算机同时超过80分的人数：3

图 4–21 利用 COUNTIFS 函数多条件计数

F2 =COUNTIFS($C$2:$C$21,">=20",$C$2:$C$21,"<=30")

序号	姓名	年龄
1	A01	22
2	A02	55
3	A03	37
4	A04	56
5	A05	51
6	A06	24
7	A07	43
8	A08	59
9	A09	51
10	A10	32
11	A11	29
12	A12	52
13	A13	41
14	A14	26
15	A15	38
16	A16	43
17	A17	51
18	A18	46
19	A19	27
20	A20	53

年龄分段	人数
20-30	5
30-40	3
40-50	4
50-60	8

图 4–22 按年龄分段统计人数

（4）RANK 函数。

语法：RANK(number,ref,[order])。

即：RANK（参与排名的数值，排名的数值区域，［升降序选项参考］）。

说明：求某一个数值在某一区域内一组数值中的排名。其中：order 参数有 1 和 0 两种取值。0 表示按照降序排名（从大到小），1 表示按照升序排名（从小到大）。0 默认不用输入，得到的就是从大到小的排名。

如图 4-23 所示，在 D 列对销售额由高到低进行业绩排名。

在 D2 单元格输入公式“=RANK(C2,$C$2:$C$15)”，然后鼠标向下填充复制即可。

D2　=RANK(C2,$C$2:$C$15)

序	销售员	销售额（万元）	业绩排名
1	赵云	205	8
2	典韦	147	12
3	关羽	228	5
4	马超	169	11
5	张飞	211	7
6	黄忠	273	3
7	许褚	294	1
8	孙策	113	14
9	太史慈	133	13
10	夏候惇	280	2
11	夏候渊	218	6
12	张辽	202	9
13	甘宁	196	10
14	周泰	252	4

图 4-23　业绩排名

（5）INTERCEPT 函数。

语法：INTERCEPT(known_y's,known_x's)。

即：INTERCEPT（因变量观察值数列，自变量观察值数列）。

说明：在一元线性回归 y=a+bx 中，使用已知的 x 值和 y 值计算直线与 y 轴相交的点的位置，即计算出截距（a）确定截点。这基于通过已知 x 值和已知 y 值绘制的最佳拟合回归线。

（6）LINEST 函数。

语法：LINEST(known_y's,known_x's,const,stats)。

即：LINEST（因变量观察值数列，自变量观察值数列，截距选项，统计值选项）。

说明：在一元线性回归 y=a+bx 中，使用现有的 x 值和 y 值计算斜率（b），基于通过已知 x 值和已知 y 值绘制的最佳拟合回归线。

例如，某机床制造公司根据 2013—2022 年机床的销售量，运用一元线性回归预测 2023 年的销售量，在 D13 单元格中输入公式：

"=ROUND(LINEST($D$3:$D$12,$C$3:$C$12)*C13+INTERCEPT($D$3:$D$12,$C$3:$C$12),0)"，即可得到 2023 年预测的销售台数为 4 230 台，如图 4-24 所示。

A	B	C	D
	销售量预测表		
	年份	期数	销售量（台）
	2013年	1	2,031
	2014年	2	2,234
	2015年	3	2,566
	2016年	4	2,820
	2017年	5	3,006
	2018年	6	3,093
	2019年	7	3,277
	2020年	8	3,514
	2021年	9	3,770
	2022年	10	4,107
	2023年	11	4,230

（2013年—2022年为实际数，2023年为预测数）

图 4-24　用 INTERCEPT 函数和 LINEST 函数进行一元回归预测

（7）CORREL 函数。

语法：CORREL(array1,array2)。

即：CORREL（观察值数列 1，观察值数列 2）。

说明：CORREL 函数用于计算两个单元格区域的相关系数，以确定两个属性之间的关系。相关系数越接近于 1，相关程度越强，相关系数越接近于 0，相关程度越弱。

例如，根据某公司近 10 年广告费投入与当年月平均销售额的数据分析两者之间的相关性，在 B5 单元格输入公式"=CORREL(B2:K2,B3:K3)"，函数返回的相关系数为 0.9942，这表示两者有强相关关系，年广告费投入越多，月均销售额越高。如图 4-25 所示。

=CORREL(B2:K2,B3:K3)

广告费与月平均销售额相关表（单位：万元）

年广告费投入	12.5	15.3	23.2	26.4	33.5	34.4	39.4	45.2	55.4	60.9
月均销售额	212	239	329	341	425	432	490	528	594	635
相关系数（r）	0.9942									

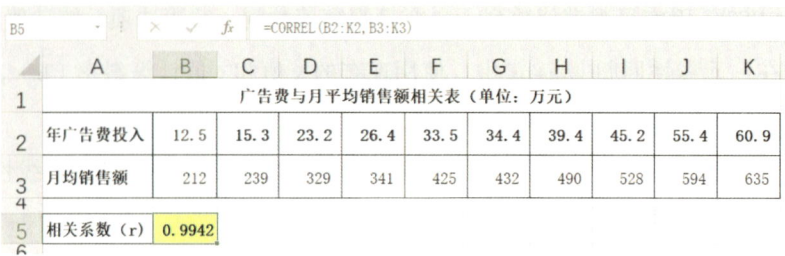

图 4-25　用 CORREL 函数计算相关系数

（8）STDEV 函数。

语法：STDEV(number1,[number2],...)。

即：STDEV(样本 1，［样本 2］，……)。

说明：STDEV 函数可以估算样本的标准差。标准差反映样本相对于平均值（mean）的离散程度。

例如，根据某公司近 10 年每月平均销售额的数据，分析月度销售的标准差，在 F2 单元格输入公式“=STDEV(C3:C14)”，函数返回的标准差为 513.77，如图 4-26 所示。

=STDEV(C3:C14)

月份	平均销售额（万元）		标准差	513.77
1月	4,174.00			
2月	3,434.00			
3月	3,288.00			
4月	3,649.00			
5月	4,586.00			
6月	4,065.00			
7月	4,649.00			
8月	3,208.00			
9月	4,409.00			
10月	4,196.00			
11月	3,384.00			
12月	3,748.00			

图 4-26　STDEV 函数计算标准差

4. 文本函数

（1）LEFT 函数。

语法：LEFT(text,num_chars)。

即：LEFT（目标字符串，从左边开始选取的字符数）。

（2）RIGHT 函数。

语法：RIGHT(text,num_chars)。

即：RIGHT（目标字符串，从右边开始选取的字符数）。

（3）MID 函数。

语法：MID(text,start_num,num_chars)。

即：MID（目标字符串，开始选取字符的位置数，需要选取的字符数）。

说明：LEFT、MID 和 RIGHT 函数都是返回文本字符串中从指定位置开始选取的特定数目的字符，不同之处在于指定位置不同。

例如，从 B2 单元格的字符"四川省成都市"提取"四川省""成都市""成都"字符，分别放置到 C2、C3 和 C4 单元格，可以在 C2 单元格输入公式"=LEFT(B2,3)"，C3 单元格输入公式"=RIGHT(B2,3)"，C4 单元格输入公式"=MID(B2,4,2)"，如图 4-27 所示。

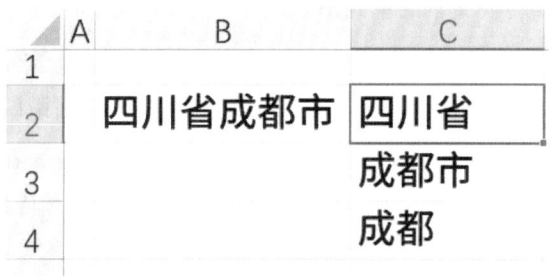

图 4-27　选取目标字符串

（4）TEXT 函数。

语法：TEXT(value,format_text)。

即：TEXT（数值，转换为文本的格式）。

说明：TEXT 函数可将数值转换为文本，用户还可以通过使用特殊格式字符串来指定显示格式。

例如，假设单元格 A1 含有数字 23.5。若要将数字格式设置为人民币金额，可以使用以下公式"=TEXT(A1," 人民币 0.00 元 ")"，Excel 会显示"人民币 23.50 元"。如果需要设置数字格式并将其与其他文本合并，使用 TEXT 函数是最佳选择。例如，假设 C1 单元格包含文本"每小时"，则公式"=TEXT(A1," 人民币 0.00 元 ")&C1"，Excel 会显示"人民币 23.50 元每小时"。

TEXT 函数还可用于从身份证号中提取出生日期，并返回指定格式，如图 4-28 所示，可以从 C 列"身份证号"提取"出生日期"至 D 列，并将显示格式设置为"00-00-00"，可以在 D2 单元格输入公式“=TEXT(MID(C2,7,8),"00–00–00")”，然后鼠标向下以拖动填充复制公式到相应位置。

D2 =TEXT(MID(C2,7,8),"00-00-00")

	A	B	C	D
1	序号	姓名	身份证号	出生日期
2	1	刘二	230402196508214101	1965-08-21
3	2	张五	230402197301251234	1973-01-25
4	3	钱东	230402198506031019	1985-06-03
5	4	赵南	230402199004110514	1990-04-11
6	5	汪西	230402198111122034	1981-11-12
7	6	李北	230402196906213528	1969-06-21

图 4–28　从身份证号提取出生日期

（5）VALUE 函数。

语法：VALUE(text)。

即：VALUE（需要转换文本的单元格）。

说明：VALUE 函数将代表数字的文本字符串转换成数字。文本字符串可以是 Excel 中可识别的常数、日期或时间格式。如果不是这些格式，则返回错误值“#VALUE!”。

例如，图 4–29 所示的工作表的 B2:B4 区域包含文本型字符，在 B5 单元格使用 SUM 函数汇总结果为“0”，通过 VALUE 函数将 B2:B4 区域的文本转换成数字后，放置在 D2:D4 区域，在 D5 单元格用 SUM 函数汇总正确结果“370”。

	A	B	C	D
1				
2		100		100
3		120		120
4		150		150
5		0		370

	A	B	C	D
1				
2		100		=VALUE(B2)
3		120		=VALUE(B3)
4		150		=VALUE(B4)
5		=SUM(B2:B4)		=SUM(D2:D4)

图 4–29　VALUE 函数将文本数据转为数字

（6）LEN/LENB 函数。

语法：LEN(text)

即：LEN（需要统计的文本）。

说明：LEN 函数功能是返回文本字符串中的字符数。

另外，LENB 函数与 LEN 函数的用法是一样的，不同之处在于 LEN 函数返回文本字符串中的字符数，而 LENB 函数返回文本字符串中。

当 LEN/LENB 函数和提取字符串函数 LEFT/RIGHT 函数组合使用，可以将单元格内同时含有全角字符和半角字符的数字（或字母）分别提取出来，如图 4-30 所示，需要将 A 列单元格显示的城市和区号分别提取到 B 列和 C 列，例如，A1 单元格包含"北京010"，需要提取"北京"到 B1 单元格，提取"010"到 C1 单元格，则进行如下操作。

在 B1 单元格输入公式"=LEFT(A1,LENB(A1)–LEN(A1))"。

在 C1 单元格输入公式"=RIGHT(A1,2*LEN(A1)–LENB(A1))"。

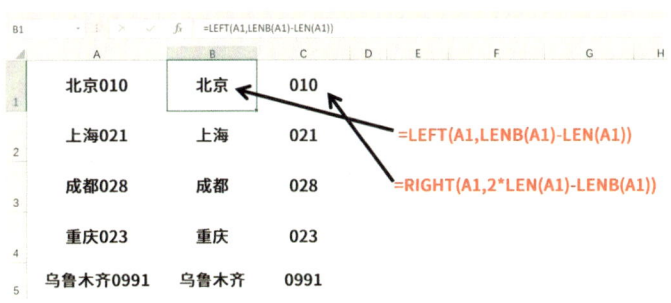

图 4-30　分别提取全角和半角字符

（7）NUMBERSTRING 函数。

语法：NUMBERSTRING（value,type）。

即：NUMBERSTRING（拟转换大写的数值，转换选项）。

说明：该函数可以将数值转换为大写形式。type 选项不得省略，可以设置数值 1、2、3 三种选项，将显示数值的不同大写形式。

如图 4-31 所示，B3 单元格内容为小写数值"1234567890"，现在使用 NUMBERSTRING 函数将其转化为如单元格区域 D2:D4 显示的大写形式：

在 D2 单元格输入公式"=NUMBERSTRING(B3,1)"。

在 D3 单元格输入公式"=NUMBERSTRING(B3,2)"。

在 D4 单元格输入公式"=NUMBERSTRING(B3,3)"。

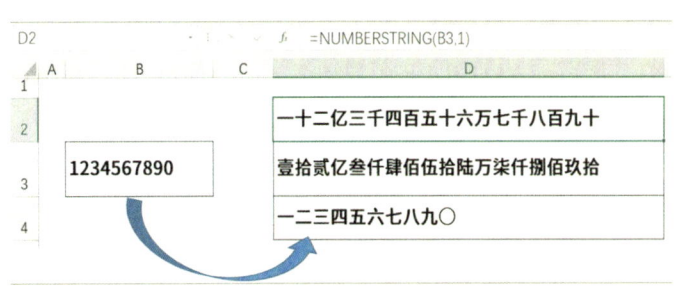

图 4-31　小写数值转换为大写的数值

5. 查找与引用函数

（1）VLOOKUP 函数。

语法：VLOOKUP(lookup_value,table_array,col_index_num,[range_lookup])。

即：VLOOKUP（对标值，含对标值的数据区域，查找值在区域的列数，[逻辑判断]）。

说明：利用 VLOOKUP 函数可以将已有的数据表中的特定信息查找和提取出来，从而大大提高工作效率。其中“逻辑判断”参数中选择“False”表示精确查找。

如图 4-32 所示，根据员工工号查询该员工的姓名、部门、职务和联系电话等信息，以查询员工姓名为例。

在单元格 B3 单元格输入公式“=VLOOKUP(B2,$D$2:$H$9,2,FALSE)”，可以根据员工工号查找员工的姓名。

B3 =VLOOKUP(B2,$D$2:$H$9,2,FALSE)

	A	B	C	D	E	F	G	H
1	数据查找示例			员工号	姓名	部门	职务	联系电话
2	查询工号	A02267		A01048	王巍	技术支持部	支持经理	1111
3	员工姓名	刘洋		A02267	刘洋	企划部	技术经理	2222
4	所属部门	企划部		A03236	王佩	综合部	职员	3333
5	职务	技术经理		A05023	张丽	企划部	技术经理	4444
6	联系电话	2222		A05241	夏远	开发部	职员	5555
7				A07546	阮清	推广部	职员	6666
8				A08084	林仁	综合部	经理	7777
9				A09095	张瑋	开发部	经理	8888

图 4-32　根据工号查询员工信息

（2）LOOKUP 函数。

语法：LOOKUP(lookup_value,lookup_vector,[result_vector])。

即：LOOKUP（对标值，对标值所在行，［查找结果所在行］）。

说明：LOOKUP 函数与 VLOOKUP 函数功能类似，都是可用于将已有的数据表中的特定信息查找和提取出来，不同之处在于，VLOOKUP 是横向查找，LOOKUP 是纵向查找。

例如，某公司 A001 型号产品价格在 1 ～ 4 月执行的价格是 98 元，在 5 ～ 8 月执行的价格是 105 元，在 9 ～ 12 月执行的价格是 112 元。为了在一年的不同的时间能够随时调用对应的价格，可以利用 LOOKUP 函数来实现，具体如图 4-33 所示。

在 B6 单元格输入公式“=LOOKUP(A6,$B$2:$D$2,$B$3:$D$3)”，然后使用鼠标向下填充复制即可。

	A	B	C	D
1	单格表			
2	日期	2022/1/1	2022/5/1	2022/9/1
3	价格	98	105	112
4				
5	日期	价格		
6	2022/1/4	98		
7	2022/5/1	105		
8	2022/7/6	105		
9	2022/11/7	112		

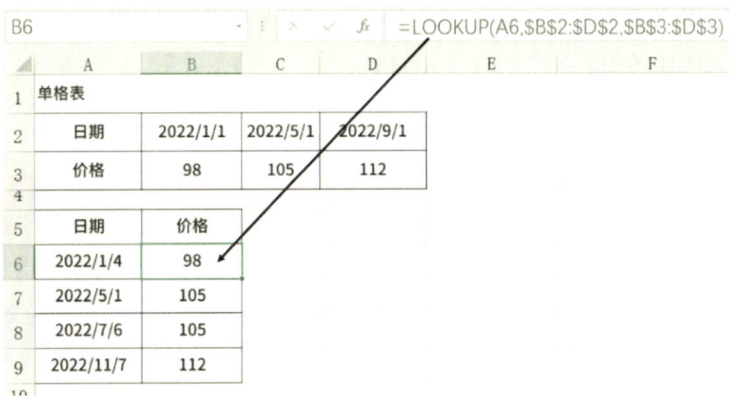

图 4-33　根据日期调用价格

（3）OFFSET 函数。

语法：OFFSET(reference,rows,cols,[height],[width])。

即：OFFSET（偏移量参照的起始位置，相对于参照位置偏移的行数，相对于参照位置偏移的列数，［区域行数］，［区域列数］）。

说明：OFFSET 函数是一个用于快速查找与引用的函数，主要用于获取某一区域的数据。

如果 OFFSET 函数与 COUNTA 函数组合，可以创建一个动态数据源，当动态数据源的数据增加或减少时，利用该动态数据源进行计算的结果也随之更新。例如，如图 4-34 所示，在 D2 单元格输入公式“=SUM(OFFSET(B1,1,0,COUNTA(B:B)-1,1))”，当 B 列的销售金额不断添加时，D2 单元格中的销售额合计数也会随之更新。

	A	B	C	D
1	日期	销售金额(万元)		合计（万元）
2	2023/1/1	100		800
3	2023/1/2	200		
4	2023/1/3	300		
5	2023/1/4	200		
6	2023/1/5			

	A	B	C	D
1	日期	销售金额(万元)		合计（万元）
2	2023/1/1	100		1000
3	2023/1/2	200		
4	2023/1/3	300		
5	2023/1/4	200		
6	2023/1/5	200		

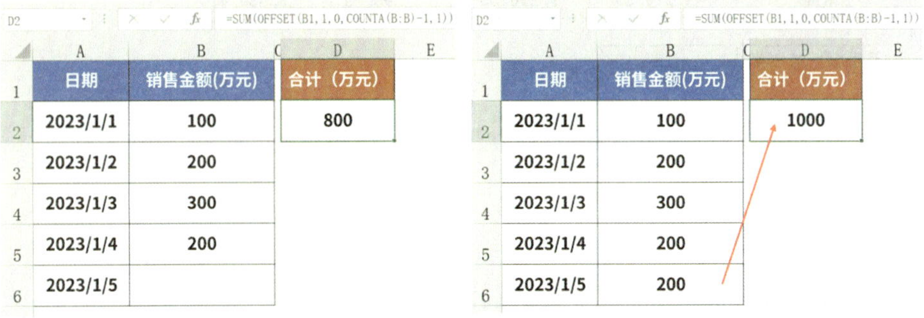

图 4-34　OFFSET 函数与 COUNTA 函数组合创建动态数据源

（4）INDEX 函数。

语法：INDEX(array,row_num,column_num)。

即：INDEX（查找区域，对应区域的行数，对应区域的列数）。

说明：INDEX 函数可以根据需要在指定的查找区域中查找值。

（5）MATCH 函数。

语法：MATCH(lookup_value,lookup_array,[match_type])。

即：MATCH（指定值，指定值所在数据区域，［查找类型参数］）。

说明：MATCH 函数返回指定值在指定值所在数据区域中的位置，“查找类型参数”为可选参数，当参数为 1 或省略，表示 MATCH 函数会返回小于或等于指定值的最大值的位置，参数为 0，则表示 MATCH 函数会返回等于指定值的第一个值的位置，参数为 -1，则表示 MATCH 函数会查找大于或等于指定值的最小值的位置。

INDEX 函数与 MATCH 函数组合成嵌套函数，实现快速查询功能。如图 4-35 所示，在 C15 单元格输入公式“=INDEX(C3:E12,MATCH(" 书柜 ",B3:B12,0)，MATCH("3 月 ",C2:E2,0))”，便可以查询 3 月份书柜的销售额为 157.40 万元。

C15　=INDEX(C3:E12,MATCH("书柜",B3:B12,0),MATCH("3月",C2:E2,0))

2023年第一季度各品类销售额（金额单位：万元）

品类	1月	2月	3月	合　计
床	333.61	334.17	338.60	1,006.38
三人沙发	168.99	168.44	166.69	504.12
电视柜	155.71	162.40	163.85	481.96
书柜	158.28	160.78	157.40	476.46
餐桌	141.94	138.93	145.89	426.76
书桌	87.49	92.99	92.31	272.79
酒柜	80.07	78.55	84.38	243.00
单人沙发	69.78	69.58	66.99	206.35
餐桌椅	56.22	57.88	55.42	169.52
茶几	27.24	26.63	27.20	81.07
汇总	1,279.33	1,290.35	1,298.73	3,868.41
3月份书柜销售额	157.40			

图 4-35　INDEX 函数与 MATCH 函数组合成嵌套函数的应用

（6）CHOOSE 函数。

语法：CHOOSE(index_num,value1,[value2],...)。

即：CHOOSE（拟选择的参数值序号，参数值 1，［参数值 2］，……）。

说明：该函数的功能是在参数列表中选择并返回一个值。简单来说，选取后面参数中某一个值，如果在 Excel 工作表的任一单元格输入公式“CHOOSE（2，100，200，300，400）”，将返回参数值 200。

图 4-36 所示为某公司编制的未来 3 年净利润预测表，通过在 B8 单元格输入公式“=CHOOSE($A$1,B4,B5,B6)”，并填充复制到 E8 单元格，当在 A1 单元格分别输入 1、2、3 时，则单元格区域 B8:E8 将分别显示“悲观情况”“中性情况”“乐观情况”对应的未来 3 年的净利润预测数据。

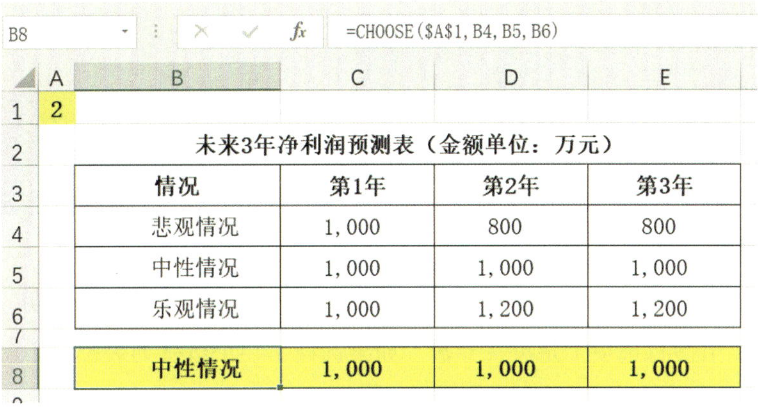

未来3年净利润预测表（金额单位：万元）

情况	第1年	第2年	第3年
悲观情况	1,000	800	800
中性情况	1,000	1,000	1,000
乐观情况	1,000	1,200	1,200
中性情况	**1,000**	**1,000**	**1,000**

图 4-36　用 CHOOSE 函数创建选择内容

6. 日期和时间函数

（1）DATEDIF 函数。

语法：DATEDIF(start_date,end_date,unit)。

即：DATEDIF（起始日期，结束日期，“日期单位参数”）。

说明：DATEDIF 函数是 Excel 隐藏函数，在帮助和插入公式中并不直接显示。返回两个日期之间的年 / 月 / 日间隔数，常使用 DATEDIF 函数计算两个日期之差。其中“日期单位参数”为 y、m 或 d，分别计算两个日期之间的年、月或日的间隔数。

如图 4-37 所示，A 单元格为日期“2018/1/1”，B 单元格为日期“2022/12/1”，应用 DATEDIF 函数可以快速计算这两个日期间隔的年数、月数和天数。具体在 B3:B5 单元格录入相应的公式：

计算间隔年数：B3 单元格输入公式“=DATEDIF($A$1,$B$1,"y")”。

计算间隔月数：B4 单元格输入公式“=DATEDIF($A$1,$B$1,"m")”。

计算间隔天数：B5 单元格输入公式“=DATEDIF($A$1,$B$1,"d")”。

B3
=DATEDIF($A$1,$B$1,"y")
A
B
C
D
1
2018/1/1
2022/12/1
2
3
间隔年数
4
4
间隔月数
59
5
间隔天数
1795

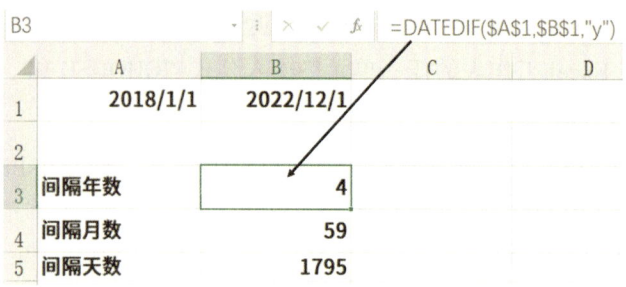

图 4-37　计算两个日期之间的年 / 月 / 日间隔数

（2）WORKDAY 函数。

语法：WORKDAY(start_date,days,[holidays])。

即：WORKDAY（开始日期，计划工作的天数，［节假日选项］）。

说明：该函数返回在某日期（开始日期）之前或之后、与该日期相隔指定工作日的某一日期的日期值。

Days（计划工作的天数）为正值将生成未来日期；为负值生成过去日期。

Holidays（节假日选项）是可选参数。如果选择了一个可选列表，其中包含需要从工作日历中排除的一个或多个日期。

如图 4-38 所示，给定项目计划工作日的天数和开始时间，通过 WORKDAY 函数计算项目结束时间。在 D2 单元格输入公式“=WORKDAY(C2,B2)”，向下填充复制即可。

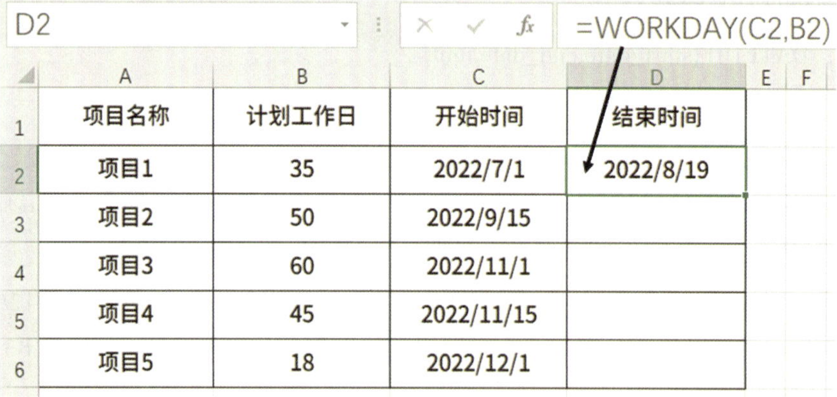

D2
=WORKDAY(C2,B2)
A
B
C
D
E
F
1
项目名称
计划工作日
开始时间
结束时间
2
项目1
35
2022/7/1
2022/8/19
3
项目2
50
2022/9/15
4
项目3
60
2022/11/1
5
项目4
45
2022/11/15
6
项目5
18
2022/12/1

图 4-38　计算项目结束时间

7. 财务函数

Excel 中共有 40 多个财务函数，下面介绍常用财务函数。

（1）FV 函数。

语法：FV(rate,nper,pmt,[pv],[type])

即：FV（利率，期数，年金，[现值]，[期末或期初]）

说明：FV 函数可以计算复利终值和年金终值。

例如：

①已知现金求终值：已知当前银行利率为 5%，现在存入 10 000 元，两年后能够取出多少钱？

在 Excel 单元格中录入 "=FV(5%,2,,-10000)" 即可。

②已知年金求终值：已知当前银行利率 5%，两年中每年年末都向银行存入 10 000 元，两年后可能得到多少钱？

在 Excel 单元格中录入 "=FV(5%,2,-10000)" 即可。

（2）PV 函数。

语法：PV(rate,nper,pmt,[fv],[type])

即：PV（利率，期数，年金，[终值]，[期末或期初]）

说明：PV 函数可以计算复利现值和年金现值。

例如：

①已知终值求现值：已知当前银行利率为 5%，两年后想取得 10 000 元，当前需要存入多少钱？

在 Excel 单元格中录入 "=PV(5%,2,,10000)" 即可。

②已知年金求现值：已知当前银行利率为 5%，两年中每年年末想从银行获得 10 000 元，当前需要存入多少钱？

在 Excel 单元格中录入 "=PV(5%,2,10000)" 即可。

（3）PMT 函数。

语法：PMT(rate,nper,pv,[fv],[type])

即：PMT（利率，期数，现值，[终值]，[期末或期初]）

说明：PMT 函数可以根据已知年金现值或终值计算年金。

例如：

①已知现值求年金：小王准备购买一套住房，到售楼处得知，目前房价为 1 万元 1 平方米，贷款利率为 5%，首付 3 成，如果按照购买 100 平方米的房子来计算，小王想知道如果贷款 20 年，月供是多少？

在 Excel 单元格中录入"=PMT(5%/12,12*20,10000*100*0.7)"即可。

②已知终值求年金：张先生打算在 8 年后准备 100 万元为女儿出国备用，已知当前银行利率为 5%，请问张先生在 5 年内每年年末需要存入多少钱？

在 Excel 单元格中录入"=PMT(5%,8,,100)"即可。

（4）NPV 函数。

语法：NPV(rate,value1,[value2],…)

即：NPV（贴现率，净现金流量 1，［净现金流量 2］，……）

说明：NPV 函数是使用贴现率和一系列未来净现金流量值计算净现值。

例如：

一处商业地产，能够在每年年底获得稳定且不断增长的租金收益，第一年获得 8 500 元的租金收入，从第二年到第五年每年按 7% 的增长率增长，如果贴现率是 12%，对该商业地产进行估值，请问其价值是多少？

在 Excel 单元格中录入"=NPV(12%,第 1 年租金,第 2 年租金……第 5 年租金)"即可。

（5）IRR 函数。

语法：IRR(values,[guess])

即：IRR（一组净现现金流量，［估计值］）

说明：IRR 是内部收益率，也称为为内含报酬率，是指能够使未来现金流入量现值等于未来现金流出量现值的折现率，或者说是使投资项目净现值为零的折现率。应用 IRR 函数可以快速计算一系列现金流入和流出值内部收益率。

例如，有一支偿还期是 5 年的债券，面值 100 元，票面利率 8%，每年支付一次利息，如果债券的售价是 120 元，则投资此债券的内部收益率是多少？

在 Excel 单元格区域 A1:F1 中分别录入"–120，8，8，8，8，108"，然后在单元格 G1 中输入公式"=IRR(A1:F1)"，可以计算该债券的内部收益率为 4%。

（6）RATE 函数。

语法：RATE(nper,pmt,pv,[fv],[type],[guess])

即：RATE（期数，年金，现值，［终值］，［期末或期初］，［估计值］）

说明：RATE 可以根据未来的现金流量计算投资报酬率。

例如，有一支偿还期是 5 年的债券，面值 100 元，票面利率 8%，每年支付一次利息，如果债券的售价是 120 元，则此债券到期收益率是多少？

在 Excel 单元格中录入"=RATE(5,100*8%,–120,100)"即可。

（7）SLN 函数。

语法：SLN(cost,salvage,life)。

即：SLN（资产原值，资产残值，资产的使用寿命）。

说明：SLN 函数用于按直线法（年限平均法）计算固定资产折旧的金额。

（8）SYD 函数。

语法：SYD(cost,salvage,life,per)。

即：SYD（资产原值，资产残值，资产的使用寿命，期数）。

说明：SYD 函数用于按年数总和法计算固定资产折旧的金额。

参数"期数"是指在"资产使用寿命"期内的某一期，即函数按年数总和法计算该期的折旧的金额。

（9）VDB 函数。

语法：VDB(cost,salvage,life,start_period，end_period,[factor],[no_switch])。

即：VDB（资产原值，资产残值，资产的使用寿命，折旧计算的起始时间，折旧计算的截止时间，[余额递减速率]，[逻辑判断]）。

说明：VDB 函数用于按多倍余额递减法计算固定资产折旧的金额。

当需要用双倍余额递减法计算固定资产折旧的金额时，函数中的参数"余额递减速率 [factor]"和"逻辑判断 [no_switch]"可以省略。

下面介绍这三种折旧函数的应用案例。例如，某固定资产入账价值 1 000 万元，分别按直线法、年数总和法和双倍余额递减法计算每年的折旧额的对比，如图 4-39 所示。

	原始成本（万元）	残值率	残值（万元）	使用年限（年）				
	1000	3%	30	5				

年份	0	1	2	3	4	5	合计
直线法		194	194	194	194	194	970
年数总和法		323	259	194	129	65	970
双倍余额递减法		400	240	144	93	93	970

图 4-39 三种方法计算折旧额的对比

上图所示的表中，计算第 1 年的折旧额 D6、D7 和 D8 单元格中的公式为：

D6=SLN($B$3,$D$3,$E$3)。

D7=SYD($B$3,$D$3,$E$3,D5)。

D8=VDB($B$3,$D$3,$E$3,C5,D5,2,0)。

完成第 1 年的折旧额计算公式录入后，可以将鼠标向右拖动复制公式到第 5 年，即

H6、H7 和 H8 单元格即可。

可以通过绘制图形比较三种折旧方法每年折旧额的变化，如图 4-40 所示。

①直线法显示一条水平直线，每年折旧额保持不变。

②年数总和法的折旧金额每年呈线性下降，呈现先高后低的趋势。

③双倍余额递减法的折旧金额也是先高后低，但下降呈非线性变化，而且在折旧期的第一年，折旧金额在三种方法中是高的。

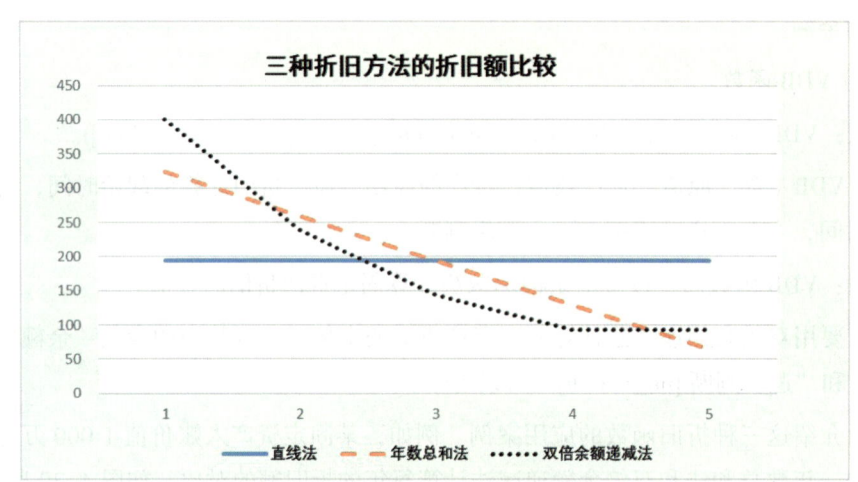

图 4-40　三种折旧方法的折旧额比较

8. 数据库函数

（1）DGET 函数。

语法：DGET(database,field,criteria)。

即：DGET（查询的数据区域，查询结果所在列，指查询条件）。

说明：DGET 函数可用于查询符合指定条件的数据，在多个条件查询等查询情形下，使用 DGET 函数能够更简单方便地进行查询。

例如，在图 4-41 所示的 D3 单元格输入公式"=DGET(B5:G14,D2,B2:C3)"，可以查询任一门店对应的任一品牌的手机销售量。

（2）DSUM 函数。

语法：DSUM(database,field,criteria)。

即：DSUM（数据区域，求和的列数，条件）。

说明：DSUM 函数用于计算返回列表或数据库中满足指定条件的记录字段（列）中的数字之和。

如图 4-42 所示，在 F15 单元格输入公式“=DSUM(B3:G12,6,B14:B15)”，在 F16 单元格输入公式“=DSUM(B3:G12,6,B14:B16)”，在和 F17 单元格输入公式“=DSUM(B3:G12,6,B14:B17)”，可以分别计算门店 1 的销售量合计数，门店 1 和 2 的销售量合计数，门店 1、2 和 3 的销售量合计数。

D3 =DGET(B5:G14,D2,B2:C3)

店名	品牌	合计
门店1	小米	198

手机销售量统计表（单位：部）

店名	品牌	1月	2月	3月	合计
门店1	VIVO	44	67	51	162
门店1	华为	88	37	42	167
门店1	小米	68	50	80	198
门店2	VIVO	86	47	52	185
门店2	华为	30	23	43	96
门店2	小米	82	66	40	188
门店3	VIVO	32	86	55	173
门店3	华为	78	29	78	185
门店3	小米	56	76	48	180

图 4-41 用 DGET 函数查询符合多条件数据

F15 =DSUM(B3:G12,6,B14:B15)

手机销售量统计表（单位：部）

店名	品牌	1月	2月	3月	合计
门店1	VIVO	44	67	51	162
门店1	华为	88	37	42	167
门店1	小米	68	50	80	198
门店2	VIVO	86	47	52	185
门店2	华为	30	23	43	96
门店2	小米	82	66	40	188
门店3	VIVO	32	86	55	173
门店3	华为	78	29	78	185
门店3	小米	56	76	48	180

店名
门店1
门店2
门店3

门店1 合计	527
门店1和2 合计	996
门店1、2和3 合计	1534

图 4-42 用 DSUM 函数汇总符合多条件数据

（3）DCOUNT 函数。

语法：DCOUNT(database,field,criteria)。

即：DCOUNT（数据区域，所在字段名或列数，条件）。

说明：DCOUNT 函数用于计算返回列表或数据库中满足指定条件的记录字段（列）中的个数，DCOUNTA 函数用于计算满足某一条件且为文本类型的个数。两者的区别类似于 COUNA 函数 COUNTA 函数的区别。

例如，在图 4-43 所示的 C15 单元格输入公式“=DCOUNT(B3:F12,5,B14:B15)”，可以统计出销售额超过 800 万元以上的门店共有 6 个。

C15　=DCOUNT(B3:F12, 5, B14:B15)

第一季度销售额统计表（单位：万元）

店名	1月	2月	3月	合计
门店1	339	243	235	817
门店2	235	361	201	797
门店3	219	337	218	774
门店4	284	242	385	911
门店5	208	207	315	730
门店6	323	299	284	906
门店7	351	367	272	990
门店8	326	237	392	955
门店9	295	322	381	998

合计	
>800	6

图 4-43　用 DCOUNT 函数计算符合多条件数据个数

9. 信息函数

（1）ISNUMBER 函数。

语法：ISNUMBER(value)。

即：ISNUMBER（检测值）。

说明：ISNUMBER 函数用于检测给定值是否为数字，如果检测的内容为数字，将返回 TRUE，否则将返回 FALSE。

例如，如图 4-44 所示，在 B1 单元格输入公式“=ISNUMBER(A1)”，将返回 TRUE，在 B2 单元格输入公式“=ISNUMBER(A2)”，则返回 FALSE。

	A	B	C
1	100	TRUE	=ISNUMBER(A1)
2	长江	FALSE	=ISNUMBER(A2)
3			

图 4-44　用 ISNUMBER 函数单元格是否为数字

（2）ISBLANK 函数。

语法：ISBLANK(value)。

即：ISBLANK（检测值）。

说明：ISBLANK 函数用于检测给定值是否为空白，如果检测内容为无数据的空白，ISBLANK 函数将返回 TRUE，否则将返回 FALSE。

如图 4-45 所示，在 B1 单元格输入公式"=ISBLANK(A1)"，将返回 FALSE，在 B2 单元格输入公式"=ISBLANK(A2)"，则返回 TRUE。

	A	B	C
1	100	FALSE	=ISBLANK(A1)
2		TRUE	=ISBLANK(A2)
3			

图 4-45　用 ISBLANK 函数单元格是否为空单元格

（3）ISODD 函数。

语法：ISODD(number)。

即：ISODD（测试值）。

说明：ISODD 函数用于测试给定的数值是否为奇数，若为奇数，则返回 TRUE，否则返回 FALSE。

如图 4-46 所示，在 B1 单元格输入公式"=ISODD(A1)"，将返回 FALSE，在 B2 单元格输入公式"=ISODD(A2)"，则返回 TRUE。

	A	B	C
1	88	FALSE	=ISODD(A1)
2	99	TRUE	=ISODD(A2)
3			

图 4-46　用 ISODD 函数测试单元格数字是否为奇数

（4）ISERROR 函数。

语法：ISERROR(value)。

即：ISERROR（测试值）。

说明：ISERROR 函数用于测试函数式返回的数值是否有错误。如果有错误，该函数返回 TRUE，反之返回 FALSE。

如图 4-47 所示，在 B1 单元格输入公式"=ISERROR(A1)"，将返回 FALSE，在 B2 单元格输入公式"=ISERROR(A2)"，则返回 TRUE。

	A	B	C
1	100	FALSE	=ISERROR(A1)
2	#N/A	TRUE	=ISERROR(A2)
3			

图 4-47　用 ISERROR 函数判断单元格是否为错误值

10. 工程函数

（1）BIN2DEC 函数。

语法：BIN2DEC(number)。

即：BIN2DEC（待转换的二进制数）。

说明：BIN2DEC 函数可以将二进制数转换为十进制数，参数 Number 的位数不能多于 10 位（二进制位），最高位为符号位，后 9 位为数字位。负数用二进制数补码表示。

（2）DEC2BIN 函数。

语法：DEC2BIN(number,[places])。

即：DEC2BIN（待转换的十进制数，［字符数］）。

说明：DEC2BIN 函数可以将十进制数转换为二进制数，参数 Number 是待转换的十进制数。Places 是所要使用的字符数，如果省略 places，DEC2BIN 函数将使用能表示此数的最少字符来表示。Number 的位数不能多于 10 位（二进制位），最高位为符号位，后 9 位为数字位。负数用二进制数补码表示。

如图 4-48 所示，在 B1 单元格输入公式"=BIN2DEC(A1)"，将返回 100，在 B2 单元格输入公式"=DEC2BIN(A2)"，则返回 1100100。

	A	B	C
1	1100100	100	=BIN2DEC(A1)
2	100	1100100	=DEC2BIN(A2)
3			

图 4-48　用函数对二进制和十进制数据进行互相转换

（3）DELTA 函数。

语法：DELTA(number1，[number2])

即：DELTA(测试值 1，[测试值 2])

说明：测试两个数值是否相等。如果 number1=number2，则返回 1，否则返回 0。Number1 为第一个参数，Number2 为第二个参数，如果省略 Number2，则默认 Number2 的值为 0。

如图 4-49 所示，在 B1 单元格输入公式"=DELTA(A1,A2)"，将返回 0，在 B4 单元格输入公式"=DELTA(A4,A5)"，将返回 1。

	A	B	C
1	88	0	=DELTA(A1, A2)
2	511		
3			
4	20	1	=DELTA(A4, A5)
5	20		
6			

图 4-49　用 DELTA 函数测试两个值是否相等

第五章 使用数据透视表分析数据

第一节 创建数据透视表

一、数据透视表及其优越性

1. 什么是数据透视表

数据透视表（Pivot Table）是 Excel 中的一个强大的数据分析工具，是一种交互式的分析表。随着信息技术和互联网的快速发展和普及，大数据智能化时代的来临，我们要处理的数据量也越来越大、越来越多。运用数据透视表，可以对海量的数据进行分类、排序、筛选等数据处理操作，也可以对数据进行计数、求和的计算。

数据透视表可以根据数据分析的需求，动态地改变其版面布置，快速变换不同的分析维度，以便按照不同方式分析数据，也可以重新安排行号、列标和页字段。每一次改变版面布置时，数据透视表所进行的计算与数据和数据透视表中的排列有关，按照新的布置重新计算数据。另外，如果原始数据发生更改，则可以更新数据透视表。

2. 数据透视表的优越性

（1）大量数据的快速汇总。

（2）多维度数据分析。

（3）通过筛选对重点关注内容的专题分析。

（4）生成动态报表，保持与数据源同步更新。

（5）值汇总方式，包括求和、计数、平均值、最大值和最小值等。

（6）值显示方式，可快速显示百分比（同比、环比、占比等）。

（7）移动字段位置，快速变换出各种类型的报表。

……

二、创建和设置数据透视表

1. 如何创建一个数据透视表

创建一个数据透视表有三个步骤,首先选中工作表中数据源所在的区域;然后单击【插入】选项卡,选择功能区域中的"数据透视表",在弹出的对话框中,"选择放置数据透视表的位置"选项可以选择将数据透视表放置到一个新建的工作表,或当前工作表的某个区域;最后,点击"确定"按钮进入数据透视表设置界面。如图5-1所示。

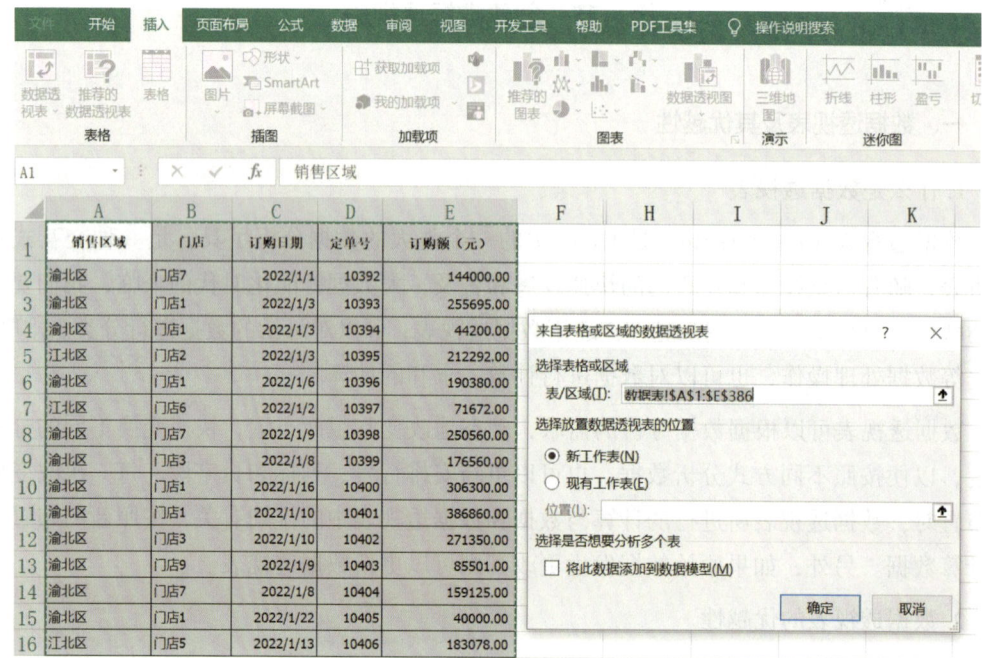

图 5-1 创建数据透视表

2. 设置数据透视表

设置数据透视表主要通过操作【数据透视表字段】对话框实现。通过该对话框可以对数据透视表内进行添加、删除和移动字段等操作,如图5-2所示。

【数据透视表字段】对话框各个部分功能如下。

字段列表区域列示数据源中所有的字段名称,即数据区域的所有列的标题。

筛选器区域用于对整个透视表中的非数值字段(即文本型字段)进行筛选。例如,"销售地区"字段包括"国内"和"国外"两个区域,当将"字段列表区域"里的"销售区域"选中拖放到筛选器区域后,数据透视表将显示有销售区域筛选功能。

列区域用于在列方向布局,即将字段的项目设置为数据透视表的列标题,一般为文本

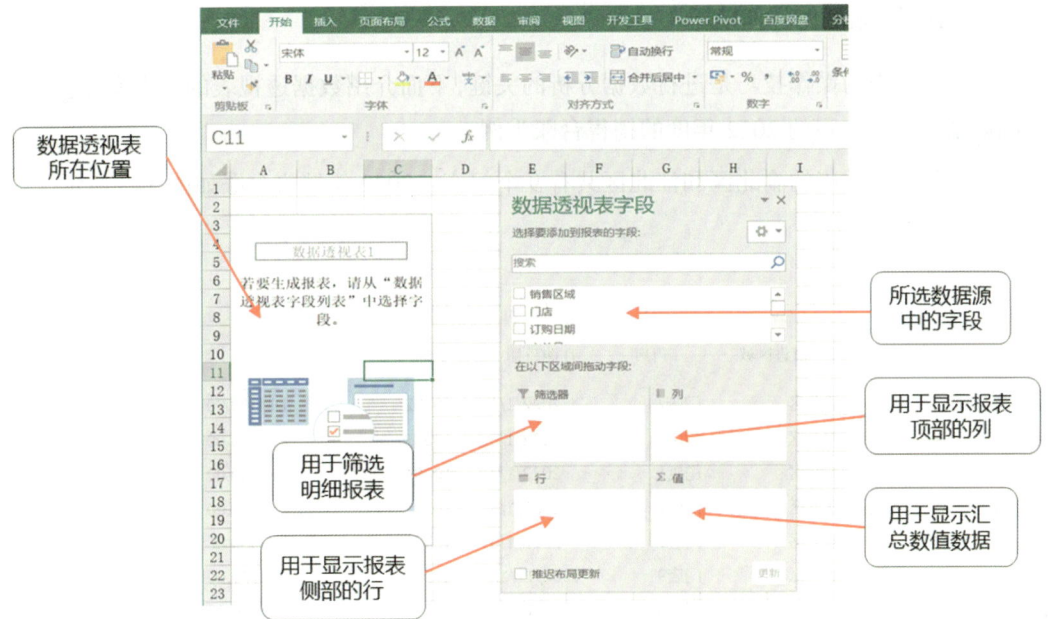

图 5-2　设置数据透视表

型字段。

行区域用于在行方向布局字段的项目，制作数据透视表的行标题，一般为文本型字段。

值区域用于汇总计算指定的字段，如果选定的字段是数值型字段，则汇总计算方式为自动求和，如果选定的是文本型字段，则汇总计算方式为自动计数。

3. 数据源的规范

数据透视表的原始数据可能来自多种渠道，若原始数据源不规范，将影响数据透视表的功能实现和分析结果的准确性。所以在使用数据透视表分析之前，有必要对原始数据源进行如下规范管理。

（1）避免合并单元格。

（2）不能存在多层表头。

（3）字段名称不能重复、不能为空。

（4）数据源区域不能断行、断列。

（5）每个字段中的数据类型须一致。

（6）确保数据源是一维表格，即表的第一行是字段名。

（7）需要处理的数据源须整理到一个工作表放置。

三、数据透视表的操作技巧

数据透视表的操作技巧是进行数据分析的关键,下面介绍数据透视表的十大操作技巧,基础数据以长江公司的 2022 年度的销售台账为例。

长江公司在重庆的渝北区和江北区共有 9 个门店,2022 年销售台账如图 5-3 所示。

	A	B	C	D	E
1	销售区域	门店	订购日期	定单号	订购额(元)
2	渝北区	门店7	2022/1/1	10392	144000.00
3	渝北区	门店1	2022/1/3	10393	255695.00
4	渝北区	门店1	2022/1/3	10394	44200.00
5	江北区	门店2	2022/1/3	10395	212292.00
6	渝北区	门店1	2022/1/6	10396	190380.00
384	渝北区	门店9	2022/12/12	10774	86875.00
385	江北区	门店5	2022/12/26	10775	22800.00
386	渝北区	门店1	2022/12/18	10776	663527.00
387					

图 5-3 长江公司销售台账

1. 透视表的移动

有时我们需要将创建完成的数据透视表在工作表区域进行位置调整,如图 5-4 所示,在创建数据透视表时,默认位置为单元格区域 A3:B13,现在需要将其移动到单元格区域 D3:E13,可以选中数据透视表所在的单元格区域 A3:B13,将鼠标移动到选中的单元格区域的外框线(上下左右外框线均可),当鼠标指针变为"十"字形状时,按住鼠标左键可直接将创建的数据透视表移动到单元格区域 D3:E13,也可以随意将其移动到任何区域,如图 5-5 所示。

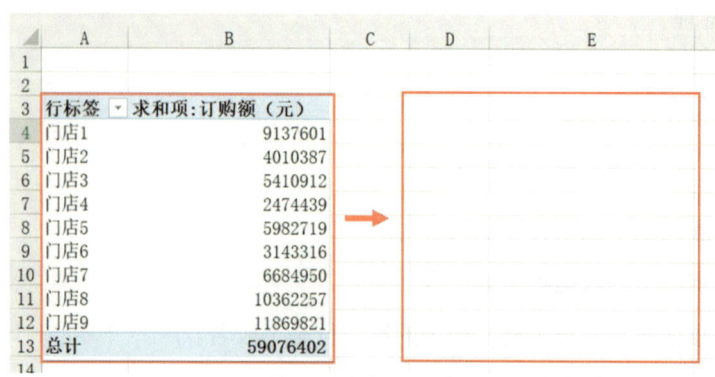

图 5-4 数据透视表位置调整

图 5-5 数据透视表位置调整操作

2. 分类汇总

如果需要对销售区域进行分类汇总，只需选中"销售区域"字段拖动至"行区域"即可，如图 5-6 所示。

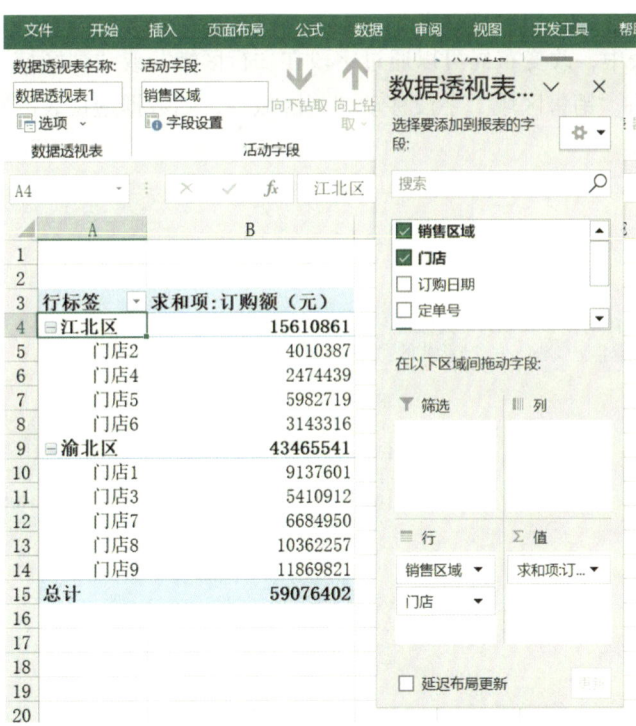

图 5-6 数据透视表分类汇总

3. 数据筛选

数据透视表中的数据筛选功能与 Excel 中"数据"选项下的"筛选"功能基本类似，如图 5-7 所示。

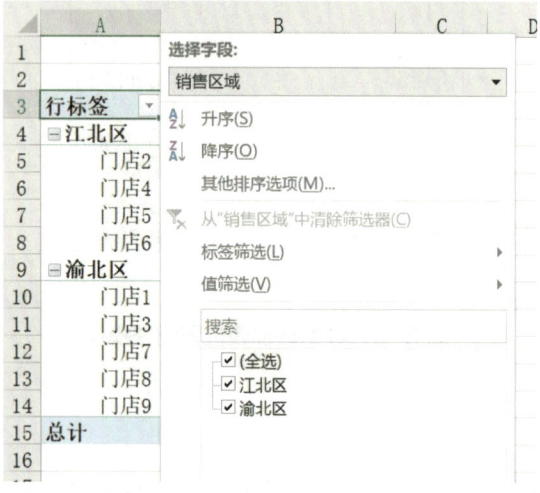

图 5-7 数据透视表数据筛选

4. 改变布局

在数据透视表中，改变布局可以通过字段在"行区域"或"列区域"间移动而实现。如图 5-8 所示，将"销售区域"字段移动"列区域"，则数据透视表的布局发生了变化。

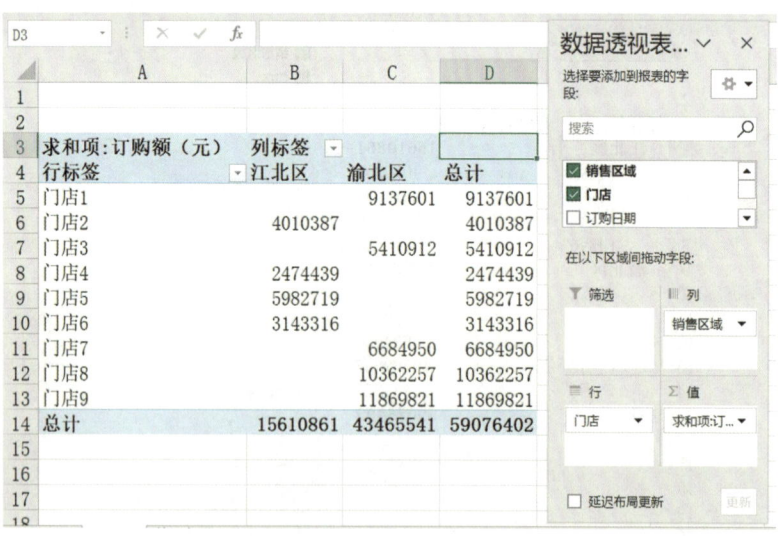

图 5-8 数据透视表改变布局

5. 更改数据源

"数据透视表工具"选项卡下的"数据分析功能"中,单击"更改数据源"选项,可以在弹出的"更改数据透视表数据源"对话框中选择更改不同的数据源,如图 5-9 所示。

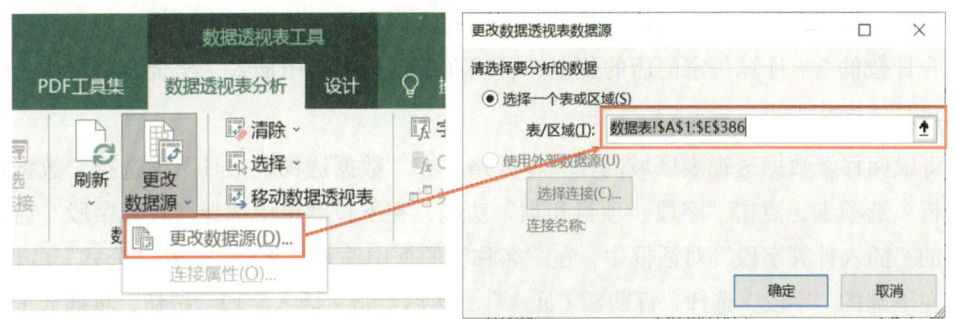

图 5-9　数据透视表更改数据源

6. 自动更新

当创建的数据透视表的源数据不断增加数据记录时,需要对数据透表进行更新,将鼠标移至数据透视表区域的任一单元格,按鼠标右键,在弹出的菜单中选择"刷新"功能后,数据透视表将根据最新的数据源进行更新。当选择"数据透视表选项"功能时,会弹出"数据透视表选项"对话框,在弹出的对话框中,勾选"数据"选项下的"打开文件时刷新数据"复选框。每次打开数据透视表时,数据源将更新,如图 5-10 所示。

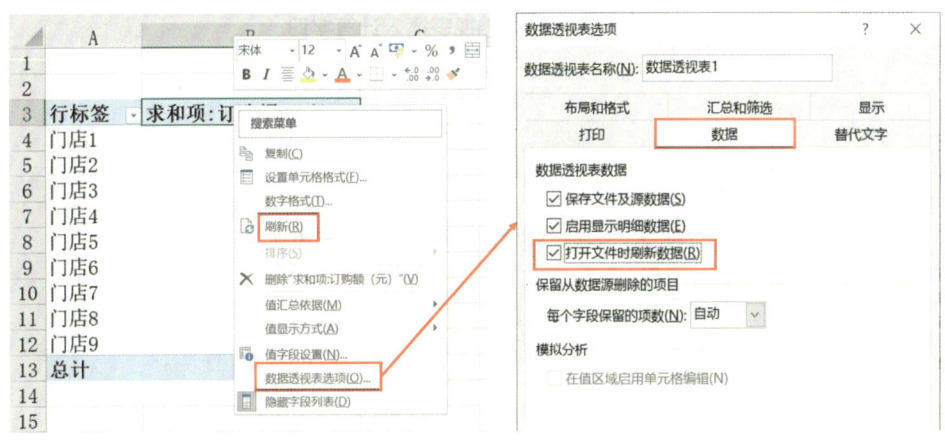

图 5-10　数据透视表自动刷新

7. 插入计算字段和计算项

创建的数据透视表不允许手动更改或者移动值区域的任何数据，也不能在数据透视表中随意插入行或列进行计算。如果需要在数据透视表内进行计算，只能通过"插入计算字段"来实现。

例如，创建数据透视表可以计算长江公司每家门店的销售额的合计数，现在需要以销售额合计数的 3% 计算每家门店的奖金，可以在数据透视表中插入"奖金"字段作为计算字段，具体操作如下。

将鼠标移至数据透视表区域的任一单元格，在"数据透视表工具"中选择"数据透视表分析"选项卡，点击"字段、项目和集"功能，在下拉菜单中选择"计算字段"后，在弹出的"插入计算字段"对话框中，在"名称"的框中输入"奖金"，在"公式"的框中，先从左下部的"字段"选择"订购额（元）"，然后点击"插入字段"按钮，将插入的"公式"框中的"订购额（元）"字段乘以 3%，最后点击"确定"按钮即可完成操作。如图 5-11 和图 5-12 所示。

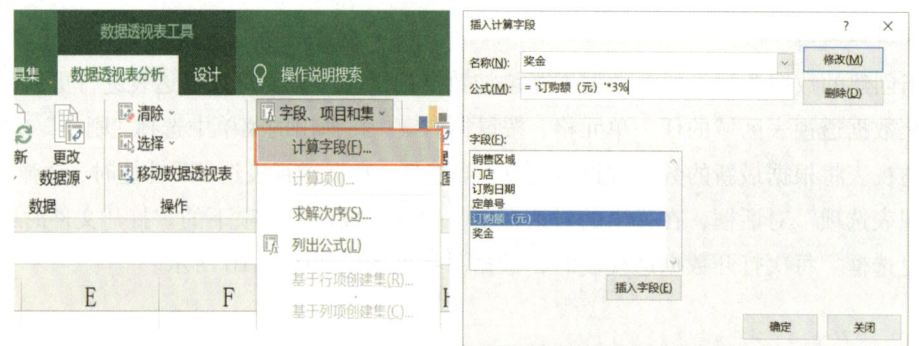

图 5-11 数据透视表插入计算字段

	A	B	C
1			
2			
3	行标签	求和项:订购额（元）	求和项:奖金
4	门店1	9137601	274128.03
5	门店2	4010387	120311.61
6	门店3	5410912	162327.36
7	门店4	2474439	74233.17
8	门店5	5982719	179481.57
9	门店6	3143316	94299.48
10	门店7	6684950	200548.50
11	门店8	10362257	310867.71
12	门店9	11869821	356094.63
13	总计	59076402	1772292.06
14			

图 5-12 插入的"奖金"计算字段

8. 修改和删除计算项

对于已经插入的计算字段，如果需要修改字段名称或者公式，只需点击"插入计算字段"对话框中的"修改"按钮，即可进行修改。如果需要删除已经插入的计算字段，只需点击"插入计算字段"对话框中的"删除"按钮即可。如图 5-13 所示。

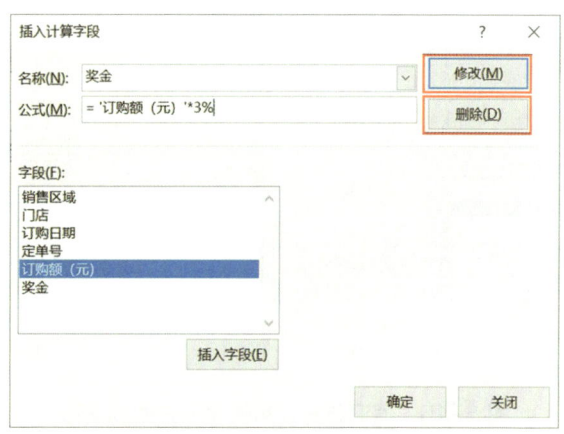

图 5-13　修改和删除计算项

9. 值汇总方式和值显示方式的设置

在"数据透视表字段"对话框的"值区域"中，点击其中某个字段右边的黑色倒三角按钮，在出现的下拉菜单中选择"值字段设置"，会弹出"值字段设置"对话框，如图 5-14 所示。

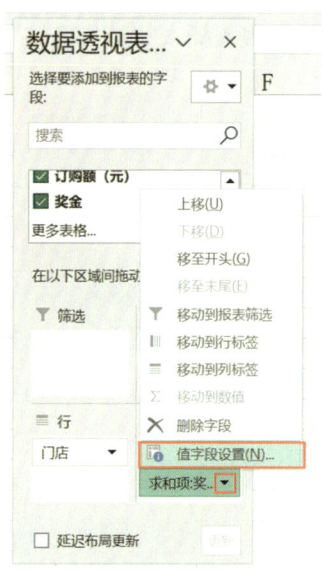

图 5-14　数据透视表"值字段设置"

在"值字段设置"对话框中可以设置"值汇总方式"和"值显示方式"。"值汇总方式"的计算类型包括求和、计数、平均值、最大值、最小值等;值显示方式包括百分比、父行汇总的百分比、父列汇总的百分比、父级汇总的百分比、差异、差异百分比等。如图5-15所示。

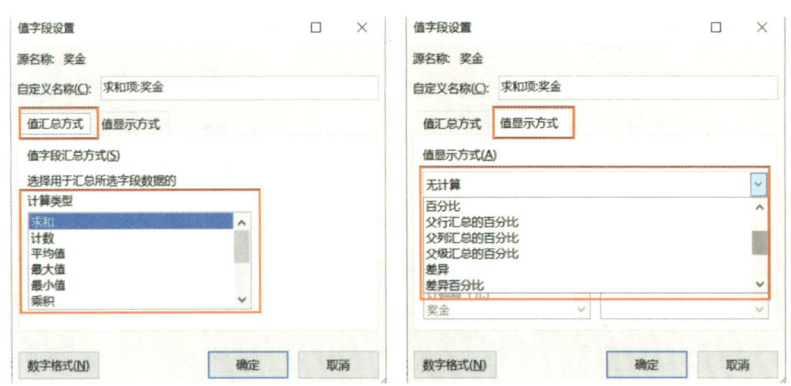

图 5-15　值汇总方式和值显示方式的设置

10. 更方便的筛选——切片器

切片器是从 Excel 2010 版本开始新增的功能,该功能不仅适用于数据表格,还适用于数据透视表。应用切片器对数据透视表中的字段进行筛选操作后,可以非常直观地查看所筛选的数据信息。

为数据透视表插入切片器可以通过"插入"选项卡,在功能区选择"切片器",或者通过"数据透视表工具"来插入切片器。

如图 5-16 所示,可以为数据透视表插入"销售区域"和"门店"两个切片器,以便对不同字段进行筛选。

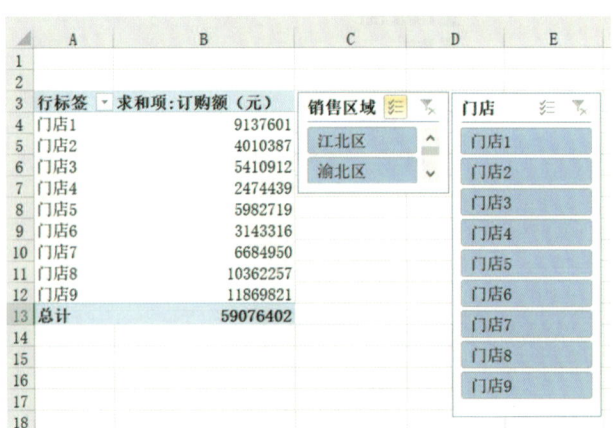

图 5-16　数据透视表插入切片器

四、为数据透视表插入图表

可以通过"数据透视表工具"的"数据透视图"功能,为数据透视表插入图表,如图 5-17 所示。

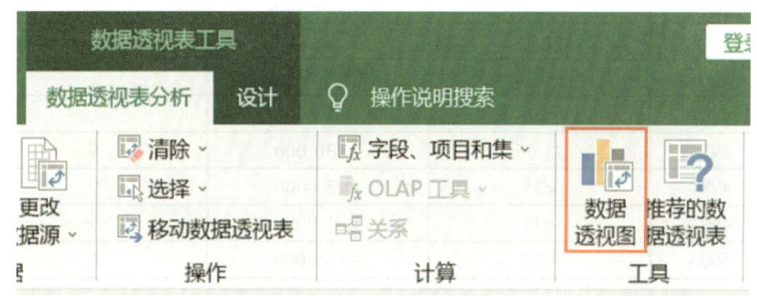

图 5-17　插入数据透视图

数据透视表中插入的图表类型与 Excel"插入"选项卡的"图表"包含的类型相同。不同之处在于,数据透视表中插入的图表具有筛选功能,并能根据数据透视表的更新或布局的变化进行同步动态调整。

第二节　运用数据透视表的实战案例

一、运用数据透视表构建市场调查分析模型

【案例 5-1】

北方公司为了准确定位某地区高端自行车赛车的客户群体,公司市场部门通过该地区自行车运动协会发放调查问卷。调查主要从收入和年龄两个维度分析购买高端赛车的客户群体,其中:

收入分为高收入(月薪 3 万元及以上)和普通收入(月薪 1 万元及以下)。

年龄分为 35 岁以下和 35 岁及以上。

通过为期 2 周的调查,共回收有效问卷 500 份,调查问题统计数据如表 5-1 所示。

表 5-1　高端自行车赛车市场调查统计表

序号	年龄（岁）	收入（元）	是否已购买
1	≥35	≥30 000	否
2	<35	≥30 000	是
3	<35	≥30 000	是
4	<35	≥30 000	是
5	<35	≥30 000	是
6	≥35	≥30 000	否
……	……	……	……
496	<35	≥30 000	是
497	≥35	≥30 000	否
498	<35	≥30 000	否
499	<35	≤10 000	否
500	<35	≥30 000	是

【要求】分别从收入和年龄两个维度分析高端自行车赛车的购买情况。

【分析步骤】

根据市场调查统计数据表创建数据透视表，其中"行区域"为"收入"和"年龄"，"列区域"为"是否已购买"，"值区域"为"是否已购买"。具体操作如图 5-18 所示。

图 5-18　数据透视表字段设置

需要注意的是，"值区域"的"是否已购买"设置值汇总方式为"计数"，值显示方式为"总计的百分比"。如图 5-19 所示。

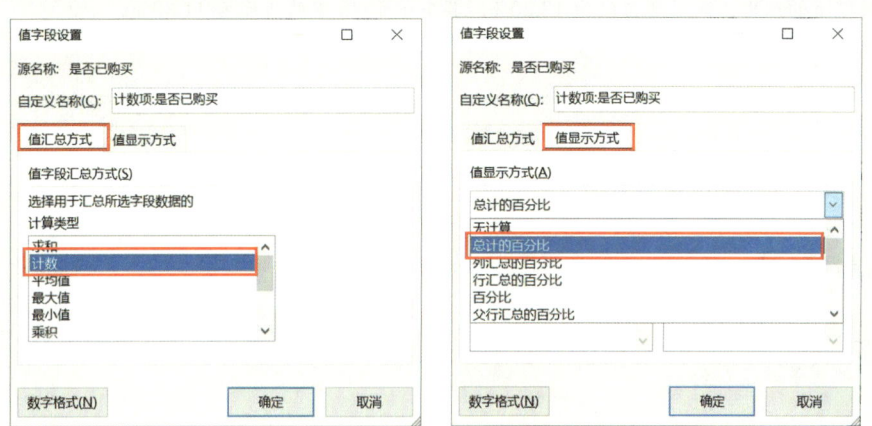

图 5-19　设置值汇总方式和值显示方式

将创建的数据透视表进行调整和修饰后，制作如图 5-20 所示分析模型。

计数项:是否已购买	列标签		
行标签	否	是	总计
⊟<=1,0000	15.40%	12.20%	27.60%
>=35	11.20%	0.40%	11.60%
< 35	4.20%	11.80%	16.00%
⊟>=30,000	41.60%	30.80%	72.40%
>=35	31.60%	2.40%	34.00%
< 35	10.00%	28.40%	38.40%
总计	57.00%	43.00%	100.00%

图 5-20　市场调查分析模型

通过图 5-20 可以看出：调查对象中有 43% 购买了高端自行车赛车。

从收入维度分析，月薪 3 万元及以上的购买者占比为 30.80%，月薪 1 万元及以下的购买者占比为 12.20%，但由于月薪 3 万元及以上的调查对象人数（占比 72.40%）明显高于月薪 1 万元及以下的人数（占比 27.60%），所以并不能简单地说月薪越高购买的可能性越大。

从年龄维度进行分析，年龄小于 35 岁的购买人数明显高于年龄大于 35 岁的，在月薪 3 万元及以上的组中，购买者占比为 30.80%，其中小于 35 岁的购买者占比为 28.40%；而在月薪 1 万元及以下的组中，购买者占比为 12.20%，其中小于 35 岁的占比为 11.80%。

二、美心食品店的销售分析

【案例 5-2】

美心食品店售卖面包、蛋糕、冷饮和咖啡，目前有 2020—2022 年的每日销售明细，如图 5-21 所示（销售量单位：份）。

	A	B	C	D	E
1	日期	星期	促销	品类	销售量
2	2020/1/1	星期三	无促销	冷饮	67
3	2020/1/1	星期三	无促销	蛋糕	52
4	2020/1/1	星期三	无促销	咖啡	261
5	2020/1/1	星期三	无促销	面包	580
6	2020/1/2	星期四	无促销	冷饮	180
4374	2022/12/30	星期五	无促销	冷饮	158
4375	2022/12/30	星期五	无促销	蛋糕	31
4376	2022/12/30	星期五	无促销	咖啡	399
4377	2022/12/30	星期五	无促销	面包	513
4378	2022/12/31	星期六	无促销	冷饮	213
4379	2022/12/31	星期六	无促销	蛋糕	63
4380	2022/12/31	星期六	无促销	咖啡	500
4381	2022/12/31	星期六	无促销	面包	550

图 5-21 美心食品店 2020—2022 年每日销售明细表

现店主聘请你分析影响销售的因素，作为分析师，你计划从以下方面来进行分析。

（1）分析一周内各天各品类销售情况。

（2）分析各品类月度销售的变化情况。

（3）分析该食品店近三年的销售趋势。

（4）分析促销对销售的影响。

【分析步骤】

（1）分析一周内各天各品类销售情况。

根据销售明细表创建数据透视表，其中"行区域"为"星期"，"列区域"为"品类"，"值区域"为"销售量"。需要注意的是,"值区域"的销售量设置汇总方式为"平均",具体操作如图 5-22 所示。

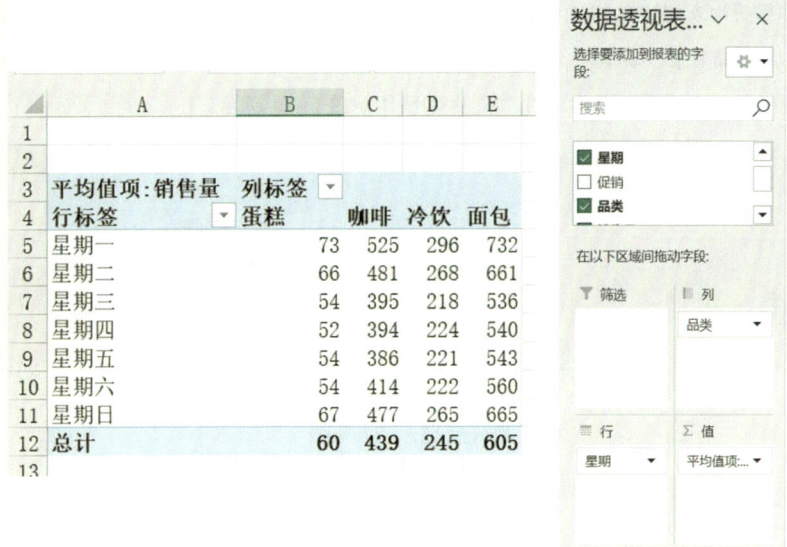

图 5-22　一周内各天各品类销售数据透视表

以图 5-22 所示数据透视表为依据,插入数据透视图,选择图表类型为折线图,如图 5-23 所示。

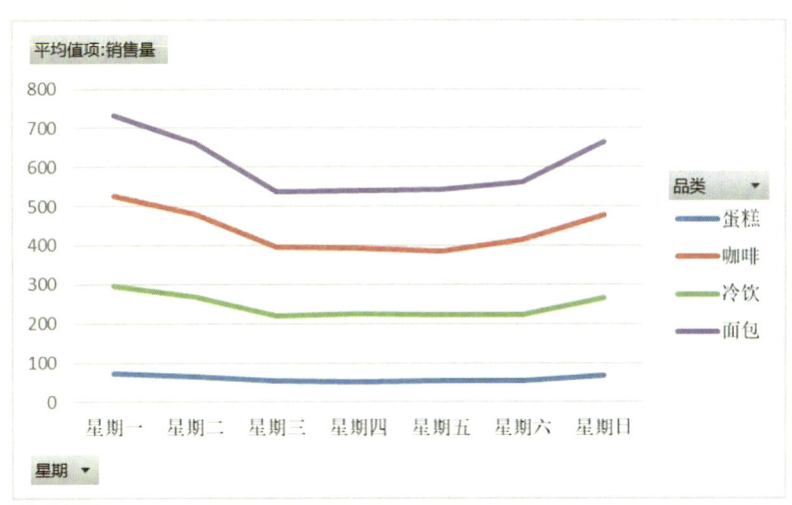

图 5-23　一周内各品类销售量趋势

通过图 5-23 可以看出一周内的销售趋势：蛋糕的销售量在一周内波动不大，而面包、冷饮和咖啡在星期一、星期二和星期日的销售量较高，特别是在星期一，销售量最高，相比之下，星期三、星期四、星期五和星期六的销售量较低。

（2）分析各品类月度销售的变化情况。

根据销售明细表创建数据透视表，其中"行区域"为"月（日期）"，"列区域"为"品类"，"值区域"为"销售量"。需要注意的是，"值区域"的销售量设置汇总方式为"平均"，"行区域"为"日期"字段，组合为"月"，具体操作如图 5-24 所示。

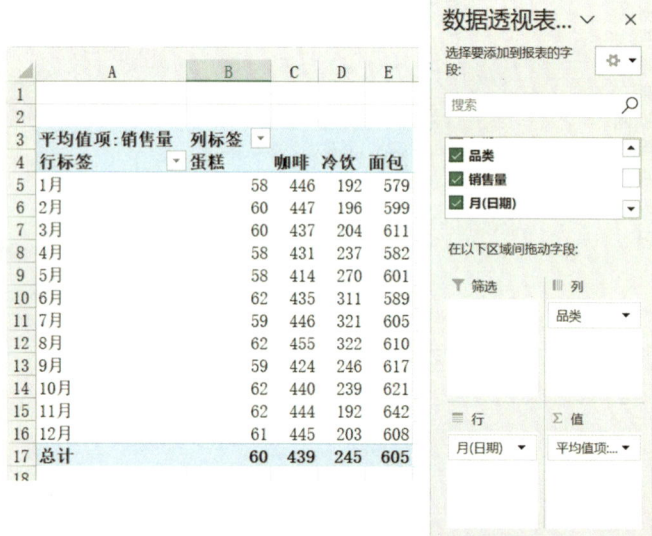

图 5-24　月度各品类销售量数据透视表

以图 5-24 所示数据透视表为依据，插入数据透视图，选择图表类型为折线图，如图 5-25 所示。

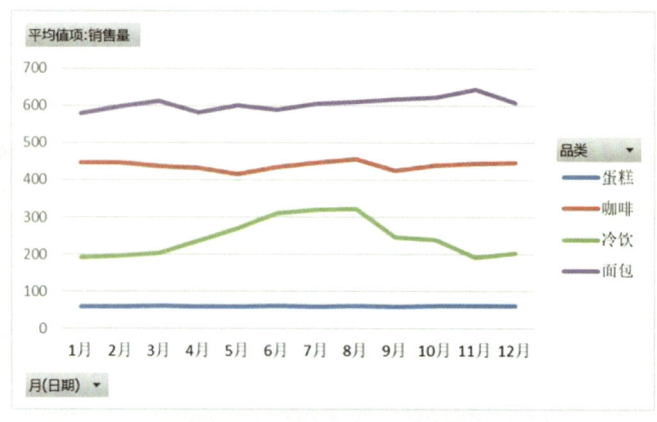

图 5-25　月度各品类销售量趋势

通过图 5-25 可以看出月度销售趋势：冷饮的销售量在一年内波动较大，5～9 月是销售的旺季，特别是 6 月、7 月和 8 月的销售量较高。面包和咖啡的销售量各月都有一定的波动，蛋糕的销售量波动不大，比较平稳。

（3）分析该食品店近三年的销售趋势。

根据销售明细表创建数据透视表，其中"行区域"为"年（日期）"，"列区域"为"品类"，"值区域"为"销售量"。需要注意的是，"值区域"的销售量设置汇总方式为"平均"，"行区域"为"日期"字段，组合为"年"，具体如图 5-26 所示。

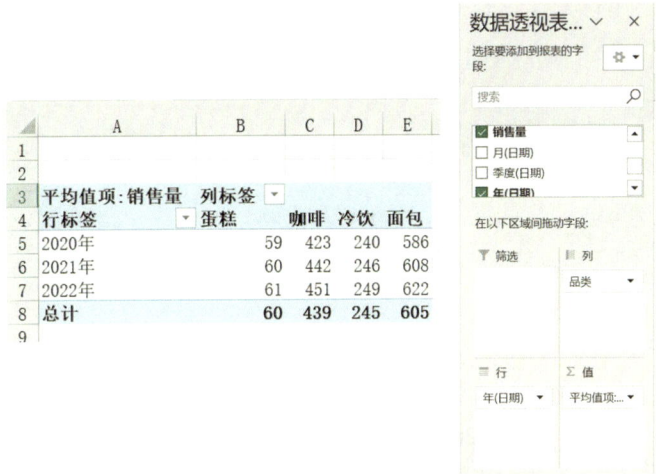

图 5-26　近三年各品类销售数据透视表

以图 5-26 所示数据透视表为依据，插入数据透视图，选择图表类型为折线图，如图 5-27 所示。

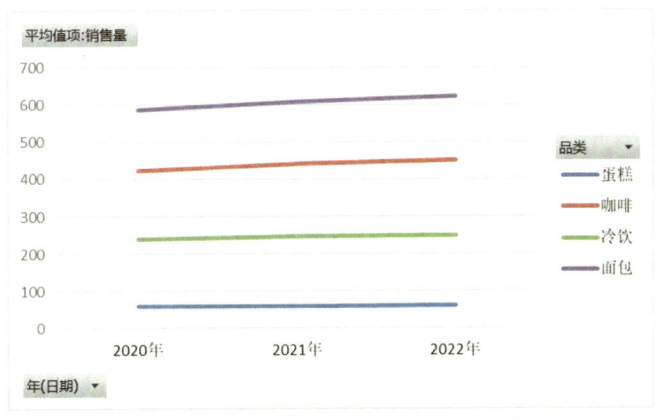

图 5-27　一周内各品类销售量趋势

通过图 5-27 可以看出近三年的销售趋势：冷饮和蛋糕近三年的销售量变化不大，面包和咖啡呈现稳步增长的趋势。

（4）分析促销对销售的影响。

根据销售明细表创建数据透视表，其中"行区域"为"促销"，"列区域"为"品类"，"值区域"为"销售量"。需要注意的是，"值区域"的销售量设置汇总方式为"平均"，具体操作如图 5-28 所示。

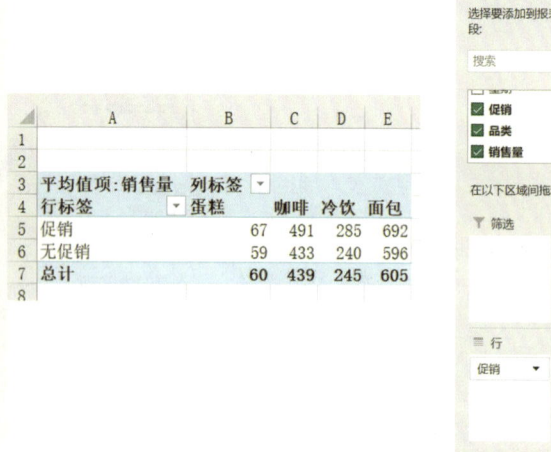

图 5-28　各品类有无促销销售数据透视表

以图 5-28 所示数据透视表为依据，插入数据透视图，选择图表类型为折线图，如图 5-29 所示。

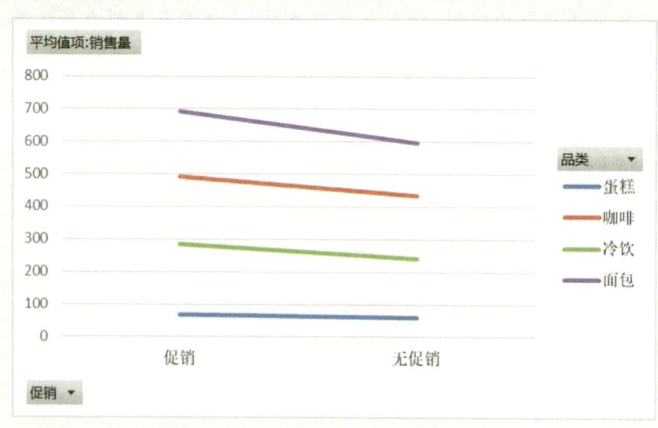

图 5-29　促销对各品类销售量影响

通过图 5-29 可以看出促销对销售量的影响：有促销时，面包、咖啡和冷饮的销售量明显比无促销时要高，但对蛋糕的销售量影响不大。

三、天山公司财务指标分析

【案例 5-3】

天山公司是一家生产小家电的企业,现有其豆浆机产品过去一年的各月份所有客户、型号和销售地区的财务指标,包括营业收入和营业成本的数据。如图 5-30 所示。

	A	B	C	D	E	F
1	月份	客户名称	型号	地区	财务指标	金额(元)
2	1月	KH001	GK005	CY006	营业成本	201,290.20
3	1月	KH001	GK005	CY006	营业收入	275,740.00
4	1月	KH002	GK002	CY004	营业成本	315,410.40
5	1月	KH002	GK002	CY004	营业收入	444,240.00
6	1月	KH003	GK005	CY006	营业成本	220,267.60
239	12月	KH009	GK008	CY001	营业成本	197,704.32
240	12月	KH010	GK007	CY001	营业收入	267,927.00
241	12月	KH010	GK007	CY001	营业成本	190,228.17

图 5-30 天山公司豆浆机销售数据

【要求】 利用上述数据计算天山公司的豆浆机产品过去一年各客户、各型号和各地区的营业收入、营业成本、毛利和毛利率。

【分析步骤】

根据图 5-30 的数据创建数据透视表,其中"筛选器区域"为"客户名称""型号""地区","行区域"为"月份","列区域"为"财务指标","值区域"为"金额"。如图 5-31 所示。

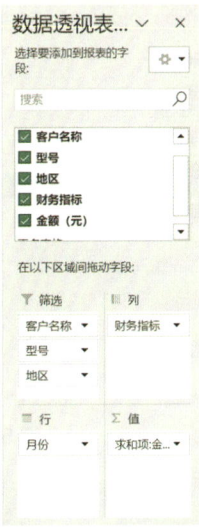

	A	B	C
2	型号	(全部)	
3	地区	(全部)	
4			
5	求和项:金额(元)	列标签	
6	行标签	营业收入	营业成本
7	1月	2956032	2086518.46
8	2月	3149739	2197198.33
9	3月	4027385	2854873.9
10	4月	2874296	2030634.81
11	5月	3142586	2162866.13
12	6月	3580194	2460100.44
13	7月	3029246	2111228.51
14	8月	2608071	1855052.37
15	9月	3018135	2127276.5
16	10月	3211971	2242217.53
17	11月	2427015	1727194.23
18	12月	2727198	1858029.01

图 5-31 数据创建数据透视表

图 5-31 所示数据透视表已完成营业收入和营业成本的计算，毛利和毛利率的计算需要通过"数据透视表工具"选择"计算项"调出"插入计算字段"来实现，具体操作如图 5-32 所示。

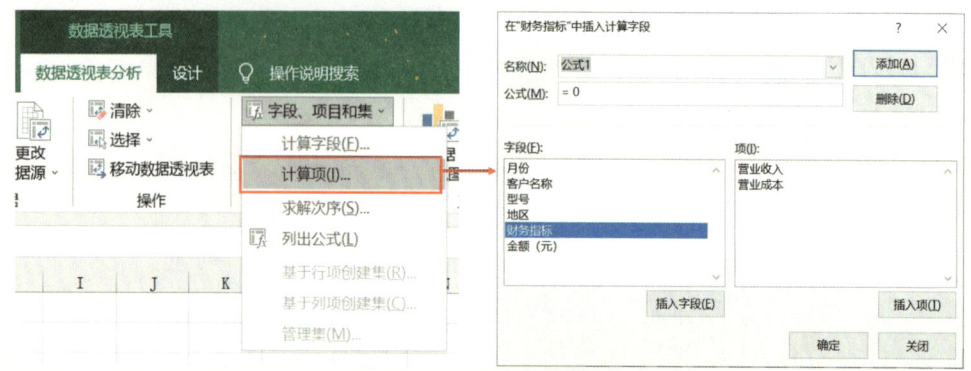

图 5-32　调出"插入计算字段"

计算毛利时，在"插入计算字段"对话框的"名称"框中输入"毛利"，"公式"框中插入"=营业收入-营业成本"，点击"确定"按钮即可完成计算。具体操作如图 5-33 所示。

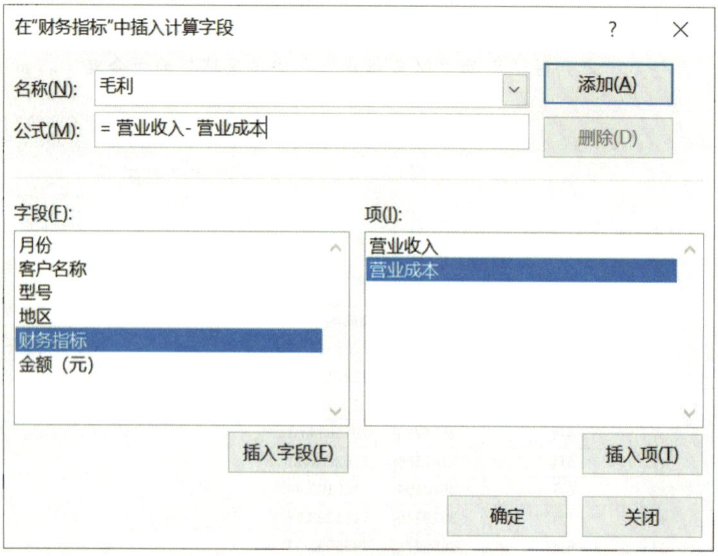

图 5-33　插入计算毛利字段公式

计算毛利率时,在"插入计算字段"对话框的"名称"框中输入"毛利率","公式"框中插入"=毛利/营业收入",点击"确定"按钮即可完成操作。具体操作如图 5-34 所示。

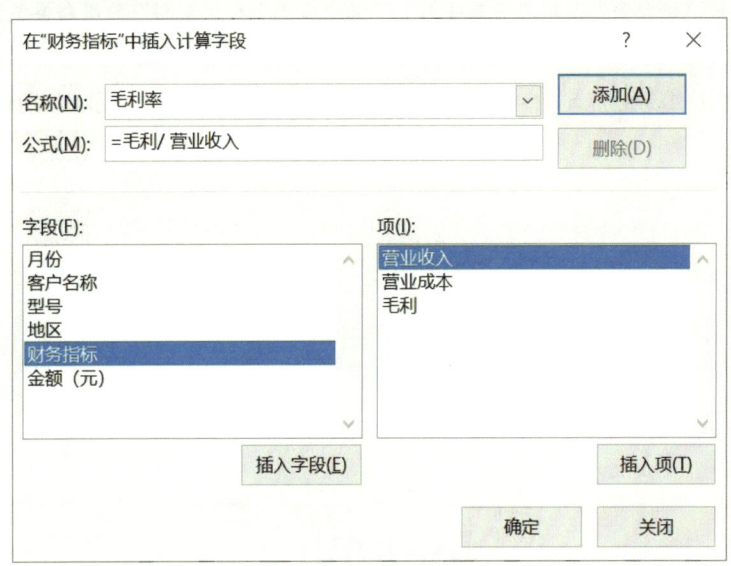

图 5-34 插入计算毛利率字段公式

插入"毛利"和"毛利率"两个计算字段后,完成数据透视表的计算,如图 5-35 的所示。

	A	B	C	D	E
1	客户名称	(全部)			
2	型号	(全部)			
3	地区	(全部)			
4					
5	求和项:金额(元)	列标签			
6	行标签	营业收入	营业成本	毛利	毛利率
7	1月	2,956,032.00	2,086,518.46	869,513.54	29.41%
8	2月	3,149,739.00	2,197,198.33	952,540.67	30.24%
9	3月	4,027,385.00	2,854,873.90	1,172,511.10	29.11%
10	4月	2,874,296.00	2,030,634.81	843,661.19	29.35%
11	5月	3,142,586.00	2,162,866.13	979,719.87	31.18%
12	6月	3,580,194.00	2,460,100.44	1,120,093.56	31.29%
13	7月	3,029,246.00	2,111,228.57	918,017.43	30.31%
14	8月	2,608,071.00	1,855,052.37	753,018.63	28.87%
15	9月	3,018,135.00	2,127,276.50	890,858.50	29.52%
16	10月	3,211,971.00	2,242,217.53	969,753.47	30.19%
17	11月	2,427,015.00	1,727,194.23	699,820.77	28.83%
18	12月	2,727,198.00	1,858,029.01	869,168.99	31.87%

图 5-35 完成的财务指标分析表

需要说明的是，在插入"毛利率"计算字段后，需要将数据的显示设置为百分比形式。另外，对于"客户名称""型号"和"地区"的筛选也可以通过插入"切片器"来实现。

如果需要为数据透视表添加数据透视图，以图5-35所示数据透视表为依据，插入数据透视图，选择图表类型为"组合图"，将"营业收入""营业成本"和"毛利"的图表类型设置为"簇状柱形图"，将"毛利率"设置为折线图，因为毛利率的数据显示为百分比，所以在图表类型后的复选框勾选为"次坐标轴"，点击"确定"按钮后，在工作表中插入数据透视图。如图5-36和图5-37所示。

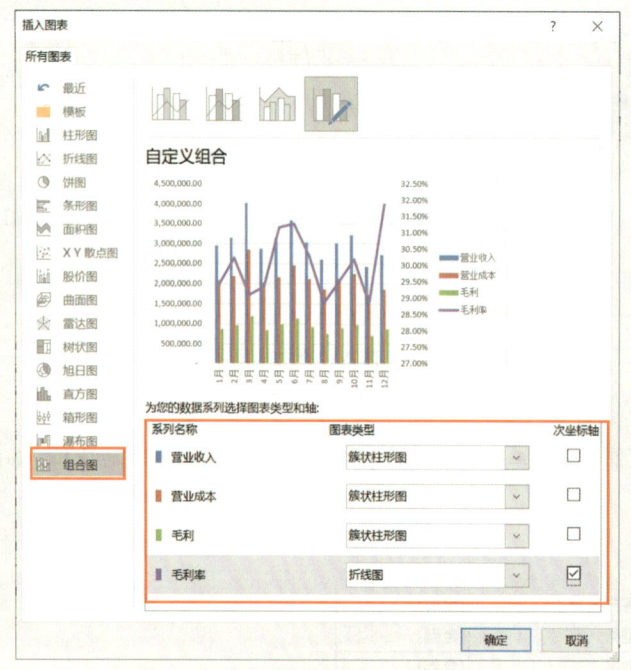

图5-36　选择图表类型为"组合图"

图5-37　数据透视图

第六章 使用模拟分析功能分析数据

模拟分析又称假设分析，是数据分析中非常有用的一种数据分析工具。它基于现有的计算模型，在考虑各种因素的情况下进行测算与分析，以寻求最接近目标的方案。Excel 附带了三种模拟分析工具，包括方案管理器、单变量求解和模拟运算表。选择【数据】→【模拟分析】，可以调用这三种模拟分析工具，如图 6-1 所示。

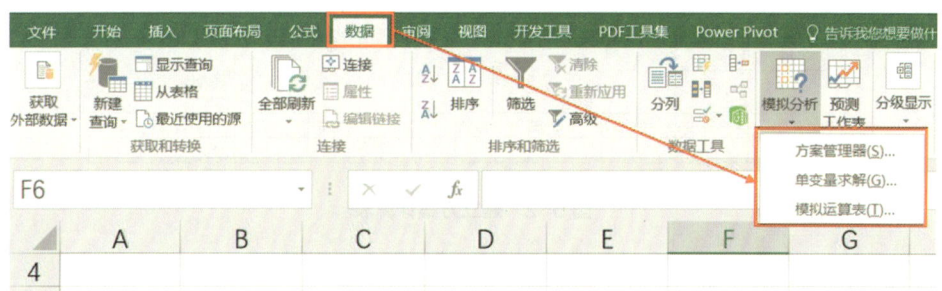

图 6-1　调用模拟分析工具

第一节　方案管理器的应用

一、关于方案管理器

在 Excel 中，方案管理器是用来保存一组值，并能够在工作表单元格中进行切换的工具。通过不同组值的切换，引用该单元格数据的单元格也随之显示数据切换后的相对应的结果。

假设具有若干个投资方案，可以使用方案管理器在同一工作表中创建这若干个方案，并在这些方案之间进行切换。在工作表中，当切换不同的方案时，分析结果会相应地更新。这样可以方便比较不同方案的效果，从而做出更明智的决策。

二、方案管理器的应用案例

【案例 6-1】

某投资项目有如下三个方案。

方案 1：投资本金为 100 万元，年长 10 年。

方案 2：投资本金为 110 万元，年长 8 年。

方案 3：投资本金为 90 万元，年长 12 年。

【要求】在年利率为 4%、4.5%、5%……8% 之间时，计算每个方案的到期本息（到期一次还本付息）。

【解析】

步骤 1：首先在工作表中建立如图 6-2 所示的方案计算表。

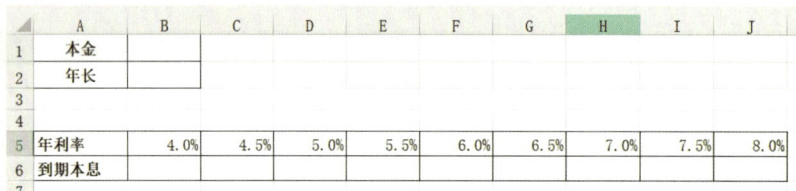

图 6-2　建立方案计算表

步骤 2：点击【数据】→【模拟分析】→【方案管理器】，即出现方案管理器对话框，选择"添加"选项，进入"编辑方案"对话框，在"方案名"框内填写"方案1"，在"可变单元格"框内输入"$B$1：$B$2"，然后点击"确定"，如图 6-3 和图 6-4 所示。

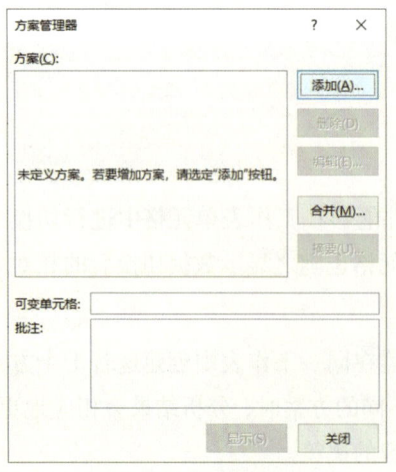

图 6-3　方案管理器

图 6-4　编辑方案

步骤3：在弹出的"方案变量值"对话框中，分别将$B$1和$B$2单元格的值设置为变量100和10，然后单击"确定"保存方案1。重复上述步骤，完成方案2和方案3的设置。如图6-5、图6-6和图6-7所示。

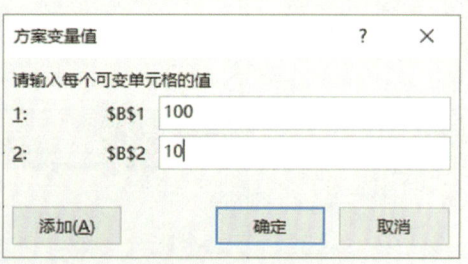

图6-5 输入变量

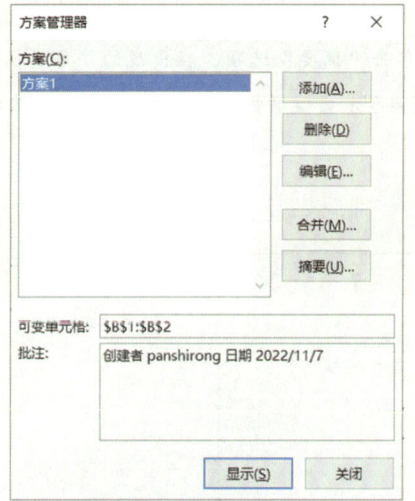 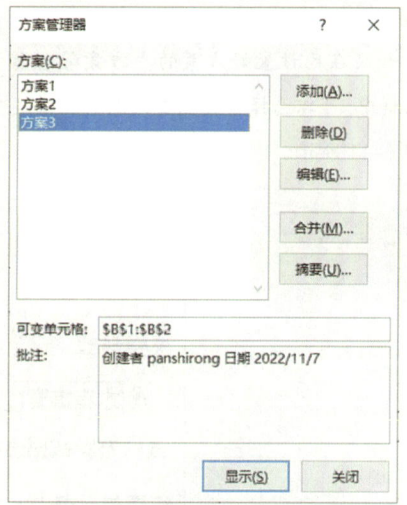

图6-6 添加方案1　　　　　　　　图6-7 添加方案2和方案3

步骤4：点击【数据】→【模拟分析】→【方案管理器】，调出已设置好3个方案的"方案管理器"，任选一个方案，比如选择"方案2"，则在B1:B2单元格显示"方案2"的本金110万元和年长8年。换句话说，选择哪个方案，在B1:B2单元格将显示该方案的本金和年长，然后在B6单元格输入公式"=$B$1*(1+B5)^$B$2"，填充复制到J6单元格，即可完成不同利率情况下到期值的计算，如图6-8所示。

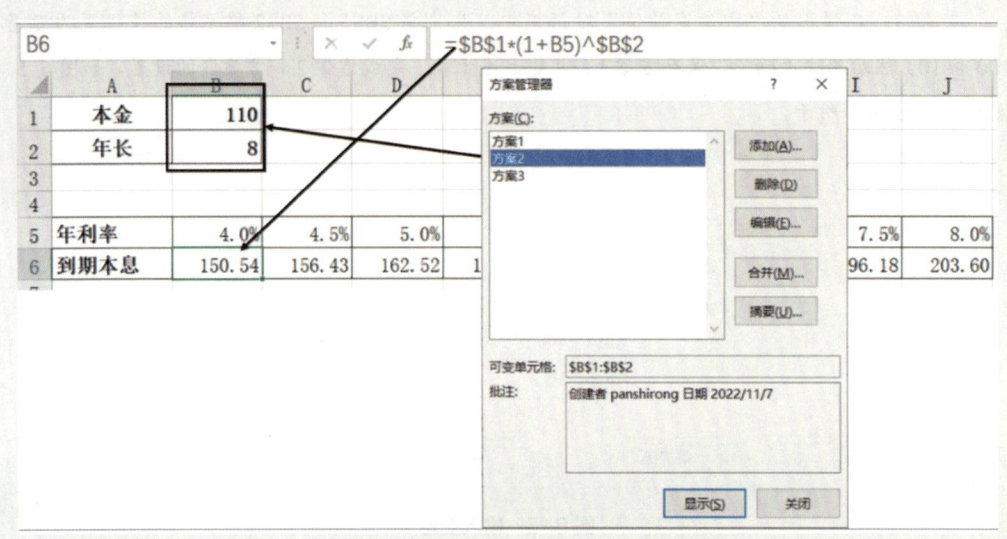

图6-8　根据方案在工作表编辑计算公式

如果在已设置好方案的"方案管理器"对话框单击"摘要"选项,在出现的"方案摘要"对话框中,可以选择方案摘要的两种报表类型:方案摘要型和方案数据透视表型,如图6-9、图6-10和图6-11所示。

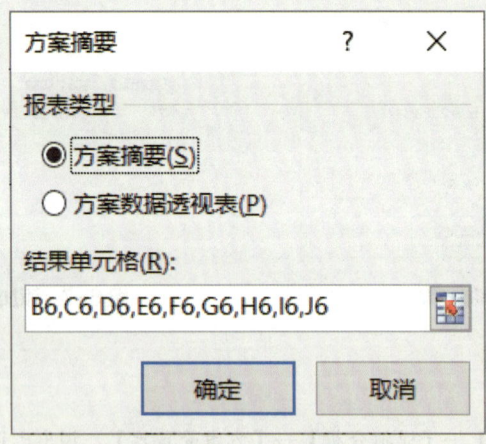

图6-9　方案摘要

第六章 使用模拟分析功能分析数据

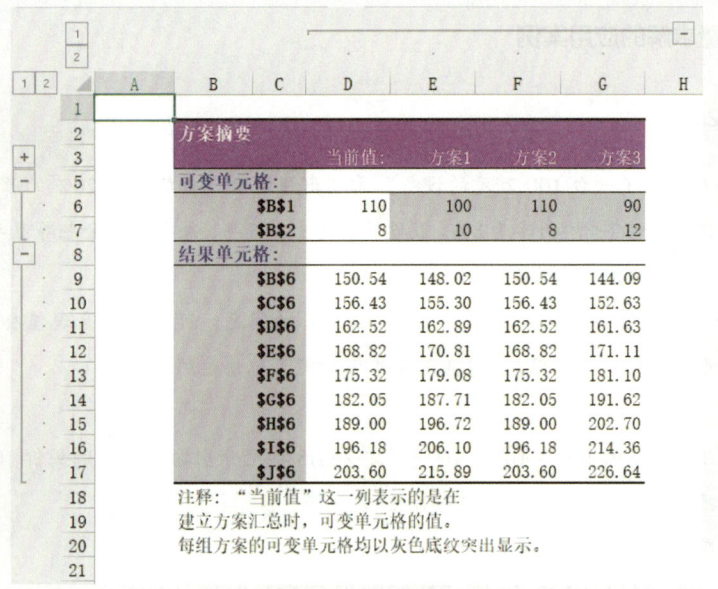

图 6-10 方案摘要型

	A	B	C	D	E	F	G	H	I	J
1	$B$1:$B$2 由	(全部)								
2										
3	行标签	$B$6	$C$6	$D$6	$E$6	$F$6	$G$6	$H$6	$I$6	$J$6
4	方案1	148.0244285	155.2969422	162.8894627	170.8144458	179.0847697	187.7137465	196.7151357	206.1031562	215.8924997
5	方案2	150.5425955	156.4310674	162.5200988	168.8155166	175.3232882	182.0495238	189.0004798	196.1825608	203.6023231
6	方案3	144.0928997	152.6293269	161.6270693	171.1086737	181.0976825	191.6186617	202.697243	214.3601639	226.6353105

图 6-11 方案数据透视表型

第二节 单变量求解的应用

一、关于单变量求解

Excel 的单变量求解工具常用于逆向模拟分析，根据目标或结果求相关变量，例如，已知税后工资，倒推税前工资等。在使用单变量求解工具之前，需要先建立正确的数据模型，这个数据模型通常与正向模拟分析时的模型相同。

119

二、单变量求解的应用案例

【案例6-2】

某租赁公司购买了一台100万元的设备,希望出租这台设备能得到20%的收益。该设备可以使用5年,目前市场的平均利率为8%。假设该设备出租5年,每年的租金相等且年底支付租金,请问该设备每年的租金应设定为多少?

这是一个已知现值(收益)求年金(设备租金)的问题,可以用年金现值公式计算,在不知道年金现值系数的情况下,用Excel单变量求解功能可以快速解出。

【解析】

步骤1:在工作表的D3单元格、D4单元格和D5单元分别输入设备购买价100万元、租赁年数5年和市场平均利率(折现率)8%。

步骤2:在D7单元格输入公式:

"=D6/(1+D5)+D6/(1+D5)^2+D6/(1+D5)^3+D6/(1+D5)^4+D6/(1+D5)^5"。

步骤3:点击【数据】→【模拟分析】→【单变量求解】,调出"单变量求解"对话框,分别在"目标单元格"框内录入"D7",在"目标值"框内录入"120",在"可变单元格"框内录入"D6",点击【确定】按钮后,D6单元格显示"30.05",即求解出设备每年的租金应设定为30.05万元。如图6-12所示。

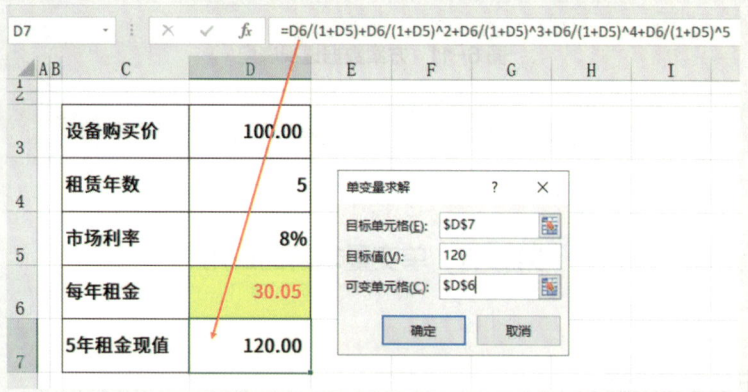

图6-12 单变量求解每年租金

【案例6-3】

W公司目前有普通股1 000万股,股本总额为10 000万元,公司债券8 000万元。W公司投资运动自行车项目,需要筹资20 000万元,现有两个备选方案:一是增发普通股1 600万股,每股发行价格12.5元；二是平价发行公司债券20 000万元。W公司债券年利率为8%，所得税率为25%。

【要求】

（1）计算两种筹资方案的每股收益差别点时的息税前利润（EBIT）。

（2）如果该公司预计息税前利润为3 600万元，对两个筹资方案做出择优决策。

【解析】

根据上述资料，构建如图6-13所示模型，计算每股收益差别点时的EBIT为3 240万元，小于预计EBIT的3 600万元，因此应选择方案二，即发行债券筹资。

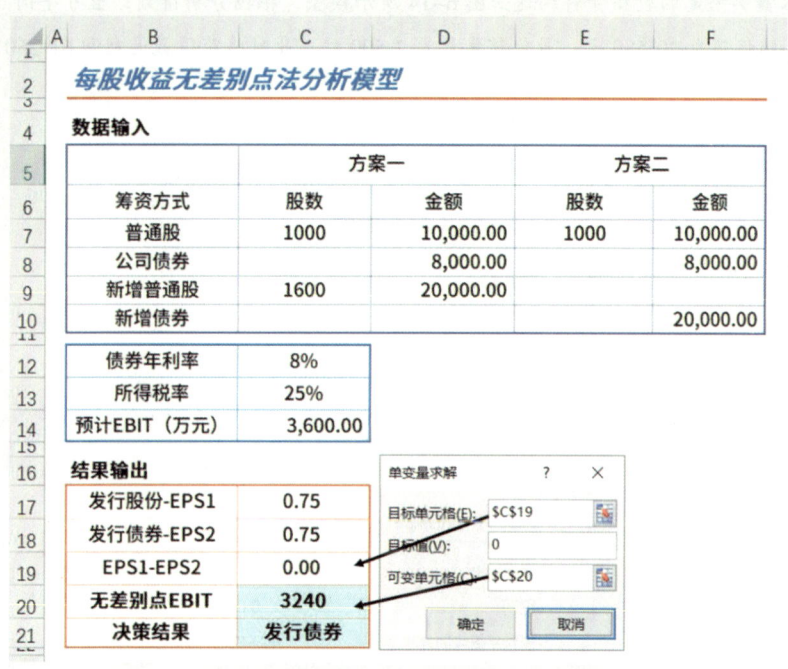

图6-13 每股收益无差别点法分析模型

本模型应用到模拟分析中的单变量求解功能，有关设置如下：

C17单元格输入公式"=(C20–D8*C12)*(1–C13)/(C7+C9)"，计算发行股份时的每股收益（EPS）。

C18单元格输入公式"=(C20–F8*C12–F10*C12)*(1–C13)/E7"，计算发行债券时的每股收益（EPS）。

C19单元格输入公式"=C17–C18"，计算两种方案的EPS之差，即单变量求解的"目标单元格"，目标值为0。

设置C20单元格为单变量求解的"可变单元格"。

C21单元格输入公式"=IF(C14>C20,"发行债券","发行股票")"，反映决策结果。

【案例6-4】

W公司生产的S1型号的自行车赛车座椅除用于自用外,也用于对外销售,每件售价为100元。根据财务部门的测算,该产品的固定成本为30 000元,单位变动成本随着产量的变动而变动,其变动规律为:

单位变动成本 $=20X+0.015X^2$。

为了促进销售,企业制定了如下促销政策。每月销售量达到1 000件时,增量销售的价格下调10%;销售量达到3 000件时,增量销售的价格下调15%。

【要求】计算S1型号产品的盈亏平衡销售量及销售额,以及该产品利润最大化的最优销售量。

【解析】

根据本案例给定的数据资料构建如图6-14所示模型,根据分析得到:盈亏平衡点的销售量为406件,销售额为40 589元;最优销售量为2 500件,此时将获得最大利润61 250元。

图6-14 非线性本量利模型

本模型需要创建"辅助计算表",如图6-15所示。

辅助计算表单元格计算公式设置如下:

B5单元格输入销售量起点为0。

B6单元格输入公式"=B5+500",并填充复制到B15单元格,即销售量以500件分段递增到5 000件。

	A	B	C	D	E	F	G
2				辅助计算表			
3						金额单位：元	
4		销售量	销售额	变动成本	固定成本	总成本	利润
5		0	-	-	30,000.00	30,000.00	-30,000.00
6		500	50,000.00	13,750.00	30,000.00	43,750.00	6,250.00
7		1000	100,000.00	35,000.00	30,000.00	65,000.00	35,000.00
8		1500	145,000.00	63,750.00	30,000.00	93,750.00	51,250.00
9		2000	190,000.00	100,000.00	30,000.00	130,000.00	60,000.00
10		2500	235,000.00	143,750.00	30,000.00	173,750.00	61,250.00
11		3000	280,000.00	195,000.00	30,000.00	225,000.00	55,000.00
12		3500	322,500.00	253,750.00	30,000.00	283,750.00	38,750.00
13		4000	365,000.00	320,000.00	30,000.00	350,000.00	15,000.00
14		4500	407,500.00	393,750.00	30,000.00	423,750.00	-16,250.00
15		5000	450,000.00	475,000.00	30,000.00	505,000.00	-55,000.00

图 6-15　辅助计算表

C5 单元格输入公式"=IF(AND(B5>1000,B5<=3000), 1000*非线性本量利模型!$C$5+(B5−1000)*非线性本量利模型!$C$5*0.9, IF(B5>3000, 1000*非线性本量利模型!$C$5+2000*非线性本量利模型!$C$5*0.9+(B5−3000)*非线性本量利模型!$C$5*0.85, B5*非线性本量利模型!$C$5))"，并填充复制到 C15 单元格，根据分段的销售量计算销售收入。

D5 单元格输入公式"=20*B5+0.015*B5^2"，并填充复制到 D15 单元格，根据分段的销售量计算变动成本。

E5 单元格输入公式"=非线性本量利模型!$C$6"，并填充复制到 E15 单元格，计算固定成本。

F5 单元格输入公式"=D5+E5"，并填充复制到 F15 单元格，根据分段的销售量计算总成本。

G5 单元格输入公式"=C5−F5"，并填充复制到 G15 单元格，根据分段的销售量计算利润。

根据上述"辅助计算表"，可以看到当销售量为 2 500 件时，获得最大利润 61 250 元。通过"辅助计算表"数据创建如图 6-16 所示本量利分析图，通过图中实线表示的利润额的变化也可以直观看出最高利润及对应的销售量。

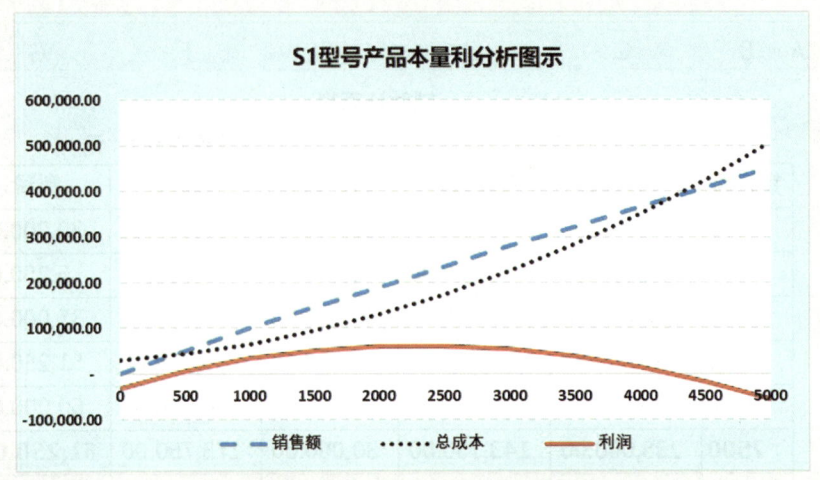

图 6-16　S1 型号产品本量利分析图

图 6-17 所示模型需要从"辅助工作表"获得相应的计算结果，公式设置如下。

C17 单元格输入公式"=MAX（辅助计算表!G5:G15）"，借助"辅助计算表"计算最大利润。C18 单元格输入公式"=INDEX（辅助计算表!B5:B15,MATCH(C17, 辅助计算表!G5:G15,0)，1)"，借助"辅助计算表"计算最优销售量。

本模型的盈亏平衡点销售额和销售量的计算通过模拟运算表中的单变量求解功能实现，首先在 C13 单元格和 C14 单元格输入以下公式：

C13 单元格输入公式"=C14-(20*C15+0.015*C15^2)-C6"。

C14 单元格输入公式"=IF(AND(C15>1000,C15<=3000),1000*$C$5+(C15-1000)*$C$5*0.9,IF(C15>3000,1000*$C$5+2000*$C$5*0.9+(C15-3000)*$C$5*0.85,C15*C5))"。

然后调出"单变量求解"对话框，如图 6-17 所示，设置 C13 单元格为"目标单元格"，目标值为 0，C15 单元格为"可变单元格"。

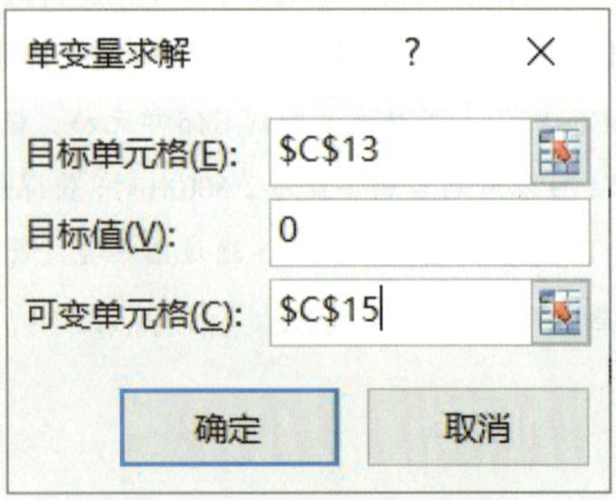

图 6-17　单变量求解参数设置

第三节 模拟运算表的应用

一、关于模拟运算表

模拟运算表是一个单元格区域，它能够显示一个或多个公式中替换不同值时的结果。有两种类型的模拟运算表：单变量模拟运算表和双变量模拟运算表。

在单变量模拟运算表中，用户可以对一个变量键入不同的值从而观察它对一个公式的影响。

在双变量模拟运算表中，用户可以对两个变量输入不同值从而观察它对一个公式的影响。

一旦在工作表中输入了公式，就可以使用模拟运算表进行假设分析，查看当改变公式中的某些值时会怎样影响其结果，模拟运算表提供了一个操作所有变化的捷径。

二、模拟运算表的应用案例

【案例6-5】

某人购买一套120平方米的住房，每平方米单价为3万元，总价款为360万元，首付金额为总价款的30%，总价款的70%拟银行贷款，年利率为5.20%。

【要求1】请您为他测算还款年限分别为10年、15年、20年、25年和30年时，每月的月还款额。

【要求2】假设银行贷款年利率分别为4.8%、5%、5.2%、5.4%时，请您为他测算还款年限分别为10年、15年、20年、25年和30年时，每月的月还款额。

【解析】

上述要求1是单输入模拟，只有一个还款年限的变量；要求2是双输入模拟，包括还款年限和贷款年利率两个变量。

针对要求1，首先构建如图6-18所示的计算表，在B10单元格输入公式"=C8"，其中C8单元格里输入的公式是"=PMT(B2/12，B8，A8)。"

然后选中模拟运算区，即单元格区域A10:B15，点击【数据】→【模拟分析】→【模拟运算表】，调出"模拟运算表"的对话框，在"输入引用行的单元格"的框内保持空白，在"输入引用列的单元格"的框内录入"E5"，点击"确定"按钮后，不同还款年限对应的月还款额显示在B11:B15区域，如图6-19所示。

针对要求2，增加了贷款年利率变量，模拟运算区域扩大为单元格区域A10:E15，在A10单元格输入公式"=C8"，选中模拟运算区域（单元格区域A10:E15），点击【数据】→

图 6-18 构建单变量模拟运算表

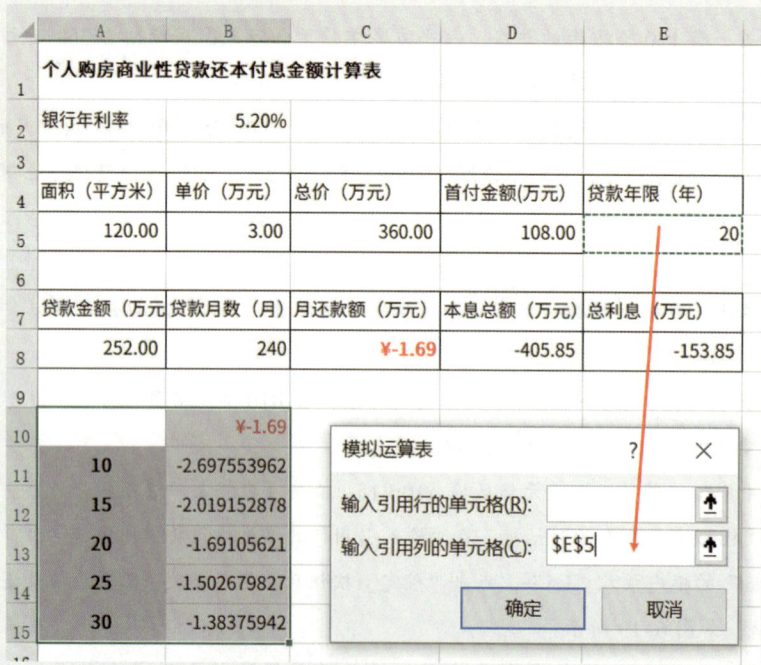

图 6-19 单变量模拟运算表的设置

【模拟分析】→【模拟运算表】，调出"模拟运算表"的对话框，在"输入引用行的单元格"的框内录入"B2"，在"输入引用列的单元格"的框内录入"E5"，点击"确定"按钮后，不同还款年限和银行年利率对应的月还款额显示在B11:E15区域，如图6-20所示。

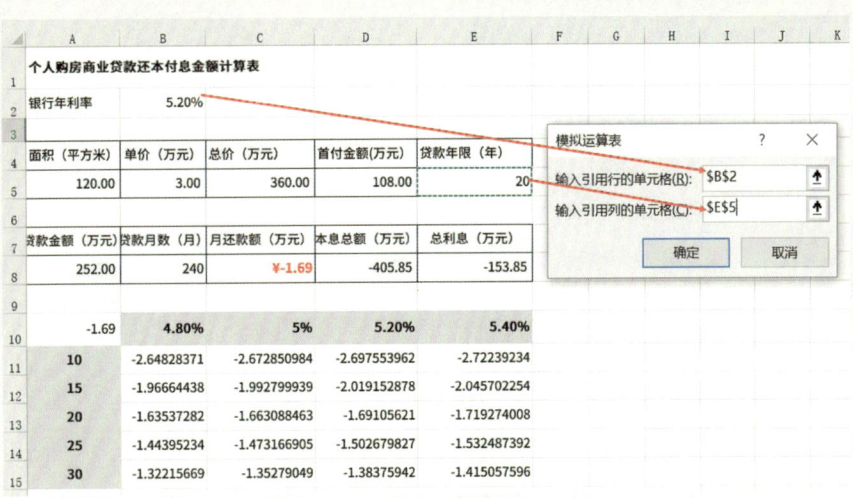

图6-20 双变量模拟运算表的设置

第七章 使用规划求解工具分析数据

第一节 规划求解工具

一、规划求解工具概述

"规划求解"工具是 Excel 中的一个加载项，借助"规划求解"工具，可求得工作表上某个单元格（被称为目标单元格）中公式的最优值（最大值、最小值或目标值）。

应用"规划求解"工具可以调整与目标单元格中公式直接或间接相关联的一组单元格的数值，最终在目标单元格公式中求得期望的结果。在求解的过程中可能修改其数值的单元格，为可变单元格，可以引用影响目标单元格公式的其他单元格数值作为约束条件。目标单元格的最优值就是期望值，可能是利润最大的值、成本最小的值或者期望的某一个目标值。

二、安装规划求解加载项

1. Excel 规划求解工具的加载

规划求解工具作为 Excel 的加载项，在软件的安装环节并不会自动加载。如果需要使用规划求解工具，则需手动加载。

规划求解工具加载步骤：【文件】→【选项】→【加载项】→【转到】→勾选【规划求解加载项】→【确定】，如图 7-1 所示。

2. 规划求解工具参数设置

规划求解工具加载后，在【数据】选项卡中，可以看到"规划求解"工具，单击"规划求解"工具，出现"规划求解参数"对话框，如图 7-2 所示，对话框中包含各种参数，在运用规划求解工具进行数据分析时，对参数进行正确的设置非常重要。

这些参数主要包括：

（1）设置目标。

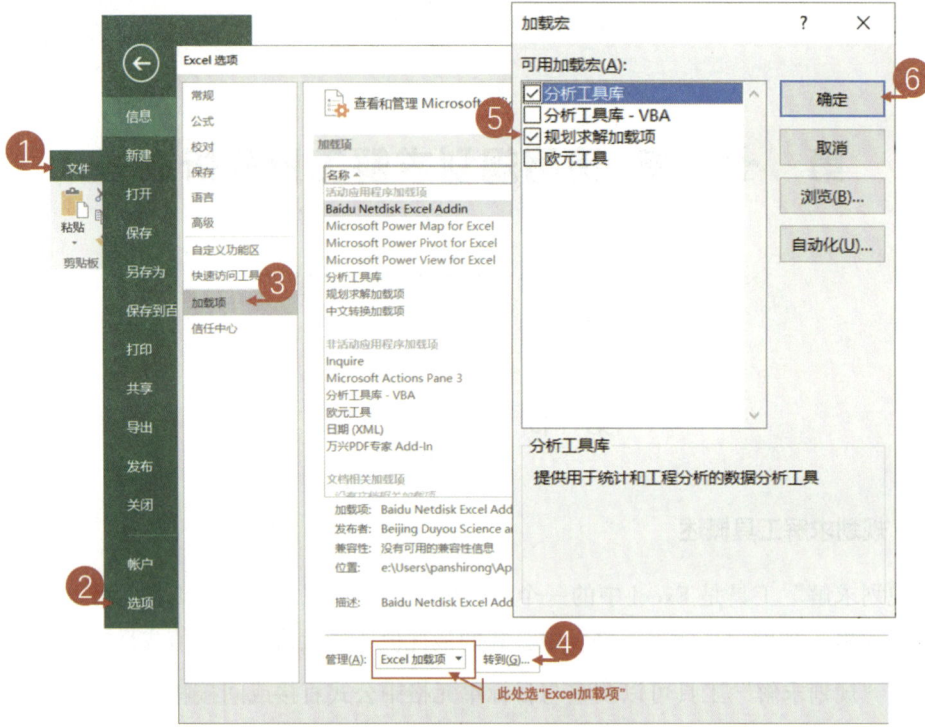

图 7-1 规划求解工具加载步骤

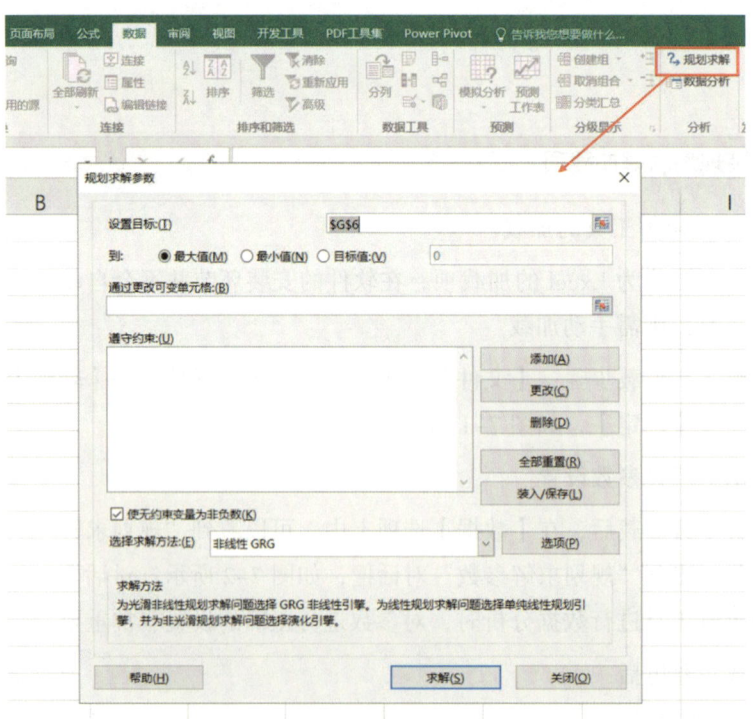

图 7-2 规划求解工具参数设置

（2）通过更改可变单元格。

（3）遵守约束。

（4）添加。

（5）更改。

（6）删除。

（7）全部重置。

（8）装入/保存。

（9）选项。

（10）选择求解方法。

（11）求解。

（12）关闭。

下面具体介绍参数的选择和输入的设置规则：

【设置目标】

在此可以设置最大值、最小值，或者是设定的期望目标值。该单元格必须包含公式。

【通过更改可变单元格】

在此指定可变单元格，也就是需要求解的决策变量。求解时其中的数值不断调整，直到满足约束条件并且"设置目标"框中指定的单元格达到目标值。可变单元格必须直接或间接地与目标单元格相关联。在"可变单元格"框中，输入每个可变单元格的名称或引用，用逗号分隔不相邻的引用。Excel 规划求解最多可以指定 200 个变量（可变单元格）。

【遵守约束】

在此列出了规划求解的所有约束条件。

【添加】

显示"添加约束"对话框。

【更改】

显示"更改约束"对话框。

【删除】

删除选定的某个约束条件。

【全部重置】

清除规划求解中的当前设置，将所有的设置恢复为初始值。

【装入/保存】

显示"装入/保存"对话框，在其中可指定保存模型的位置。只有需要在工作表上保存多个模型时,才单击此命令。

【选项】

显示"规划求解选项"对话框。对求解过程的高级属性进行设置和控制(大多数规划求解模型都可以采用系统的默认设置)。

【选择求解方法】

有三种求解方法可供选择,单纯线性规划、非线性规划和演化规划:

单纯线性规划求解工具取自美国 Frontline Systems 公司提供的有界变量单纯形法和分支定界法,用于求解线性最优化问题,是目前各种组织中应用最广泛的优化模型。

非线性规划求解工具取自德克萨斯大学奥斯汀分校的 Leon Lasdon 和克利夫兰州立大学的 Allan Waren 两位教授共同开发的 Generalized Reduced Gradient(GRG,广义简约梯度)。在用于求解的最优化问题中,其目标单元格和(或)一些约束不是线性的,而是使用典型数学运算来计算的,这些数学运算包括将可变单元格相乘或相除、对可变单元格乘方、用指数或三角函数处理可变单元格等。

演化规划求解工具取自于美国密歇根大学计算机科学教授 John Henry Holland 发现的演化算法(也称为进化算法),演化规则适用于当目标单元格和(或)约束包含及可变单元格的非光滑函数时。例如,如果目标单元格和(或)约束包含涉及可变单元格的 IF、SUMIF、COUNTIF、SUMIFS、COUNTIFS、AVERAGEIF、AVERAGEIFS、ABS、MAX 或 MIN 函数。

【求解】

对定义好的问题进行求解。

【关闭】

关闭对话框,不进行规划求解,关闭后保留通过"选项""添加""更改""删除"按钮所做的更改。

三、规划求解工具应用示范

 【案例 7-1】

【背景资料】

W 电器有限公司在苏州和合肥分别设有电冰箱生产工厂。苏州工厂每周产能为 12 000 台,合肥工厂为 8 000 台。2 家工厂分别向华东地区的上海、南京、杭州和济南 4 个配送中心发货。2 家工厂向 4 个配送中心发货的运费、配送中心的每周需求量等数据如表 7-1 所示。

表 7-1　数据表

工厂	至配送中心运费（元/台）				产能（台/周）
	上海	南京	杭州	济南	
苏州	30	30	35	60	12 000
合肥	50	30	50	40	8 000
需求量（台）	6 000	5 000	4 500	4 500	

【要求】为保证各配送中心需求量，在2家工厂产能范围内，求解向各配送中心安排的发货数量，以实现最低的运输成本。

【解析】

（1）分析决策变量。

本案例的决策变量是2家工厂发运到4个配送中心的冰箱数量，现假设：

苏州工厂发运上海、南京、杭州和济南的数量分别为 X_{11}、X_{12}、X_{13} 和 X_{14}。

合肥工厂发运上海、南京、杭州和济南的数量分别为 X_{21}、X_{22}、X_{23} 和 X_{24}。

即：X_{ij}——第 i 家工厂发运至第 j 个配货中心的数量（单位：台）。

其中：i=1，2（分别代表苏州和合肥2家工厂），j=1，2，3，4（分别代表上海、南京、杭州和济南4家配送中心）。

（2）建立目标函数。

设总运费为 C，建立目标函数：

Min（C）=$30X_{11}+30X_{12}+35X_{13}+60X_{14}+50X_{21}+30X_{22}+50X_{23}+40X_{24}$。

（3）识别所有约束条件。

需求量约束：

上海需求量要求：$X_{11}+X_{21}$>=6 000，

南京需求量要求：$X_{12}+X_{22}$>=5 000，

杭州需求量要求：$X_{13}+X_{23}$>=4 500，

济南需求量要求：$X_{14}+X_{24}$>=4 500。

产能约束：

苏州工厂产量限制：$X_{11}+X_{12}+X_{13}+X_{14}$<=12 000，

合肥工厂产量限制：$X_{21}+X_{22}+X_{23}+X_{24}$<=8 000。

整数和非负数约束：

X_{ij}，为整数且为非负数。

（4）应用规划求解工具进行求解。

在Excel工作表中调出"规划求解参数"对话框，将上述的决策变量、约束条件和目标函数输入相应位置，因为本案例的目标函数（一元一次函数）属于线性函数，选择的求解方法为"单纯线性规划"，如图7-3所示。

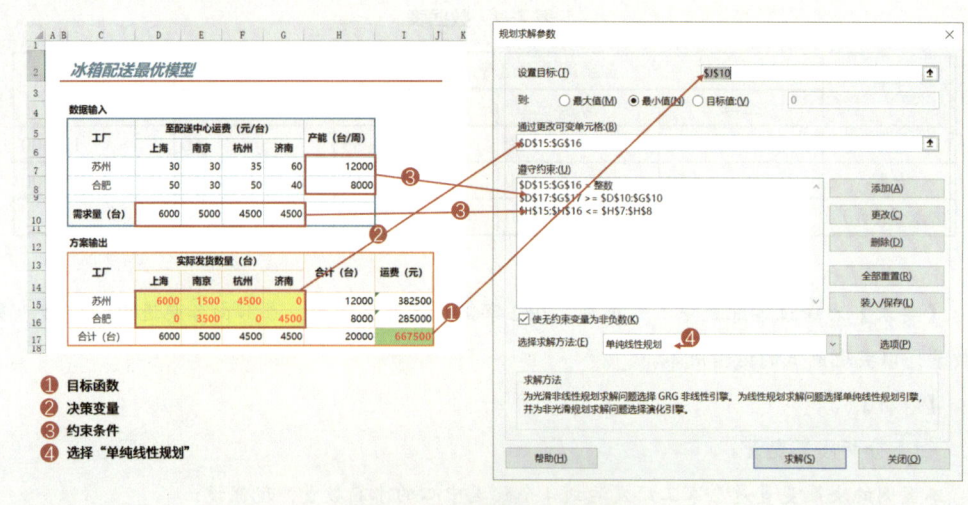

图 7-3 规划求解工具的求解

上述案例是一个线性规划问题,规划求解不仅可以解决线性规划问题,还可以解决非线性规划问题,以及更复杂的演化规划问题。

四、规划求解结果及问题处理

在选择求解后,会出现"规划求解结果"窗口,如果规划求解已完成正确的求解,将有"规划求解找到一解,可满足所有的约束及最优状况"信息出现在对话框中。如图 7-4 所示。

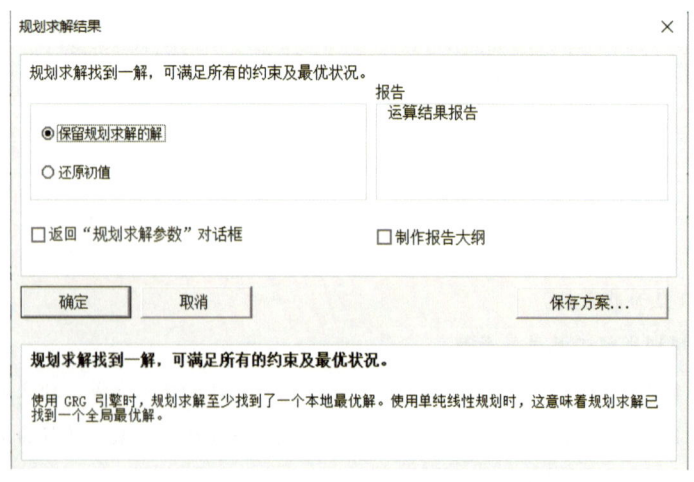

图 7-4 规划求解已完成求解

当求解的结果出现问题时，"规划求解结果"的对话框中会出现红色"！"号，并根据不同的问题出现相应的提示信息。例如，图7-5所示的问题是"规划求解在目标单元格或约束单元格中遇到一个错误值"。

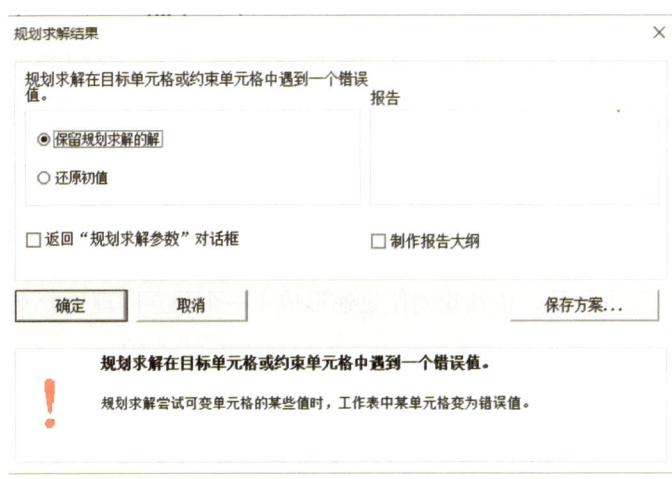

图7-5　规划求解出现问题

这时就需要根据提示的信息，对问题进行分析和处理。常见的错误提示信息对应的原因及处理方法如表7-2所示。

表7-2　错误提示信息对应的原因及处理方法

提示信息	原因及处理
满足所有约束条件，"规划求解"不能进一步优化	设置的"精度"较小，可在"选项"对话框设置更高的精度
求解达到最长运算时间后停止	设置的运算时间较短，可在"选项"对话框设置更长的时间
求解达到最大迭代次数后停止	设置的迭代次数较少，可在"选项"对话框设置更多的迭代次数
目标单元格中的数值未收敛	设置约束条件时忽略了其中的一项或多项造成的，或者在"选项"中设置的"收敛度"较大。重新检查约束设置或"收敛度"设置
"规划求解"未找到合适的结果	原因是约束条件不一致，检查约束条件公式和类型的选择，更正后再试
无法满足选定的"采用线性模型"的条件	求解模型可能属于非线性。可以在选项里选择的"自动按比例缩放"复选框，再运行求解一次，如果仍然给出同样信息，可判断为非线性问题，改为非线性求解
"规划求解"在目标单元格或约束条件单元格中出现错误值	目标单元格或约束单元格公式错误，或者添加约束时键入了无效的名称或公式，也有可能是"约束值"选择错误，可重新检查后再试
内存不足	关闭一些应用程序或文件，再试一次
Excel程序正在使用SOLVER.DLL	当前还有规划求解程序在运行，可关闭后再试。Excel只供一个规划求解程序运行

第二节　应用规划求解工具分析数据

一、线性规划求解方法的应用

线性规划是在一定的限制条件下，利用数学方法进行运算，使对前景的规划达到最优的方法。线性规划（Linear programming，简称 LP）是研究较早、发展较快、应用广泛、方法较成熟的一个重要分支，它是辅助人们进行科学管理的一种数学方法。

1939 年，前苏联科学家康托洛维奇总结了他对生产组织的研究，写出了《生产组织与计划中的数学方法》一书，这是线性规划应用于工业生产问题的经典著作。1947 年，丹齐格提出了单纯形方法后，线性规划便迅速形成了一个独立的理论分支。

1951 年美国经济学家 T.C. 库普曼斯将线性规划应用到经济领域，为此获得了 1975 年诺贝尔经济学奖。

线性规划研究线性约束条件下线性目标函数的极值问题的数学理论和方法，广泛应用于军事作战、经济分析、经营管理和工程技术等方面。为合理地利用有限的人力、物力、财力等资源作出最优的决策，提供科学的依据。

在经济管理中，线性规划研究的主要问题包括运输问题、生产的组织与计划问题、合理下料问题、配料问题、布局问题、分派问题等。有的著作把它分为资源分配问题、成本收益平衡问题、网络配送问题等。

1. 基于利润最大化的销售区域选择问题

【案例 7-2】

【背景资料】

某公司拟开拓 H 省市场，计划投资 1 000 万元，设置多家销售点。公司销售部门经实地考察发现，目前 H 省共有 A1、A2、A3……A10 共 10 个可供选择的销售点，预计各销售点的投资额和每年的利润如表 7-3 所示。

表 7-3　拟设销售点的投资额和利润

销售点	A1	A2	A3	A4	A5	A6	A7	A8	A9	A10
投资额（万元）	130	160	150	115	175	210	200	135	110	125
利润（万元）	39	50	33	40	58	65	85	29	38	40

【要求】在计划投资额 1 000 万元以内，确定哪些销售点可以获得最大的利润。

【解析】

通过图 7-6 可以看出，选择投资的销售点为 A2、A4、A5、A6、A7 和 A10 这 6 个销售点，总投资额为 985 万元，没有超过 1 000 万元的范围，可以实现总利润为 338 万元。

图 7-6　销售区域选择决策分析模型

本模型的构建应用到规划求解加载项，已经确定了约束条件为总投资不超过 1 000 万元，同时设定目标函数为优选的销售点组合的合计利润最大。

图 7-6 所示的模型中，C12 单元格输入公式"=C6*C11"，然后填充复制到 L12；C13 单元格输入公式"=C7*C11"，然后填充复制到 L13 单元格；单元格 M12 输入公式"=SUM(C12:L12)"，单元格 M13 输入公式"=SUM(C13:L13)"。

规划求解参数设置如图 7-7 所示。

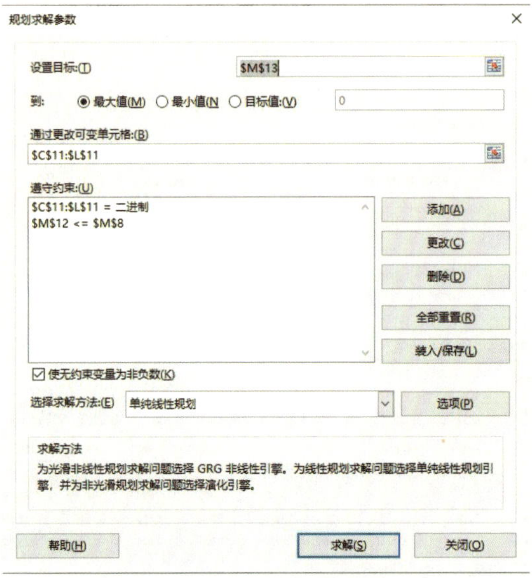

图 7-7　规划求解参数设置

2. 配送中心合理选址问题

【案例 7-3】

【背景资料】

某公司计划在 A1、A2、A3 和 A4 这四个城市中选择设立 3 个配送中心，，其中每个城市不得超过 1 个。这些配送中心负责向甲、乙和丙地区发送货物，每个配送中心每月可发货各种型号的自行车 1 200 辆。在 A1、A2、A3 和 A4 设仓库每月的固定成本分别为 10 万元、6 万元、8 万元和 5 万元。甲、乙和丙地区每月平均需求量分别为 1 200 辆、800 辆和 900 辆。各城市向各地区发货送货的单位费用如表 7-4 所示。

表 7-4　地区运费、固定成本和发货上限明细表

地区	单位费用（元 / 辆）			固定成本（元）	发货上限（辆）
	甲	乙	丙		
A1	220	420	520	100 000	1 200
A2	320	270	470	60 000	1 200
A3	620	420	270	80 000	1 200
A4	320	170	220	50 000	1 200
各地需求量	1200	800	900		

【要求】选择三个配送中心的选址以及向各地区的送货量，以确保每月总成本最低。

【解析】根据上述资料构建如图 7-8 所示模型，解决本案例问题需要通过规划求解工具，通过求解，得到的方案是选择在 A1、A3、A4 地区拟建配送仓库，其中 A1 地区的配送仓库向甲地区发运 1 200 辆，A3 地区的配送仓库向丙地区发运 500 辆，A4 地区的配送仓库分别向乙地区和丙地区发运 800 辆和 400 辆。在满足各地区每月需求量的前提下，月总成本最小为 853 000 元。

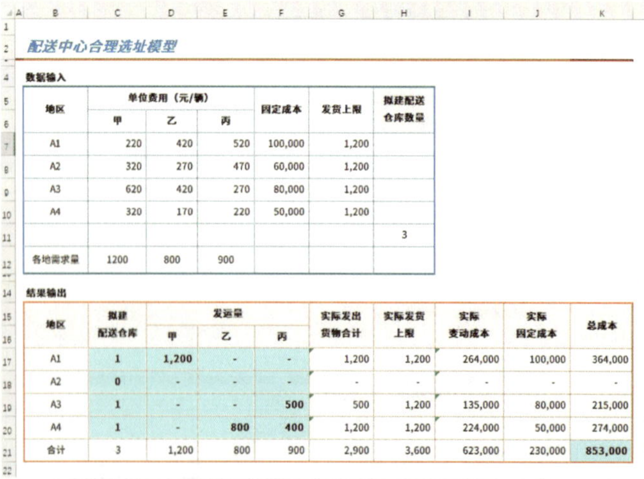

配送中心合理选址模型

数据输入

地区	单位费用（元/辆）			固定成本	发货上限	拟建配送仓库数量
	甲	乙	丙			
A1	220	420	520	100,000	1,200	
A2	320	270	470	60,000	1,200	
A3	620	420	270	80,000	1,200	
A4	320	170	220	50,000	1,200	
						3
各地需求量	1200	800	900			

结果输出

地区	拟建配送仓库	发运量			实际发出货物合计	实际发货上限	实际变动成本	实际固定成本	总成本
		甲	乙	丙					
A1	1	1,200	-	-	1,200	1,200	264,000	100,000	364,000
A2	0	-	-	-	-	-	-	-	-
A3	1	-	-	500	500	1,200	135,000	80,000	215,000
A4	1	-	800	400	1,200	1,200	224,000	50,000	274,000
合计	3	1,200	800	900	2,900	3,600	623,000	230,000	853,000

图 7-8　配送中心合理选址模型

图 7-8 所示的模型工作表中计算公式的设置如下：

G17 单元格输入公式"=SUM(D17:F17)"，并填充复制到 G20 单元格，以计算实际发出货物的合计。

H17 单元格输入公式"=C17*G7"，并填充复制到 H20 单元格，以填列实际发货上限。

I17 单元格输入公式"=SUMPRODUCT(C7:E7，D17:F17)"，并填充复制到 I20 单元格，以计算实际变动成本。

J17 单元格输入公式"=C17*F7"，并填充复制到 J20 单元格，以计算实际固定成本。

K17 单元格输入公式"=I17+J17"，并填充复制到 K20 单元格，以计算总成本。

C21 单元格输入公式"=SUM(C17:C20)"，并填充复制到 K21 单元格，以计算合计数。

规划求解参数设置如图 7-9 所示。

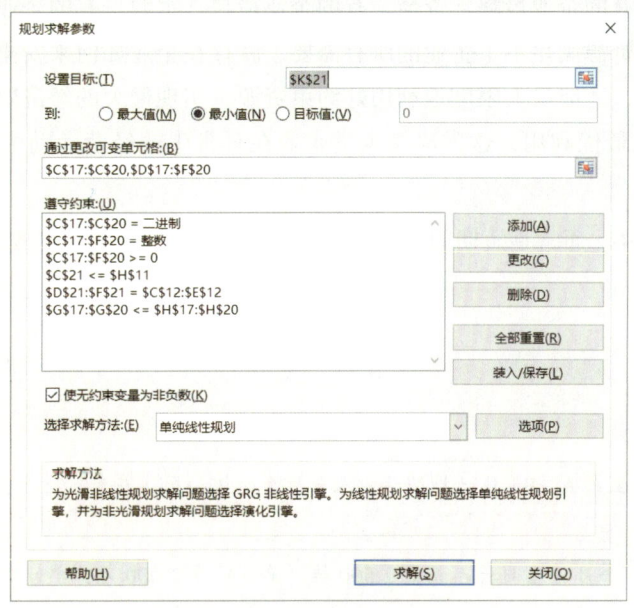

图 7-9　规划求解参数设置

图 7-9 所示规划求解参数的设置如下：

K21 单元格是目标值，设定目标值为最小。

单元格区域 C17:C20 和单元格区域 D17:F20 为可变单元格，即需要求解的配送仓库设置地区，以及各配送仓库的发货量。

约束条件包括：

单元格区域 C17:C20 为二进制。

单元格区域 C17:D20 为整数。

单元格区域 C17:D20 大于等于 0。

单元格 C21 小于等于单元格 H11（仓库数量的约束）。

单元格区域 D21:F21 等于单元格区域 C12:E12（各地需求量约束）。

单元格区域 G17:G20 小于等于单元格区域 H17:H20（发货上限的约束）。

3.约束资源利润最大化生产排产决策模型

约束资源利润最大化决策思路：主要考虑如何安排生产才能最大化企业的边际贡献总额。

约束资源，是指企业实际拥有的资源能力小于所需资源能力的资源，即制约企业实现生产经营目标的瓶颈资源，也称最紧缺资源，如流动资金、原材料、劳动力、生产设备、技术等要素及要素投入的时间安排等。

每个单位可能都有其自身最紧缺的资源，有的企业最缺乏关键技术人才，有的企业最缺乏关键设备，有的企业最缺乏资金，有的企业最缺乏水源，有的企业最缺乏电力。由于资源有限，约束资源满足不了企业的所有需要，就存在企业如何来安排生产的问题，即优先生产哪种产品，才能最大限度地利用好约束资源，实现最大的经济效益。我们把这种决策称为约束资源最优利用，这类决策也是企业在日常生产经营活动中经常会面临的问题之一。

在这类决策中，通常是短期的、日常的生产经营安排，因此固定成本对决策没有影响，或者影响很小。

【案例 7-4】

【背景资料】

某公司目前生产 A、B、C 三种型号成人自行车，该公司正在制定下个月生产计划，相关数据如下：

（1）预计下个月 A 型自行车销量 2 500 辆，单位售价 2 000 元，单位变动成本 1 400 元；B 型自行车销量 1 000 辆，单位售价 1 800 元；单位变动成本 1 000 元；C 型自行车销量 2 000 辆，单位售价 1 500 元，单位变动成本 1 000 元；固定成本总额 100 万元。

（2）A、B、C 三种型号自行车都需要通过同一台关键设备加工；该设备是公司的关键限制资源，该设备总的加工能力为 5 000 小时，A、B、C 三种型号自行车利用该设备生产每辆产品进行加工的时间分别为 1 小时、2 小时和 1 小时。

【要求】为有效利用关键设备，同时确保营业利润最大化，该公司下个月 A、B、C 三种型号自行车各应生产多少辆？此时营业利润总计是多少？

【解析】由于存在约束资源最优利用问题，本案例应用到规划求解加载工具求解最优方案。即在不超过关键设备 5 000 小时加工能力的前提下，A 型号、B 型号和 C 型号自行车分别生产 2 500 辆、250 辆和 2 000 辆，可以达到最大利润 160 万元，如图 7-10 所示。

约束资源利润最大化生产排产决策模型

数据输入

型号	单位约束资源边际贡献（元/辆）	预计销量（台）	关键设备加工能力（小时）
A型号自行车	600	2,500	5,000
B型号自行车	400	1,000	
C型号自行车	500	2,000	
固定成本（万元）			100

方案输出

型号	最优排产（台）	单位时间	总时间（小时）	营业利润（万元）
A型号自行车	2,500	1	2,500	
B型号自行车	250	2	500	
C型号自行车	2,000	1	2,000	
合计			5,000	160

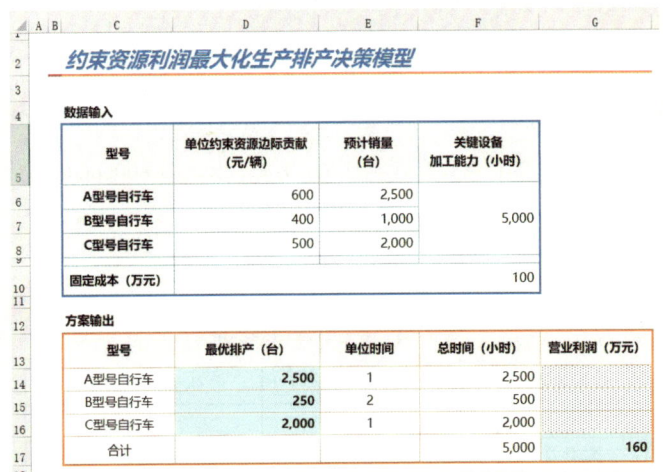

图 7-10　约束资源利润最大化决策模型

规划求解的参数设置如图 7-11 所示，其中：

G17 单元格为目标值（最大）。

单元格区域 D14:D16 为可变变量。

约束条件：

单元格区域 E6:E8 为预计销量约束条件。

F6 单元格为关键设备加工能力约束。

D14:D16 单元格区域的变量为整数约束。

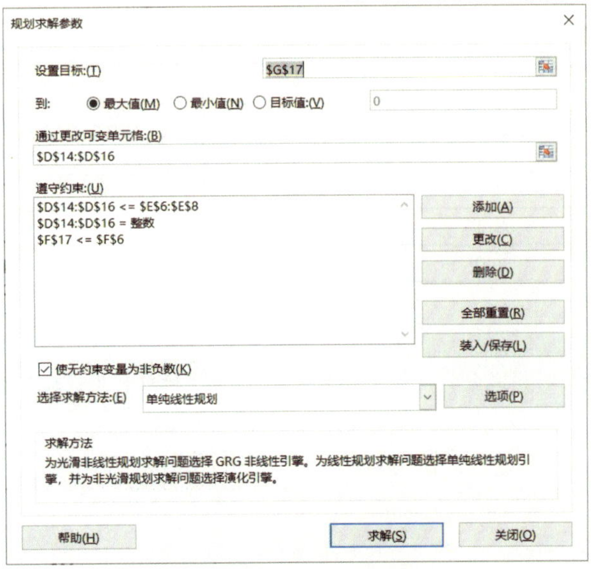

图 7-11　规划求解参数设置

4. 材料利用最优下料问题

【案例7-5】

【背景资料】

某公司使用6m长的钢管下料制作自行车框架。其中,长度为800mm的零件数量为4 000根,长度为500mm的零件为5 000根。具体如下表7-5所示。

表7-5 零件长度与需求量

零件类别	零件长度（mm/根）	零件需求量（根）
零件1	800	4 000
零件2	500	5 000

【要求】 如何下料才能使钢管总用量最少?

【解析】 在本案例中,使用6m长的钢管下料制作两种长度的零件,经分析共有8种下料模式,如表7-6所示。比如如果将1根钢管全部下料成长度为800mm的零件1,可以下料7根;如果将1根钢管下料成6根长度为800mm的零件1,还可以再下料2根500mm的零件2。

表7-6 钢管下料模式分析表

钢管下料模式		余料（mm）
零件1	零件2	
7	0	400
6	2	200
5	4	0
4	5	300
3	7	100
2	8	400
1	10	200
0	12	0

根据上述资料和下料模式分析,构建如图7-12所示"材料利用最优下料模型"。

零件类别	零件长度(mm/根)	零件需求量(根)	原料长度(mm/根)
零件1	800	4000	6000
零件2	500	5000	

方案输出

钢管下料模式		原料总根数	实际下料数量	
零件1	零件2		零件1	零件2
7	0	0	0	0
6	2	0	0	0
5	4	565	2825	2260
4	5	1	4	5
3	7	391	1173	2737
2	8	0	0	0
1	10	0	0	0
0	12	0	0	0
合计		957	4002	5002

图7-12 材料利用最优下料模型

解决本案例问题需要通过规划求解工具。通过求解，得到最优下料模式：

用565根钢管按照5根零件1和4根零件2的模式下料。

用1根钢管按照4根零件1和5根零件2的模式下料。

用391根钢管按照3根零件1和7根零件2的模式下料。

此时，原料总根数用量最少为957根，零件1共下料4 002根，零件2共下料5 002根，满足生产需求量。

在图7-12模型所示工作表中，计算公式的设置如下。

E12单元格输入公式"=$D12*B12"，并填充复制到E19单元格，计算零件1的数量。

F12单元格输入公式"=$D12*C12"，并填充复制到F19单元格，计算零件2的数量。

D20单元格、E20单元格和F20单元格分别计算钢管、零件1和零件2的合计数。

本案例的规划求解参数设置如图7-13所示。

D20单元格是目标值，设定目标值为最小钢管数量。

单元格区域D12:D19为可变单元格，即需要求解每种下料模式的钢管数。

约束条件包括：

单元格区域D12:D19大于等于0且为整数。

E20单元格计算的数量不少于D6单元格的数量（零件1）。

F20单元格计算的数量不少于D7单元格的数量（零件2）。

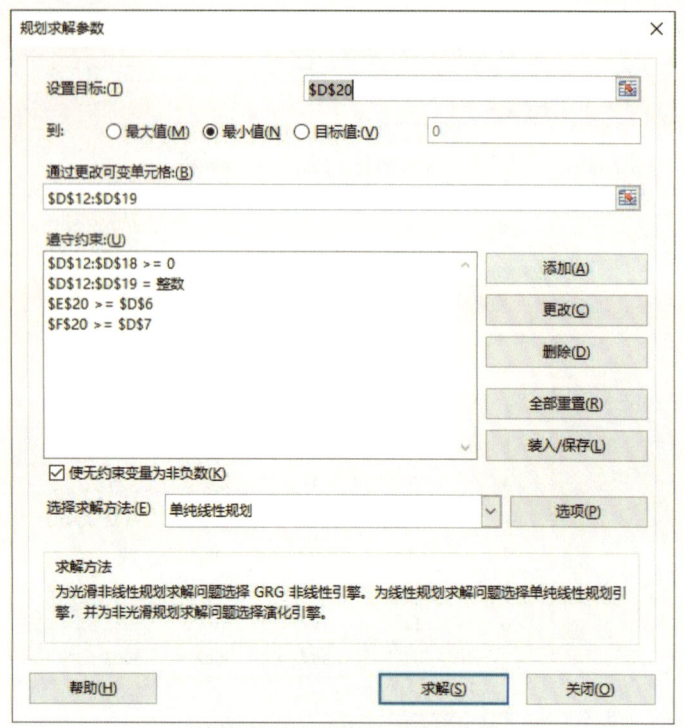

图 7-13 规划求解参数设置

5. 最短项目工期人员调配问题

【案例 7-6】

【背景资料】

某公司目前有一个研发项目，该项目包含了工作 B1 至工作 B6 共 6 项不同的工作内容。项目组 A1 至 A6 共 6 个人，每个人都有能力完成其中的任何一项工作，但他们的工作效率不同。每人完成各项工作所需要的时间如表 7-7 所示。

【要求】请提出一个人员调配方案，使得 6 个人完成该研发项目总的花费时间最少（每人必须要分配 1 项工作）。

【解析】根据上述资料，构建如图 7-14 所示"最短项目工期人员调配分析模型"，解决本案例问题需要通过规划求解工具，通过求解，得到人员调配方案如下：

（1）人员 A1 分配工作 B2。

（2）人员 A2 分配工作 B4。

（3）人员 A3 分配工作 B3。

（4）人员 A4 分配工作 B1。

（5）人员 A5 分配工作 B5。

（6）人员 A6 分配工作 B6。

通过以上人员调配方案，完成该研发项目的总花费时间最少，为 95 天。

表 7-7 每人完成各项工作需要的时间表

单位：天

人员	工作 B1	工作 B2	工作 B3	工作 B4	工作 B5	工作 B6
A1	15	18	21	22	24	24
A2	19	23	22	17	21	18
A3	26	17	16	15	18	19
A4	13	16	17	19	19	18
A5	15	15	15	21	14	23
A6	19	21	23	18	16	17

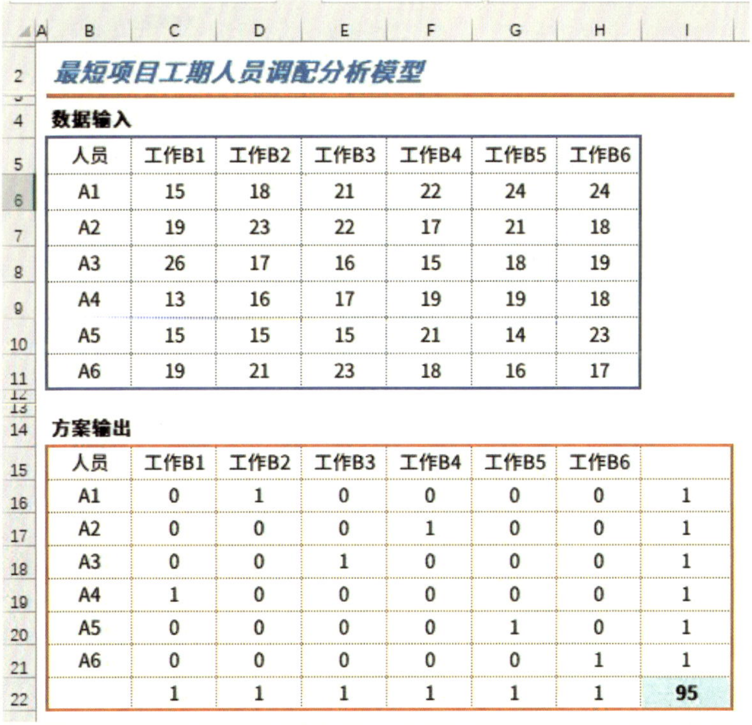

最短项目工期人员调配分析模型

数据输入

人员	工作B1	工作B2	工作B3	工作B4	工作B5	工作B6
A1	15	18	21	22	24	24
A2	19	23	22	17	21	18
A3	26	17	16	15	18	19
A4	13	16	17	19	19	18
A5	15	15	15	21	14	23
A6	19	21	23	18	16	17

方案输出

人员	工作B1	工作B2	工作B3	工作B4	工作B5	工作B6	
A1	0	1	0	0	0	0	1
A2	0	0	0	1	0	0	1
A3	0	0	1	0	0	0	1
A4	1	0	0	0	0	0	1
A5	0	0	0	0	1	0	1
A6	0	0	0	0	0	1	1
	1	1	1	1	1	1	95

图 7-14 最短项目工期人员调配分析模型

在图 7-14 所示的模型工作表中，计算公式的设置如下：

C22 单元格输入公式 "=SUM(C16:C21)"，并填充复制到 H22 单元格。

I16 单元格输入公式 "=SUM(C16:H16)"，并填充复制到 I21 单元格。

I22 单元格输入公式 "=SUMPRODUCT(C6:H11，C16:H21)"，计算最短工期的天数。

本案例规划求解参数设置如图 7-15 所示。

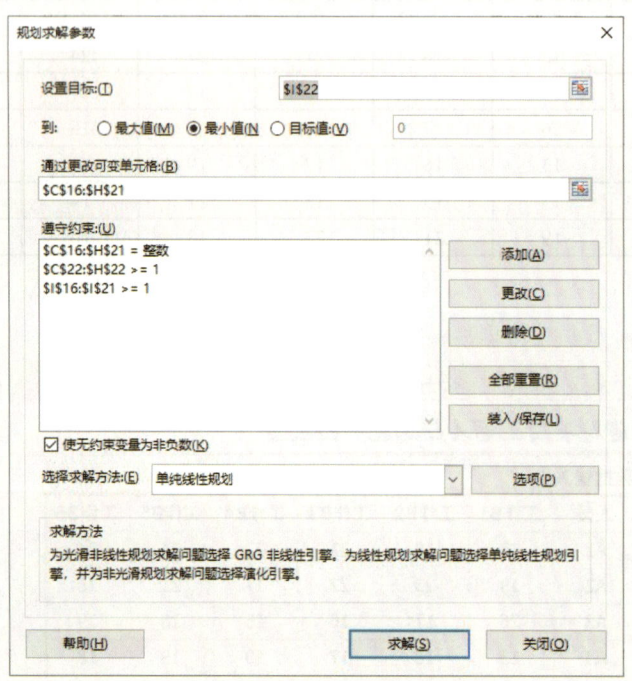

图 7-15　规划求解参数设置

I22 单元格是目标值，设定目标值为最小天数。

单元格区域 C16:H21 为可变单元格，即需要求解的人员安排。

约束条件包括：

单元格区域 C16:H21 为整数。

单元格区域 C22:H22 的值大于等于 1。

单元格区域 I16:I21 的值大于等于 1。

6. 最优人力成本排班问题

【案例 7-7】

【背景资料】

某公司的售后服务部门需要安排值班人员接听用户关于产品质量问题的投诉。从星期一到星期日每天都需要安排人员值班，所有人员连续工作 5 天后休息 2 天，开始工作时间可以是一周的任意一天。表 7-8 为从星期一至星期日需要的值班人员的数量。

表 7-8 值班人员数量要求

单位：人

星期	星期一	星期二	星期三	星期四	星期五	星期六	星期日
人员数量要求（>=）	8	6	7	8	6	6	5

【要求】在满足值班人员数量要求的情况下，最少配备人数是多少？

【解析】根据上述数据资料，构建如图 7-16 所示模型，计算最少配备人员为 10 人。

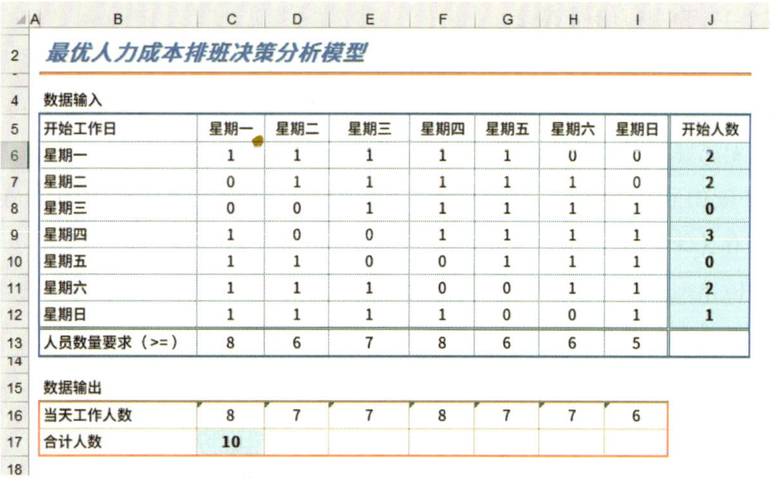

最优人力成本排班决策分析模型

数据输入

开始工作日	星期一	星期二	星期三	星期四	星期五	星期六	星期日	开始人数
星期一	1	1	1	1	1	0	0	2
星期二	0	1	1	1	1	1	0	2
星期三	0	0	1	1	1	1	1	0
星期四	1	0	0	1	1	1	1	3
星期五	1	1	0	0	1	1	1	0
星期六	1	1	1	0	0	1	1	2
星期日	1	1	1	1	0	0	1	1
人员数量要求（>=）	8	6	7	8	6	6	5	

数据输出

当天工作人数	8	7	7	8	7	7	6
合计人数	10						

图 7-16 最短项目工期人员调配分析模型

在图 7-16 所示的工作表中，单元格区域 C6:I12 和单元格区域 C5:I5 从分别对应单元格区域 B6:B12 的星期一至星期日的值班情况。每个单元格内输入 1 或 0，分别表示一周内从哪天开始工作，到哪天结束，从而可以计算当天在工作的人员数量。

本模型计算的问题需要用到规划求解加载项，规划求解的参数设置如图 7-17 所示。

图7-17 规划求解参数设置

通过图7-17可以得出如下结论。

C17单元格为目标单元格，用于求解出最少需要的人数。

单元格区域J6:J12为可变单元格，即从每周任一天开始工作的人数，如图7-16所示，从星期一开始工作的人数为2人，从星期四开始工作的人数为3人。

单元格区域C13:I13为最低人员数量的约束条件区域，即单元格区域C16:I17的人数要大于或等于约束条件区域的最低人员数量。

另外，C16单元格输入公式"=SUMPRODUCT($J$6:$J$12，C6:C12)"，并填充复制到I17单元格，用于计算每天工作的人数。

C17单元格输入公式"=SUM(J6:J12)"，用于计算最少需要的人数。

7. 总量有限时资本分配问题

在实务中经常会遇到资本总量受到限制的情况，无法为所有净现值为正的项目筹资。这时需要考虑将有限的资本分配给哪些项目。资本分配问题是指在企业投资项目受到总量预算约束的情况下，如何选择相互独立的项目。一般来说，解决这个问题的做法包括：

首先，列出所有项目的不同组合，确保每个组合的投资不超过资本总量；其次，计算各项目的净现值以及各组合的净现值合计；最后，选择净现值最大的组合作为采纳的项目。

值得注意的是，这种资本分配方法仅适用于单一期间的资本分配，不适用于多期间的资本分配问题。所谓多期间资本分配，是指资本的筹集和使用涉及多个期间。例如，今年筹资的限额是 10 000 万元，明年又可以筹资 10 000 万元；与此同时，已经投资的项目可不断收回资金并及时用于另外的项目。在这种情况下，需要进行更复杂的多期间规划分析，不能简单地使用现值指数排序这一方法解决。

【案例 7-8】

【背景资料】

某公司下年度计划安排 2 000 万元用于研发项目。目前有 6 个研发项目符合公司的业务规划，但这 6 个项目总的资金需求超过 2 000 万元，因此需要对这些项目进行取舍。各项目所需资金与各项目预计产生的净现值如表 7-9 所示。

表 7-9 项目净现值与资金需要

	项目 1	项目 2	项目 3	项目 4	项目 5	项目 6
项目净现值（万元）	200	280	120	150	220	180
资金需要（万元）	550	830	240	490	610	520

【要求】在总资金 2 000 万元以内，并确保项目合计净现值最大的情况下，应选择研发哪些项目？

【解析】根据上述资料，构建如图 7-18 所示的模型，通过计算，确定应选择项目 1、项目 3、项目 5 和项目 6 这四个项目。这些项目的合计净现值为 720 万元，且总计资金需求为 1 920 万元，符合计划资金 2 000 万元的范围内。

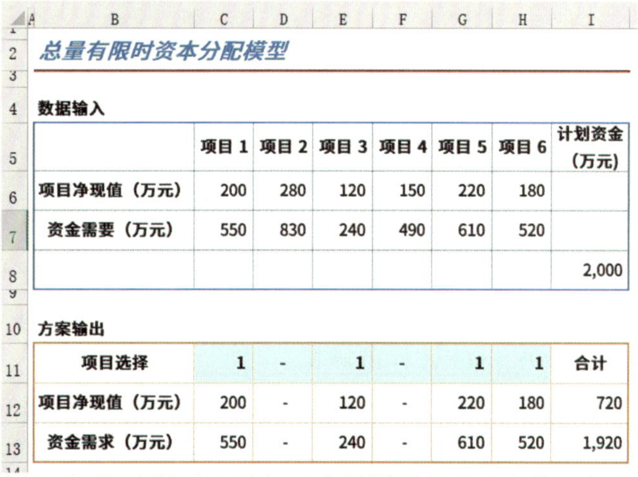

总量有限时资本分配模型

数据输入

	项目 1	项目 2	项目 3	项目 4	项目 5	项目 6	计划资金（万元）
项目净现值（万元）	200	280	120	150	220	180	
资金需要（万元）	550	830	240	490	610	520	
							2,000

方案输出

项目选择	1	-	1	-	1	1	合计
项目净现值（万元）	200	-	120	-	220	180	720
资金需求（万元）	550	-	240	-	610	520	1,920

图 7-18 总量有限时资本分配模型

本模型工作表中计算公式的设置如下：

C12 单元格输入公式"=C11*C6"，并填充复制到 H12 单元格，计算所选项目的净现值。

C13 单元格输入公式"C11*C7"，并填充复制到 H13 单元格，计算所选项目的资金需求。

I12 单元格输入公式"=SUM(C12:H12)"，计算所选项目净现值的合计数。

I13 单元格输入公式"=SUM(C13:H13)"，计算所选项目资金需求的合计数。

本模型应用了规划求解加载项。其中，设置单元格区域 C11:H11 为可变单元格区域（变量区域），设置 I12 单元格的值为目标值，I8 单元格的值为约束条件。具体设置如图 7-19 所示的"规划求解参数"对话框。

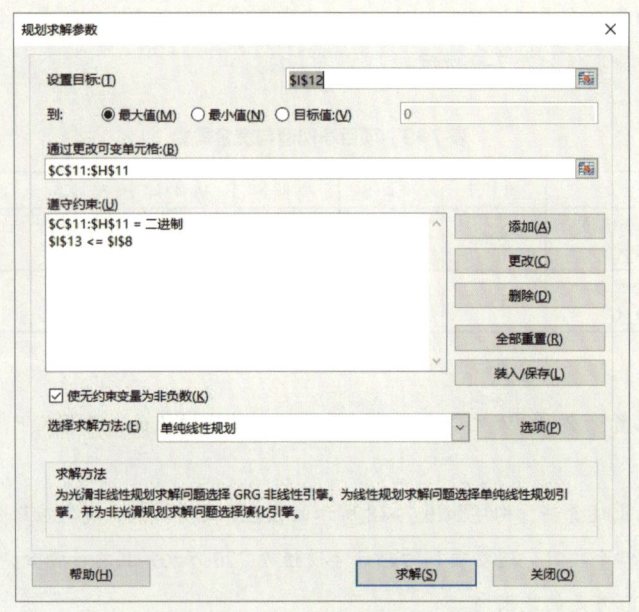

图 7-19　规划求解参数的设置

8. 存在互斥项目的总量有限时资本分配问题

【案例 7-9】

【背景资料】

某公司计划安排 2 000 万元用于研发项目。现有 P1 至 P6 共 6 个研发项目符合公司的业务规划，但 6 个项目总的资金需求超过 2 000 万元。因此在 6 个项目之间必须要进行取舍。各项目所需资金与各项目将产生的净现值如表 7-10 所示。

另外，在上述 6 个项目中，项目 P1 和 P2，项目 P3、P4 和 P5，以及项目 P3 和 P6 是互斥项目。

【要求】在总资金范围内，考虑项目互斥的前提下，要确保项目合计净现值最大，应选择研发哪些项目？

【解析】根据上述资料，构建如图7-20所示的模型。通过计算，确定应选择P2、P4和P6项目，这三个项目的合计净现值为570万元，总资金需求为1 900万元，控制在计划资金2 000万元的范围内，且三个项目之间不存在互斥关系。

表7-10 项目投资额与净现值

项目	P1	P2	P3	P4	P5	P6
投资额（万元）	850	580	670	730	470	590
净现值（万元）	291	204	193	203	107	163

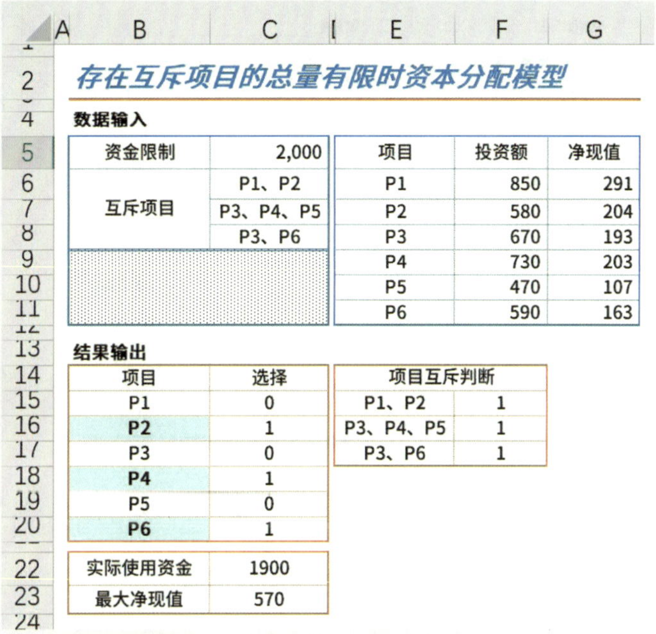

图7-20 存在互斥项目的总量有限时资本分析模型

本模型应用了规划求解加载项，图7-21所示为"规划求解参数"对话框，其中：

C23单元格是目标值，设定目标值为最大净现值。

单元格区域C15:C20为可变单元格，即需要求解选择的项目。

约束条件包括：

单元格区域C15:C20的值为二进制数。

C22<=C5，表示资金总量有限的约束。

F15<=1，项目P1和P2互斥的约束。

F16<=1，项目P3、P4和P5互斥的约束。

F17<=1，表示项目 P3 和 P6 互斥的约束。

本模型工作表中计算公式的设置如下：

F15 单元格输入公式"=C15+C16"。

F16 单元格输入公式"=C17+C18+C19"。

F17 单元格输入公式"=C17+C20"。

C22 单元格输入公式"=SUMPRODUCT(C15:C20，F6:F11)"，计算所选项目的实际使用资金总额。

C23 单元格输入公式"=SUMPRODUCT(C15:C20，G6:G11)"，计算所选项目的最大净现值。

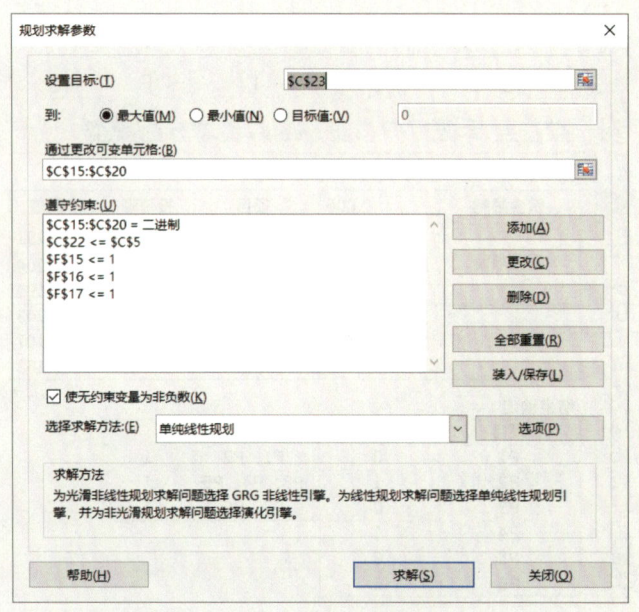

图 7-21　规划求解参数的设置

9. 家具生产计划最优问题

【案例 7-10】

【背景资料】 美华家具厂生产 4 种小型家具，由于这些家具具有不同的大小、形状、重量和风格，所以它们所需要的主要原料（木材和玻璃）、制作时间、最大销售量与利润均不相同。该厂每天可提供的木材、玻璃和工人劳动时间分别为 600 单位、1 000 单位与 400 小时，详细的基础数据资料如表 7-11 所示。

【要求】 应如何安排这四种家具的日产量，使得该厂的日利润最大化。

【解析】 根据表 7-11 中的基础资料，通过规划求解加载项进行求解，建立决策模型如图 7-22 所示。经过求解得到的最优生产计划方案为：P1、P2 和 P3 每天各生产 100 件、80 件和 40 件，不安排 P4 生产。此时每天将获得最高利润 9 200 元。

表 7-11 基础数据表

家具类型	劳动时间（小时 / 件）	木材（单位 / 件）	玻璃（单位 / 件）	单位利润（元 / 件）	最大销售量（件）
P1	2	4	6	60	100
P2	1	2	2	20	200
P3	3	1	1	40	50
P4	2	2	2	30	100
可提供量	400	600	1 000		

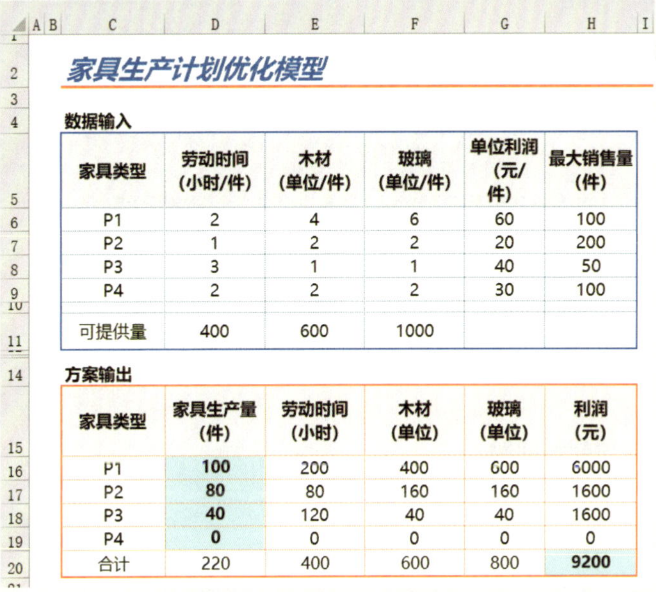

家具生产计划优化模型

数据输入

家具类型	劳动时间（小时/件）	木材（单位/件）	玻璃（单位/件）	单位利润（元/件）	最大销售量（件）
P1	2	4	6	60	100
P2	1	2	2	20	200
P3	3	1	1	40	50
P4	2	2	2	30	100
可提供量	400	600	1000		

方案输出

家具类型	家具生产量（件）	劳动时间（小时）	木材（单位）	玻璃（单位）	利润（元）
P1	100	200	400	600	6000
P2	80	80	160	160	1600
P3	40	120	40	40	1600
P4	0	0	0	0	0
合计	220	400	600	800	9200

图 7-22 家具生产计划优化模型

图 7-22 所示模型中，D16:D19 单元格区域为最优定价（决策变量），H20 单元格为目标最高利润，单元格区域 D11:F11 为供应量约束条件，单元格区域 H6:H9 为最大销售量约束条件。

E16 单元格输入公式“=$D16*D6”，并填充复制至 E19 单元格，分别计算各家具类型预计劳动时间的用量。

F16 单元格输入公式“=$D16*D6”，并填充复制至 F19 单元格，分别计算各家具类型木材的用量。

G16 单元格输入公式“=$D16*E6”，并填充复制至 G19 单元格，分别计算各家具类型玻璃的用量。

H16 单元格输入公式“=$D16*F6”，并填充复制至 H19 单元格，分别计算各家具类型预计利润。

E20 单元格输入公式"=SUM(E16:E19)",并填充复制至 H20 单元格,计算工时、原料和利润的合计数。

规划求解参数设置如图 7-23 所示。

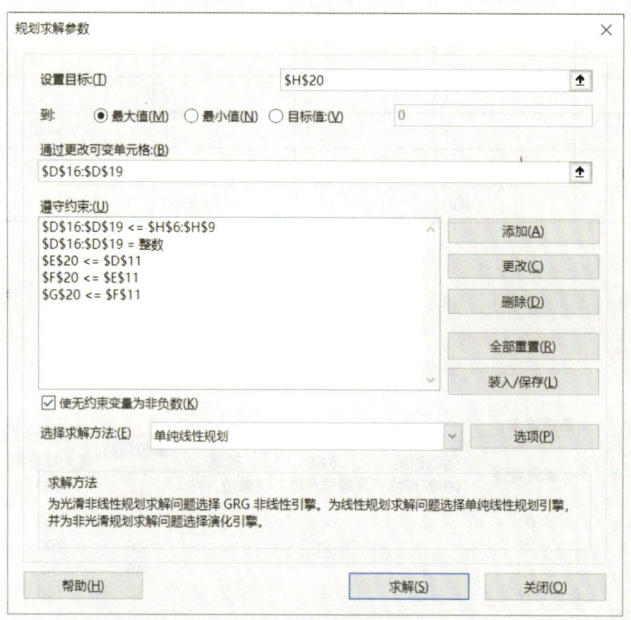

图 7-23 规划求解参数的设置

10. 化肥用量合理配料问题

【案例 7-11】

【背景资料】

天山农业发展有限公司在种植某种农作物的生产过程中至少需要氮肥 150 公斤、磷肥 150 公斤、钾肥 200 公斤。已知甲、乙、丙、丁 4 种复合肥料每公斤的价格,及分别含氮、磷、钾元素的数量。详细的基础数据如表 7-12 所示。

表 7-12 基础数据表

元素	甲	乙	丙	丁	肥料需用量（公斤）
	（元素含量公斤/肥料公斤）				
氮	0.05	0.3	0.08	0.3	150
磷	0.03	0.07	0.2	0.3	120
钾	0.13	0.2	0.1	0.05	200
价格（元/公斤）	0.8	0.55	0.75	0.8	

【要求】如何配合使用这些肥料，既能满足作物的养分需要，又能使成本最低。

【解析】根据背景资料的数据，通过规划求解加载项进行求解，建立决策模型如图7-24所示，解得最优配料方案为：甲、乙、丙三种复合肥料的用量分别849.66公斤、256.30公斤、382.85公斤，而不使用丁复合肥。在这种情况下，可以实现最低成本为1 107.83元。

	A	B	C	D	E	F	G	H
1								
2		化肥用量合理配料模型						
3								
4		数据输入						
5		元素	甲	乙	丙	丁	肥料需用量（公斤）	
6			元素含量公斤/肥料公斤					
7		氮	0.05	0.3	0.08	0.3	150	
8		磷	0.03	0.07	0.2	0.3	120	
9		钾	0.13	0.2	0.1	0.05	200	
10		价格（元/公斤）	0.8	0.55	0.75	0.8		
11								
12		方案输出						
13		元素	甲	乙	丙	丁	肥料需用量（公斤）	
14		氮	42.48	76.89	30.63	0.00	150.00	
15		磷	25.49	17.94	76.57	0.00	120.00	
16		钾	110.46	51.26	38.28	0.00	200.00	
17		肥料用量（公斤）	849.66	256.30	382.85	0.00		
18								
19		成本（元）	679.73	140.96	287.14	0.00	1107.83	

图7-24 化肥用量合理配料模型

在图7-24所示模型中，C17:F17单元格区域表示最优肥料用量（决策变量），G19单元格则表示目标最低成本，单元格区域G14:G16则为肥料需用量约束条件。

C14单元格输入公式"=C$17*C7"，并填充复制至C16单元格，计算甲肥料的用量。

D14单元格输入公式"=D$17*D7"，并填充复制至D16单元格，计算乙肥料的用量。

E14单元格输入公式"=E$17*E7"，并填充复制至E16单元格，计算丙肥料的用量。

F14单元格输入公式"=E$17*E7"，并填充复制至F16单元格，计算丁肥料的用量。

C19单元格输入公式"=$C17*C10"，并填充复制至F19单元格，分别计算各种肥料的成本。

G19单元格输入公式"=SUM(C19:F19)"，计算肥料用量的总成本。

规划求解参数设置如图7-25所示。

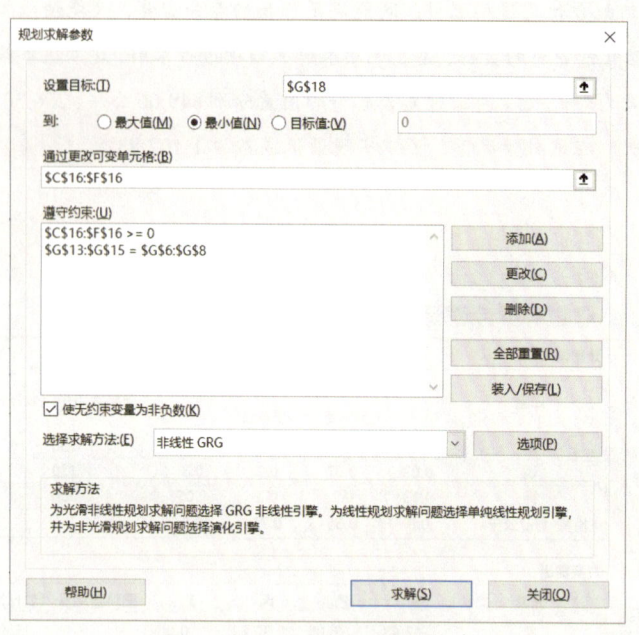

图 7-25 规划求解参数设置

二、非线性规划求解方法的应用

解决非线性规划问题实际上与解决线性规划问题的过程类似。两者都必须给出适当的决策变量,并利用这些变量建立适当的目标函数和约束。非线性规划处理的问题是在等式和/或不等式约束下优化某个目标函数,以求得最优解。两者主要的区别在于非线性规划的目标函数或多个约束是非线性的,而线性规划则要求目标函数和约束都是线性的。

1. 股票投资最优组合决策模型

【案例 7-12】

【背景资料】

某公司现有一笔闲置资金拟投资三种股票,该三种股票的预期回报、风险(标准差)以及股票之间的协方差如表 7-13 所示。

表 7-13 三种股票的相关资料

股票	预期回报 (%)	风险(标准差) (%)	投资组合	股票之间协方差
股票 1	18%	20%	1 与 2	0.05
股票 2	25%	36%	1 与 3	-0.004
股票 3	8%	6%	2 与 3	-0.02

该公司最低可接受的投资预期回报为15%。

【要求】选择在不低于预期回报情况下的最小投资风险时的投资组合（即每种股票投资的比例）。

【解析】根据上述资料，构建如图7-26所示模型，通过求解得到最优投资组合是股票1、股票2和股票3分别投资18.36%、30.37%和51.26%，这个组合不仅满足了公司最低预期回报要求，而且使得投资组合的标准差（风险）最小，为11.34%。

	股票1	股票2	股票3	
数据输入				
预期回报	18%	25%	8%	
标准差	20%	36%	6%	
协方差	股票1	股票2	股票3	
股票1		0.05	-0.004	
股票2			-0.02	
最低可接回报		15%		
方案输出				
	股票1	股票2	股票3	合计
投资组合比例	18.36%	30.37%	51.26%	100.00%
预期回报	15%			
组合标准差	11.34%			

图7-26　股票投资最优组合决策模型

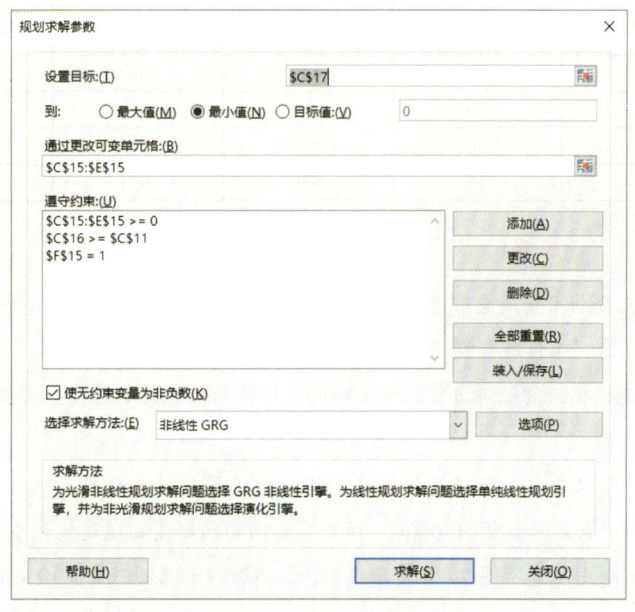

图7-27　规划求解参数设置

图 7-27 为"规划求解参数"对话框,其中:

C17 单元格是目标值,设置为最小风险(组合标准差)。

单元格区域 C15:E15 为可变单元格,即需要求解的股票投资比例。

约束条件包括:

单元格区域 C15:E15 大于等于 0。

单元格 C16 大于等于单元格 C11(最低回报的约束)。

F15 等于 1,即三种股票投资比例加起来为 100% 的约束。

本模型工作表中计算公式的设置如下:

C16 单元格输入公式"=SUMPRODUCT(C6:E6,C15:E15)",以计算预期回报,C17 单元格输入公式:"=SQRT((C7*C15)^2+(D7*D15)^2+(E7*E15)^2+2*D9*C15*D15+2*E9*C15*E15+2*E10*D15*E15)",以计算组合标准差。

2. 仓库容量受限时的最优采购量决策分析模型

【案例 7-13】

【背景资料】

某公司的 3# 仓库总容量为 50 000m^3,专门用于储备 P1、P2、P3 和 P4 四种货物,每种货物每月需求、储存成本和订货成本如表 7-14 所示。

表 7-14 货物每月需求、储存成本和订货成本表

库存商品类别	保管费用(元)	单位占用空间(m^3)	每月需求(件)	订货成本(元)
P1	25	440	200	50
P2	20	850	325	50
P3	30	1 260	400	50
P4	15	950	150	50

【要求】在充分利用仓库总容量和满足每月需求的前提下,设计每种货物的最优订购政策,保证仓储成本最低。(假设所有商品都按整数计量)

【解析】首先根据存货经济订货批量(EOQ)计算的最优订购量分析需要占用的仓储空间,如表 7-15 所示。

通过表 7-15 可以看出,根据存货经济订货批量计算的最优订购量需要占用仓储的空间为 61 670m^3,超过了 3# 仓库总容量 50 000m^3,所以本案例的问题需要通过规划求解工具来求最优解。

其中,在 Excel 中构建所图 7-28 所示模型,工作表中设置如下计算公式:

D15 单元格输入公式"=C15/2*C7+E7/C15*F7",并填充复制到 D18 单元格计算总成本。

E15 单元格输入公式 "=C15/2*D7",并填充复制到 E18 单元格计算占用空间。

其中,单元格区域 C15:C18 为决策变量区域,D19 单元格为目标值。

表 7-15 按经济批量计算占用空间分析表

库存商品类别	理论经济订货量 EOQ(件)	单位占用空间 (m³)	理论经济订货量占用空间 (m³)
P1	28	440	6 160
P2	40	850	17 000
P3	37	1 260	23 310
P4	32	950	15 200
合计		—	61 670

仓库容量受限时的最优采购量决策分析模型

数据输入

库存商品类别	保管费用(元)	单位占用空间(m³)	每月需求(件)	订货成本(元)	总空间(m³)
P1	25.00	440	200	50.00	
P2	20.00	850	325	50.00	
P3	30.00	1260	400	50.00	
P4	15.00	950	150	50.00	
					50000

方案输出

库存商品类别	实际订购数量(件)	总成本	占用空间(m³)
P1	25	712.50	5500
P2	33	822.42	14025
P3	30	1,116.67	18900
P4	24	492.50	11400
合计	112	3144.09	49825

图 7-28 仓库容量受限最优采购决策模型

本案例规划求解参数设置如图 7-29 所示。

通过规划求解,得出 4 种库存货物的最优采购数量占用空间为 49 825m³,未超过了 3# 仓库总容量 50 000m³,此时总成本为 3 144.09 元。

注意:在规划求解时,决策变量单元格区域 C15:C18 不应为空值,需要输入任意不等于 0 的数字,因为在单元格区域 D15:D18 输入公式计算总成本时,公式中的分母引用到单元格区域 C15:C18 的值,所以如果为空值或零时,将会出现错误信息。

图 7-29 规划求解参数的设置

3. 收入最大化的产品定价决策模型

弹性定价法,即需求弹性定价法,是一种根据产品的需求弹性系数(产品销售价格变化所引起销售量变化的程度)来确定产品价格的方法。

一般情况下,当产品的需求弹性小或需求无弹性时,提高价格会增加总销售收入,降低价格会减少总销售收入。当产品需求弹性大时,提高价格会减少销售量,从而降低销售收入;降低价格则会增加销售量,进而增加销售收入。

产品需求弹性、需求量(或销售量)与价格的关系可以通过以下公式描述。

$$P = KQ^{\frac{1}{E}}$$

式中,P——产品价格;

K——常数;

Q——销售量(需求量);

E——需求弹性系数。

需求弹性系数 E 的计算公式为:

$$E = \frac{(Q_1 - Q_0) \div Q_0}{(P_1 - P_0) \div P_0}$$

式中，Q_0——原来售价的销售量；

Q_1——新售价的销售量；

P_0——原来售价；

P_1——新售价。

系数 K 可按下列公式计算：

$$K = P_0 Q_0^{\frac{1}{E}}$$

【案例 7-14】

【背景资料】

某公司某型号男式赛车共分为普通、中档和高档三个类型，每月该型号自行车总产能为 800 辆。目前各类型赛车的价格、每月销售量以及需求的价格弹性如表 7-16 所示。

表 7-16 赛车价格、销售及需求弹性明细表

赛车类型	单价（元/辆）	平均月销量（辆）	需求弹性
普通	1 500	400	−3
中档	2 000	160	−
高档	3 000	40	−1
合计			

另外，市场上同类赛车普通车价格在每辆 1 350 元至 1 650 元之间，中档车价格在 1 800 元至 2 200 元之间，高档车价格在 2 800 元至 3 200 元之间。

【要求】 该公司为实现该型号营业收入最大化，现在请你为该型号的这三类赛车进行优化定价。（在制定优化价格时，各类型赛车的定价范围应保持在市场同类赛车的价格区域）

【解析】 本案例涉及最优定价决策问题，可以通过规划求解加载项进行求解，建立决策模型如图 7-30 所示，解得最优方案为：普通赛车、中档赛车和高档赛车的定价分别为 1 350 元、1 800 元和 3 000 元，预计月销量分别为 520 辆、240 辆和 40 辆时，将获得最高收入 1 254 000 元。

图 7-30 产品最优定价决策模型

图 7-30 所示模型中，C14:C16 单元格区域为最优定价（决策变量），E17 单元格为目标最高收入，G7:H9 单元格区域为价格约束条件，I10 单元格为产能约束条件。

D14 单元格输入公式"=D7+F7*(C14−C7)/C7*D7"，并填充复制至 D16 单元格。

规划求解参数设置如图 7-31 所示。

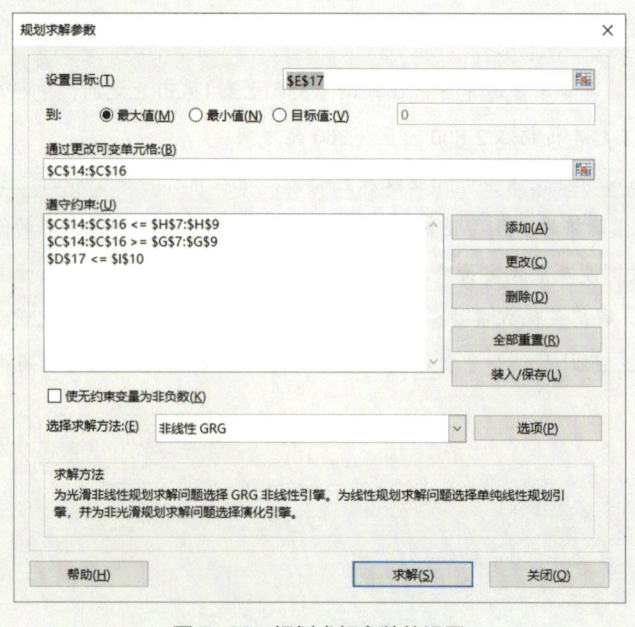

图 7-31 规划求解参数的设置

4. 利润最大化的产品定价决策模型

【案例 7-15】

【背景资料】

蓝海影城计划调整票价和食品价格，以实现销售利润最大化。该影城每天可容纳 1 000 名观众。目前有关基础数据，包括票价、食品价格、销售情况以及需求的价格弹性等，如表 7-17 所示。

表 7-17 基础数据表

项目	当前售价（元）	当前平均销量	单位成本（元）	弹性	每天可供应量
电影票	25	800	10	−3	1 000
爆米花	15	400	6	−4	500
汽水	4	500	1	−1	500

注：在上表中，“电影票”的数量单位为“张”，“爆米花”为“份”，“汽水”为“瓶”。

【要求】作为这家影城的财务经理，请您结合需求的价格弹性为影城的票价和食品（爆米花、汽水）进行优化定价，以实现影城销售利润最大化的目标。

【解析】本案例涉及最优定价决策问题，通过规划求解加载项进行求解，建立的决策模型如图 7-32 所示，得出最优方案为：电影票、爆米花和汽水的优化定价分别为 22.92 元、14.06 元和 4.50 元。在这种定价策略下，每天将获得最高利润 18 479.17 元，比原来每天的利润增加了 1 379.17 元，预计每年可增加利润 50.34 万元。

蓝海影城利润最大化定价决策模型

数据输入

项目	历史数据					其他条件		
	历史售价	历史平均销量	收入	成本	历史销售利润	单位成本	弹性	每天最大供应量
电影票	25.00	800	20,000.00	8,000.00	12,000.00	10.00	-3	1000
爆米花	15.00	400	6,000.00	2,400.00	3,600.00	6.00	-4	500
汽水	4.00	500	2,000.00	500.00	1,500.00	1.00	-1	500
合计			28,000.00	10,900.00	17,100.00			

方案输出

项目	优化定价	预计销量	收入	成本	预计销售利润
电影票	22.92	1,000.00	22,916.67	10,000.00	12,916.67
爆米花	14.06	500.00	7,031.25	3,000.00	4,031.25
汽水	4.50	437.50	1,968.75	437.50	1,531.25
合计			31,916.67	13,437.50	18,479.17

预计每天可增加利润：1379.17 元

预计每年可增加利润：50.34 万元

图 7-32 蓝海影城利润最大化定价决策模型

图 7-32 所示模型中，D14:D16 单元格区域为最优定价（决策变量），H17 单元格为目标最高收入，K7:K9 单元格区域为供应量约束条件。

E14 单元格输入公式"=E7+E7*(D14–D7)/D7*J7"，并填充复制至 E16 单元格，用于计算各项目的预计销量。

F14 单元格输入公式"=D14*E14"，并填充复制至 F16 单元格，用于计算各项目的收入。

G14 单元格输入公式"=E14*I7"，并填充复制至 G16 单元格，用于计算各项目的成本。

H14 单元格输入公式"=F14–G14"，并填充复制至 H16 单元格，用于计算各项目的预计利润。

F17 单元格输入公式"=SUM(F14:F16)"，并填充复制至 H17 单元格，用于计算项目的合计收入、成本和预计利润。

C19 单元格输入公式"=IF(D14="","","预计每天可增加利润："&ROUND((H17–H10), 2)&"元"&" ")"，用于计算预计每天可增加的利润。

C20 单元格输入公式"=IF(D14="","","预计每年可增加利润："&ROUND((H17–H10)*365/10000,2)&"万元"&" ")"，用于计算预计每年可增加的利润。

规划求解参数设置如图 7-33 所示。

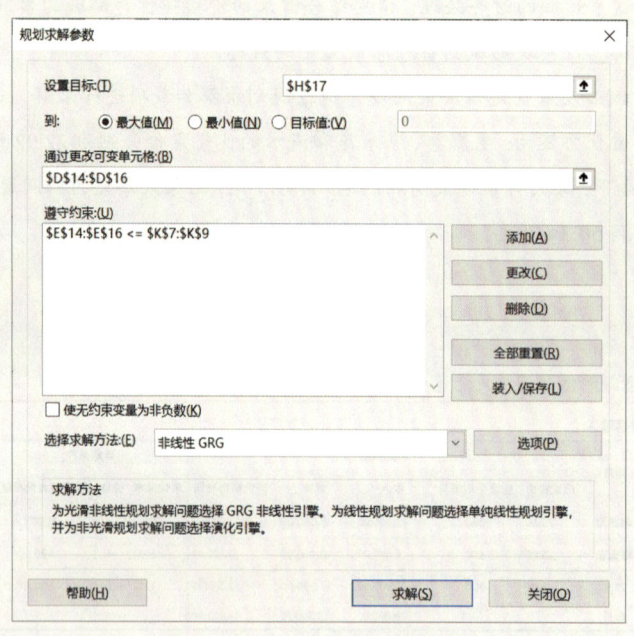

图 7-33 规划求解参数的设置

5. 收入最大化的快餐定价决策模型

【案例 7-16】

【背景资料】

湘味快餐店的快餐类型分为普通、中档和高档三个类别，该快餐店每天可供应 300 份快餐，

表 7-18 基础数据表

快餐类型	单价（元/份）	平均销量（份）	弹性	弹性
普通	20	200	-3	-3
中档	40	80	-5	-4
高档	80	20	-1	-1

目前快餐的价格、平均每天销售量以及需求的价格弹性等基础数据如表 7-18 所示。

另外，本地区同类快餐店的普通快餐价格在 15 元至 25 元之间，中档快餐价格在 35 元至 45 元之间，高档快餐价格在 70 元至 90 元之间。

【要求】该快餐店老板为实现营业收入最大化，请您为该快餐店的三类快餐进行优化定价。（在重新调整价格时，快餐定价范围应保持在本地区同类快餐的价格区间内）

【解析】本案例涉及最优定价决策问题，通过规划求解加载项进行求解，建立的决策模型如图 7-34 所示，得出最优方案为：普通快餐、中档快餐和高档快餐的最佳定价分别为 21.60 元、35.00 元和 88.26 元。在这种定价策略下，每天将获得最高收入 9 417.22 元，较原来每天预计可增加收入 617.22 元，预计每年可增加收入 225 284.44 元。

图 7-34 快餐店最优定价决策模型

图 7-34 所示模型中，D14:D16 单元格区域为最优定价（决策变量），F17 单元格为目标最高收入，H7:J9 单元格区域为单价和供应量约束条件。

E14 单元格输入公式"=E7+G7*(D14−D7)/D7*E7"，并填充复制至 E16 单元格，用于分别计算各快餐类型的预计日销量。

F14 单元格输入公式 "=D14*E14"，并填充复制至 F16 单元格，用于分别计算各快餐类型的预计收入。

G14 单元格输入公式 "=IF(D14="","",F14-F7)"，并填充复制至 G16 单元格，用于分别计算各快餐类型每天预计增加（或减少）的收入。

H14 单元格输入公式 "=IF(G14="","",G14*365)"，并填充复制至 H16 单元格，用于分别计算各快餐类型每年预计增加（或减少）的收入。

E17 单元格输入公式 "=SUM(E14:E16)"，并填充复制至 H17 单元格，用于计算合计预计日销售量和收入，以及合计预计每日和每年可增加的收入。

规划求解参数设置如图 7-35 所示。

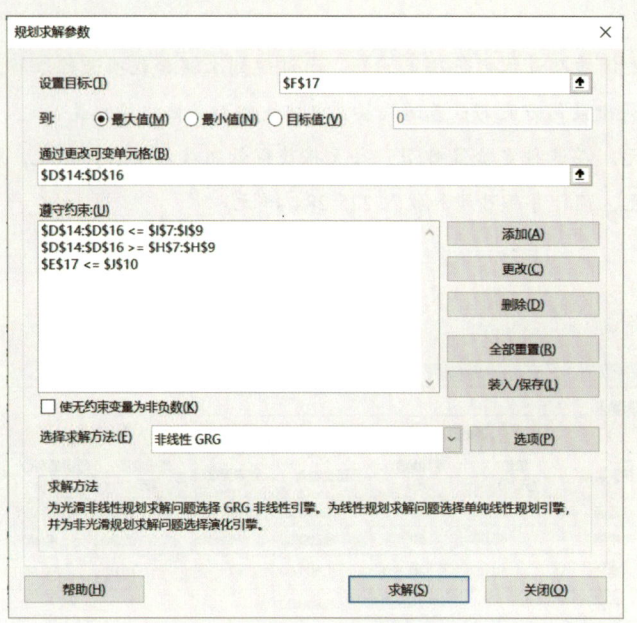

图 7-35　规划求解参数设置

第 八 章 使用分析工具库分析数据

第一节 分析工具库

一、分析工具库概述

在日常的数据分析工作中，通常我们会借助 Excel 的函数和图表进行数据分析。但有些函数的参数设置较为复杂，比如 NORMDIST（正态分布）函数、STDEV（标准偏差）函数、LINEST（线性回归）函数等。若不熟悉统计学知识，理解和操作起来可能会比较困难。

为了方便用户进行数据统计分析，Excel 提供了一个数据分析的加载工具，用于拓展 Excel 的数据分析功能，即"分析工具库"。这是一种专门用于统计数据分析功能的加载项，通常在安装 Excel 后，功能菜单中不会直接出现"数据分析"选项，需要用户手动安装加载。

分析工具库内含 19 种不同的数据分析工具，用户使用这些分析工具时，只需要输入必要的数据和参数。对于科学、工程、企业管理和财务等领域中的一些统计应用而言，这些工具会自动选择相应的计算公式或函数，快速输出计算结果，有些工具还能同时显示出相关的图表，进一步提高工作效率。

分析工具库包括以下 15 种分析工具，涵盖了 19 种不同的数据分析功能：

（1）方差分析（3 种）。

（2）相关系数。

（3）协方差。

（4）描述统计。

（5）指数平滑。

（6）F- 检验。

（7）傅利叶分析。

（8）直方图。

（9）移动平均。

（10）随机数发生器。

（11）排位与百分比排位。

（12）回归。

（13）抽样。

（14）t- 检验（3 种）。

（15）z- 检验。

二、安装分析工具库加载项

分析工具库是通过加载项的形式来实现的。在使用分析工具库之前，需要确保已安装该加载项。单击"数据"选项卡，如果发现未显示"数据分析"命令，则需要按以下步骤安装相关加载项。

步骤 1：选择"文件"——"选项"，显示"Excel 选项"对话框。

步骤 2：单击"加载项"选项卡，在对话框底部，从"管理"下拉菜单中选择"Excel 加载项"命令，然后单击"转到"按钮，Excel 将选择"加载项"选项卡。

步骤 3：勾选"分析工具库"复选框，如图 8-1 所示。然后单击"确定"按钮关闭"加载项"对话框，在 Excel 工作表界面单击"数据"功能选项卡就能发现"数据分析"选项。

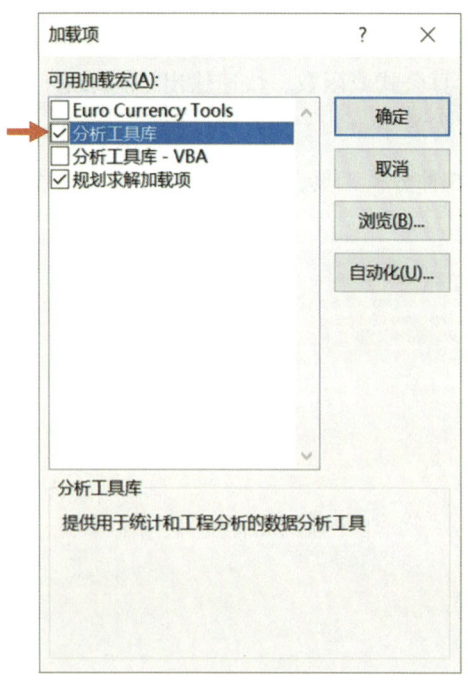

图 8-1　勾选"分析工具库"复选框

第二节 使用分析工具库分析数据的应用

在使用分析工具之前，先要确定需要分析的类型，编制原始数据表，填列相关数据，作为数据的输入区域。然后依次选择【数据】→【分析】→【数据分析】命令，这样将显示如图 8-2 所示的对话框，如果当前窗口没有要使用的工具，可用右侧的滚动条滚动查找，直到找到所需要的分析工具，然后单击"确定"按钮。Excel 将显示出一个针对所选分析工具的新对话框。

通常情况下，分析工具需要输入一个或多个原始数据区域，以及确定一个输出区域放置分析的结果。输出区域可以在原始数据表也可以选择在一个新的工作表或工作簿中放置分析结果。

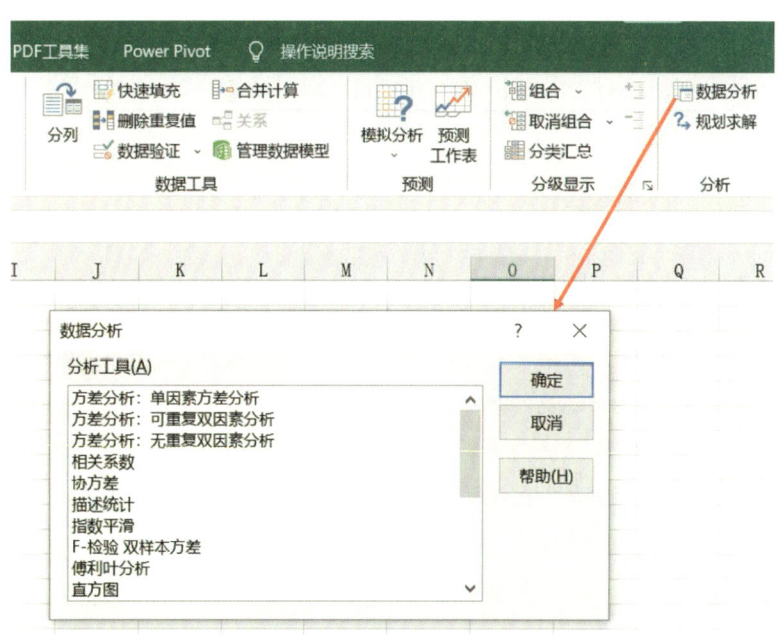

图 8-2 从"数据分析"对话框中选择工具

一、方差分析工具

方差分析是一种统计检验，用于检验两个以上总体均值有无显著差异。一般情况下，方差分析的计算比较复杂，方差分析工具可以执行 3 种类型的方差分析，即：单因素方差分析、可重复双因素分析和无重复双因素分析。下面通过"单因素方差分析"说明"方差分析工具"的应用。

单因素方差分析是在影响事物变化的若干因素中，只就某一特定因素分析其对该事物的影响，其他因素保持不变。

【案例 8-1】

某旅游景点为了分析不同天气条件下参观景点的人次，分别统计了 5 个晴天、阴天和雨天的参观人数，如表 8-1 所示。

表 8-1　不同天气景点参观人次

单位：人次

晴天	阴天	雨天
1 791	1 180	868
1 713	1 342	825
1 705	1 231	875
1 690	1 314	981
1 657	1 533	923

【要求】 用"单因素方差分析"工具，在显著性水平 0.05 下，分析不同天气参观人次有无显著差异。

从表 8-1 可以看出，三类不同天气的参观人次是有差异的，这种差异称为"条件误差"，是影响参观人次的主要因素，同一类天气参观人次也有差异，这种差异是由于偶然因素造成的，通常称为"随机误差"，它对参观人次不会有很大的影响。

使用"方差分析工具"，首先将表 8-1 中的数据输入工作表中的单元格区域 B2:D7，然后调出"方差分析：单因素方差分析"对话框，如图 8-3 所示。

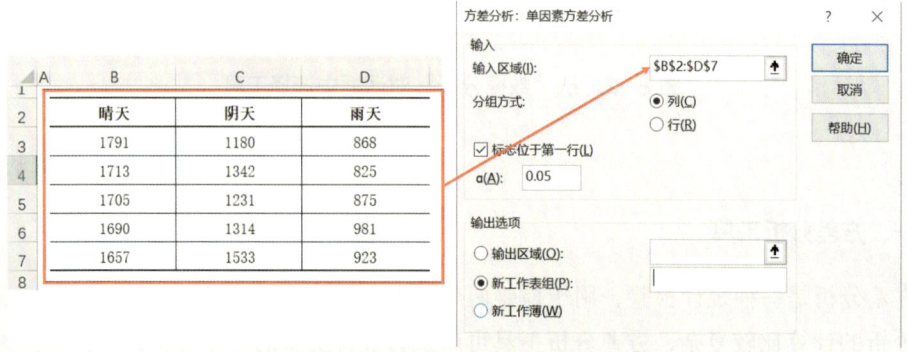

图 8-3　方差分析：单因素方差分析对话框

相关设置如下：

（1）"输入区域"为单元格区域 B2:D7。

（2）"分组方式"选择"列"。

（3）勾选"标志位于第一行"前的复选框。

（4）输出选项选择"新工作表组"。

完成上述设置后点击"确定"按钮，即可在新工作表输出分析结果，如图 8-4 所示。

	A	B	C	D	E	F	G
1	方差分析：单因素方差分析						
2							
3	SUMMARY						
4	组	观测数	求和	平均	方差		
5	晴天	5	8556	1711.2	2449.2		
6	阴天	5	6600	1320	18352.5		
7	雨天	5	4472	894.4	3551.8		
8							
9							
10	方差分析						
11	差异源	SS	df	MS	F	P-value	F crit
12	组间	1668892	2	834445.9	102.7917	2.81406E-08	3.885294
13	组内	97414	12	8117.833			
14							
15	总计	1766306	14				
16							

图 8-4 "方差分析：单因素分析"工具分析结果

通过分析可以看出：在"SUMMARY（摘要）"表中给出 3 类天气的计数（统计天次）、求和（参观人次合计）、平均（平均每天参观人次）和方差（组内方差）。

在"方差分析（平方和）"表中，将差异来源分为"组间"和"组内"，分别给出了 SS（平方和）、df（自由度）、MS（方差）、F（统计量）、P-value（P 值）和 F crit（F 临界值）。表中 F 统计量高于 F 临界值，说明不同类型的天气对参观人次的影响很大。

二、相关系数工具

相关系数用于度量现象与现象之间确实存在的、但关系值不确定的数量依存关系，是一个被广泛使用的统计量。相关关系包括直线相关和曲线相关。直线相关可用于衡量两个变量之间的关系的密切程度。

当一个数据组中的较大值与第二个数据组中的较大值相关，则这两组数据就存在正相关系数，如果这个较大值与第二个数据组中的较小值相关，则这两组数据就存在负相关系数，相关的程度可以用相关系数表示，相关系数从 –1.0（完全负相关）到 +1.0（完全正相关），相关系数为 0 说明两个变量不相关。

按常规方法计算相关系数较为复杂，但应用"相关系数"分析工具可以快速计算出结果。

【案例 8-2】

W 公司有最近 10 年的广告费支出和对应年份的月平均销售额统计数据，如表 8-2 所示。

表 8-2　广告费和月平均销售额统计表

单位：万元

年广告费投入	月均销售额
625.00	2 120.00
765.00	2 390.00
1 160.00	3 290.00
1 320.00	3 410.00
1 675.00	4 250.00
1 720.00	4 320.00
1 970.00	4 900.00
2 260.00	5 280.00
2 770.00	5 940.00
3 045.00	6 350.00

该公司市场部门希望了解广告费投入的高低与销售额增减的相关性，您能帮助分析吗？

【分析步骤】

步骤1：选中数据源区域B3:C13，点击数据功能区已加载的"数据分析"，在弹出的"数据分析"对话框中选择"相关系数"，点击确定，如图 8-5 所示。

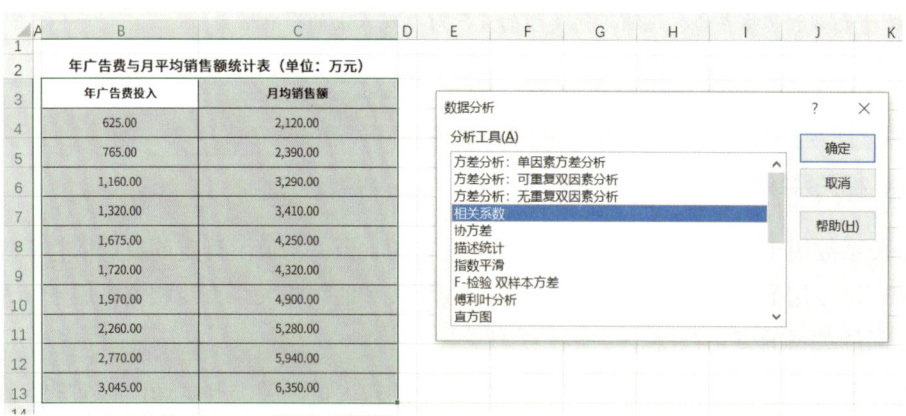

图 8-5　选择"相关系数"分析工具

步骤2：在弹出的"相关系数"对话框的"输入区域"显示的是"B3:C13"数据源区域（如果步骤1没有选中数据源区域，则需要输入数据源区域），选择"分组方式"为"逐列"（本案例数据源是纵向排列，如果横向排列则选择"逐行"），勾选"标志位于第一行"前的复选框（如果选择的数据源区域是没有表头的文本字符，则不必勾选该复选框），在"输出区域"中输入任一单元格地址，该单元格地址为分析结果区域的开始位置，本案例选择的是E4单元格，然后点击确定，如图8-6所示。

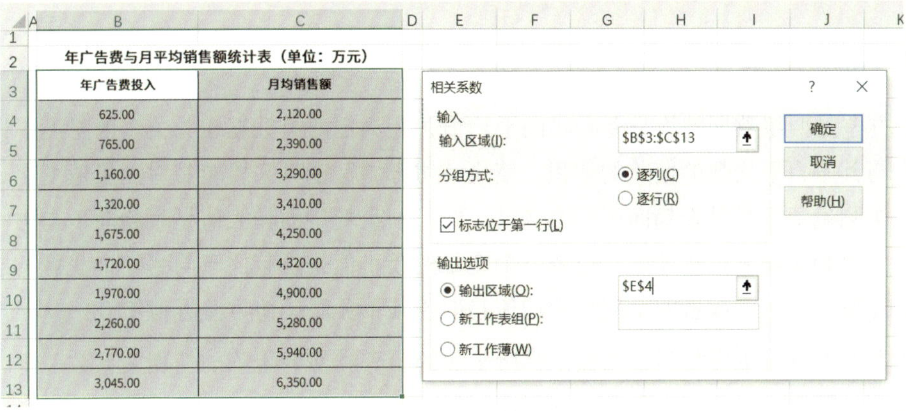

图8-6　相关系数对话框输入相关数据

步骤3：在单元格区域E4:G6中显示分析结果，然后根据结果得出结论，如图8-7所示。

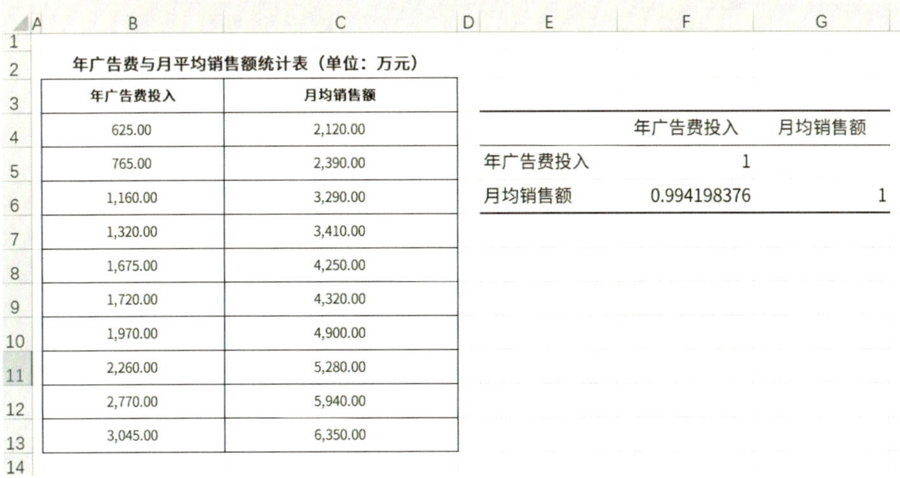

图8-7　输出分析结果

通过上述分析，可知 W 公司的年广告费的投入与月平均销售额之间的相关系数超过了 0.99，说明两者有非常强的相关关系。

另外，"相关系数"分析工具生成的相关系数矩阵不会因源数据发生变化而更新计算结果。如果源数据发生变化，则相关系数矩阵将变得无效，需要重新通过"相关系数"分析工具进行分析。如果希望相关系数矩阵与源数据发生联动，可以使用 CORREL 函数创建一个相关系数矩阵，这样就可以随着源数据的变动而自动发生相应的变化。

三、协方差工具

协方差是两组数据的均方差乘积的平均值，是测定两组数据相关关系的量度，即每对数据点与其各自平均数的偏差的乘积。使用"协方差"工具来检验每对测量值变量，以便确定两个测量值变量是否趋向于同时变动，即：一个变量的较大值是否趋向于与另一个变量的较大值相关联（正相关）；或者一个变量的较小值是否趋向于与另一个变量的较大值相关联（负相关）；或者两个变量中的值趋向于互不关联（协方差近似于 0）。

协方差工具可生成与相关系数工具所生成的矩阵类似的矩阵。与相关系数一样，协方差可以测量两个变量一起发生变化的程度。

鼠标点击数据功能区已加载的"数据分析"，在弹出的"数据分析"对话框选择"协方差"，点击确定，弹出"协方差"分析工具对话框，如图 8-8 所示。

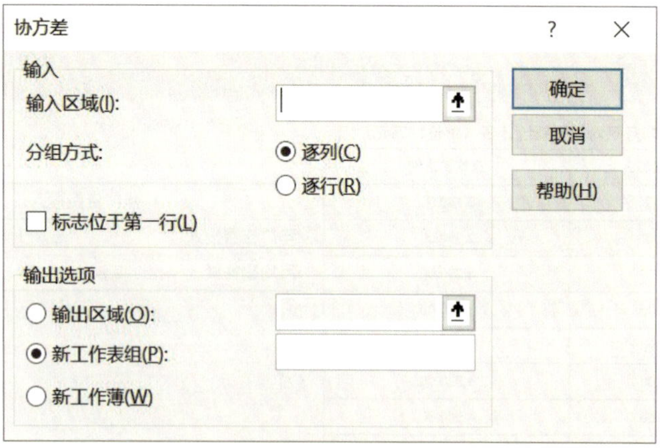

图 8-8 协方差分析工具对话框

对上列对话框的参数设置说明如下：

（1）在"输入区域"框中，输入数据必须是两个或两个以上按行或列排列的相邻数据单元格区域，不得有断行或断列的情况。

（2）在方式"分组"中，根据输入数据的排列情况，选择"逐列"或"逐行"。

（3）如果选中的区域包括表头文字，需要勾选"标志位于第一行"前的复选框。

（4）分析结果的输出可以选择"输入区域（当前工作表）""新工作表组"或者"新工作簿"。

需要说明的是，协方差工具输出的分析结果不生成公式，当原始数据变化时，需要重新计算和分析，而使用 COVAR 函数可以更好地计算协方差矩阵。

四、描述统计工具

在应用统计方法探索客观现象数量变动规律的定量分析过程中，我们通常会接触到描述统计和推断统计这两类统计方法。它们相辅相成、缺一不可，描述统计学是现代统计学的基础和前提，推断统计学是现代统计学的核心和关键。

描述统计研究的是数据收集、处理、汇总、图表描述、概括与分析等统计方法，推断统计是研究如何利用样本数据来推断总体特征的方法。

使用"分析工具库"中，有一个专用于描述统计数据特征的"描述统计工具"，该工具可以一次性输出统计数据的集中趋势、离散程度和分布形态等十几项数字。

【案例 8-3】

截至 2023 年 6 月 30 日，ABC 公司应收账款明细表如表 8-3 所示。

表 8-3　ABC 公司应收账款明细表（截至 2023 年 6 月 30 日）

客户代码	欠款日期	应收账款余额（元）
CP01	2023 年 4 月 3 日	600 000.00
CP02	2023 年 2 月 10 日	500 000.00
CP03	2023 年 4 月 1 日	400 000.00
CP04	2023 年 5 月 5 日	350 000.00
CP05	2023 年 1 月 5 日	300 000.00
CP06	2023 年 3 月 5 日	250 000.00
CP07	2023 年 4 月 11 日	200 000.00
CP08	2023 年 5 月 10 日	150 000.00
CP09	2023 年 6 月 10 日	120 000.00
CP10	2023 年 1 月 5 日	100 000.00
CP11	2023 年 3 月 15 日	100 000.00
CP12	2023 年 4 月 5 日	78 000.00
CP13	2023 年 5 月 15 日	5 640.00
CP14	2023 年 1 月 1 日	123 560.00

续表

客户代码	欠款日期	应收账款余额（元）
CP15	2023年6月12日	5 000.00
CP16	2023年2月3日	88 880.00
合计		3 371 080.00

【要求】对上表应收账款余额进行描述统计分析。

分析步骤如下：

步骤1：选中数据源区域D2:D18，点击数据功能区已加载的"数据分析"，在弹出的"数据分析"对话框中选择"描述统计"，点击确定按钮，如图8-9所示。

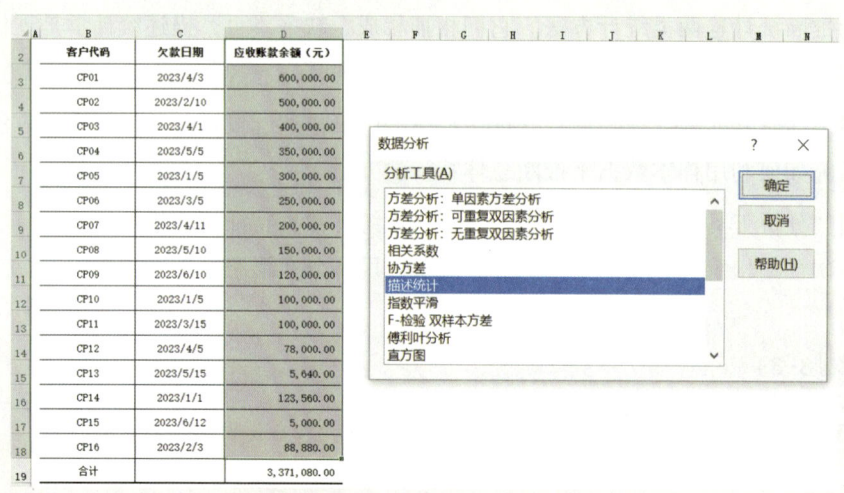

图8-9　选择"描述统计"分析工具

步骤2：在弹出的"描述统计"分析工具对话框中的设置如下：

（1）"输入区域"显示的是"D3:D18"数据源区域（如果步骤1没有选中数据源区域，则需要手动输入数据源区域）。

（2）"分组方式"选择"逐列"。

（3）勾选"标志位于第一行"前的复选框。

（4）"输出选项"中有三个选项按钮可以将分析结果选择输出到当前工作表、新工作表或新工作簿，如果将结果输出到当前工作表，需要选择"输出区域"，并选择当前工作表的任一单元格地址，该单元格地址为分析结果区域的开始位置，本案例选择的是"新工作表组"，即将分析结果输出新工作表。

（5）勾选"汇总统计"前的复选框，可输出一系列重要数据，包括平均、标准误差、中值、众数等。

（6）"平均数置信度"是指在给定样本数据的情况下，对于总体均值的估计值的信赖程度。

如选此复选框，即置信水平默认为 95%，可在显著性水平 5% 的情况下用样本平均数估计总体平均的置信区间。置信水平通常取 95% 或 99%，如认为 95% 不合适，可以输入需要达到的可信水平。

（7）"第 K 大值"或"第 K 小值"的右侧框将显示默认值"1"，即要求给出全数列中第 1 个最大值或第 1 个最小值，如果需要给出数列中的第 2 个最大值或最小值，可以输入"2"，本案例为其默认值"1"。

设置完成后，点击确定按钮即可执行分析操作，如图 8-10 所示。

图 8-10 "描述统计"工具对话框输入相关数据

步骤 3：在自动插入的新工作表单元格区域 A1:B18 显示分析结果，得出分析结论，如图 8-11 所示。

	A	B
1	应收账款余额（元）	
2		
3	平均	210692.5
4	标准误差	43824.75826
5	中位数	136780
6	众数	100000
7	标准差	175299.033
8	方差	30729750980
9	峰度	0.113818098
10	偏度	0.957044064
11	区域	595000
12	最小值	5000
13	最大值	600000
14	求和	3371080
15	观测数	16
16	最大(1)	600000
17	最小(1)	5000
18	置信度(95.0%)	93410.26107

图 8-11 "描述统计"工具输出分析结果

五、指数平滑工具

指数平滑法是在移动平均法基础上发展起来的一种时间序列分析预测法,它是通过计算指数平滑值,并结合一定的时间序列预测模型,对现象的未来进行预测。其原理是任一期的指数平滑值都是本期实际观察值与前一期指数平滑值的加权平均。

指数平滑法计算预测值的计算公式是:

下期预测值＝本期预测值＋平滑常数（本期实际值－本期预测值）

下期预测值＝本期预测值＋（1－阻尼系数）（本期实际值－本期预测值）

式中,平滑常数（α）也称为"平滑系数","（1－阻尼系数）"实际上等于"平滑常数"。

平滑常数取值至关重要,决定了平滑水平以及对预测值与实际结果之间差异的响应速度。平滑常数越接近于1,远期实际值对本期平滑值的影响程度下降越迅速;平滑常数越接近于0,远期实际值对本期平滑值影响程度的下降越缓慢。由此,当时间序列相对平稳时,可取较小的平滑常数,如0.1～0.3,以加重预测值的权重;当时间序列波动较大时,应取较大的平滑常数,如0.6～0.8,以加重实际值的权重。

【案例8-4】

某手机专卖店20×2年共销售手机6 050部,各月份手机销售量明细数据如表8-4所示。

表8-4　20×2年手机销售量明细表

单位:部

月份	1月	2月	3月	4月	5月	6月	7月	8月	9月	10月	11月	12月	合计
销售量	300	345	396	441	449	527	544	568	596	616	624	644	6 050

【要求】 应用指数平滑工具预测20×3年1月的手机销售量。

分析步骤如下:

步骤1:根据表8-4的数据编制数据计算表,如图8-12所示。

步骤2:点击数据功能区已加载的"数据分析",在弹出的"数据分析"对话框中选择"指数平滑",点击确定,在弹出的"指数平滑"分析工具对话框中的设置如下:

（1）在"输入区域"输入图8-12所示销售额的单元格区域C3:C14。

（2）由于各月销售量变动较大,平滑系数取0.7,相应地在阻尼系数框中输入0.3（1－0.7）。

（3）在"输出区域"框中输入放置计算结果区域的左上角单元格,即图8-12所示工作表中单元格D3。

（4）如果需要输出统计图和标准差,可以勾选"图表输出"和"标准误差"前的复选框。

上述设置如图 8-13 所示。

	A	B	C	D	E
2		月份	销售量（部）	一次指数平滑值	标准差
3		1月	300		
4		2月	345		
5		3月	396		
6		4月	441		
7		5月	449		
8		6月	527		
9		7月	544		
10		8月	568		
11		9月	596		
12		10月	616		
13		11月	624		
14		12月	644		
15					

图 8-12　指数平滑计算表

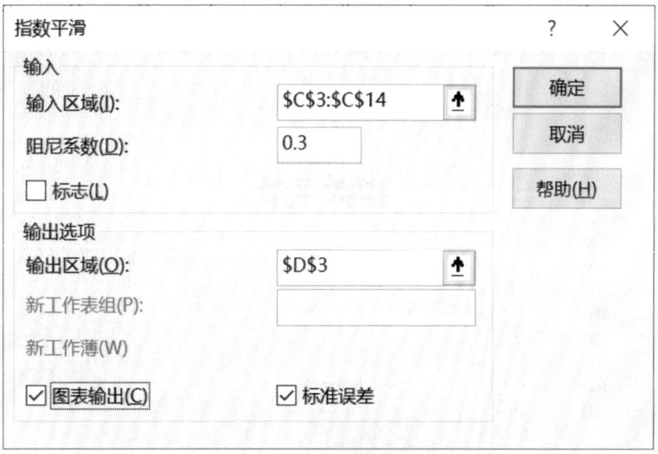

图 8-13　指数平滑对话框

步骤 3：完成上述设置后，点击"确定"按钮，即可将一次指数平滑值和标准差自动输出到指定的单元格区域 D3:E14，根据最后一期即 20×2 年 12 月的实际销售额和预测值，推算 20×3 年 1 月的预测值，在单元格 C17 中输入公式"=ROUND(0.7*C14+(1-0.7)*D14，0)"，计算得到 20×3 年 1 月的预测值为 636 部，如图 8-14 所示。

	A	B	C	D	E
1				fx =ROUND(0.7*C14+(1-0.7)*D14,0)	
2		月份	销售量（部）	一次指数平滑值	标准差
3		1月	300		
4		2月	345	300	
5		3月	396	331.5	
6		4月	441	376.65	
7		5月	449	421.695	58.66905061
8		6月	527	440.8085	54.91428328
9		7月	544	501.14255	64.07147102
10		8月	568	531.142765	57.7676343
11		9月	596	556.9428295	59.50963918
12		10月	616	584.2828489	39.66812053
13		11月	624	606.4848547	36.00877678
14		12月	644	618.7454564	30.75830815
16		预测值			
17		下年1月	636		

图 8-14 指数平滑预测值

指数平滑工具输出的统计图反映了实际值和预测值的变化趋势，如图 8-15 所示。

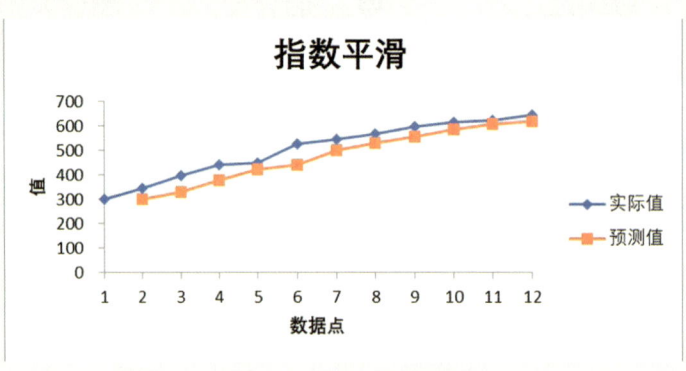

图 8-15 平滑指数统计图

六、F- 检验（双样本方差）工具

“F- 检验”是一种常用的统计检验方法，它可以比较两个正态分布总方差有无显著性差异，该工具是按原假设 $\sigma 12<=\sigma 22$ 设计的，即检验结果需对后一个总体方差是否大于前一个总体方差作出判断。

【案例 8-5】

某变速器厂的市场分为东南和西北两大区域市场，各区域上年度销售量如表 8-5 所示。

表 8-5 各区域销售量明细表

单位：套

月份	东南区域	西北区域
1 月	668	616
2 月	672	689
3 月	746	513
4 月	602	614
5 月	690	690
6 月	743	599
7 月	644	652
8 月	783	681
9 月	602	534
10 月	606	663
11 月	724	517
12 月	693	699

【要求】应用“F- 检验（双样本方差）工具”分析两大市场销售量的方差有没有显著差异。

分析步骤如下：

步骤 1：根据表 8-5 的数据编制数据计算表，如图 8-16 所示。

	A	B	C	D	E	F	G
1							
2		月份	东南区域	西北区域			
3		1月	668	616			
4		2月	672	689			
5		3月	746	513			
6		4月	602	614			
7		5月	690	690			
8		6月	743	599			
9		7月	644	652			
10		8月	783	681			
11		9月	602	534			
12		10月	606	663			
13		11月	724	517			
14		12月	693	699			

图 8-16 “F- 检验（双样本方差）”数据计算表

步骤2：点击数据功能区已加载的"数据分析"，在弹出的"数据分析"对话框中选择"F-检验（双样本方差）"，点击确定，在弹出的"F-检验（双样本方差）"分析工具对话框的设置如下：

（1）在"输入变量1的区域"输入图8-16所示单元格区域C2:C14，"输入变量2的区域"输入图8-16所示单元格区域D2:D14。

（2）勾选"标志"前的复选框。

（3）显著性水平取默认值0.05。

（4）鼠标放置在"输出区域"框中，然后点击E2单元格。

上述设置如图8-17所示。

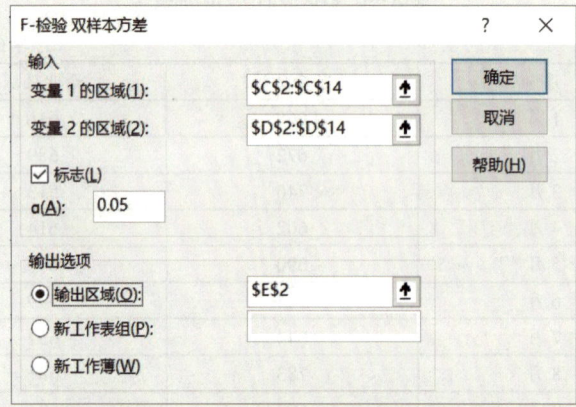

图8-17 "F-检验（双样本方差）"对话框

步骤3：完成上述设置后，点击"确定"按钮，即可将"F-检验（双样本方差）"的分析结果输出到指定的单元格区域E2:G11，如图8-18所示。

	A	B	C	D	E	F	G
1							
2		月份	东南区域	西北区域	F-检验 双样本方差分析		
3		1月	668	616			
4		2月	672	689		东南区域	西北区域
5		3月	746	513	平均	681.0833	622.2500
6		4月	602	614	方差	3661.1742	4762.0227
7		5月	690	690	观测值	12.0000	12.0000
8		6月	743	599	df	11.0000	11.0000
9		7月	644	652	F	0.7688	
10		8月	783	681	P(F<=f) 单尾	0.3352	
11		9月	602	534	F 单尾临界	0.3549	
12		10月	606	663			
13		11月	724	517			
14		12月	693	699			
15							

图8-18 "F-检验（双样本方差）"的分析结果

将图 8-18 中的 "F" 值与 "F 单尾临界" 进行比较，得到 0.7688 大于 0.3549 的结果，说明东南区域和西北区域销售量的方差没有显著差异。

七、傅利叶分析工具

傅利叶分析（Fourier analysis）是 18 世纪逐渐形成的分析学中的一个重要分支，主要研究函数的傅利叶变换及其性质，又称调和分析。傅利叶分析由于计算工作量庞大未能得到应用，经历了近两个世纪的发展，直到 1965 年快速傅利叶算法（Fast Fourier Transform，简称 FFT）的出现，才得到广泛应用。

快速傅利叶算法在数字信号处理、计算大整数乘法、求解偏微分方程等领域有广泛的应用，也可用于计算离散傅利叶变换的逆变换。该项分析工具主要用于工程技术方面，在经济管理中可用于判断时间序列周期性。

鼠标点击数据功能区已加载的"数据分析"，在弹出的"数据分析"对话框选择"傅利叶分析"，点击确定，会弹出"傅利叶分析"工具对话框，如图 8-19 所示。

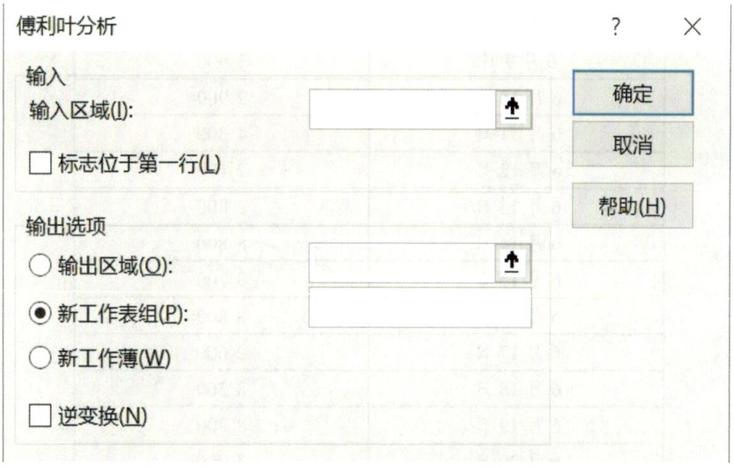

图 8-19　傅利叶分析工具对话框

对上列对话框的参数设置说明如下：

在"输入区域"框中输入待进行变换的实数或复数所在的单元格区域；如果选中的区域包括表头文字，需要再勾选"标志位于第一行"前的复选框；分析结果的输出可以选择"输入区域（当前工作表）""新工作表组"或者"新工作簿"。

八、直方图工具

直方图工具可用于生成数据分布和直方图,可计算数据单元格区域和数据接收区间的单个和累积频率。此工具可用于统计数据集中某个数值出现的次数,其功能基本上相当于函数 FREQUENCY,所不同的是支持添加累积百分比、百分比排序及插入图表等。

【案例 8-6】

某培训机构 20×3 年 6 月的线上课程的销售明细如表 8-6 所示。

表 8-6 6 月课程销售明细表

日期	销售金额(元)
6月1日	7 600
6月2日	5 400
6月3日	7 300
6月4日	7 500
6月5日	4 600
6月6日	7 100
6月7日	5 500
6月8日	4 900
6月9日	7 900
6月10日	2 900
6月11日	4 300
6月12日	2 100
6月13日	2 800
6月14日	8 800
6月15日	3 700
6月16日	8 800
6月17日	2 600
6月18日	8 300
6月19日	8 200
6月20日	3 900
6月21日	5 500
6月22日	8 300
6月23日	8 400
6月24日	3 600
6月25日	4 000
6月26日	5 000
6月27日	6 200
6月28日	3 800
6月29日	9 000
6月30日	8 500

【要求】应用数据分析库中的"直方图"工具对 6 月销售额进行分组频率分析、累计百分比分析和直方图分析。

分析步骤如下：

步骤 1：根据表 8-6 的销售金额编制数据计算表，如图 8-20 所示。

	A	B	C	D	E	F
1	销售金额（元）		最大	9,000		组上限
2	7,600		最小	2,100		3,086
3	5,400		全距	6,900		4,072
4	7,300		组数	7		5,058
5	7,500		组距	986		6,044
6	4,600					7,030
7	7,100					8,016
8	5,500					9,002
9	4,900					
30	9,000					
31	8,500					
32						

图 8-20 "直方图"工具数据计算表

上图中的数据计算表中：

单元格区域 A2:A31 显示的是 6 月 1 日至 30 日的销售金额数据区域。

单元格 D1 输入公式"=MAX(A2:A31)"，返回最大销售额。

单元格 D2 输入公式"=MIN(A2:A31)"，返回最小销售额。

单元格 D3 输入公式"=D1-D2"，返回全距，即最大值与最小值之间的差距。

单元格 D4 输入组数"7"。

单元格 D5 输入公式"=ROUND(D3/D4,0)"，计算组距。

在计算各组上限的时候，单元格 F2 输入公式"=D2+D5"，单元格 F3 输入公式"=F2+$D$5"，然后填充复制到 F8 单元格。

步骤 2：点击数据功能区已加载的"数据分析"，在弹出的"数据分析"对话框选择"直方图"，点击确定，在弹出的"直方图"分析工具对话框的设置如下：

（1）"输入区域"输入图 8-20 所示单元格区域 A2:A31。

（2）"接受区域"输入图 8-20 所示单元格区域 F2:F8。

（3）鼠标放置在"输出区域"框中，然后点击 H2 单元格。

（4）分别勾选"累积百分率"和"图表输出"前的复选框。

上述设置如图 8-21 所示。

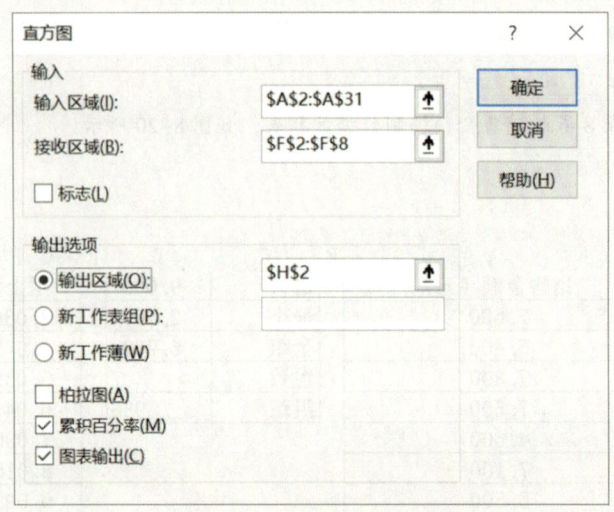

图 8-21 "直方图"工具对话框

步骤 3：完成上述设置后，点击"确定"按钮，将"直方图"工具的分析结果输出到指定的单元格区域 H2:J9，并输出频率分布直方图和累积百分比趋势图，如图 8-22 所示。

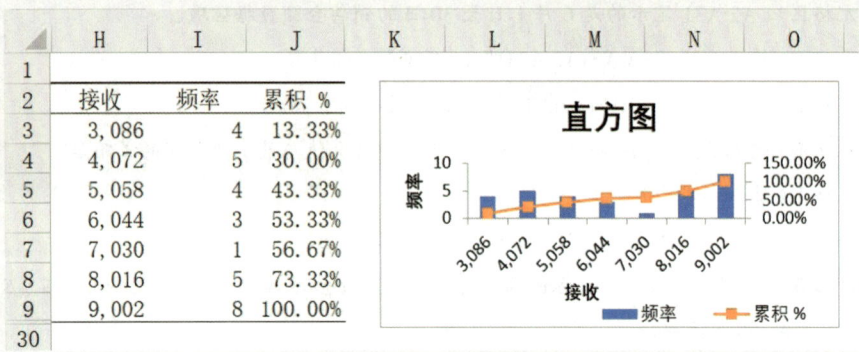

图 8-22 直方图工具输出分析结果

九、移动平均工具

移动平均（Moving Average，简称 MA）是指用一组指定的时间序列数据进行移动平均计算平均值，移动平均有助于确定趋势，可用于预测未来一期或几期内公司的销售量、需求量等的变动趋势等。

【案例 8-7】

大江 4S 店为预测某品牌汽车销售量变动趋势，现准备 20×2 年各月销售量数据，如表 8-7 所示。

表 8-7 某品牌汽车销售量明细表

单位：辆

月份	1	2	3	4	5	6	7	8	9	10	11	12
实际销售量	21	19	22	23	25	26	24	29	30	30	31	29

【要求】应用数据分析库中的“移动平均”工具分析销售量变动趋势。

分析步骤如下：

步骤 1：根据表 8-7 编制数据计算表，如图 8-23 的分析结果所示。

月份	实际销售量	3期移动平均		4期移动平均	
		平均数	标准差	平均数	标准差
1	21				
2	19				
3	22				
4	23				
5	25				
6	26				
7	24				
8	29				
9	30				
10	30				
11	31				
12	29				

图 8-23 “移动平均”工具数据计算表

步骤2：点击数据功能区已加载的"数据分析"，在调出的"数据分析"对话框选择"移动平均"，点击确定，在弹出的"移动平均"分析工具对话框的设置如下：

（1）"输入区域"输入图8-23所示单元格区域C4:C15。

（2）"间隔"框的默认值为3，如果是计算3期移动平均，可省略不计，如要计算4期移动平均，需输入4，以此类推。

（3）鼠标放置在"输出区域"框中，然后点击D4单元格。

（4）分别勾选"图表输出"和"标准误差"前的复选框。

上述设置如图8-24所示。

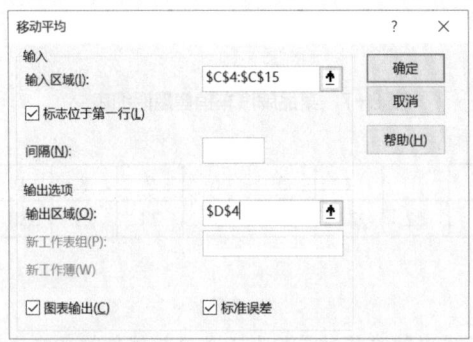

图8-24 "直方图"工具对话框设置

步骤3：完成上述设置后，点击"确定"按钮，即可将"直方图"工具的分析结果输出到指定的单元格区域D4:E14；若在"间隔"框输入了4，将在"输出区域"框中输入F4单元格；点击"确定"便可将分析结果输出到指定的单元格区域F4:G14，如图8-25所示。

月份	实际销售量	3期移动平均		4期移动平均	
		平均数	标准差	平均数	标准差
1	21				
2	19				
3	22	21			
4	23	23		22	
5	25	25	1.5634719	24	
6	26	25	1.3608276	25	
7	24	26	1.8155705	26	2.2810359
8	29	28	2.1256807	27	2.2810359
9	30	30	2.0548047	28	2.2290693
10	30	30	1.4142136	30	2.2707378
11	31	30	0.7200823	30	1.7765838
12	29				

图8-25 "移动平均"工具输出分析结果

"移动平均"工具输出的统计图反映了实际值和预测值的变动趋势，如图 8-26 所示。

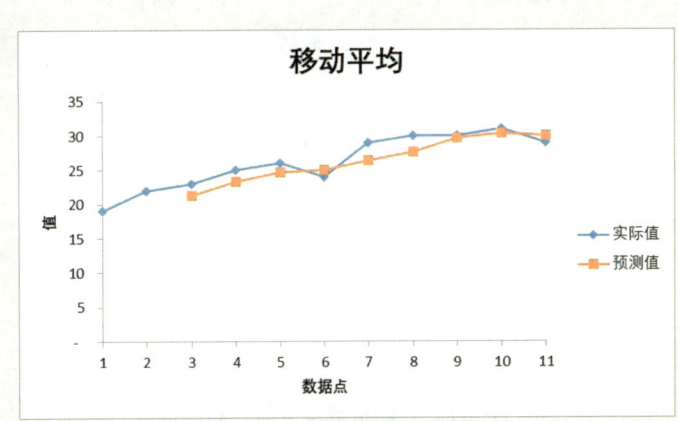

图 8-26　移动平均工具统计图

十、随机数发生器工具

在实际工作中，往往要用符合各种概率分布特点的数据进行模拟测试，"随机数发生器"分析工具可用几个分布之一产生的独立随机数来填充某个区域。可以通过概率分布来表示总体中的主体特征。例如，可以使用正态分布来表示人体身高的总体特征，或者使用双值输出的伯努利分布来表示掷币实验结果的总体特征。

尽管 Excel 中含有一些内置函数可用于计算随机数，但"随机数发生器"工具要灵活得多，这是因为其可以指定随机数的分布类型。

点击数据功能区已加载的"数据分析"，在弹出的"数据分析"对话框选择"随机数发生器"，图 8-27 显示了"随机数发生器"对话框，其"参数"部分将随着你所选择的分布类型的不同而有所变化。

"变量个数"实际指输出表的列数，可在其对应的框中输入要求给出随机数的列数，"随机数个数"实际指输出表每一列的行数。例如，要将 500 个随机数分布在 50 行 10 列中，那么就需要在上述这些字段中分别指定 10 和 50。

在"随机数基数"（随机种子）框中，可以指定一个起始值。Excel 将在其随机数生成算法中使用此值。通常，应将该字段保持为空。如果要生成同样的随机数序列，则可以指定介于 1 ～ 32 767（只能是整数值）之间的基数。

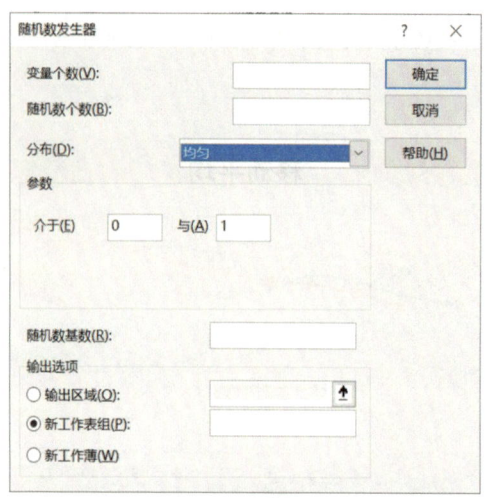

图 8-27 "随机数发生器"对话框

使用"随机数发生器"对话框中的"分布"下拉菜单可以选择建立 7 种不同的分布类型,如表 8-8 所示。

表 8-8 "随机数发生器"工具的分布类型

分布类型	说明
均匀分布	在指定区域内,每个随机数具有相同的选中可能性,可以指定上限和下限值,其取值均匀地分布在整个指定区域
正态分布	正态分布应用很广泛,其曲线呈"中间高,两边低,左右对称"的钟形,其中间对称轴的高度是正态分布数列的平均值,两边曲线的陡峭程度则取决于正态分布数列的标准差
伯努利分布	以指定次数的试验中成功的概率为特征,从一次试验说来,其结果只有两种可能,不是成功(以 1 表示),就是失败(以 0 表示),随机数为 0 或 1,具体由所指定的成功概率来决定
二项式分布	以一系列试验中成功的概率为特征,选定二项式分布后,根据指定的成功概率,此选项基于特定数目的试验中的伯努利分布来返回随机数
泊松分布	以期望值 λ 为特征,当选定泊松分布后,回车确认,即可在指定的输出区域给出要取得的随机数。泊松分布的特点是在一个时间间隔中发生的离散事件,其中单个事件发生的概率与时间间隔长短成比例。参数 λ 是在时间间隔内预期发生的事件数。在泊松分布中,参数 λ 等同于平均数,也等于方差
模式分布	此选项不产生随机数,而是在指定的各步骤中重复一系列数字。选定这种分布后,需在"参数"项下设定模式
离散分布	离散分布是离散型随机变量概率分布的一般形式。此选项可指定选中特定值的概率。它要求用一个包含两列的输入区域,第一列用于存储数值,第二列用于存储每个数值被选中的概率。第二列中各概率的总和必须是百分之百

下面以正态分布为例,说明"随机数发生器"工具的应用。

【案例 8-8】

某公司生产的一批工字钢平均长度为 6 000mm，标准差为 50mm。

【要求】给出 100 个随机数，判断是否超出质量标准规定的数值。

分析步骤如下：

步骤 1：新建工作簿用于存放分析结果，然后打开"随机数发生器"对话框，设置如下：

在"变量个数"框中输入 10。

在"随机数个数"框中输入 10。

在"分布"框的下拉菜单中选择"正态"。

参数区域的"平均值"输入 6 000，"标准偏差"输入 50。

在"输出区域"框中点击单元格 A1。

上述设置如图 8-28 所示。

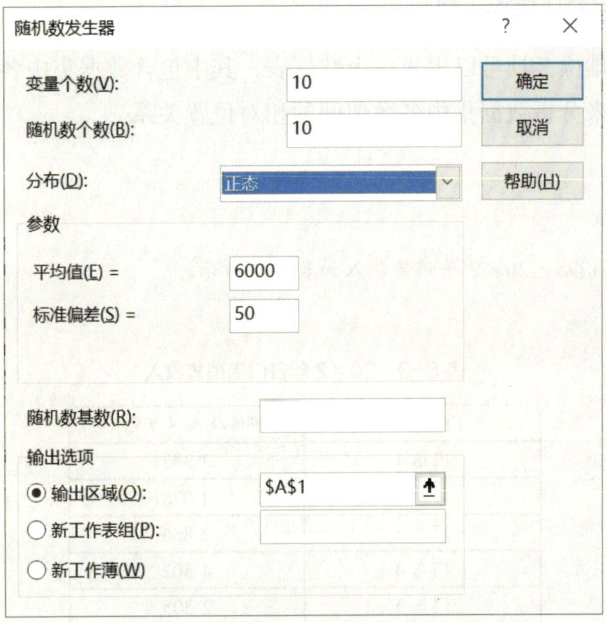

图 8-28　随机数发生器的应用

步骤 2：完成上述设置后，点击"确定"按钮，即将"随机数发生器"工具的分析结果输出到指定的单元格区域 A1:J10，如图 8-29 所示。

	A	B	C	D	E	F	G	H	I	J
1	6022.791	6014.932	5969.387	5994.252	5965.906	5886.739	5965.135	6013.974	6076.115	5980.501
2	5990.034	5978.605	6002.455	6030.438	6024.201	6072.34	6037.947	5973.309	6022.588	6036.484
3	5953.934	5970.035	5973.388	6062.767	6042.901	5981.934	5952.919	6047.093	5998.763	5985.631
4	5967.661	6040.226	6034.987	6022.482	5994.871	5895.469	6006.677	6074.048	5999.508	5969.893
5	5976.13	5952.704	6045.612	5963.756	5990.852	6001.352	6049.34	6072.318	6005.787	5967.093
6	5967.628	6049.178	6060.942	5959.843	6042.719	6059.457	6089.949	6011.776	5935.681	6055.623
7	6043.217	5994.575	5883.586	6013.637	5963.216	5918.367	5958.058	5983.63	5947.922	5867.896
8	5959.583	6039.47	5995.901	6032.428	6043.916	6055.305	6014.153	5918.828	6081.633	5979.669
9	5956.9	5957.578	5907.78	6067.435	6056.426	5997.775	6052.7	6011.513	6064.267	6022.986
10	6073.98	6046.885	5995.26	5961.423	6005.232	5999.941	5963.676	6010.603	5965.534	6001.708
11										

图 8-29 "随机数发生器"工具的分析结果

十一、排位与百分比排位工具

排位与百分比排位工具可以生成一个数据表，其中包含数据集中各个数值的顺序排位和百分比排位，用来分析数据集中各数值间的相对位置关系。

【案例 8-9】

某公司有 10 家门店，20×2 年销售收入如表 8-9 所示。

表 8-9 20×2 年各门店销售收入

门店名称	销售收入（万元）
门店 1	3 332
门店 2	4 078
门店 3	2 856
门店 4	4 502
门店 5	2 305
门店 6	5 263
门店 7	3 039
门店 8	3 005
门店 9	4 456
门店 10	3 267

【要求】按各门店 20×2 年销售收入进行排序。

分析步骤如下：

步骤 1：根据表 8-9 编制数据计算表，如图 8-30 所示。

第八章 使用分析工具库分析数据

	A	B	C	D	E	F	G	H
1								
2		门店名称	销售收入（万元）	点	销售收入（万元）	排位	百分比	
3		门店1	3332	6	5263	1	100.00%	
4		门店2	4078	4	4502	2	88.80%	
5		门店3	2856	9	4456	3	77.70%	
6		门店4	4502	2	4078	4	66.60%	
7		门店5	2305	1	3332	5	55.50%	
8		门店6	5263	10	3267	6	44.40%	
9		门店7	3039	7	3039	7	33.30%	
10		门店8	3005	8	3005	8	22.20%	
11		门店9	4456	3	2856	9	11.10%	
12		门店10	3267	5	2305	10	0.00%	

图 8-30 "排位与百分比排位"工具数据计算表

步骤2：点击数据功能区已加载的"数据分析"，在调出的"数据分析"对话框选择"排位与百分比排位"，点击确定，在弹出的"排位与百分比排位"分析工具对话框的设置如下：

（1）在"输入区域"输入图 8-30 所示单元格区域 C2:C12。

（2）在"分组方式"项下选定"列"，并单击"标志位于第一行"复选框。

（3）鼠标放置于"输出区域"框中，然后点击 D2 单元格。

上述设置如图 8-31 所示。

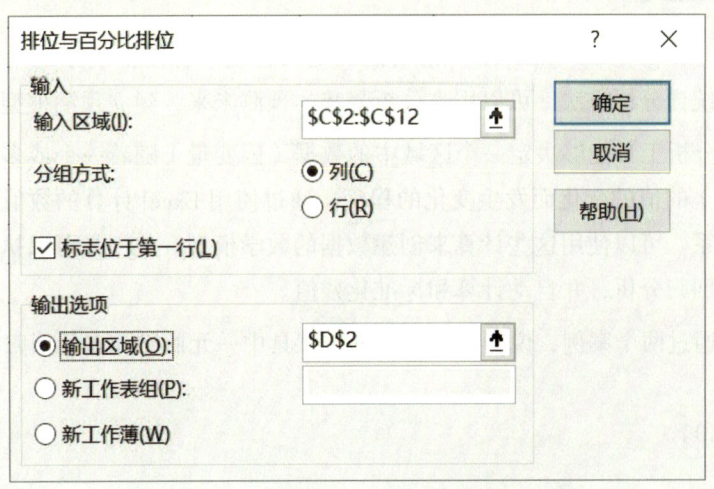

图 8-31 "排位与百分比排位"工具对话框设置

步骤3：完成上述设置后，点击"确定"按钮，即将"排位与百分比排位"工具的分析结果输出到指定的单元格区域 D2:G12，如图 8-32 所示。

	A	B	C	D	E	F	G	H
1								
2	门店名称	销售收入（万元）		点	销售收入（万元）	排位	百分比	
3	门店1	3332		6	5263	1	100.00%	
4	门店2	4078		4	4502	2	88.80%	
5	门店3	2856		9	4456	3	77.70%	
6	门店4	4502		2	4078	4	66.60%	
7	门店5	2305		1	3332	5	55.50%	
8	门店6	5263		10	3267	6	44.40%	
9	门店7	3039		7	3039	7	33.30%	
10	门店8	3005		8	3005	8	22.20%	
11	门店9	4456		3	2856	9	11.10%	
12	门店10	3267		5	2305	10	0.00%	

图 8-32 "排位与百分比排位"工具输出分析结果

需要说明的是，单元格区域 D3:D12 的"点"指的是门店名称。例如，显示为"6"则表示为"门店 6"，单元格区域 G3:G12 百分比排序的含义是：

（1）排在第 1 位的门店 100% 大于其他门店，也可以说其他门店 100% 小于该门店。

（2）排在第 2 位的门店 88.8% 大于其他门店，也可以说其他门店有 88.8% 的机率小于该门店。

在 Excel 函数的统计函数中有 RANK 和 PERCENTILE，可以分别进行排位和百分比排位。

十二、回归工具

回归分析（Regression Analysis）指的是确定两种或两种以上现象之间相互依赖的定量关系的一种统计分析方法。可以用来分析趋势、预测未来，建立预测模型。

"回归"分析工具能够决定一个区域中的数据（因变量）随着一个或多个其他区域中数据（自变量）的值的变化而发生变化的程度。通过使用 Excel 计算的数值，可用数学方法表达这种关系。可以使用这些计算来创建数据的数学模型。此工具可以执行简单回归分析和多重线性回归分析，并自动计算和标准化残值。

以下分别通过两个案例，说明"回归"分析工具中一元回归和多元回归的应用。

【案例 8-10】

昆仑机床制造公司 2×01—2×10 年近 10 年 H 型号机床的销售量数据，如表 8-10 如示。

表 8-10 H 型号机床销售量明细表

单位：台

年份	2×01	2×02	2×03	2×04	2×05	2×06	2×07	2×08	2×09	2×10
销售量	2 031	2 234	2 566	2 820	3 006	3 093	3 277	3 514	3 770	4 107

【要求】根据上表数据应用"回归"分析工具预测 2×11 年 H 型号机床销售量。

分析步骤如下:

步骤 1:根据表 8-10 编制数据计算表,如图 8-33 所示。

步骤 2:点击数据功能区已加载的"数据分析",在调出的"数据分析"对话框选择"回归",点击确定,在弹出的"回归"分析工具对话框的设置如下:

(1)在"输入"选项的"Y 值输入区域"输入图 8-33 所示单元格区域 D3:D12,"X 值输入区域"输入单元格区域 C3:C12。

(2)直接勾选"置信度"前的复选框,保持默认值 95% 不变。

(3)在"输出选项"选择"新工作表组",并在对应的框中输入"回归分析结果","回归"分析工具输出的分析结果将输入到新工作表,并命名为"回归分析结果"。

(4)勾选"残差"前复选框。

上述设置如图 8-34 所示。

年份	期数	销售量
2×01	1	2,031
2×02	2	2,234
2×03	3	2,566
2×04	4	2,820
2×05	5	3,006
2×06	6	3,093
2×07	7	3,277
2×08	8	3,514
2×09	9	3,770
2×10	10	4,107
2×11	11	

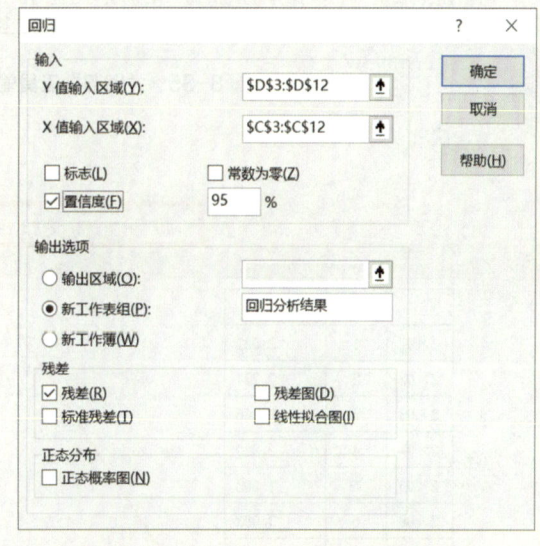

图 8-33 "回归"工具数据计算表　　图 8-34 "回归"工具对话框设置

步骤 3:完成上述设置后,点击"确定"按钮,即将"回归"工具的分析结果输出到自动新建的"回归分析结果"工作表,如图 8-35 所示。

通过图 8-35 可以看出,预测的最佳等式是:

$$预测销售量 = 1\ 854 + 215.9636 \times X$$

因此在图 8-33 所示的"回归"工具数据计算表,计算公式设置为:

单元格 D13 输入公式"=ROUND(回归分析结果 !B17+ 数据计算表 !C13* 回归分析结

果!B18,0)"，计算 2×11 年预测销售量为 4 230 台。

计算结果如图 8-36 所示。

图 8-35 "回归"工具输出分析结果

图 8-36 预测销售量计算结果

【案例 8-11】

甲公司是一家自行车生产制造企业，该公司男式普通自行车分厂计划1月生产A型号、B型号和C型号自行车550辆、600辆和280辆。现有去年12个月三种型号自行车的生产数量和总成本，如表8-11所示。

表8-11 总成本与产量明细表

月份	总成本（元）	产量（辆）		
		A型号	B型号	C型
1月	731 925	546	634	282
2月	695 070	522	584	282
3月	682 976	515	576	274
4月	676 343	503	554	293
5月	748 828	578	650	268
6月	705 745	580	619	212
7月	672 654	507	630	208
8月	715 573	555	631	245
9月	718 324	529	630	275
10月	686 395	553	612	206
11月	727 845	561	623	271
12月	663 274	509	564	251

【要求】根据上述资料预测三种型号男式普通自行车1月的生产总成本。

分析步骤如下：

步骤1：根据表8-11编制数据计算表，如图8-37所示。

	A	B	C	D	E	F	G	H	I
2		月份	总成本	A型号	B型号	C型		常数	
3		1月	731,925	546	634	282		A产品系数	
4		2月	695,070	522	584	282		B产品系数	
5		3月	682,976	515	576	274		C产品系数	
6		4月	676,343	503	554	293			
7		5月	748,828	578	650	268			
8		6月	705,745	580	619	212			
9		7月	672,654	507	630	208			
10		8月	715,573	555	631	245			
11		9月	718,324	529	630	275			
12		10月	686,395	553	612	206			
13		11月	727,845	561	623	271			
14		12月	663,274	509	564	251			
15		计划产量		550	600	280		预测总成本	
16									

图8-37 "回归"工具数据计算表

步骤2：点击数据功能区已加载的"数据分析"，在调出的"数据分析"对话框选择"回归"，点击确定，在弹出的"回归"分析工具对话框的设置如下：

（1）在"输入"选项的"Y值输入区域"输入图8-37所示单元格区域C3:C14，"X值输入区域"单元格区域D3:F14。

（2）直接勾选"置信度"前的复选框，保持默认值95%不变。

（3）在"输出选项"选择"新工作表组"，并在对应的框中输入 "回归分析结果"，"回归"分析工具输出的分析结果将输入到新工作表，并命名为"回归分析结果"。

（4）勾选"残差"前的复选框。

上述设置如图8-38所示。

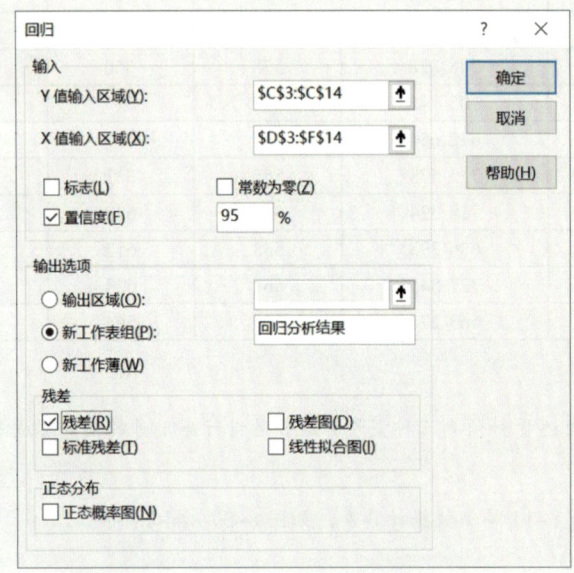

图8-38　"回归"工具对话框设置

步骤3：完成上述设置后，点击"确定"按钮，将"回归"工具的分析结果输出到自动新建的"回归分析结果"工作表，如图8-39所示。

通过图8-39可以看出，预测的最佳等式是：

预测总成本 = 2 497.767 + 497.9421×A型号计划产量 + 496.288×B型号计划产量 + 506.3228×C型号计划产量。

因此在图8-37所示的"回归"工具数据计算表，计算公式设置为：

单元格I3输入公式"=回归分析结果!B17"，并填充复制到I5单元格，可以从"回归分析结果"工作表取得常数和相应产品的系数。

单元格I15输入公式"=ROUND(I2+I3*D15+I4*E15+I5*F15,2)"，计算预测总成本。

计算结果如图8-40所示。

第八章 使用分析工具库分析数据

	A	B	C	D	E	F	G	H	I
1	SUMMARY OUTPUT								
2									
3	回归统计								
4	Multiple R	0.999905							
5	R Square	0.99981							
6	Adjusted R	0.999738							
7	标准误差	433.4919							
8	观测值	12							
9									
10	方差分析								
11			df	SS	MS	F	ignificance F		
12	回归分析		3	7.89E+09	2.63E+09	13999.4	3.24E-15		
13	残差		8	1503322	187915.2				
14	总计		11	7.89E+09					
15									
16		Coefficients	标准误差	t Stat	P-value	Lower 95%	Upper 95%	下限 95.0%	上限 95.0%
17	Intercept	2497.767	3417.349	0.730908	0.485689	-5382.654	10378.19	-5382.654	10378.19
18	X Variable 1	497.9421	6.577296	75.70621	1.03E-12	482.7748	513.1094	482.7748	513.1094
19	X Variable 2	496.288	5.870071	84.54549	4.27E-13	482.7516	509.8244	482.7516	509.8244
20	X Variable 3	506.3228	4.405445	114.9312	3.67E-14	496.1639	516.4818	496.1639	516.4818

图 8-39 "回归"工具输出分析结果

	B	C	D	E	F	G	H	I
2	月份	总成本	A型号	B型号	C型		常数	2497.767
3	1月	731,925	546	634	282		A产品系数	497.9421
4	2月	695,070	522	584	282		B产品系数	496.288
5	3月	682,970	515	576	274		C产品系数	506.3228
6	4月	676,343	503	554	293			
7	5月	748,828	578	650	268			
8	6月	705,745	580	619	212			
9	7月	672,654	507	630	208			
10	8月	715,573	555	631	245			
11	9月	718,324	529	630	275			
12	10月	686,395	553	612	206			
13	11月	727,845	561	623	271			
14	12月	663,274	509	564	251			
15	计划产量		550	600	280		预测总成本	715,909.13

图 8-40 预测总成本计算结果

十三、抽样工具

抽样工具以数据源区域为总体,从而为其创建一个样本。当总体太大而不能进行处理或绘制时,可以选用具有代表性的样本。抽样工具可以通过创建大型数据库的子集,来帮助你使用大型数据库。

此程序中有两个选项:随机与周期。如果确认数据源区域中的数据是周期性的,还可以仅对一个周期中特定时间段中的数值进行采样,则 Excel 将从输入区域中每隔 n 个数值选择一个样本,其中 n 是你指定的周期。如果选择随机样本,则只需要指定需要 Excel 选择样本的大小即可,而且每个值被选中的概率是一样的。例如,如果数据源区域包含季度销售量数据,则以 4 为周期进行采样,将在输出区域中生成与数据源区域中相同季度的数值。

【案例 8-12】

某公司每批次生产 M 型号水泵 100 台,产品编号从 1～100,质检人员需要从每批次 100 台水泵中随机抽样 10 台样本进行质量检验。

【要求】应用抽样工具帮助质检人员随机抽取每批次待检验的样本。

分析步骤如下:

步骤 1:编制数据计算表,将产品编号从 1～100 填列至单元格区域 A2:J11,在单元格 L1 输入"样本编号",如图 8-41 所示。

	A	B	C	D	E	F	G	H	I	J	K	L
1					产品编号							样本编号
2	1	2	3	4	5	6	7	8	9	10		
3	11	12	13	14	15	16	17	18	19	20		
4	21	22	23	24	25	26	27	28	29	30		
5	31	32	33	34	35	36	37	38	39	40		
6	41	42	43	44	45	46	47	48	49	50		
7	51	52	53	54	55	56	57	58	59	60		
8	61	62	63	64	65	66	67	68	69	70		
9	71	72	73	74	75	76	77	78	79	80		
10	81	82	83	84	85	86	87	88	89	90		
11	91	92	93	94	95	96	97	98	99	100		

图 8-41 "抽样"分析工具数据计算表

步骤 2:点击数据功能区已加载的"数据分析",在调出的"数据分析"对话框选择"抽样",点击确定,在弹出的"抽样"分析工具对话框中,设置如下:

"输入区域"输入图 8-41 所示单元格区域 A2:J11。

"抽样方法"选择"随机",在"样本数"框中输入 10。

鼠标放置在"输出区域"框中，然后点击 L2 单元格。

上述设置如图 8-42 所示。

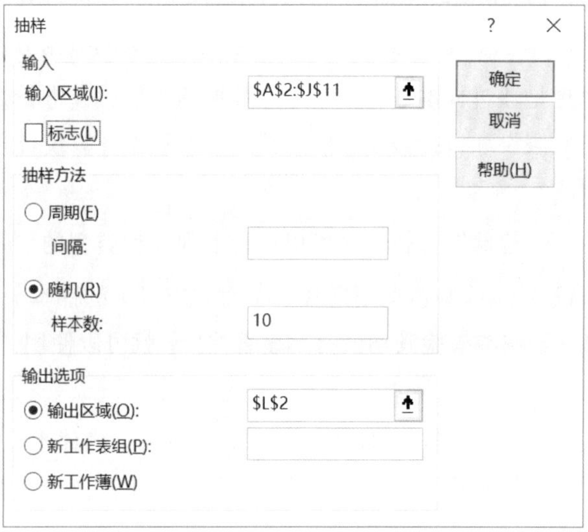

图 8-42 "抽样"工具对话框设置

步骤 3：完成上述设置后，点击"确定"按钮，即将"抽样"工具的分析结果输出到指定的单元格区域 L2:L11，如图 8-43 所示。

	A	B	C	D	E	F	G	H	I	J	K	L
1					产品编号							样本编号
2	1	2	3	4	5	6	7	8	9	10		43
3	11	12	13	14	15	16	17	18	19	20		7
4	21	22	23	24	25	26	27	28	29	30		43
5	31	32	33	34	35	36	37	38	39	40		29
6	41	42	43	44	45	46	47	48	49	50		25
7	51	52	53	54	55	56	57	58	59	60		70
8	61	62	63	64	65	66	67	68	69	70		24
9	71	72	73	74	75	76	77	78	79	80		9
10	81	82	83	84	85	86	87	88	89	90		73
11	91	92	93	94	95	96	97	98	99	100		92
12												

图 8-43 "抽样"工具输出分析结果

十四、t- 检验工具

t- 检验是一种常用的统计方法，用于比较两个样本均值是否显著不同。它是一种基于样本的假设检验方法，通过样本数据推断总体数据的特征，并进行判断和决策。在实际应用中，t- 检验被广泛应用于生物、医学、经济、金融等领域的数据分析。

t- 检验的基本思想是通过样本数据推断总体数据的特征，并进行判断和决策。在进行检验时，需要先提出原假设和备择假设，然后根据样本数据计算统计量和 p 值，最后根据显著性水平进行决策。

分析工具库中的"t- 检验"分析工具可以执行下列 3 种类型的"t- 检验"：

双样本等方差假设的 t- 检验：适用于独立（而非成对）的样本。Excel 假设两个样本的方差相等，如各取一个样本检验其均值有无显著差异，就可以使用"双样本等方差假设"的"t- 检验"工具。

双样本异方差假设的 t- 检验：适用于独立（而非成对）的样本。Excel 假设两个样本的方差不相等，使用"双样本异方差假设"的"t- 检验"工具比较其总体均值是否相等。

成对二样本均值的 t- 检验：适用于成对样本，对同一总体在不同情况下抽取两个样本，可视为从两个总体中抽取样本，两个样本的变量个数相同，就可以使用"成对二样本均值"的"t- 检验"工具检验其均值有无显著差异。

现以"双样本等方差假设的 t- 检验"为例，鼠标点击数据功能区已加载的"数据分析"，在调出的"数据分析"对话框选择"t- 检验：双样本等方差假设"，点击确定，会弹出"t- 检验：双样本等方差假设"分析工具对话框，如图 8-44 所示。

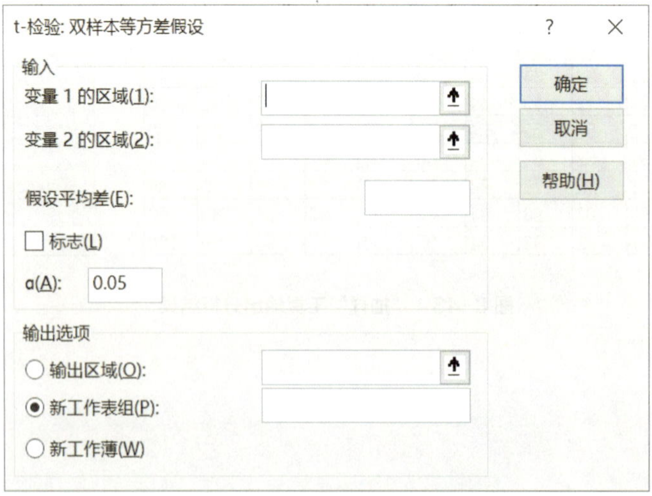

图 8-44　"t- 检验：双样本等方差假设"分析工具对话框

十五、z- 检验工具

"z- 检验：双样本平均差检验"分析工具可对具有已知方差的平均值进行双样本 z- 检验。此工具用于检验两个总体平均值之间不存在差异的空值假设，而不是单方或双方的其他假设。

鼠标点击数据功能区已加载的"数据分析"，在调出的"数据分析"对话框选择"z- 检验：双样本平均差检验"，点击确定，会弹出"z- 检验：双样本平均差检验"分析工具对话框，如图 8-45 所示。

图 8-45 "z- 检验：双样本平均差检验"分析工具对话框

对上述对话框的参数设置说明如下：

（1）在"输入"的"变量 1 的区域"的框中输入样本 1 数据所在的单元格区域，"变量 2 的区域"的框中输入样本 2 数据所在的单元格区域，必须是两个或两个以上按行或列排列的相邻数据的单元格区域，不得有断行或断列的情况。

（2）因为假设两总体的平均数相同，故在"假设平均差"框中输入 0。

（3）在"变量 1 的方差（已知）（V）"框中输入已知变量 1 的方差值。

（4）在"变量 2 的方差（已知）（R）"框中输入已知变量 2 的方差值。

（5）如果选中的区域包括表头文字，需要再勾选"标志"前的复选框。

（6）显著性水平一般取默认值 0.05。

（7）分析结果的输出可以选择"输出区域（当前工作表）""新工作表组"或者"新工作簿"。

第九章 数据分析可视化呈现

第一节 认识 Excel 图表

一、Excel 图表类型

"文不如表，表不如图"，一图胜千言，有时我们将数据分析的结果用图表来表达，不仅清楚、易于理解、有说服力，而且有很好的视觉效果，使枯燥的数据变得生动和形象。

Excel 内建了多达 70 余种的图表样式，只要选择适合的样式，就能马上制作出一张具有专业水平的图表。

在 Excel 中，鼠标点击"插入"选项卡，在相应的功能区可以看到图表区域，如图 9-1 所示。

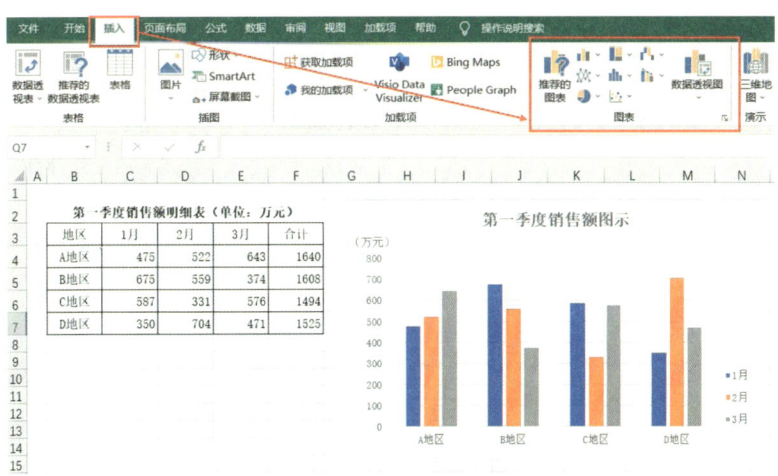

图 9-1 插入图表的类型

鼠标点击绘图功能区向下的小箭头，可以打开"插入图表"窗口，可以看到可供选择的共 15 类图表，每类图表又有不同的可供选择的样式。如图 9-2 所示。

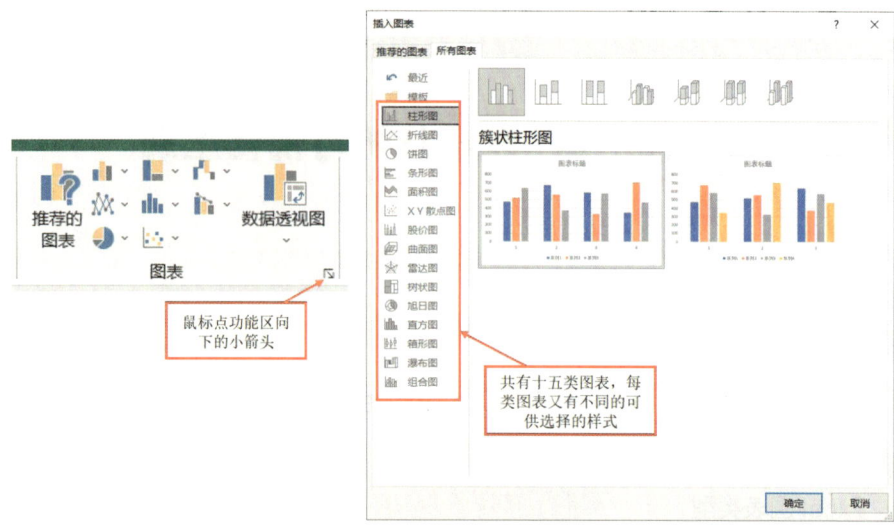

图 9-2　可供选择的图表

二、图表元素的组成与设置

1. 图表元素的组成

Excel 中的图表由许多元素所组成，包括图表区、图表标题、绘图区、网络线、坐标轴等。不同的图表类型其组成元素多少会有些差异，但大部分是相同的，下面我们就来认识这些图表的元素，如图 9-3 所示。

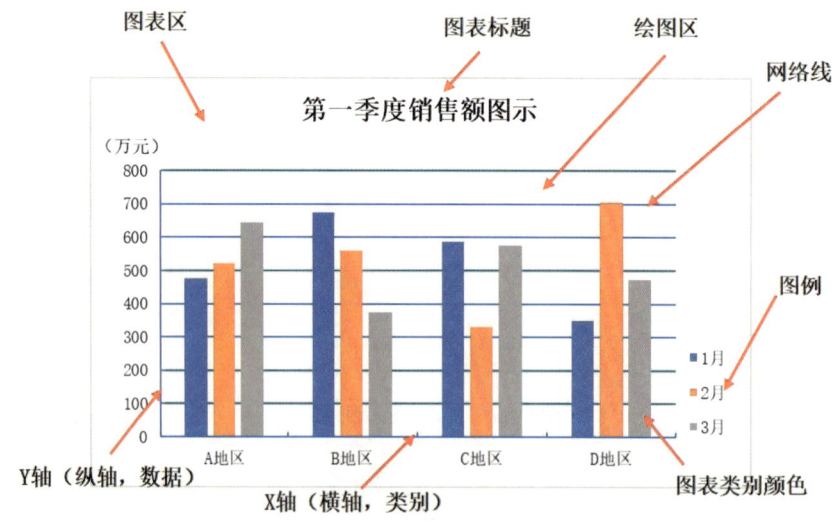

图 9-3　图表的组成元素

图表区：指整个图表及所涵盖的所有项目。

绘图区：指图表显示的区域，包含图形本身、类别名称、坐标轴等区域。

图例：辨识图表中各组数据系列的说明。图例内还包括图例项标示、图例项目，如图9-4 所示。

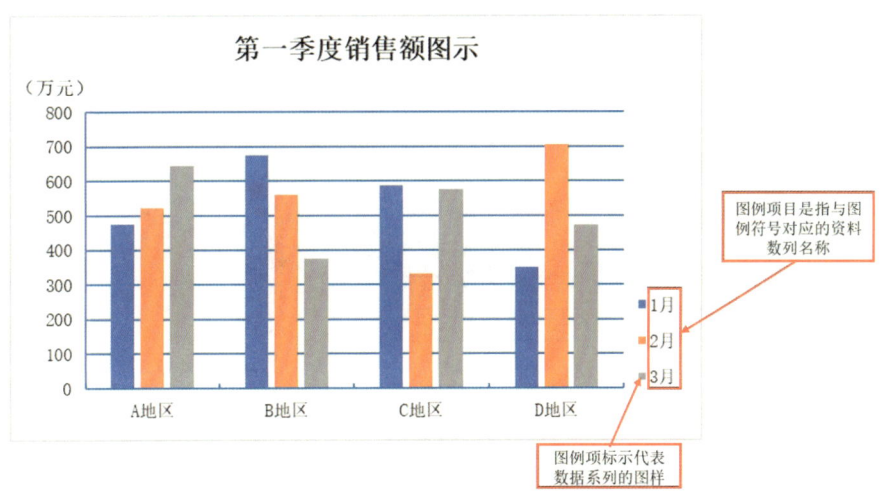

图 9-4　图例项标示和图例项目

坐标轴与网络线：图表通常有两个坐标轴：X 轴和 Y 轴。但并不是每种图表都有坐标轴（如饼图就没有坐标轴）。而由坐标轴的刻度记号向上或向右延伸到整个绘图区的直线便是所谓的网络线。显示网络线比较容易查看图表上数据点的实际数值。

2. 图表元素的设置

鼠标选中图表后，可以看到"图表工具"功能选项卡，可以对图表元素进行设计和格式设置，如图 9-5 所示。

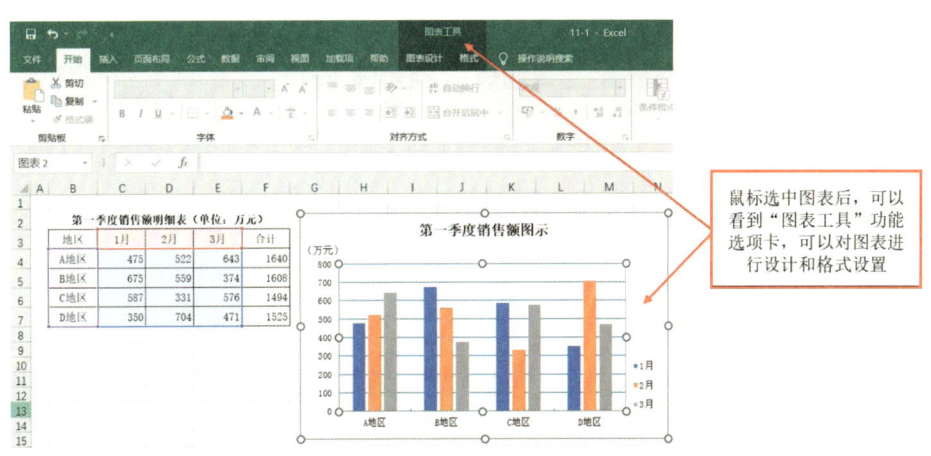

图 9-5　"图表工具"功能选项卡设置图表格式

当鼠标选中图表中的某个元素后,点击鼠标右键,可以进入该元素具体格式的设计窗口(或在该元素处双击鼠标左键也能进入设计窗口)。设置图表中的"设置图例格式"窗口如图9-6所示。

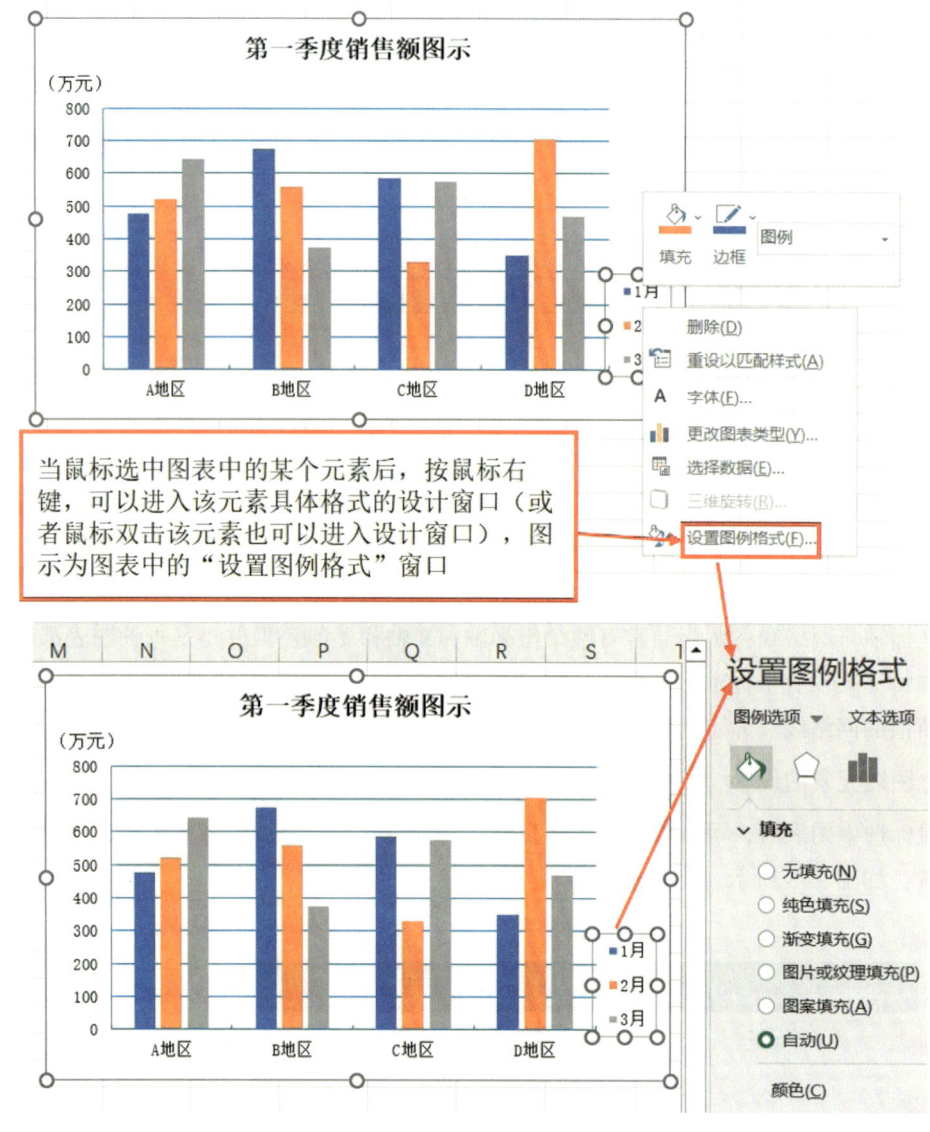

图9-6 设置图例格式

3.图表的展示与表达

在数据分析中应用图表时,首先考虑你需要"展示"什么,常见的"展示"有"比较、分布、构成和联系"四种情况,如下图9-7所示。

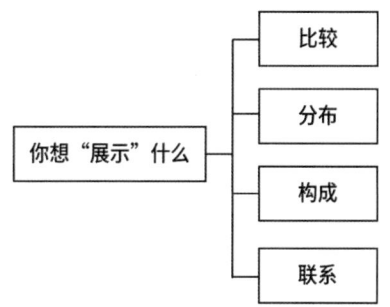

图 9-7 图表展示的四种情况

根据上述四种展示需求可以选择适配的图表,如表 9-1 所示。

表 9-1 选择适配的图表

展示需求	表达内容	图表类型
比较	反映数据的发展趋势	折线图
	对象之间直观的对比	柱形图
	对象之间直观的对比	条形图
	对象之间多指标体系比较	雷达图
分布	连续变量(定量变量)的概率分布的估计	直方图
	反映数据的集中程度	正态分布图
	相关数据的分布情况	散点图
构成	反映各组成部分占总体的比例关系	饼图
	分层表达各组成部分的构成	各种堆积图
联系	2 组变量之间的关联	散点图
	3 组变量之间的关联	气泡图

第二节　Excel 基本图表的制作

一、七种常见基础图表的制作

以下是对七种常见的图表(柱形图、折线图、饼图、条形图、雷达图、散点图和气泡图)的制作方法的介绍。

1. 柱形图

柱形图是使用最普遍的图表类型,主要通过"柱状图形"的高低比较对象之间数量的多少,它很适合用来显示一段时间内数量上的变化,或者比较不同项目之间的差异,各种项目通常放置于水平坐标轴上,而其值则以垂直的长条来表示。例如,各地区在第一季度每个月的销售额如图9-8所示。

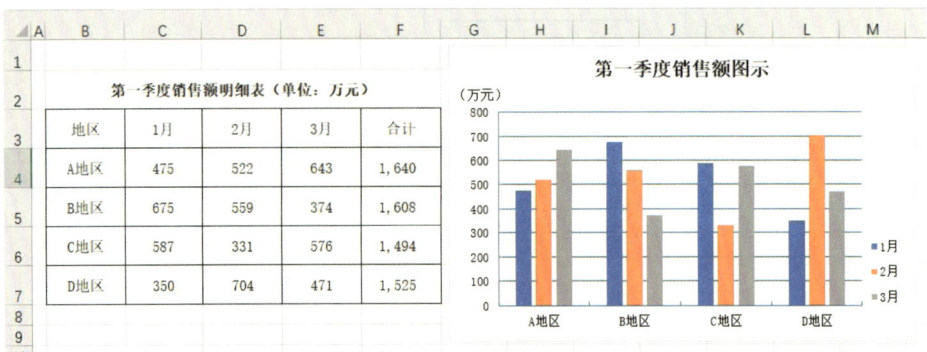

图9-8 柱状图

该图表作图区域为单元格区域 B3:E7 的数据,选择该数据区域后进入"插入图表"对话窗口,选择"簇状柱形图",鼠标左键点击【确定】按钮即可,如图9-9所示。

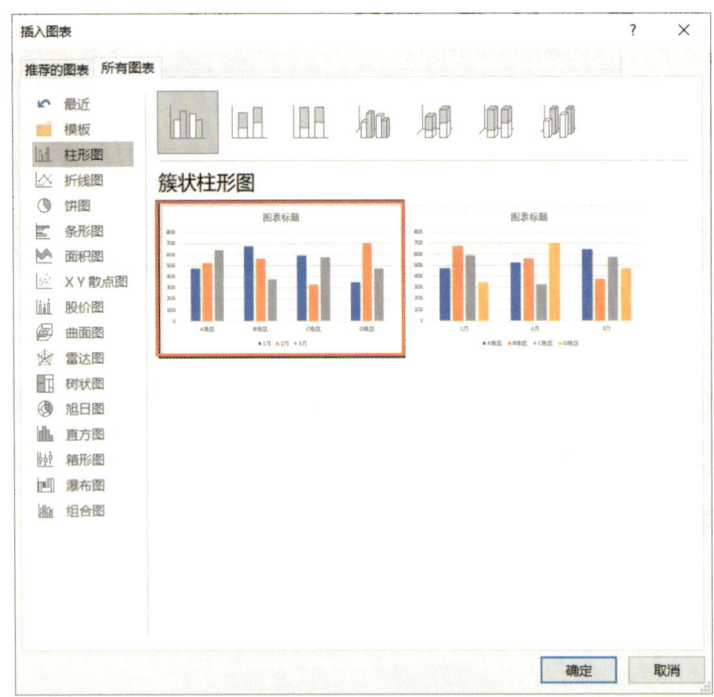

图9-9 选择"簇状柱形图"

2. 折线图

折线图主要是依靠数据点之间的连接线显示一段时间内的连续数据来展示相关信息，适合用来显示相等间隔（每月、每季、每年等）的数据趋势。例如，反映 1～4 月各地区的销售趋势，可以利用折线图来呈现，如图 9-10 所示。

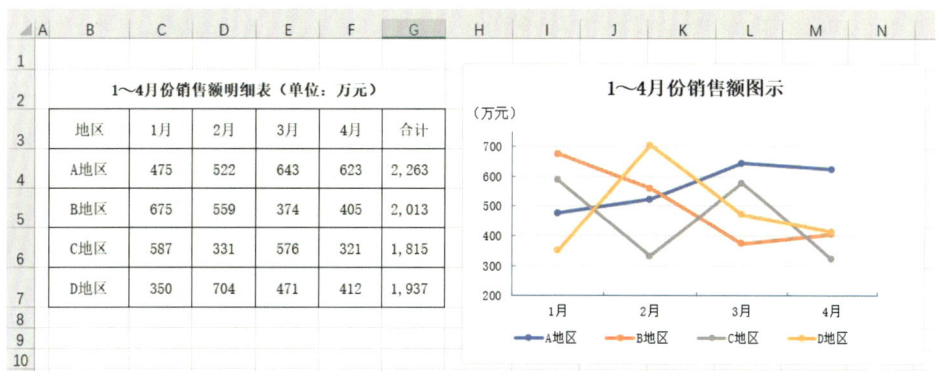

图 9-10　折线图

该图表作图区域为单元格区域 B3:F7 的数据，选择该数据区域后进入"插入图表"对话窗口，选择"带数据标记的折线图"，鼠标左键点击【确定】按钮即可，如图 9-11 所示。

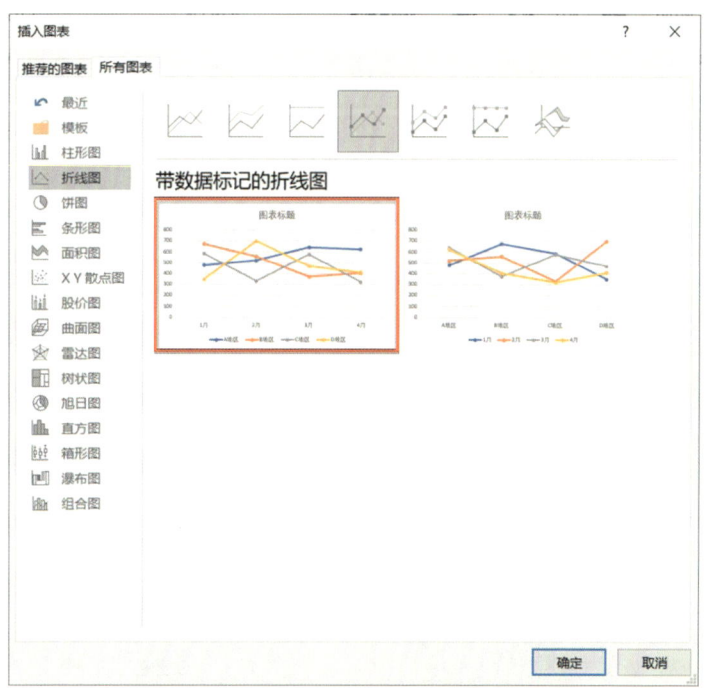

图 9-11　选择"带数据标记的折线图"

3. 饼图

饼图通过整个圆形内的各个扇形面积的大小关系来表达各个项目在全体数据中所占的百分比，主要用于数据构成的分析。例如，我们要了解各地区销售额的构成，就可以使用饼图来呈现，如图 9-12 所示。

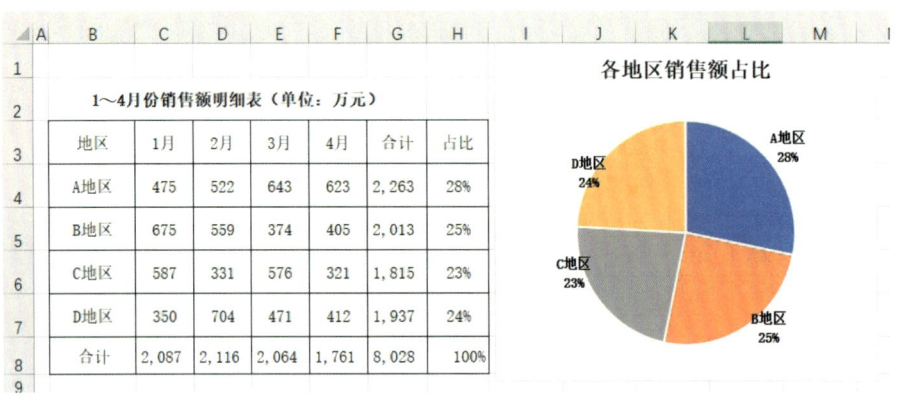

图 9-12　饼图

该图表作图区域为单元格区域 B3:B7 和单元格区域 H3:H7 的数据，选择作图数据区域后进入"插入图表"对话窗口，选择"饼图"，鼠标左键点击【确定】按钮即可，如图 9-13 所示。

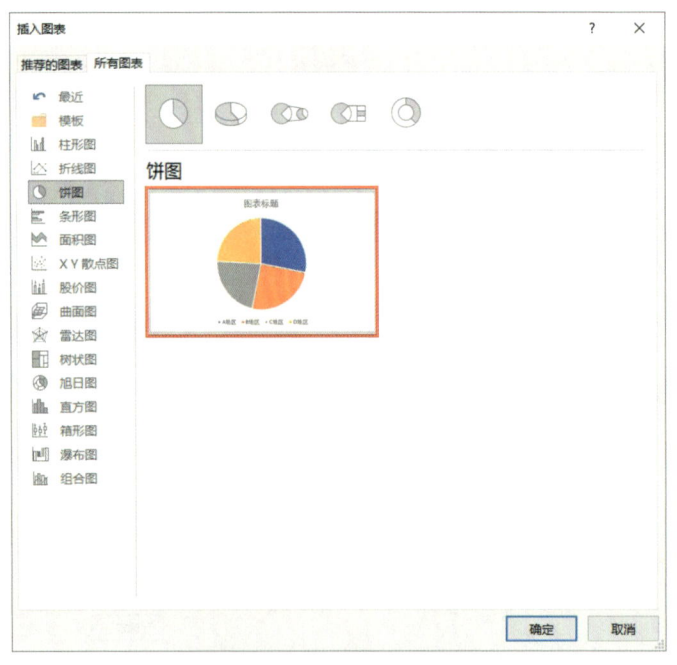

图 9-13　选择"饼图"

4.条形图

条形图从形状上来看是柱形图的转置，它与柱形图一样用于展示数据之间的比较。但条形图主要强调各项目在某个时间总量的比较，不强调具体的时间段。例如，图 9-14 所示反映各地区 1～4 月合计销售额。

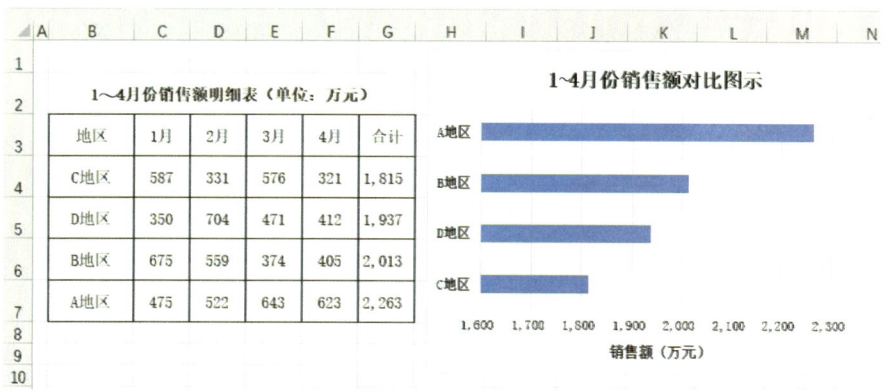

图 9-14　条形图

该图表作图区域为单元格区域 B4:B7 和单元格区域 G4:G7 的数据，选择作图数据区域后进入"插入图表"对话窗口，选择"簇状条形图"，鼠标左键点击【确定】按钮即可，如图 9-15 所示。

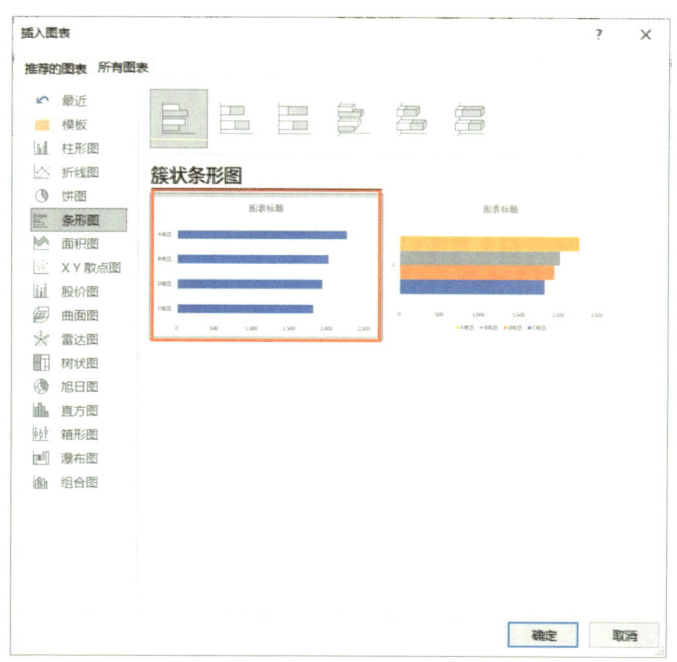

图 9-15　选择"簇状条形图"

5. 雷达图

雷达图将多个数据点绘制在与雷达形状相似的不同坐标点上,分析数据值越大离中心越远,可以直观地表达多个指标的相互比较。如图 9-16 所示,我们可以使用雷达图来了解每位学生最擅长及最不擅长的科目。

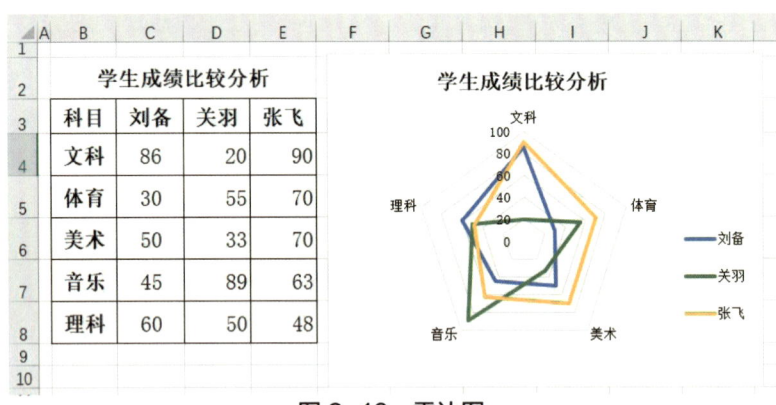

图 9-16　雷达图

该图表作图区域为单元格区域 B3:E8 的数据,选择该数据区域后进入"插入图表"对话窗口,选择"雷达图",鼠标左键点击【确定】按钮即可,如图 9-17 所示。

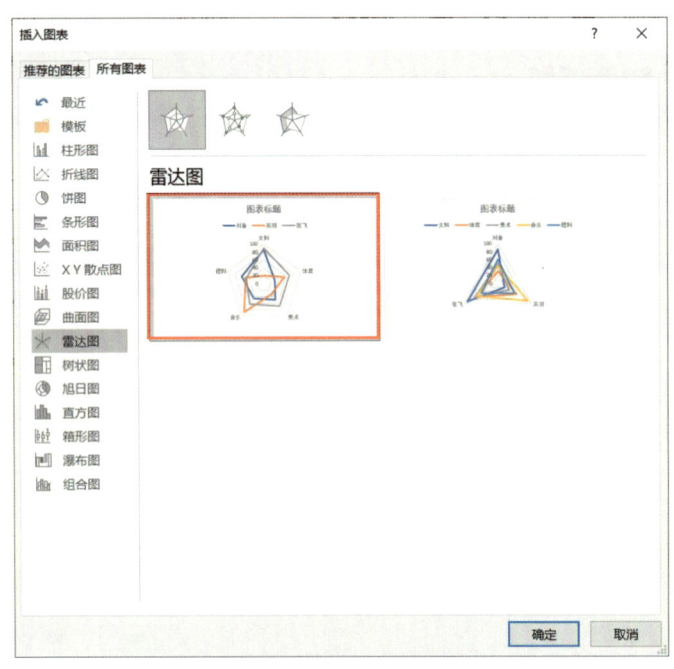

图 9-17　选择"雷达图"

6. 散点图

散点图根据两组数据构成多个坐标点，用于考察坐标点的分布，并判断两变量之间是否存在某种关联或总结坐标点的分布模式。如图 9-18 所示，冷热两种饮料的销售量会随着气温变化而变化，气温越高，冷饮的销量越好。

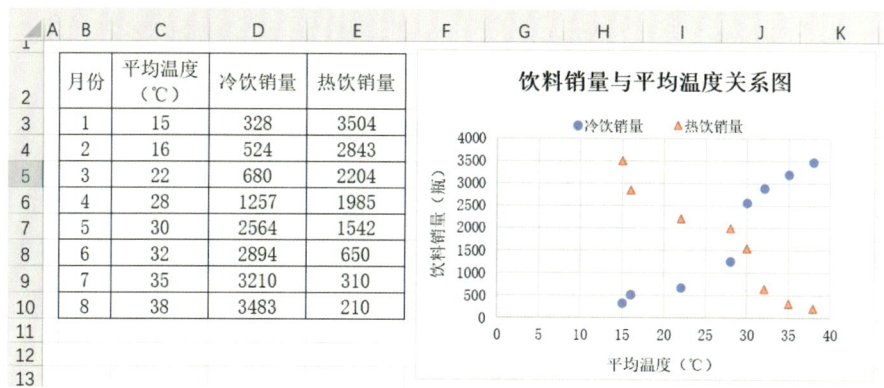

图 9-18　散点图

该图表作图区域为单元格区域 C2:E10 的数据，选择该数据区域后进入"插入图表"对话窗口，选择"散点图"，鼠标左键点击【确定】按钮即可，如图 9-19 所示。

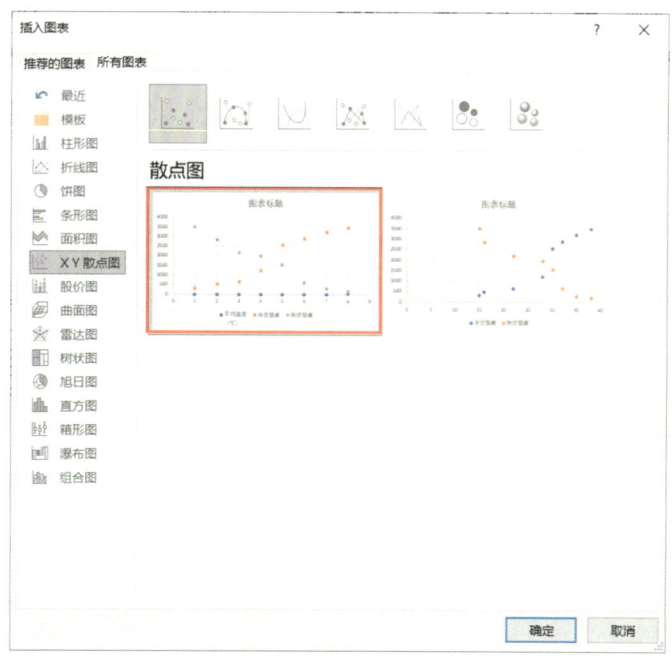

图 9-19　选择"散点图"

7. 气泡图

气泡图和散点图类似，但是气泡图用于比较 3 组数值，其数据在工作表中是以栏进行排列的，水平轴的数值（X 轴）在第一栏中，而对应的垂直轴数值（Y 轴）及气泡大小值则列在相邻的栏中。如图 9-20 所示，X 轴代表产品的销售量，Y 轴代表产品的销售额，而泡泡的大小则表示广告费。

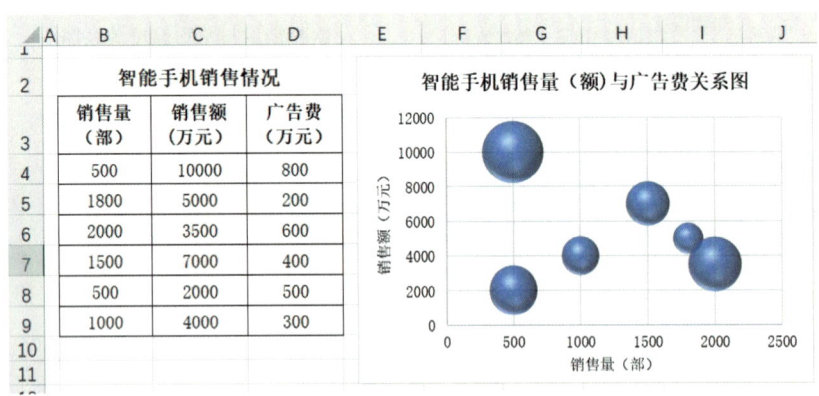

图 9-20　气泡图

该图表作图区域为单元格区域 B3:D9 的数据，选择该数据区域后进入"插入图表"对话窗口，选择"三维气泡图"，鼠标左键点击【确定】按钮即可，如图 9-21 所示。

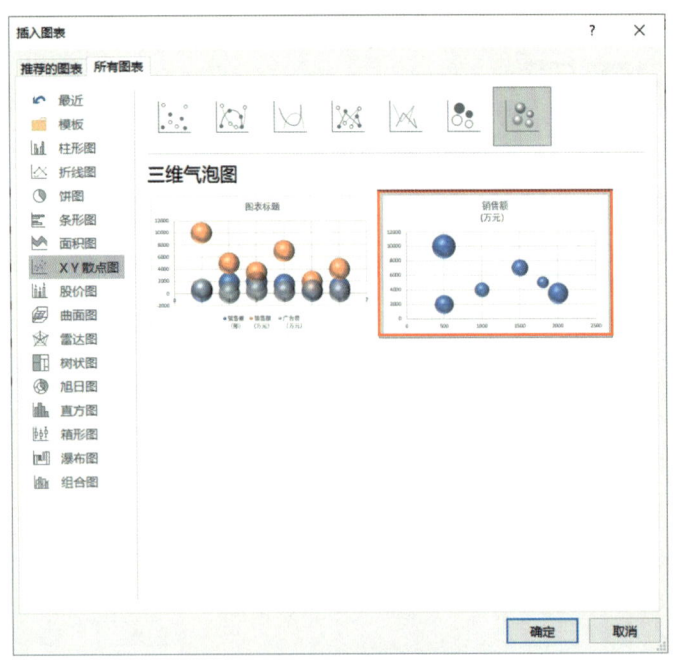

图 9-21　选择"三维气泡图"

二、其他五种基础图表的制作

以下介绍其他五种基础图表,即瀑布图、漏斗图、不等宽柱形图、环形柱形图和树状图的制作。

1.瀑布图

瀑布图是由麦肯锡咨询公司所独创的图表类型,因为形似瀑布流水而得名。在企业经营分析、财务分析中被广泛使用,用来反映收入、支出等变化情况。图 9-22 以瀑布图的形式反映经费收支与结余情况。

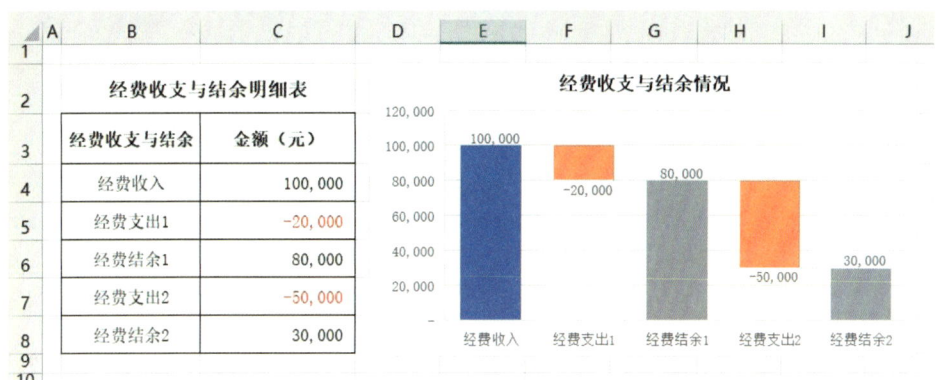

图 9-22　瀑布图

如图 9-22 所示,收到经费 100 000 元,第 1 次支出 20 000 元后结余 80 000 元,第 2 次支出 50 000 元后结余 30 000 元。

该瀑布图的制作要点如下:

要点 1:选定图表的数据区域 B4:C8,在"插入图表"对话框中选择"瀑布图",如图 9-23 所示。

要点 2:插入图表后,选中瀑布图中的"经费结余 1"柱子,按鼠标右键,选择"设置数据点格式"中的"系列"选项,勾选"设置为汇总"复选框,如图 9-24 所示。

要点 3:选中瀑布图中的"经费结余 2"柱子,按鼠标右键,选择"设置数据点格式"中的"系列"选项,勾选"设置为汇总"复选框,如图 9-25 所示。

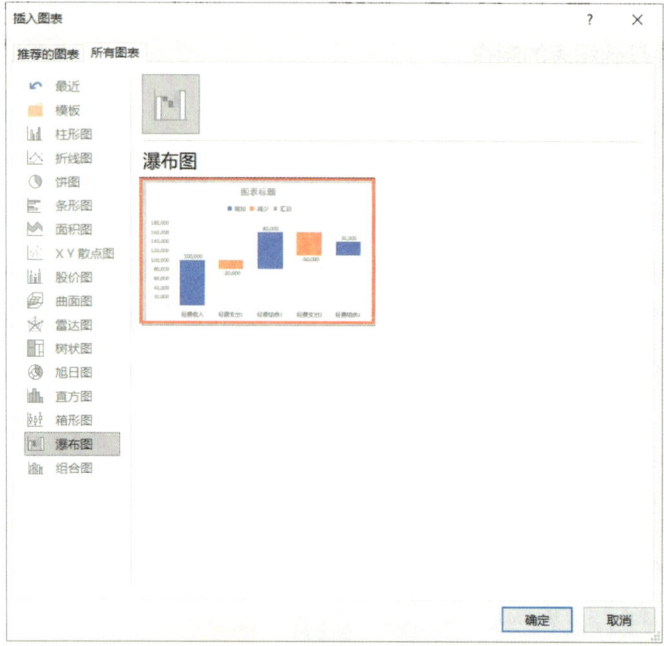

图 9-23 插入"瀑布图"

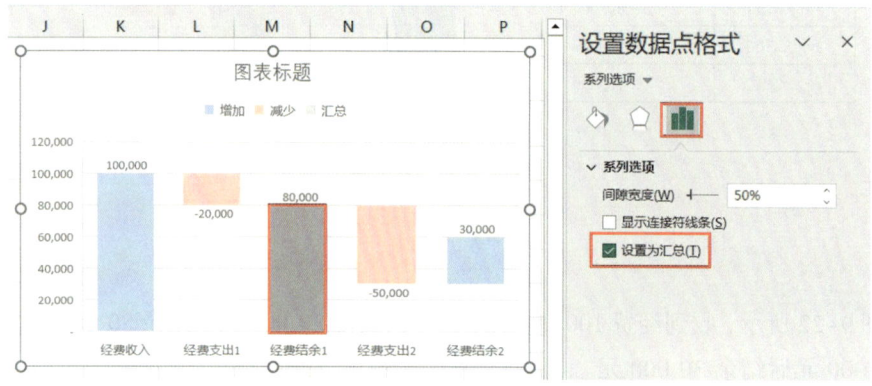

图 9-24 设置系列"经费结余 1"格式

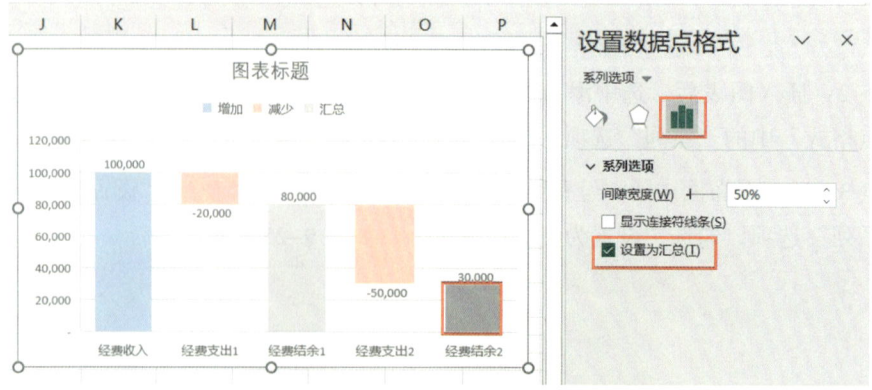

图 9-25 设置系列"经费结余 2"格式

2. 漏斗图

漏斗图是一种形如漏斗状图形,用来清楚地展示事件和项目环节,整个图形呈现一种倒梯形的状态。

漏斗图从上到下,有逻辑上的顺序关系,可用于分析周期长或环节多的业务流程,展示各环节业务的数据比较,并体现随着业务流程的推进,业务目标完成情况。漏斗图总是开始于一个 100% 的数量,结束于一个较小的数量。

例如,从浏览网站到最终完成交易之间的各个流程的数量在减少,漏斗图可以展示电商产品的转化率,帮助企业梳理出当前业务中的薄弱环节,从而做出决策。

【案例 9-1】

ABC 公司的利润表有关数据如表 9-2 所示,请根据该表内容制作漏斗图,反映从营业收入到净利润的变化情况。

表 9-2　ABC 公司利润表数据

项目	金额(万元)
营业收入	33 500
毛利	17 850
营业利润	10 083
利润总额	8 135
净利润	6 238

【解析】制作完成的漏斗图如图 9-26 所示。

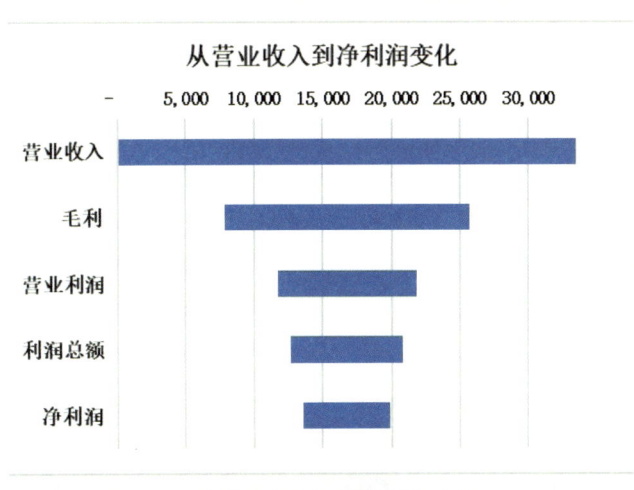

图 9-26　漏斗图

该漏斗图的制作要点如下：

要点1：在数据区域的右侧增加一列辅助列，并在单元格 D3 中输入公式"=($C$3-C3)/2"，并填充到 D7 单元格，如图 9-27 所示。

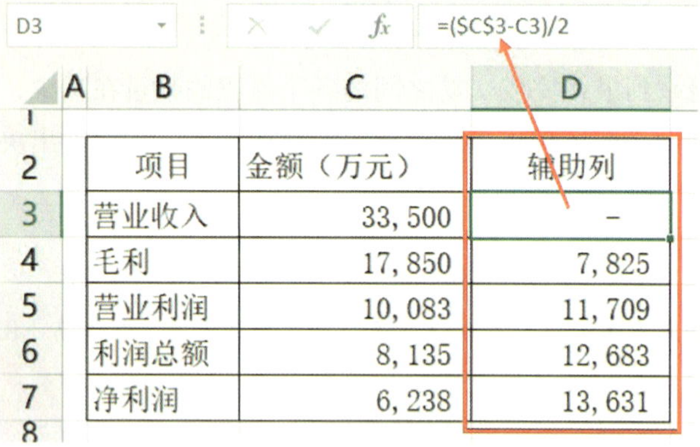

图 9-27　增加辅助列

要点2：选中图 9-27 中数据区域 B2:D7 单元格，插入"堆积条形图"，并在图形设置中勾选坐标轴选项中的逆序类别，如图 9-28 和图 9-29 所示。

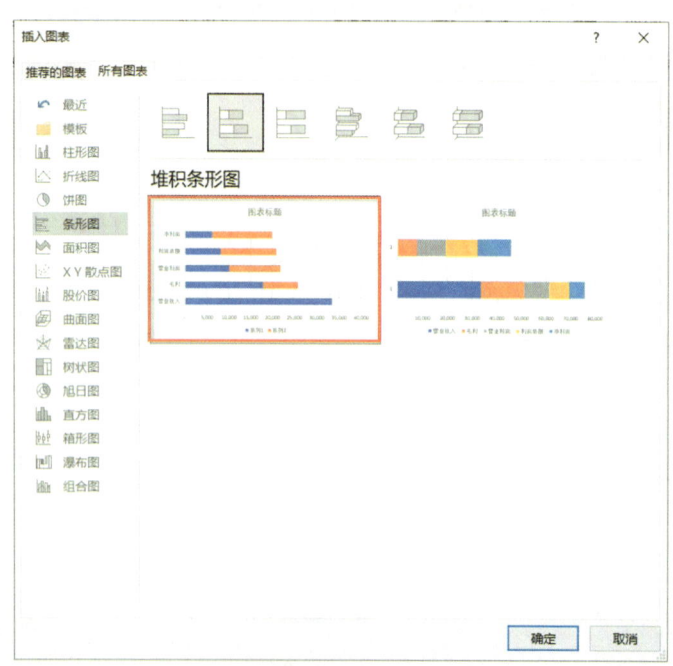

图 9-28　插入"堆积条形图"

第九章 数据分析可视化呈现

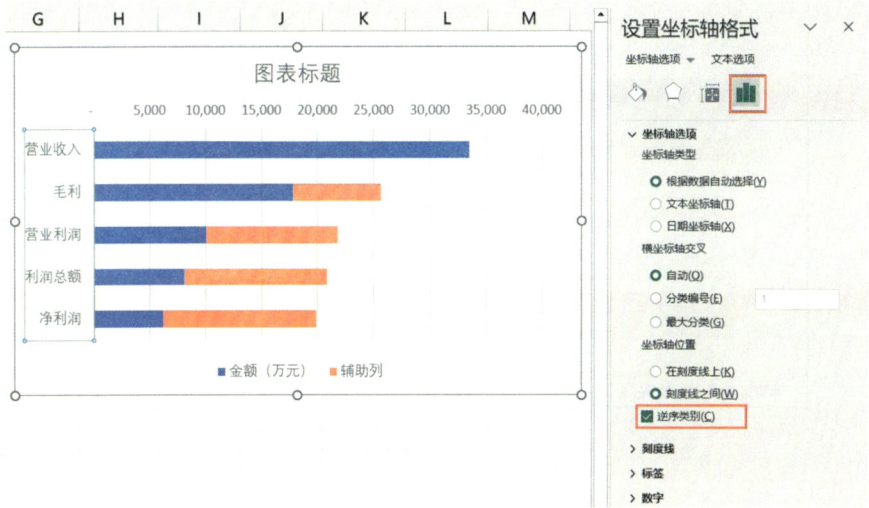

图9-29　勾选坐标轴选项中的逆序类别

要点3：在图表绘图区域按鼠标右键选择数据源，将图例项中的"辅助列"项目移动到"金额（万元）"项目之上，如图9-30所示。

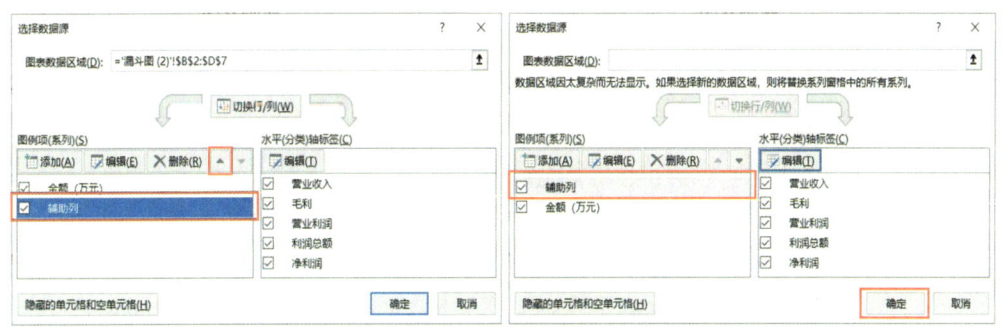

图9-30　移动"辅助列"

要点4：图表调整为如图9-31所示准漏斗图样式，可将该图形中显示辅助列数据的条形图部分设置为无线条无填充，并对图表进行适当修饰，添加图表标题等元素，形成图9-26所示漏斗图。

221

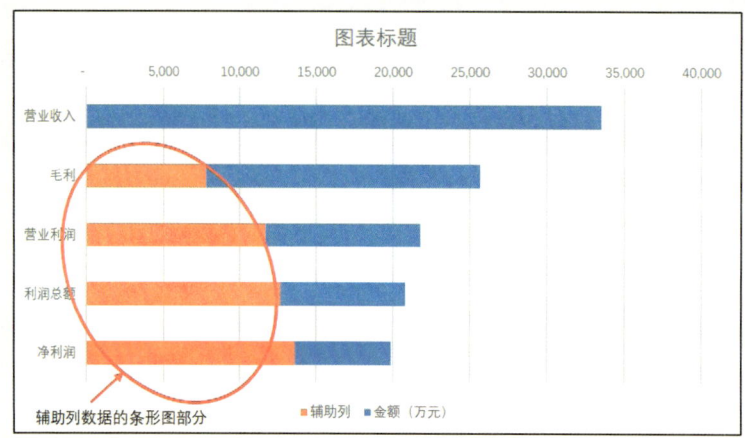

图 9-31 调整辅助列样式

3. 不等宽柱形图

在 Excel 中插入图表绘制柱形图时，默认情况下每个柱子是等宽的。然而有时为了用柱形图表达更多信息，比如，用柱子的高度表示销售金额，用柱子的宽度表示销售数量，可以采用不等宽柱形图。

【案例 9-2】

长江机械设备制造公司 20×3 年 1 月四种型号的厂房用轨道吊车的销售量和销售额如表 9-3 所示，要求用不等宽柱形图同时反映销售量和销售额情况。

表 9-3 1 月轨道吊车销售情况明细表

产品型号	销售量（台）	销售额（万元）
型号 1	5	1 000
型号 2	2	500
型号 3	3	800
型号 4	4	200

【解析】制作完成的不等宽柱状图如图 9-32 所示，其中柱子的宽度代表销售量，高度代表销售额。

该不等宽柱状图制作要点如下：

要点 1：根据表 9-3 中的销售情况数据，创建如图 9-33 所示数据表，该数据表为不等宽柱形图数据源。

要点 2：选中图 9-33 中不等宽柱形图数据源的 B2:F16 区域，在插入图表中选择如图 9-34

所示的簇状柱形图。

要点3：对插入的图表设置数据系列格式，其中"系列重叠"设定为100%，"间隙宽度"设定为0%，如图9-35所示。

要点4：对图表进行适当修饰，添加图表标题等元素，形成图9-32所示不等宽柱形图。

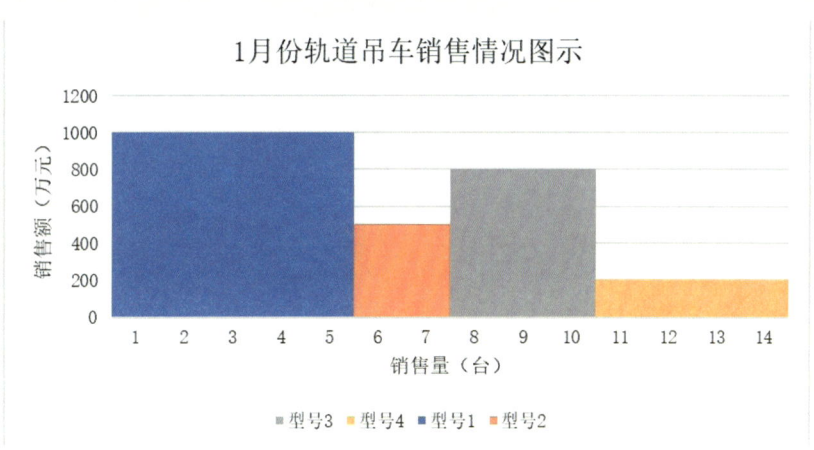

图9-32　不等宽柱形图

	A	B	C	D	E	F
1		不等宽柱形图数据源				
2		序号	型号1	型号2	型号3	型号4
3		1	1000			
4		2	1000			
5		3	1000			
6		4	1000			
7		5	1000			
8		6		500		
9		7		500		
10		8			800	
11		9			800	
12		10			800	
13		11				200
14		12				200
15		13				200
16		14				200
17						

图9-33　不等宽柱形图数据源

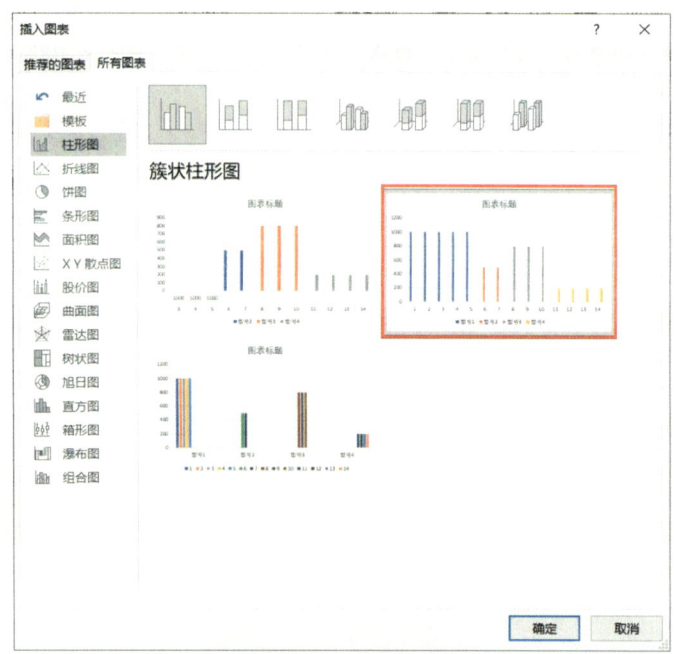

图 9-34 插入"簇状柱形图"

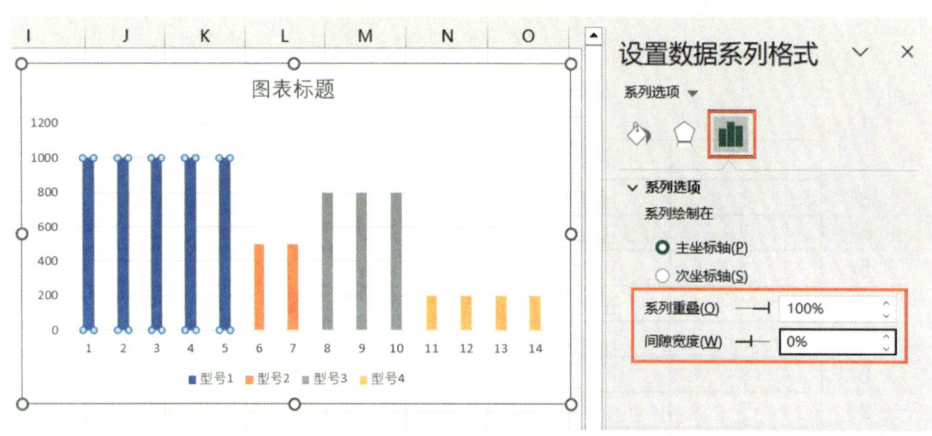

图 9-35 设置数据系列格式

4. 环形柱形图

环形柱形图是通过对环形图设置,将单个数据系列的最大值设置为环形角度 270 度作为外环,并由外环至内环逐级递减呈现数据,从而将柱形转变为环形样式呈现。

【案例9-3】

长江机械设备制造公司厂房用轨道吊车产品型号1的各成本项目占比分析如表9-4所示，要求用环形柱形图反映各成本项目占比情况。

表9-4　产品型号1的成本占比分析表

成本项目	成本占比
直接材料	43%
直接人工	33%
制造费用	18%
其他物料	6%

【解析】制作完成的产品型号1的成本占比分析环形柱形图如图9-36所示。

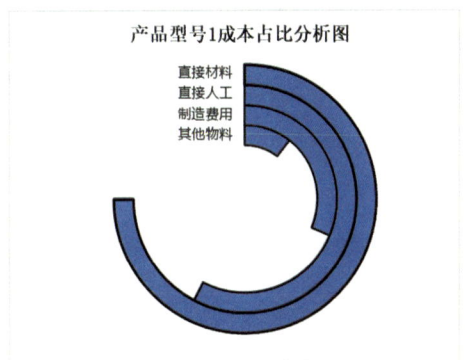

图9-36　成本项目占比分析环形柱形图

该环形柱形图制作要点如下：

要点1：根据表9-4创建如图9-37所示数据表，该数据表为环形柱形图数据源。

	A	B	C	D	E
1					
2		成本项目	数据排序	最大值转化为270	辅助区域
3		其他物料	6%	37.67	322.33
4		制造费用	18%	113.02	246.98
5		直接人工	33%	207.21	152.79
6		直接材料	43%	270.00	90.00

D3　fx　=C3/MAX($C$3:$C$6)*270

图9-37　设置环形柱形图角度

图9-37中的成本项目根据占比的高低按升序排列（即从低到高），单元格D3输入公式"=C3/MAX($C$3:$C$6)*270"，并填充复制到单元格D6，将数据的最大值转化为270，其他数据的值也按此比值转化。在辅助区域的单元格E3输入公式"=360-D3"，并填充复制到单元格D6，如图9-38所示。

A	B	C	D	E
1				
2	成本项目	数据排序	最大值转化为270	辅助区域
3	其他物料	6%	37.67	322.33
4	制造费用	18%	113.02	246.98
5	直接人工	33%	207.21	152.79
6	直接材料	43%	270.00	90.00

图9-38　设置环形柱形图角度比值转换

要点2：选中图9-38中环形柱形图数据源的D2:E6区域，在插入的图表中选择如图9-39所示的圆环图。

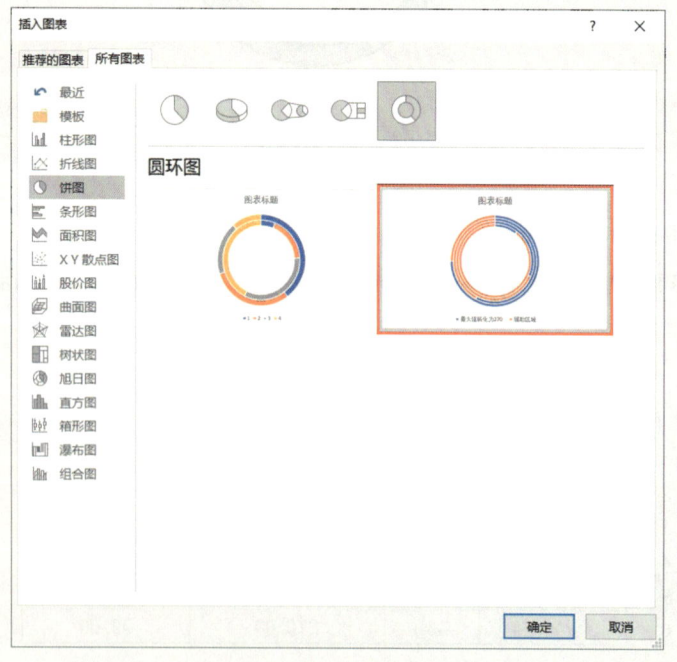

图9-39　插入"圆环图"

要点3：对插入的图表设置数据系列格式，设置"圆环图圆环大小"值为40%，如图9-40所示。

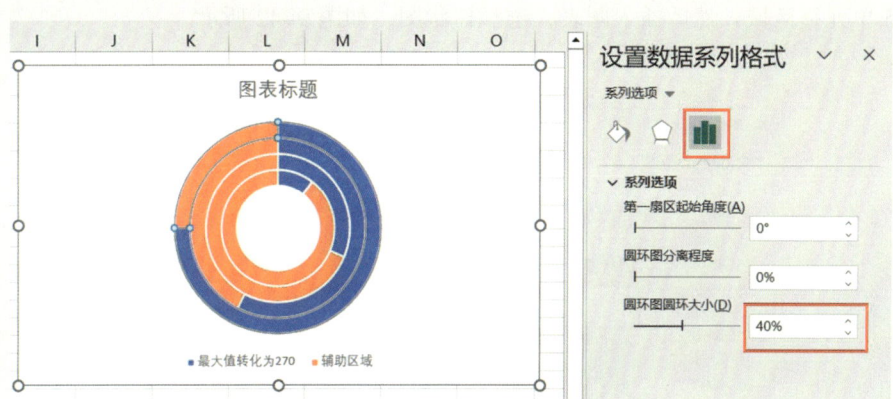

图9-40　设置圆环图圆环大小

要点4：将图9-37中显示辅助区域数据的圆环部分设置为无线条无填充，并对图表进行适当修饰，添加图表标题等元素，形成前述图9-36所示环形柱形图。

5. 树状图

树状图可以表示层次结构的图表，可以轻松发现数据的特点，还可以展示数据类别或者子类别之间的对比关系，有助于准确、形象地呈现数据的构成比例。

反映ABC公司1～3月各区域销售收入的情况如图9-41所示。

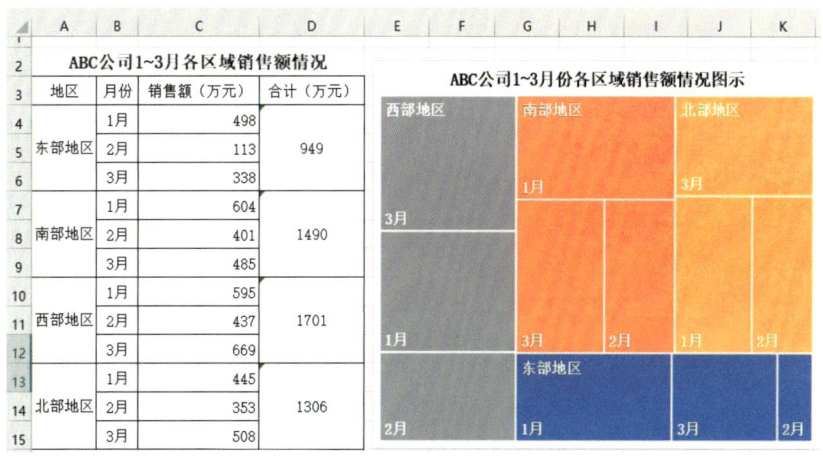

图9-41　树状图

根据图 9-41 所示树状图的矩形图的面积大小，可以清晰地看出在四个地区中，西部地区的销售额最大，其次是南部地区，而东部地区的销售额最小。

该树状图制作要点是：选中图 9-41 所示 ABC 公司 1～3 月各区域销售额情况中的 A3:C15 单元格区域，然后插入图表，选择树状图，如图 9-42 所示。

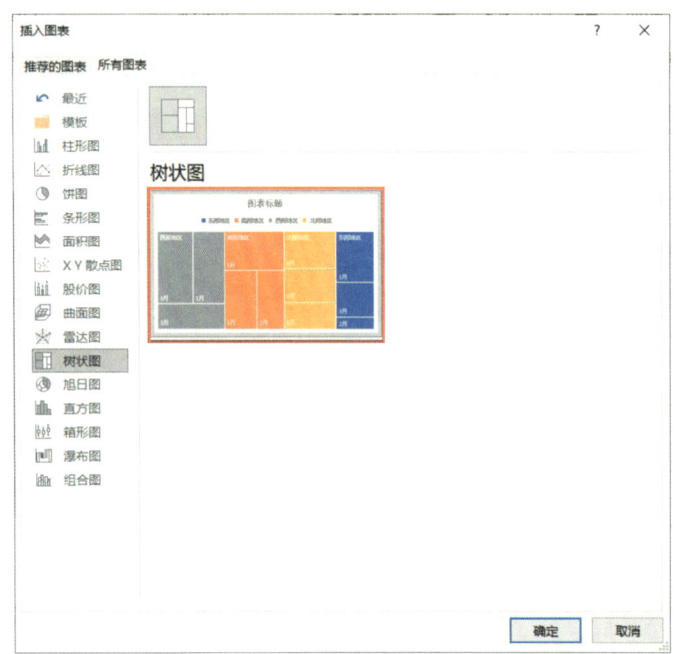

图 9-42　选择"树状图"

第三节　Excel 特殊图表的制作

一、10 种特殊图表的制作

现实中有时会有一些特殊的图形展示需求，比如在图形上添加公司的产品图片，或者项目数据差异太大的图形需要调整，或者需要在图形上显示特定的数据（最大值或最小值）等。

下面介绍 10 种常见特殊图表的制作。

1. 给柱形图添加生动的商品图片

【案例 9-4】

某水果销售公司 1～4 月草莓销量情况如表 9-5 所示，请根据销售情况绘制带有草莓图片的柱形图。

表 9-5　草莓销量情况明细表

月份	销量（箱）
1 月	200
2 月	350
3 月	500
4 月	700

图 9-43 显示 1～4 月草莓销售情况的柱形图，图形中的柱形改为草莓图形，使得图表更具生动性和可视化效果。

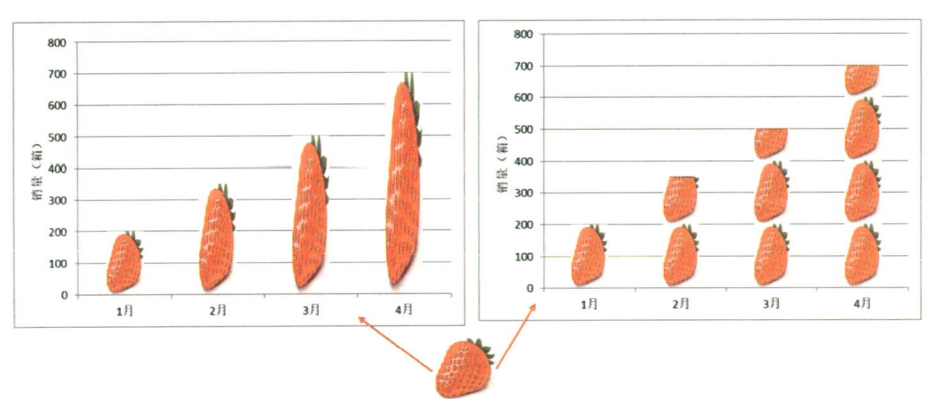

图 9-43　柱形图添加产品图片

该柱形图绘制要点如下：

要点 1：准备好合适的草莓图片作为柱形图的填充。

要点 2：根据表 9-5 的销售数据绘制柱状图，设置数据系列格式的填充选项为图片或纹理填充，图片源点击"插入"，进入草莓图片所在文件夹选中草莓图片插入到柱状图的数据系列，草莓图片显示的柱状图共有三种形状，即伸展、层叠和层叠并缩放，如图 9-44 所示。

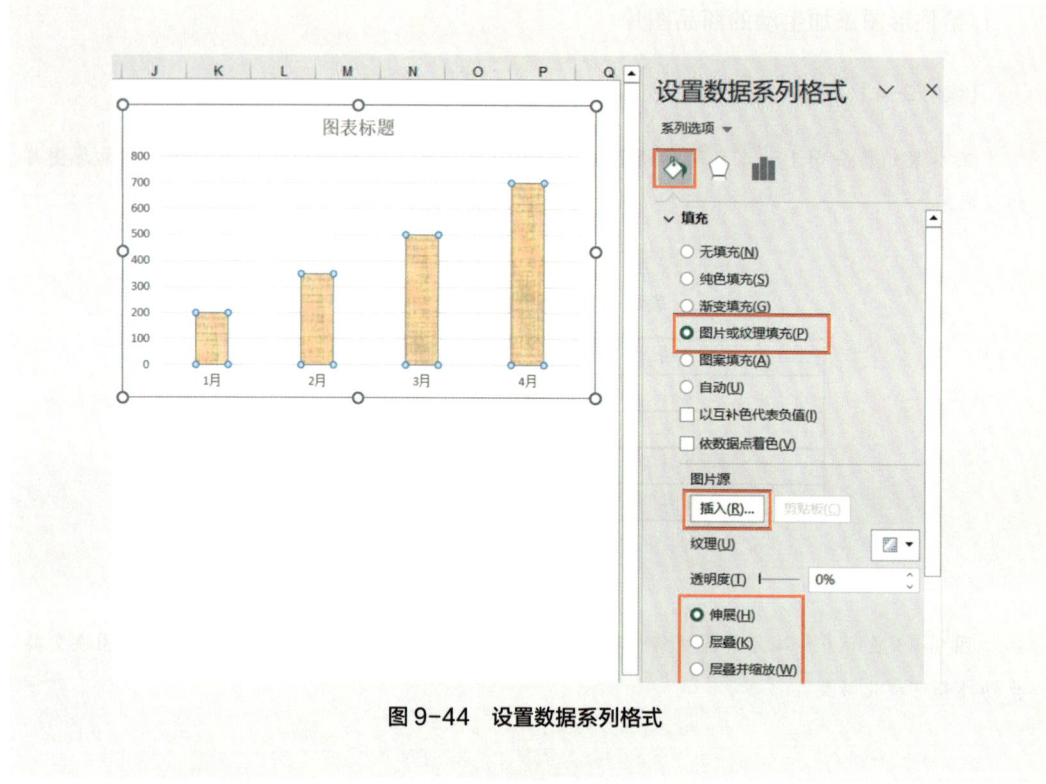

图 9-44　设置数据系列格式

2. 用图表展示两个分析对象（柱形图＋折线图）

有时在一个图形上同时显示两个关联的分析对象，如 A 公司 1～6 月的收入和利润率如表 9-6 所示，根据该表数据绘制如图 9-45 所示图表，图中的柱形图显示的是收入，折线图显示的是利润率。

表 9-6　1～6 月的收入和利润率明细表

月份	收入（元）	利润率
1 月	154 098	9.80%
2 月	187 983	11.20%
3 月	145 085	11.1%
4 月	155 909	9.8%
5 月	189 345	12.3%
6 月	159 343	11.3%

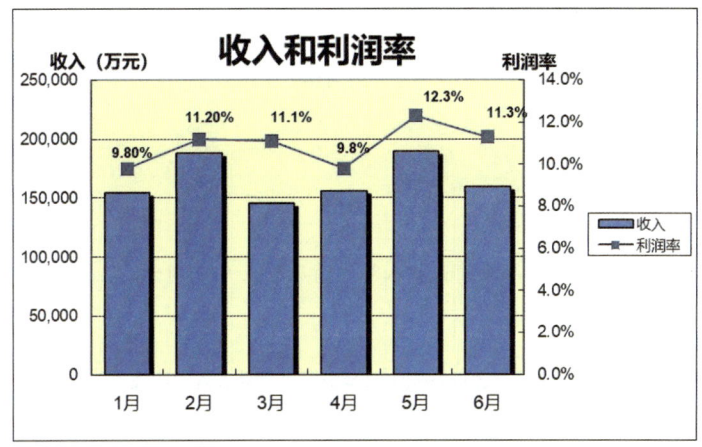

图 9-45　图表展示两个分析对象

该图绘制要点是选择组合图中的"簇状柱形图 – 次坐标轴上的折线图",即将利润率设定为折线图,并放置在次坐标轴上,具体操作如图 9-46 所示。

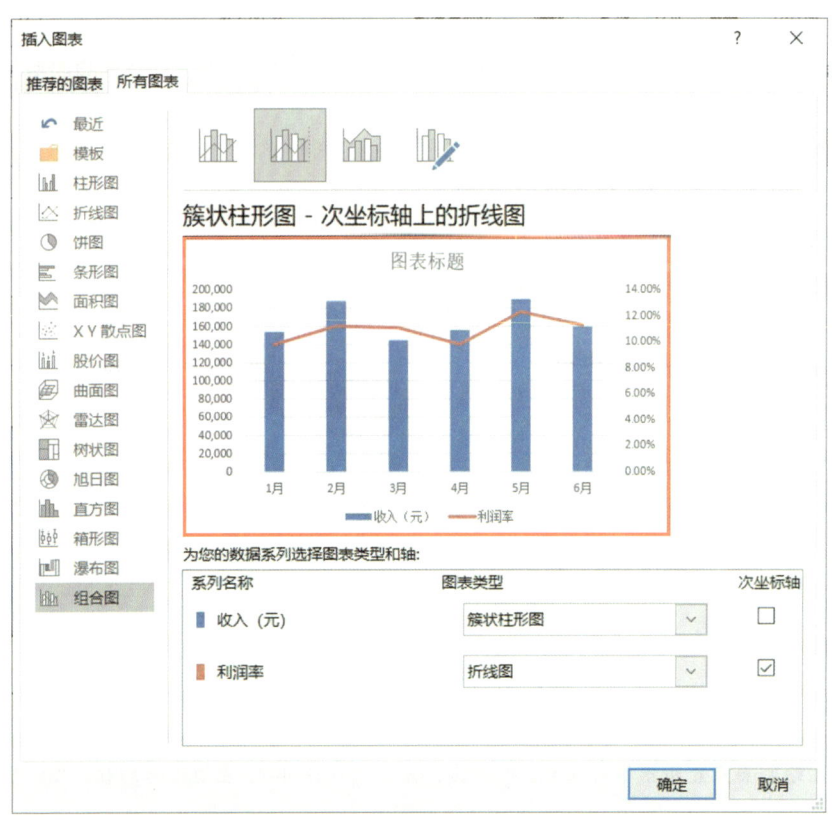

图 9-46　设置"利润率"为次坐标轴

3. 数据大小差异很大的对比处理

有时分析对象之间数据差异较大，较小数据的对象在图形中会很不显眼，达不到分析的效果。

【案例 9-5】

ABC 集团 2021—2022 年分行业营业收入对比情况如表 9-7 所示。

表 9-7 2021—2022 年分行业营业收入对比表

金额单位：万元

分行业	2021 年度	2022 年度	增减额	增减率
房地产	936 079.98	1 328 110.27	392 030.29	41.88%
商业管理	3 914.36	39 664.24	35 749.87	913.30%
物业服务	8 686.97	24 179.32	15 492.35	178.34%
酒店运营	1 003.75	16 806.02	15 802.27	1574.32%
合计	949 685.06	1 408 759.84	459 074.78	48.34%

通过上图可以看出，ABC 集团涉及房地产、商业管理、物业服务和酒店运营业务四个行业。现在需要根据表 9-7 的数据，绘制柱形图以分析比较 2021 年和 2022 年该集团不同行业营业收入的增减情况，由于房地产行业的销售额远远高于其他行业，其他三个行业在图形中很不突出。如果按照普通柱形图进行绘制，如图 9-47 所示左边图示的情况，则很难辨认出不同行业间的比较情况，因此需要进行特殊处理，以达到图 9-47 所示的右边图示所显示的效果，这样 2021 年和 2022 年不同行业销售额的比较就非常明显和突出。

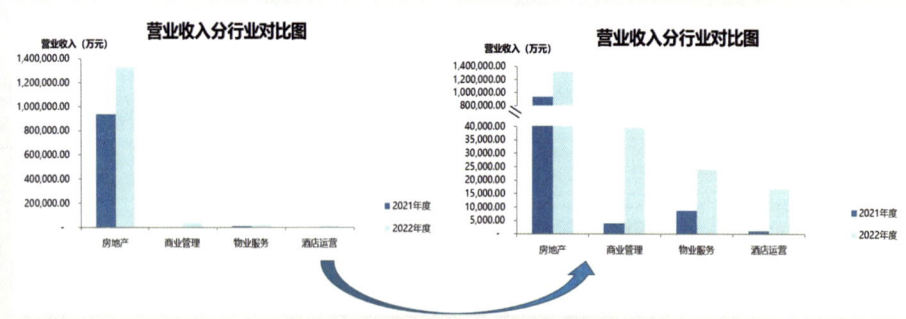

图 9-47 数据大小差异很大的对比

该图绘制要点是两张相同柱形图的嫁接，先绘制如图 9-47 左边图示的柱形图，然后再复制该柱形图，分别对该两张图 Y 轴坐标的最大值和最小值进行设置，然后将两张图进行叠加嫁接即可，如图 9-48 所示。

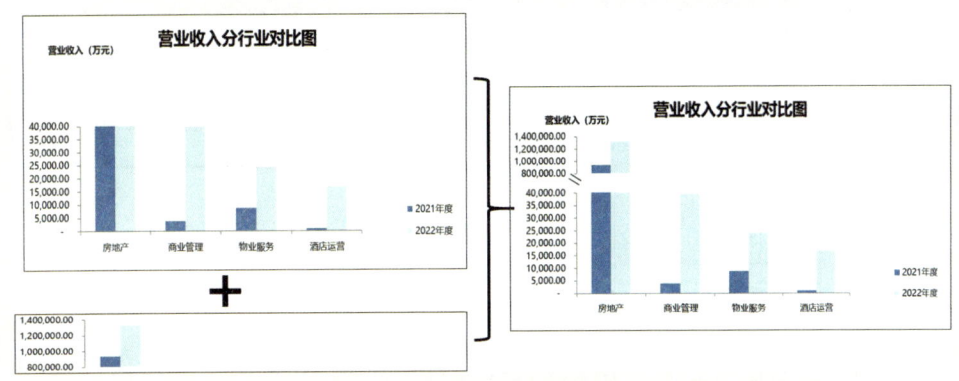

图 9-48　数据大小差异很大的处理

4. 时间横轴上同时标识月份、季度和年份

通常情况下，图形的横轴标识时间时，可以分别选择按月度、季度或年份显示。如果需要同时标识月份、季度和年份，则需要进行特殊处理，如图 9-49 所示。

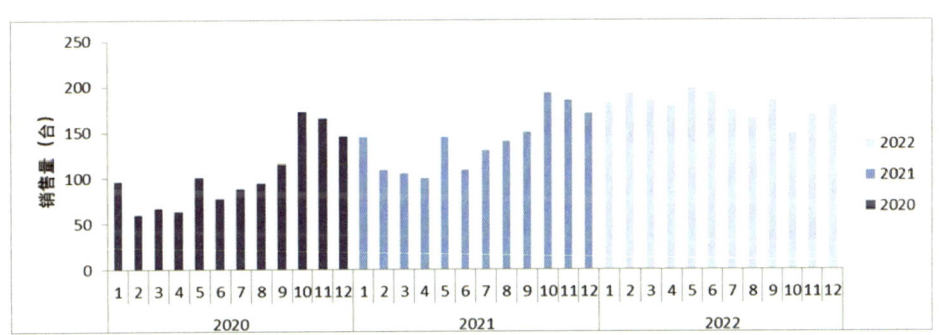

图 9-49　时间横轴上同时标识月份、季度和年份

该图绘制要点主要是对绘图的数据源进行特殊设置，如图 9-50 所示。

该图表制作的要点：从图 9-50 可以看出，将年度、季度和月份设置独立的 3 列，2020 年、2021 年和 2022 年数据也设置为独立的 3 列，然后选中 B4:G40 单元格，插入柱形图即可。

年度	季度	月份	2020	2021	2022
2020	第1季	1	96		
		2	60		
		3	67		
	第2季	4	63		
		5	101		
		6	78		
	第3季	7	88		
		8	95		
		9	115		
	第4季	10	172		
		11	165		
		12	146		
2021	第1季	1		145	
		2		109	
		3		105	
	第2季	4		100	
		5		145	
		6		109	
	第3季	7		130	
		8		140	
		9		150	
	第4季	10		193	
		11		185	
		12		171	
2022	第1季	1			182
		2			193
		3			185
	第2季	4			179
		5			198
		6			195
	第3季	7			174
		8			165
		9			185
	第4季	10			149
		11			169
		12			180

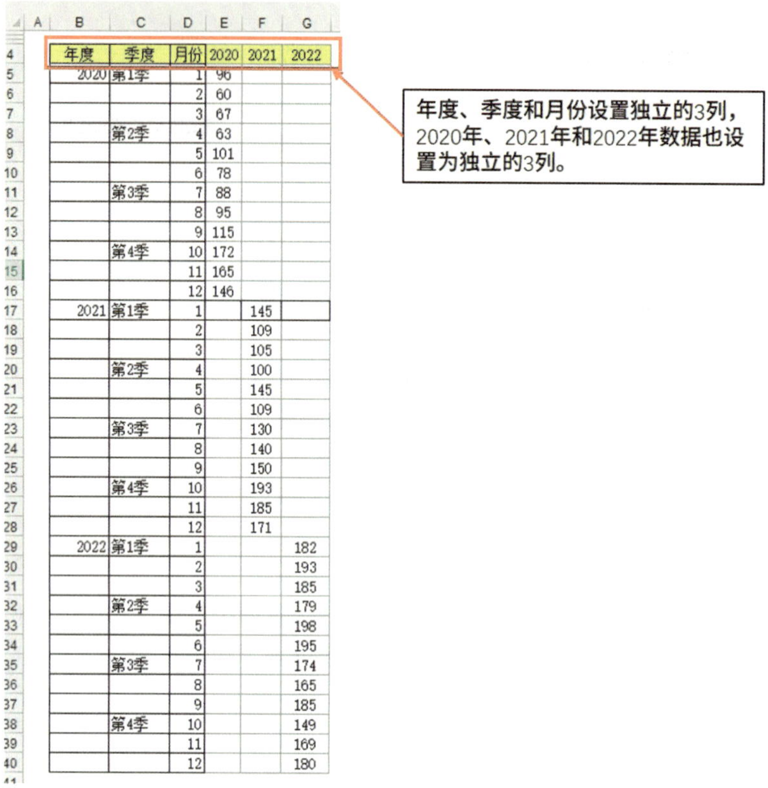

图 9-50　设置绘图数据源

5. 折线图上分段显示实际数与预测数

图 9-51 是用折线图显示的 2022 年 1 ～ 12 月的实际数和 2023 年 1 ～ 6 月的预测数，图中实际数与预测数分段显示，形象生动地展示了两者之间的区别与联系。

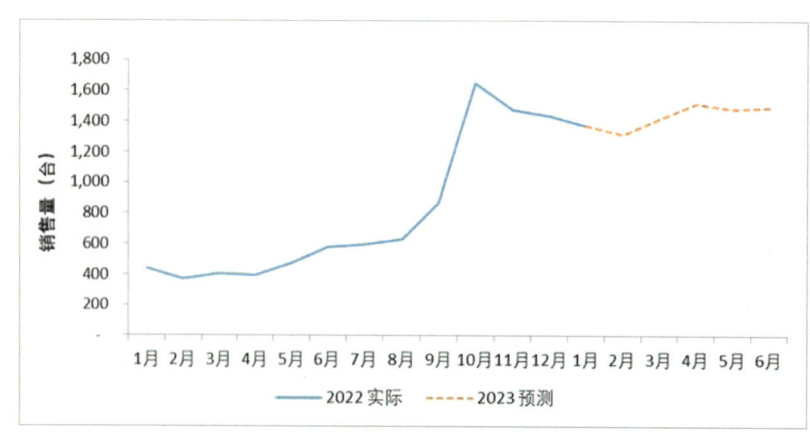

图 9-51　折线图分段显示实际数与预测数

该折线图绘制要点如下：

要点 1：对绘制数据源进行设计，将 2022 年实际数据和 2023 年预测数据分为两列显示，2023 年预测数据列中的 C13 单元格填写 2022 年 12 月实际销售数 1 438，作为实际数和预测数之间的连接点，如图 9-52 所示。

	A	B	C
1		2022 实际	2023 预测
2	1月	441	
3	2月	369	
4	3月	408	
5	4月	395	
6	5月	473	
7	6月	575	
8	7月	595	
9	8月	629	
10	9月	868	
11	10月	1,650	
12	11月	1,474	
13	12月	1,438	**1,438**
14	1月		1,374
15	2月		1,312
16	3月		1,419
17	4月		1,519
18	5月		1,479
19	6月		1,494
20			

实际数和预测数的连接点

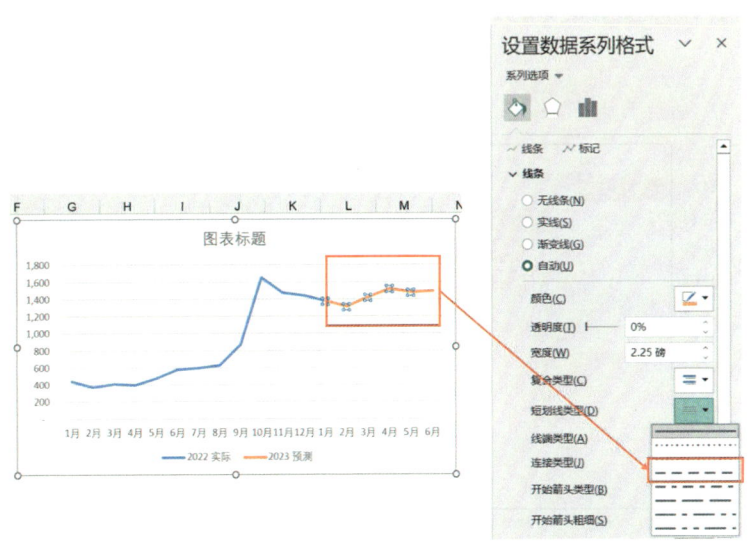

图 9-52 分段折线图数据设计

要点 2：选中图 9-52 单元格区域 A1:C19，绘制折线图，该图反映 2023 年预测数的线段的设置如图 9-53 所示。

图 9-53 分段折线图设置

6. 制作项目甘特图表

甘特图（Gantt chart）又称为横道图或条状图（Bar chart），通过条状图来显示项目、进度和其他与时间相关的系统进展的内在关系随着时间进展的情况。甘特图中的横轴表示时间，纵轴表示活动（项目），线条直观地显示任务计划在什么时候进行，及实际进展与计划要求之间的对比情况。

【案例 9-6】

某项目共有 12 项任务，各项任务的开始时间和持续的天数如表 9-8 所示，要求根据该表数据绘制该项目的甘特图。

表 9-8　项目开始时间和持续的天数

开始时间	持续时间（天）
2002/12/29	1
2002/12/30	11
2003/1/13	9
2003/1/16	15
2003/1/16	18
2003/2/3	4
2003/2/9	12
2003/2/23	1
2003/2/24	4
2003/3/2	5
2003/3/9	1
2003/3/17	1

【解析】制作完成的该项目的甘特图如图 9-54 所示。

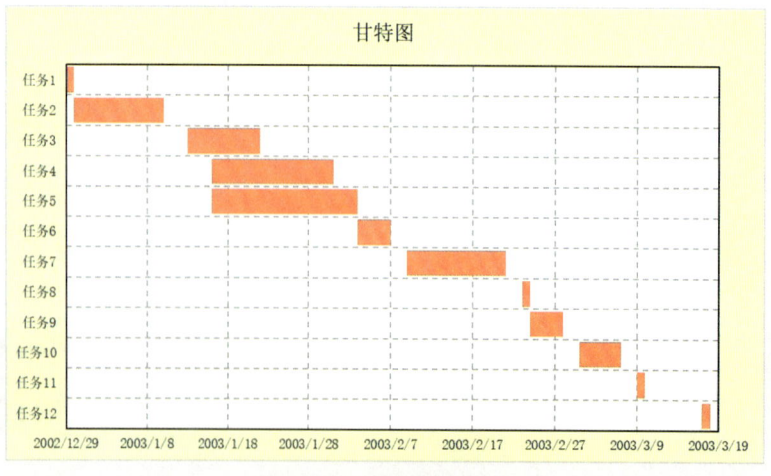

图 9-54　项目甘特图表

该图的制作要点如下：

要点1：选中表9-8数据区域，插入堆积条形图，如图9-55所示。

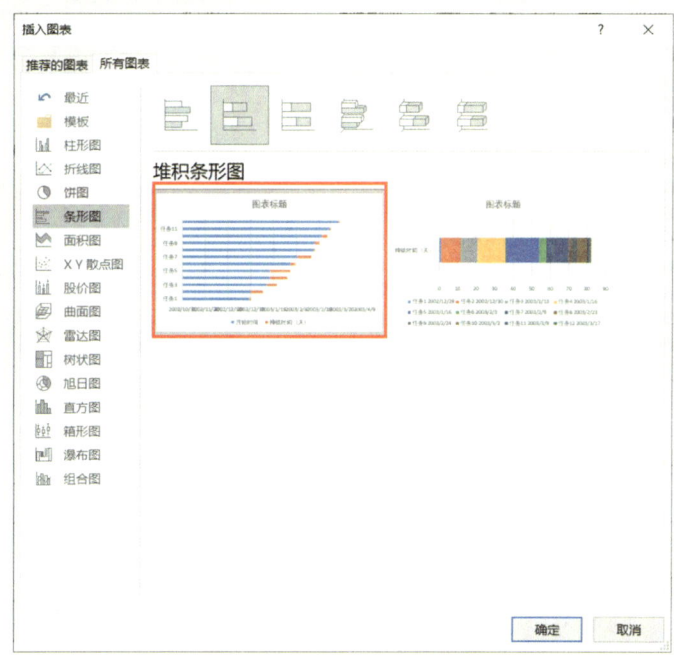

图 9-55　插入"累积条形图"

要点2：如图9-56所示，插入的堆积条形图的纵坐标中，系统默认显示的项目任务的排列需要调整。

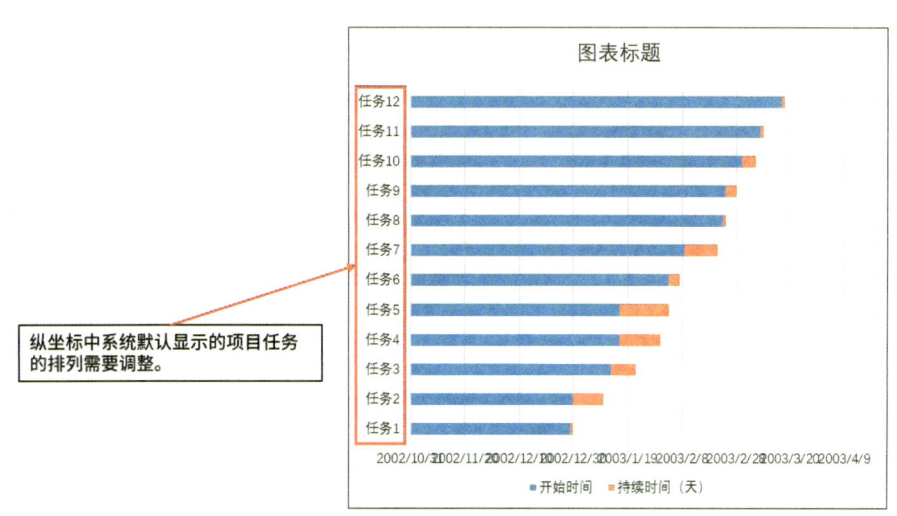

图 9-56　系统默认显示的项目任务的排列

对图形设置坐标轴格式，勾选坐标轴选项中的"逆序类别"，如图9-57所示。

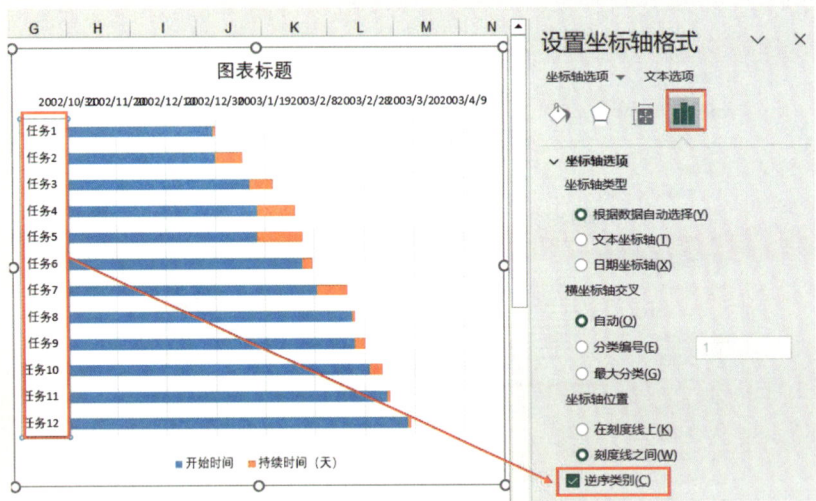

图9-57 勾选坐标轴选项中的逆序类别

要点3：对图9-57所示的堆积条形图的第一段数据的条形状设置无线条、无填充，如图9-58所示。

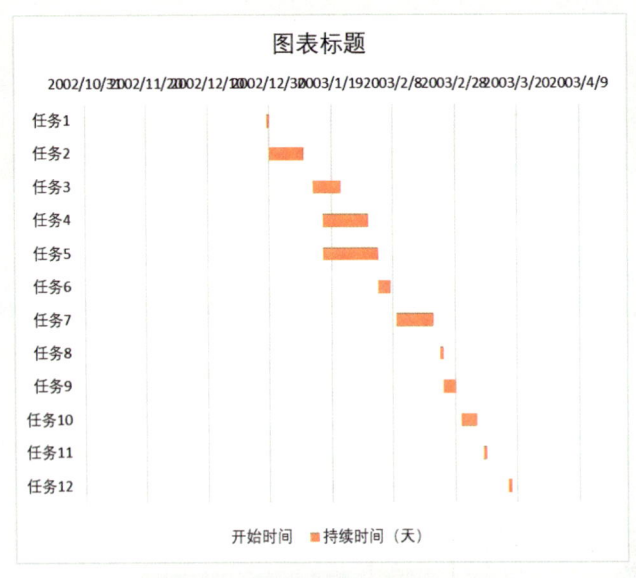

图9-58 第一段数据的条形状设置

要点4：图9-58中，将横坐标系统默认的项目开始时间调整为2002年12月29日，对图表进行适当修饰，包括添加图表标题等元素，形成前述图9-54所示甘特图式样。

7. 标识图表中的最大值与最小值

当在折线图上突出标识数据的最大值和最小值时，可以增强数据的可视化效果，显得非常明显和直观。

【案例 9-7】

某公司上年度的每月销售额明细情况如表 9-9 所示，要求根据该表数据绘制折线图，以反映每月销售趋势，并在折线图上突出标识销售额的最高和最低金额。

表 9-9 每月销售额明细表

月份	销售额（万元）
1 月	2 290
2 月	2 417
3 月	2 945
4 月	1 543
5 月	2 286
6 月	2 235
7 月	1 529
8 月	2 073
9 月	1 813
10 月	2 079
11 月	1 600
12 月	2 203

【解析】 制作完成的该销售趋势折线图如下图 9-59 所示，反映了 1～12 月的销售趋势并且标识出销售额最大月份的金额和最小月份的金额，非常明显和直观。

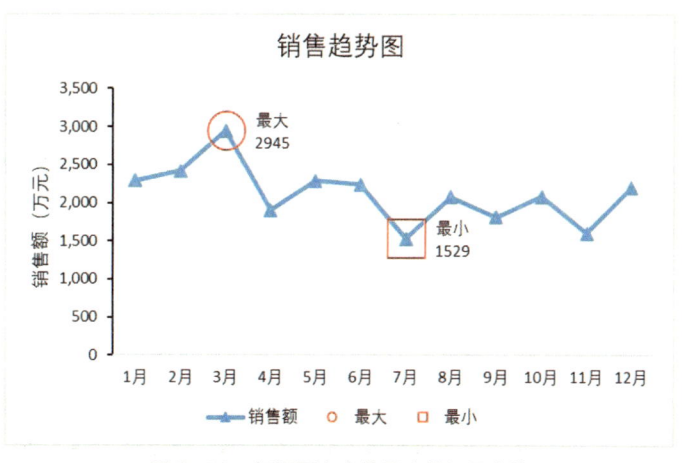

图 9-59 标识图表中的最大值与最小值

本图制作要点：如图 9-60 所示，分别在 C 列和 D 列添加显示最大值和最小值的辅助列，其中：

单元格 C2 输入公式“=IF(B2=MAX($B$2:$B$13),B2,NA())”，并填充复制到单元格 C13，得到销售额的最大值在 8 月为 2 981 万元。

单元格 D2 输入公式“=IF(B2=MIN($B$2:$B$13),B2,NA())”，并填充复制到单元格 D13，得到销售额的最小值在 1 月为 1 540 万元。

上述公式中，对辅助区域中除最大值和最小值以外的单元格用到函数“NA()”，该函数将在单元格中返回“#N/A”，对图表引用“#N/A”，“#N/A”值不会绘制在图表上。

然后，选中单元格 A1:D13 区域，插入折线图，对图表进行适当修饰，添加图表标题等元素，形成前述图 9-59 所示销售趋势图。

	A	B	C	D
1	月份	销售额（万元）	最大值	最小值
2	1月	1,540	#N/A	1,540
3	2月	1,934	#N/A	#N/A
4	3月	2,549	#N/A	#N/A
5	4月	2,842	#N/A	#N/A
6	5月	1,583	#N/A	#N/A
7	6月	2,331	#N/A	#N/A
8	7月	1,969	#N/A	#N/A
9	8月	2,981	2,981	#N/A
10	9月	2,512	#N/A	#N/A
11	10月	2,198	#N/A	#N/A
12	11月	1,824	#N/A	#N/A
13	12月	1,679	#N/A	#N/A

添加显示最大值和最小值的辅助列。

图 9-60　添加图表辅助列

8. 创建销售预算与实际数差异的对比图

图 9-61 是反映实际销售额和预算销售额对比情况的折线图，图中不仅清晰地呈现了实际销售额和预算销售额在时间上的变化趋势，还反映了具体差异的金额，使得比较结果一目了然。

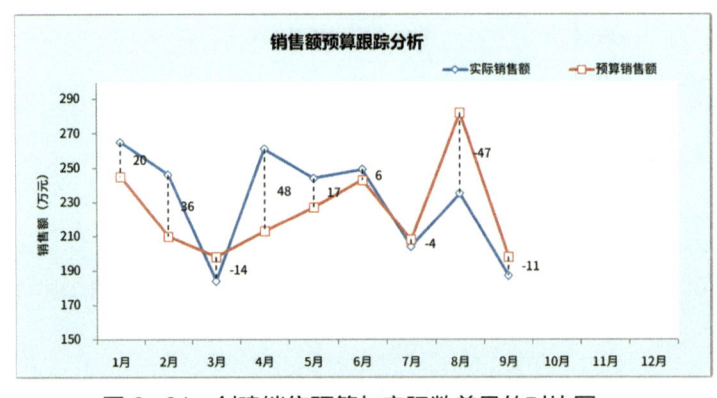

图 9-61　创建销售预算与实际数差异的对比图

该图制作要点：

要点 1：在原数据表下方的单元格区域 B7:O7 添加辅助列"销售额中线"，如图 9-62 所示，该辅助列用于计算实际销售额和预算销售额的平均数，具体操作如下：

单元格 C7 输入公式"=ROUND(SUM(C3:C4)/2,0)"，并填充复制到单元格 K7，得到 1～9 月实际销售额和预算销售额的平均数，可以得出销售额的最大值在 8 月，为 259 万元。

	A	B	C	D	E	F	G	H	I	J	K	L	M	N	O
1		销售额实际与预算对比分析表（单位：万元）													
2		项目	1月	2月	3月	4月	5月	6月	7月	8月	9月	10月	11月	12月	合计
3		实际销售额	265	246	184	261	244	249	204	235	187				2,075
4		预算销售额	245	210	198	213	227	243	208	282	198				2,024
5		差异金额	20	36	-14	48	17	6	-4	-47	-11				51
7		销售额中线	255	228	191	237	236	246	206	259	193				

添加辅助行，用于计算实际销售额和预测销售额的平均数。

图 9-62 添加辅助列"销售额中线"

要点 2：同时选中单元格区 B3:N4 和单元格区域 B7:N7，制作折线图，如图 9-63 所示。

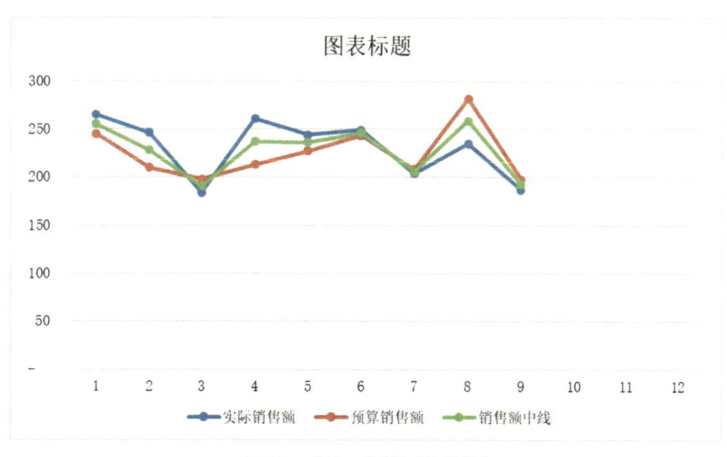

图 9-63 制作折线图

图 9-63 中，将纵坐标的最小值设置为 150，将图 9-62 单元格区域 C5:K5 的实际销售额和预算销售额的差异额作为销售额中线的数据标签显示，然后将辅助列"销售额中线"的线条去除，保留数据标签，对图表进行适当修饰，添加图表标题等元素，形成前述图 9-61 所示销售趋势图。

9. 制作一个温度计图表

图 9-64 是通过一个温度计的图示来反映发展新客户的目标达成进度。此图形是以单元格 B20 中的数据 63% 作为图表数据源，插入柱形图，并对图表进行适当修饰，包括添加图表标题等元素。

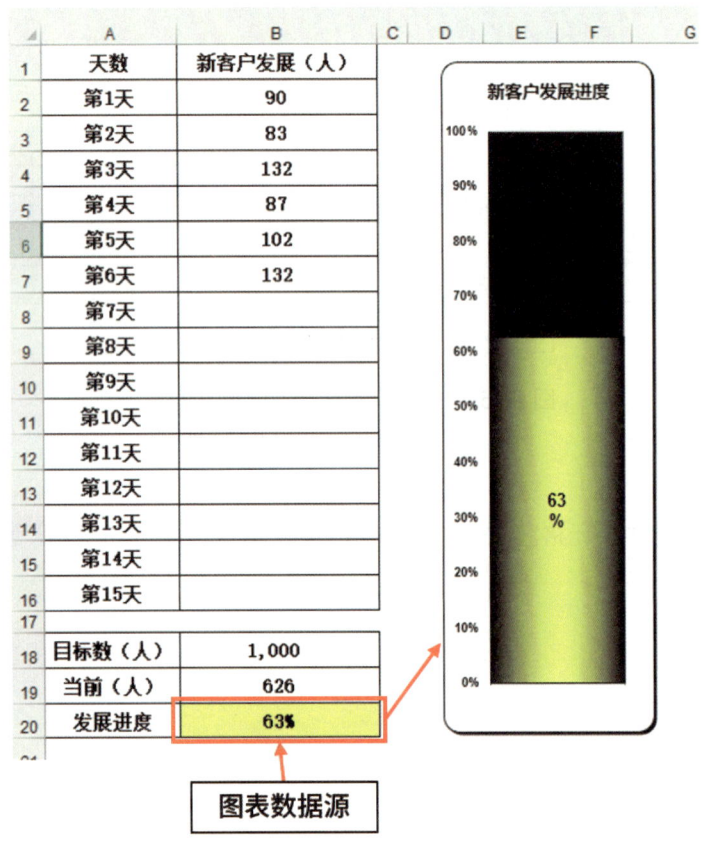

图 9-64 温度计图表

10. 创建仪表盘图表

仪表盘图表是企业构建管理驾驶舱和数据看板中常用的图表。下面介绍圆环图仪表盘和指针式仪表盘两种常见的仪表盘图表。

（1）圆环图仪表盘。

【案例 9-8】

某公司上年度的每月销售及完成情况如表 9-10 所示，要求根据该表数据制作仪表盘图表，以反映每月销售的完成率。

表9-10 每月销售及完成情况

月份	计划销售额（万元）	实际销售额（万元）	完成率	未完成率
1月	1 700	1 145	67%	33%
2月	2 000	1 852	93%	7%
3月	1 800	1 502	83%	17%
4月	1 700	1 533	90%	10%
5月	1 900	1 248	66%	34%
6月	1 600	1 266	79%	21%
7月	1 800	1 383	77%	23%
8月	2 000	1 597	80%	20%
9月	1 600	1 309	82%	18%
10月	1 700	1 492	88%	12%
11月	1 900	1 824	96%	4%
12月	1 500	1 371	91%	9%

【解析】制作完成的圆环图仪表盘如下图9-65所示，通过组合框控件筛选切换不同月份的销售完成率，非常明显和直观。

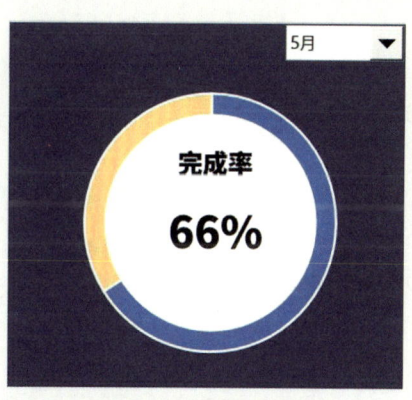

图9-65 圆环图仪表盘

该图制作要点：

要点1：在原数据表中，将单元格区域C16:D18作为绘图区域，添加组合框控件，设置控件参数，将"数据源区域"设置为单元格区域$B$3:$B$14，"单元格链接"设为B17单元格。

图9-66所示控件组合框选择的是5月，即控件链接的B17单元格显示为5，在C17单元格输入公式"=INDEX(E3:E14,B17,1)"显示对应月份的销售完成率，在C18单元格输入公式"=1-C17"，显示对应月份的销售未完成率，在D17单元格输入100%。

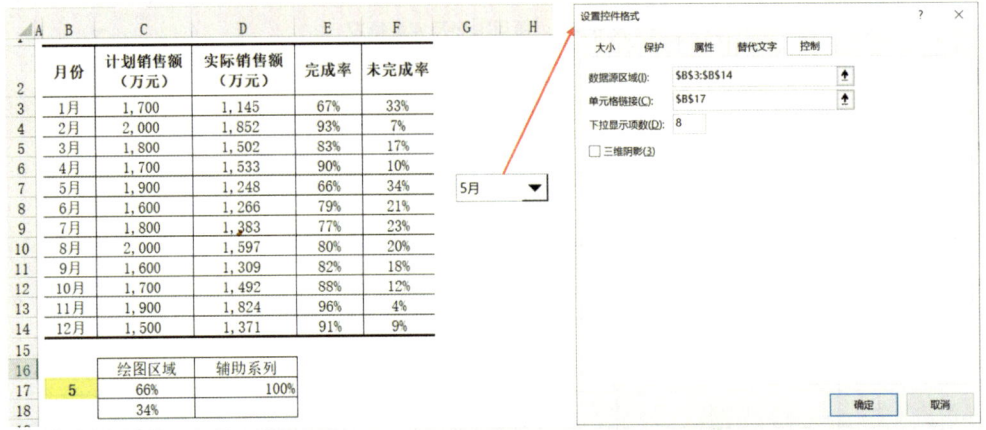

图 9-66　绘图区域与控件设置

要点 2：以单元格区域 C17:C18 制作圆环图，并以 D17 单元格的数据（100%）添加作为第 2 系列，如图 9-67 所示。

要点 3：选中图表，选择"更改图表类型"将辅助系统的圆环图改为饼图，如图 9-68 所示。

要点 4：对辅助系列饼图"设置数据系列格式"，将"饼图分离"设置为 20%，并将"设置数据点格式"设为 0，如图 9-69 所示。

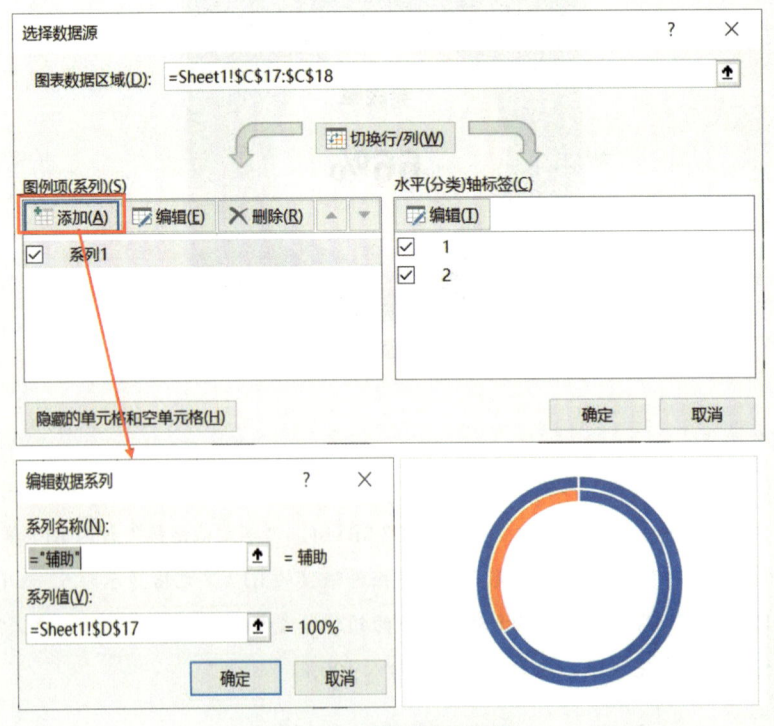

图 9-67　圆环图添加系列

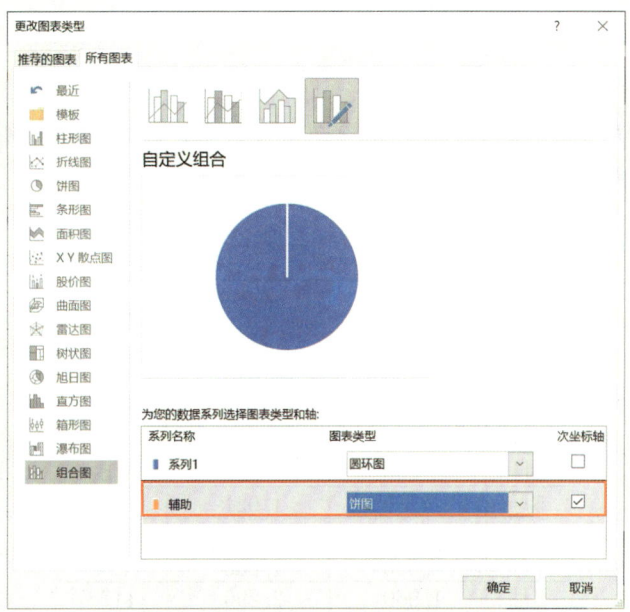

图 9-68 将圆环图更改为饼图

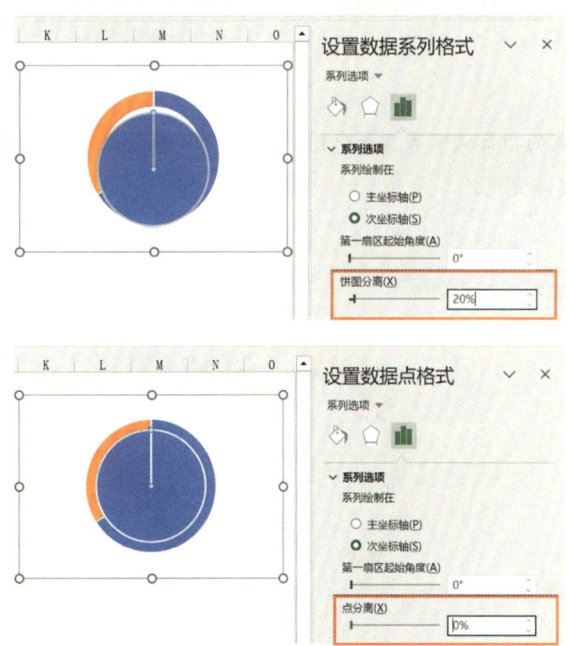

图 9-69 设置饼图数据系列格式

要点 5：将辅助系列的饼图填充设置为白色，以突出主要数据，同时对图表进行适当修饰，将背景设置为深蓝色，并添加显示完成率的文本框等图表元素。

（2）指针式仪表盘。

【案例9-9】

某公司上年度的每月销售明细情况如图9-70所示，要求根据该表数据制作仪表盘图表，以反映每月销售额的完成率。

月份	计划销售额（万元）	实际销售额（万元）	完成率
1月	1,860	1,625	87%
2月	2,160	2,113	98%
3月	2,050	1,712	84%
4月	2,200	1,969	90%
5月	1,730	1,021	59%
6月	1,830	2,324	127%
7月	2,030	1,606	79%
8月	1,960	2,290	117%
9月	1,820	1,803	99%
10月	1,860	1,921	103%
11月	2,050	1,865	91%
12月	2,150	2,129	99%

图9-70　每月销售明细表

【解析】制作完成的指针式仪表盘如下图9-71所示，通过组合框控件筛选切换不同月份的销售完成率，非常明显和直观。

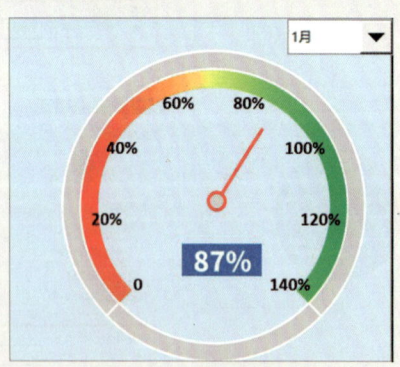

图9-71　指针式仪表盘

该图制作要点：

要点1：设定仪表盘基本参数：指针的摆动幅度为270°；摆动幅度内显示的完成率范围从0到140%；完成率的度量每间隔20%设置一档，共7档；通过组合框控件筛选月份，以切换并显示不同月份的完成率。

根据上述设定,建立仪表盘图表制作数据工作表,如图9-72所示。

	A	B	C	D	E	F
1						
2		完成率刻度	50%		指针刻度	47.5%
3					指针大小	5%
4					剩余刻度	134.2%
5						
6		指针圈	刻度圈	预警圈	修饰外圈	刻度值
7		0	0	0	0	0
8		38.57	38.57			
9		0	0			20%
10		38.57	38.57			
11		0	0			40%
12		38.57	38.57			
13		0	0			60%
14		38.57	38.57			
15		0	0			80%
16		38.57	38.57			
17		0	0			100%
18		38.57	38.57			
19		0	0			120%
20		38.57	38.57			
21		0	0	270	270	140%
22		90.00	90.00	90	90	0

图9-72　仪表盘基础数据表

图9-72中,完成率刻度的预设数:在C2单元格中先输入50%;与指针刻度大小相关的区域为单元格区域F2:F4,在F2单元格输入公式"=C2-F3/2",在F3单元格输入"5%",在F4单元格输入公式"=140%/(270%/360%)-F2-F3",单元格区域B7:E22包含绘图有关的数据,单元格区域F7:F22为图表中的刻度值。

要点2:在图9-73所示工作表中选取单元格区域B7:C22,插入如图9-73左边图样所示圆环图,将该图的图表标题和图例删除,调整合适大小,将调整后的环节图"设置数据系列格式",将"第一扇区起始角度"设置为225°,将"圆环图圆环大小"设置为65%,如图9-73右边图样所示。

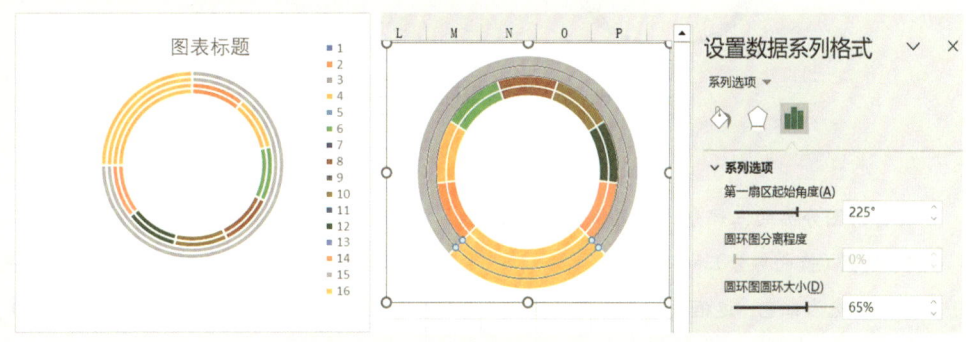

图9-73　设置圆环图角度和圆环大小

要点3：对圆环图"设置数据系列格式"后，4个圆环形分别为系列1、系列2、系列3和系列4，如图9-74所示。

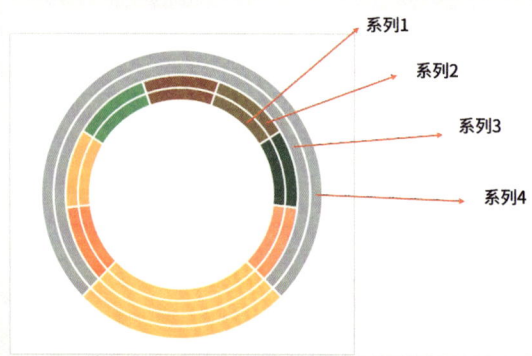

图9-74　设置圆环图从内到外的四个系列

上图的4个系列从内到外，依次分别作为仪表盘的指针圈、刻度圈、预警圈和修饰外圈，然后对各系列进一步设置。

系列1（指针圈）：将其系列数据所在的单元格区域B7:B22数据改为图9-72所示单元格区域F2:F4的数据，然后将圆环图更改为饼图，对饼图"设置数据系列格式"，将"第一扇区起始角度"设置为225°，将"饼图分离"设置为70%，饼图分离为三部分，如图9-75所示。

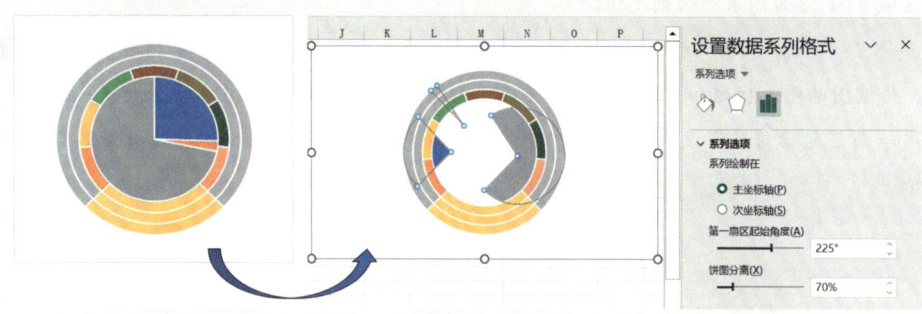

图9-75　设置圆环图第1系列

依次将饼图分离的三部分"设置数据点格式"的"点分离"设置为0，如图9-76所示。

将F2数据（蓝色部分）和F4数据（灰色部分）的饼图改为无填充无边框，F3数据（橙色部分）的饼图改为填充为红色，边框设置为红色，宽度为2磅，再将F3的数据改为0（即将5%改为0），系列1此时已形成指针状，如图9-77所示。

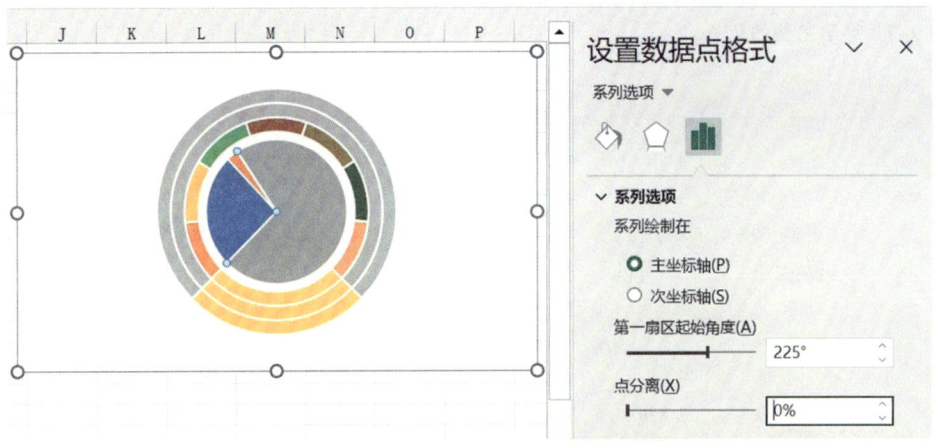

图 9-76　设置圆环图"点分离"值

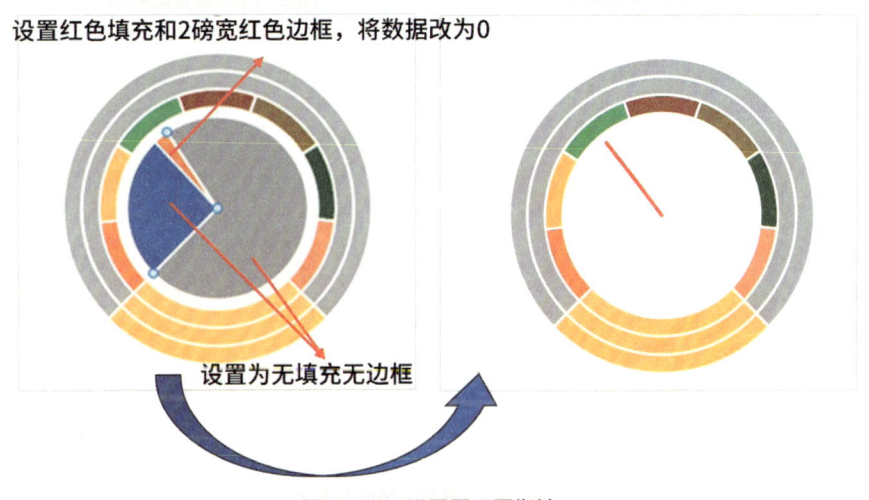

图 9-77　设置圆环图指针

系列 2（刻度圈）：在系列 2 中添加数据标签，并将数据标签的值改为图 9-72 所示单元格区域 F7:F22 区域的值作为仪表盘完成进度的对应数据标签，并将系列 2 的圆环形图设置为无填充无边框，如图 9-78 所示。

系列 3（预警圈）：将系列 3 的 270°以外的部分，即数据 90°对应的圆环部分设置为无填充无边框，将数据 270°对应的圆环进行"渐变填充"，分别在 0、50% 和 100% 设置为红色、黄色和绿色，形成如图 9-79 所示预警圈。

系列 4（修饰外圈）：将系列 4 全部设置为浅灰色，边框设置为 2 磅白色，再将整个图表填充为浅蓝色，静态仪表盘样式已经形成，如图 9-80 所示。

要点 4：按照前述圆环图仪表盘的方法添加组合框控件，根据控件的筛选切换每月完成率数据至图 9-72 所示 C2 单元格，作为仪表盘指针进度的指向。同时添加仪表盘指针的圆心，形成如图 9-71 所示完整的仪表盘。

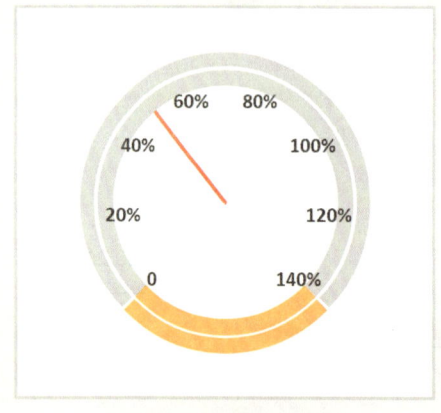

图 9-78　设置圆环图系列 2

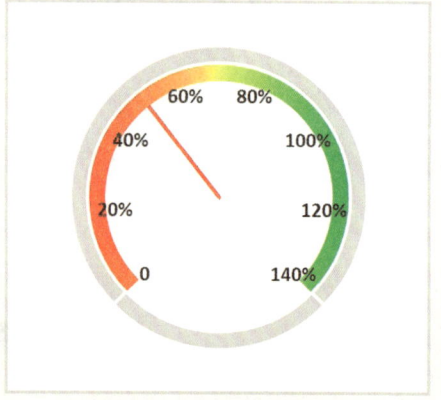

图 9-79　设置圆环图系列 3

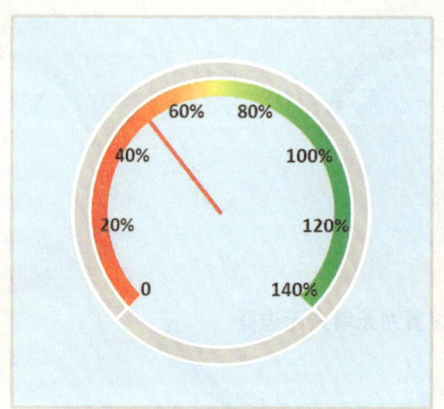

图 9-80　设置圆环图系列 4

二、用迷你图表展示数据

1. 使用菜单中的迷你图功能选项

迷你图是从 Excel 2010 版本开始增加的新功能，可用于设计放置在单元格中的微小图表，以可视化的方式辅助了解数据的变化状态。

点击"插入"选项，可以看到"迷你图"的选项，可以选择适当的"迷你图"。迷你图选中后还可以在"迷你图工具"的"设计"选项卡中对迷你图进行丰富的格式化设置，如图 9-81 所示。

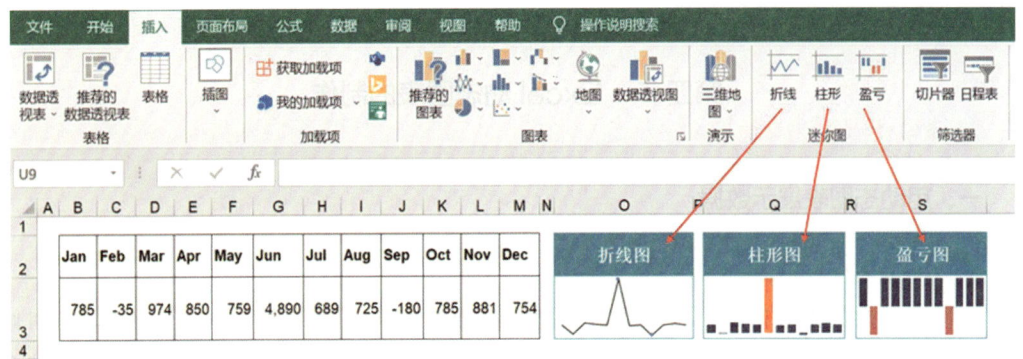

图 9–81 插入“迷你图”

2. 使用函数设置迷你图表

可以使用“REPT 函数”来设置相应的迷你图表，如图 9–82 所示。

首先在 J1 单元格输入“★”形状，单元格 E3 输入公式“=REPT($J$1,C3/1500)”，并填充复制到单元格 E14，显示 J1 单元格“★”形状填充的迷你条形图。

单元格 G3 输入公式“=REPT("|",C3/1500)”，并填充复制到单元格 G14，显示“|”形状填充的迷你条形图。

2023年上半年各品类销售额汇总表

序号	品类	合计（万元）		
1	餐桌	8,651.94	★★★★★	|||||
2	餐桌椅	3,377.85	★★	||
3	茶几	1,640.31	★	|
4	床	20,088.96	★★★★★★★★★★★★★	|||||||||||||
5	单人沙发	4,153.28	★★	||
6	电视柜	9,700.59	★★★★★★	||||||
7	酒柜	4,869.20	★★★	|||
8	六门衣柜	13,124.06	★★★★★★★★	||||||||
9	三人沙发	10,095.07	★★★★★★	||||||
10	书柜	9,499.94	★★★★★★	||||||
11	书桌	5,405.96	★★★	|||
12	四门衣柜	8,880.41	★★★★★	|||||
	汇总	99,487.57		

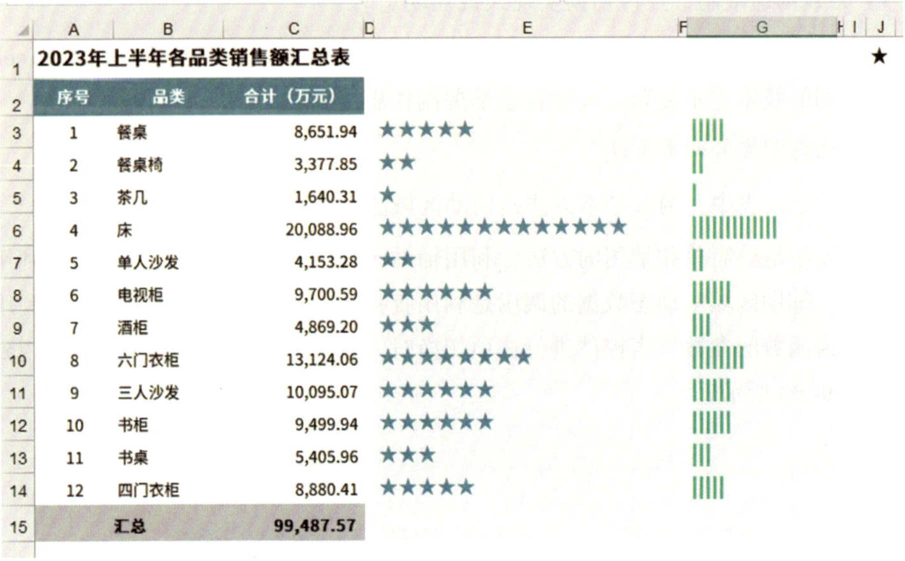

图 9–82 用 REPT 函数设置迷你图

第四节　Excel 动态图表的制作

一、用动态图表展示数据

1. 什么是动态图表？

在我们进行数据分析的时候，经常要制作数据图表来对分析的对象进行描述，有时候通过图形可以更加清楚直观地表现一些复杂的信息，一张清晰、直观且表达正确的图片会增强分析说服力，它的效果往往胜过大段的文字描述。

通常我们制作的图表都是静态的，动态图表是相对于静态图表而言的，如果数据变化及分析对象更换，同一张图表的显示也会随之变化，灵活地展示变化后的数据，这就是动态图表。

动态图表是一种非常有用的分析工具，是图表分析的较高级形式，一旦从静态图表跨入动态图表，分析的效率和效果都会进入另一个境界，动态图表无论是在表达能力还是在易用性方面都比静态图表更强大。在商业应用中可以高效而灵活地对数据对象进行交互式分析和展示，突破了静态图表对数据的单一分析和展示，动态图表具有以下优势：

（1）突破空间限制，一张图表展示更多数据。

（2）突破维度限制，拆解数据实现多维交互。

（3）突破沟通限制，控件切换实现人机互动。

但是，很多人觉得动态图表很"神秘"，制作上有点难，比较复杂。其实 Excel 动态图表中应用到的技术并不复杂，关键在于掌握制作思路和方法。

2. 制作动态图表的两大方法

在制作动态图表中，两大基本方法是辅助区域法和定义名称法。

辅助区域法是最简单和常用的方法，利用辅助区域创建动态数据源，图表是利用辅助区域绘制的。辅助区域中动态数据的调用是利用查找与引用函数或者逻辑函数，利用控件返回的值作为函数的参数，当控件进行选项切换时，将原始数据表的相应数据引用到辅助区域，如图 9-83 所示。

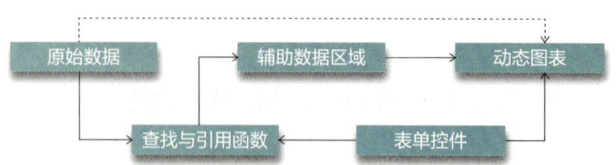

图 9-83　辅助区域法图示

定义名称法，是利用查找与引用函数（如 OFFSET 函数、CHOOSE 函数）引用数据区域从而创建动态数据源，然后对创建的动态数据源进行定义名称并创建图表，图表中的数据取自定义的动态数据源区域，如图 9-84 的所示。

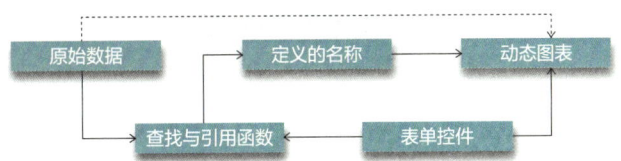

图 9-84　定义名称法图示

二、动态图表中的 Excel 控件设置与应用

1.Excel 中的控件

动态图表分析和展示的对象在交互切换时需要应用 Excel 中的控件工具，Excel 中有两种主要的控件工具，分别是【表单控件】（又叫窗体控件）和【ActiveX 控件】。两种控件能实现基本相似的效果，但也有很多不同的地方，特别是在控件属性设置方面，【ActiveX 控件】的设置选项更多。大多数情况下，如果不使用 VBA 编程，一般都使用设置相对简单的【表单控件】。

【表单控件】包括按钮、组合框、复选框、数值调节钮、列表框、选项按钮、分组框等。

在工作表中如果要使用控件，以 Excel 2016 为例，需要将"开发工具"选项卡添加到工作表的菜单栏，具体操作：【文件】→【选项】→【自定义功能区】→勾选【"开发工具"】→【确定】，如图 9-85 所示。

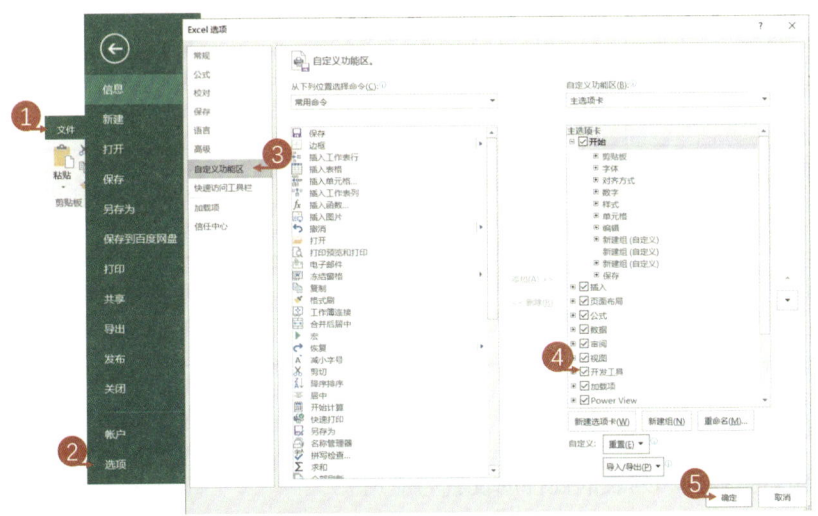

图 9-85　添加"开发工具"选项卡

"开发工具"添加到菜单栏后,点击功能区"插入"下方的黑色三角形按钮,可以显示【表单控件】和【ActiveX 控件】,如图 9-86 所示。

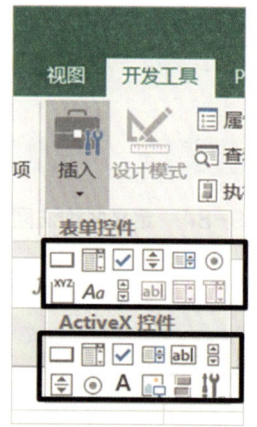

图 9-86　显示控件

常用表单控件的控制设置和输出值如表 9-11 所示。

表 9-11　常用表单控件的控制设置和输出值

常用表单控件		控件属性	输出值
张飞 ▼	组合框	数据源区域 单元格链接	根据单击确定数字
☑ 复选框 1 ☑ 复选框 2	复选框	单元格链接	TRUE FALSE
关羽 张飞 赵云	列表框	数据源区域 单元格链接	根据单击确定数字
● 选项按钮 1 ○ 选项按钮 2	选项按钮	单元格链接	根据选择确定选项组的数字
▲▼	数值调节按钮	最小值 最大值 单元格链接	根据单击上下小三角确定数字
◀ ▶	滚动条	最小值 最大值 单元格链接	根据单击左右箭头或移动滚动条确定数字

2. 常用表单控件的设置与应用

(1) 组合框控件和列表框控件的设置与应用。

组合框控件与列表框控件的设置相似,现以组合框控件设置为例。

选择【开发工具】功能卡，调出控件显示界面，单击"组合框控件"，放置到工作表的合适位置。如图9-87所示，选中组合框控件，单击鼠标右键调出"设置控件格式"对话框，选择"控制"，在"数据源区域"和"单元格链接"位置填入相应的单元格区域和单元格地址，单击"确定"完成控件的设置。

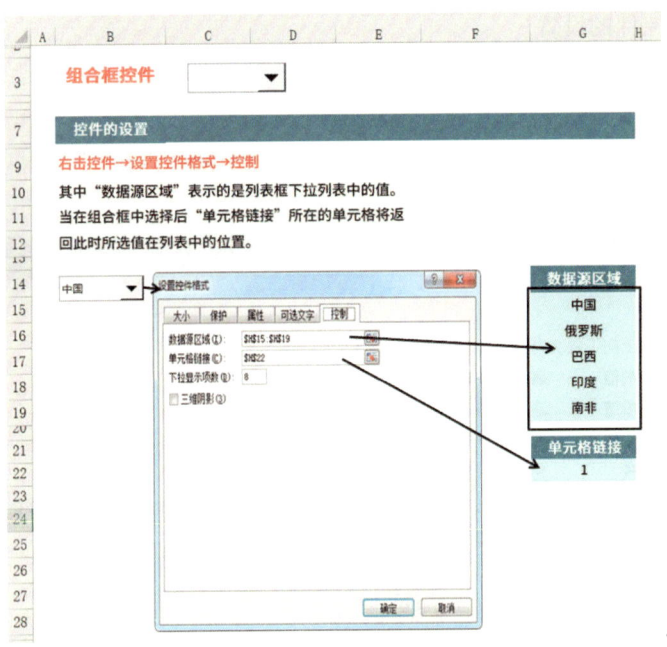

图9-87 组合框控件的设置

图9-88所示为组合框控件控制的动态图表，在组合框下拉框中选择相应的产品时，将显现对应产品1～12月的折线图。

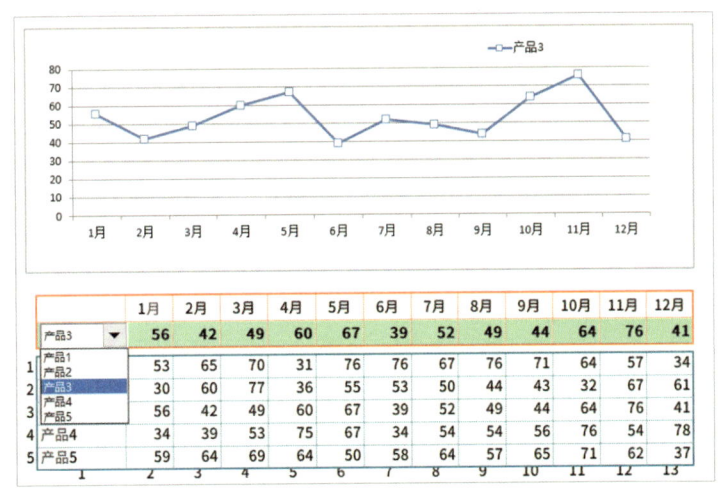

图9-88 组合框控件控制动态图

（2）滚动条控件和数值调节控件的设置与应用。

滚动条控件和数值调节控件的设置相似，现以滚动条控件设置为例。

选择【开发工具】功能卡，调出控件显示界面，单击"滚动条控件"，放置到工作表的合适位置。如图 9-89 所示，选中滚动条控件，按鼠标右键调出"设置控件格式"对话框，选中"控制"，分别设置"最小值""最大值""步长""页步长""单元格链接"，单击"确定"完成控件的设置。

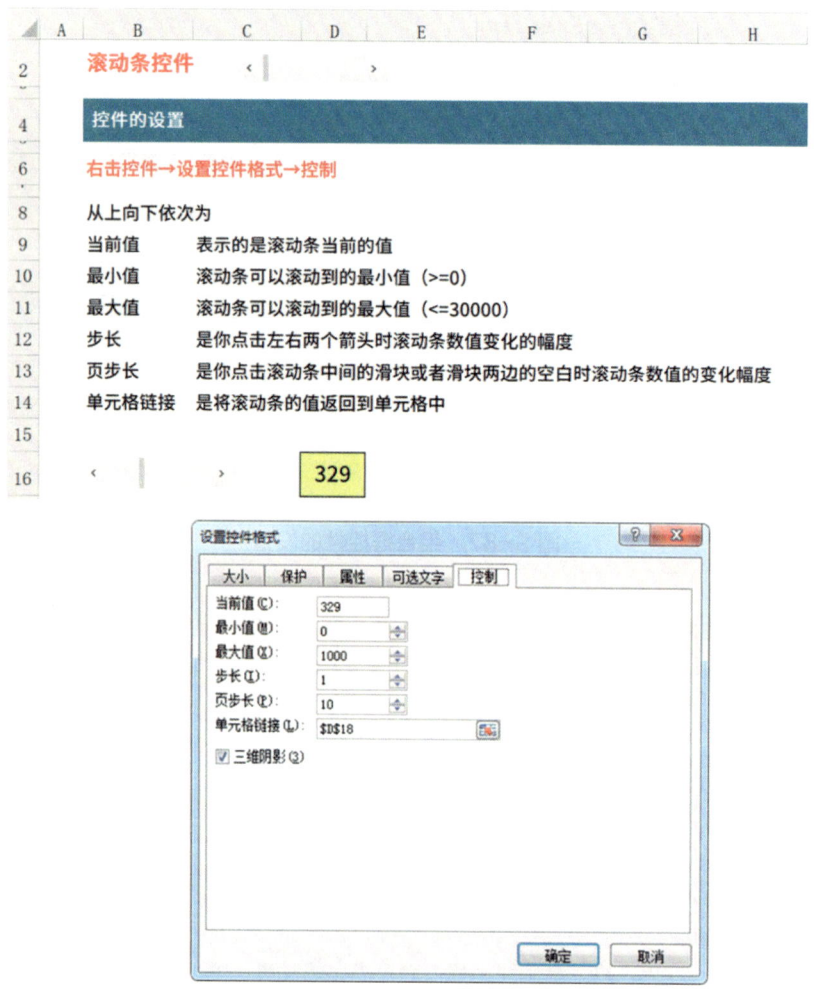

图 9-89　滚动条控件的设置

图 9-90 所示以滚动条控件控制的动态图表为例，当滚动条选择相应的产品时，将显示对应产品 1～12 月的产量趋势折线图。

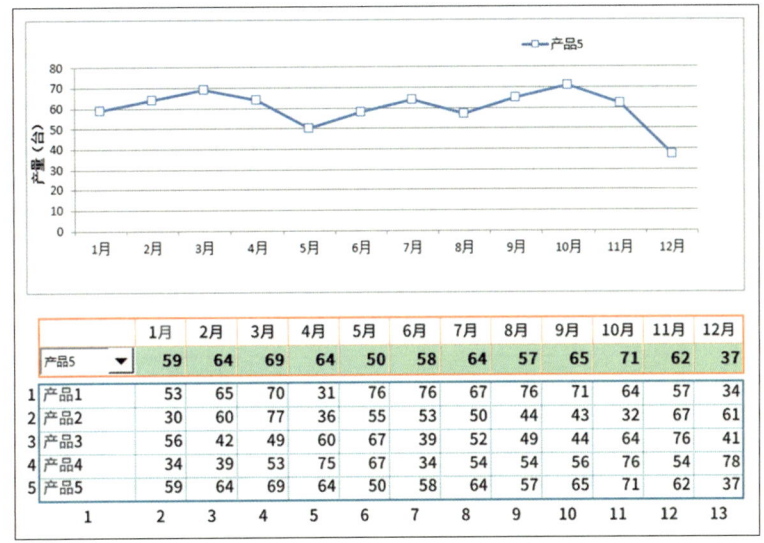

图 9-90　滚动条控件控制动态图

（3）复选框和选项按钮的设置与应用。

复选框控件和选项按钮控件的设置相似，现以复选框控件设置为例。

选择【开发工具】功能卡，调出控件显示界面，单击"复选框控件"，放置到工作表的合适位置。如图 9-91 所示，选中复选框控件，按鼠标右键调出"设置控件格式"对话框，选中"控制"，分别设置"单元格链接"，单击"确定"完成控件的设置。

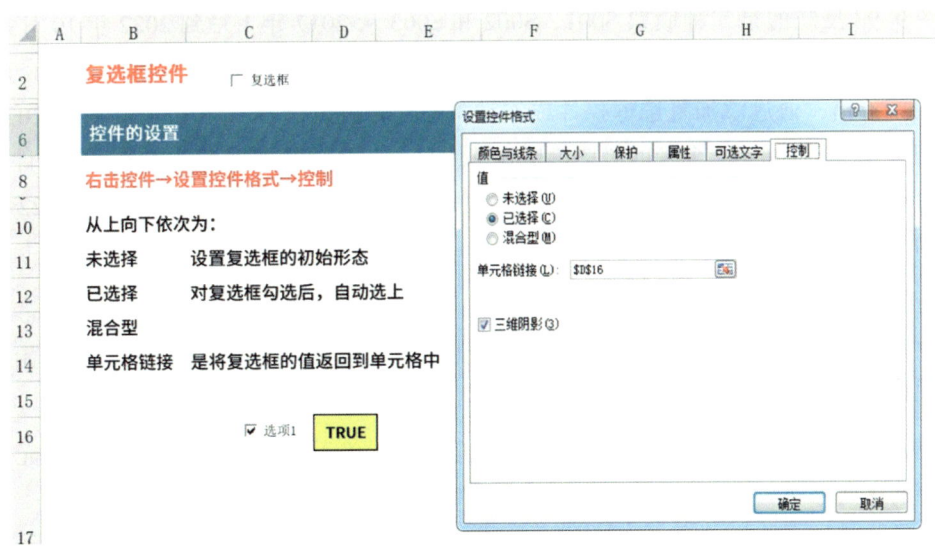

图 9-91　复选框控件的设置

图 9-92 所示为复选框控件控制的动态图表,当在复选框中勾选相应的产品时,将显现对应产品 1～12 月的产量趋势折线图。

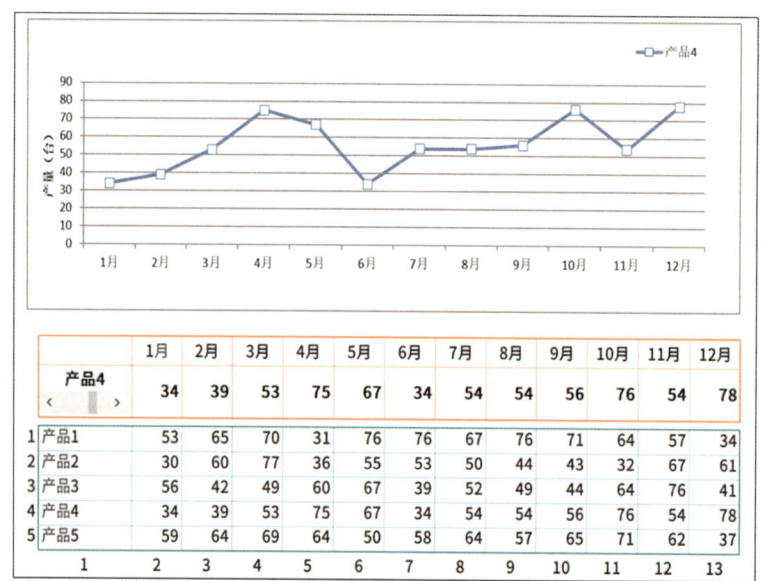

图 9-92 复选框控件控制动态图

三、动态图表制作案例

1. 翻屏滚动效果显示股票价格

图 9-93 反映的是三种股票 S001、S002 和 S003 从 2017 年 1 月到 2022 年 10 月共 70 个月的每月平均价格。三种股票的切换通过选项按钮控件实现。由于每年只能显示 12 个月的股票价格,通过添加复选框控件或滚动条控件,可以选择从 2017 年 1 月到 2022 年 10 月任意时点开始的 12 个月的股票价格在图中显示。当用复选框控件或滚动条控件选择起始时点时,图形通过翻屏滚动效果显示股票的价格,图示中的单元格区域 F11:F22 条件格式的设置可使条形图显示价格的高低情况。

本图中设置的函数公式有:

单元格 B11 输入公式"= 数据源 !M6",返回复选框控件或滚动条控件选择起始时点的序列号,该序列号从 2017 年 1 月为起点 1。

单元格 B12 输入公式"=B11+1",并填充复制到单元格 B22,返回从 B11 单元格之后顺序的序列号。

单元格 D11 输入公式"=OFFSET(数据源 !$C$2,B11,0)",并填充复制到单元格 D22,返回复选框控件或滚动条控件选择起始时点开始的 12 个月的月份。

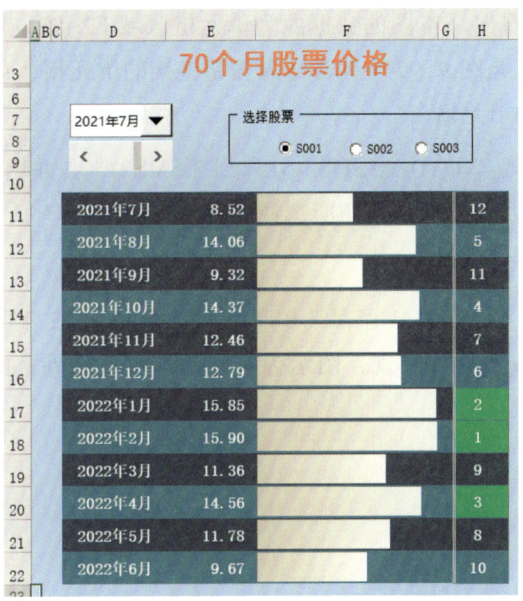

图 9-93　翻屏滚动效果动态图（局部）

单元格 E11 输入公式"=VLOOKUP(D11,数据源!$C$3:$D$72,2,0)"，并填充复制到单元格 E22，返回复选框控件或滚动条控件选择起始时点开始的 12 个月的股票价格。

单元格 H11 输入公式"=RANK(E11,$E$11:$E$22)"，并填充复制到单元格 H22，返回 12 个月的股票价格从高到低的排名情况。

对图中的单元格区域 B11:B22 设置单元格格式，通过自定义设置的类型为三个半角分号";;;"，则在图中隐藏单元格区域 B11:B22，可以使图形整体美观。

本图的数据源及其设置参见"数据源"工作表，如图 9-94 所示。

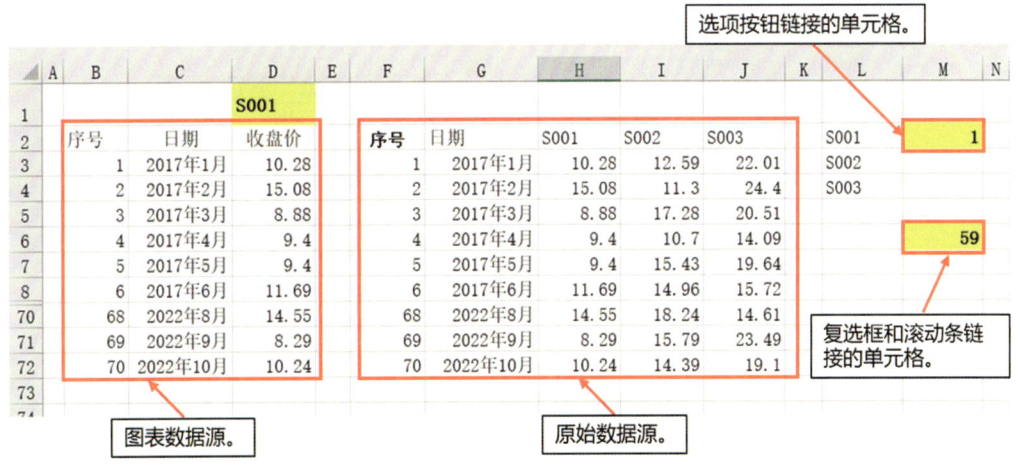

图 9-94　图表原始数据和数据源

通过图 9-94 可以看出，本图的数据源为单元格区域 F2:J72，图表数据源为单元格区域 B2:D72，单元格 M2 是图 9-92 中控件选项按钮链接的单元格，单元格 M6 是图 9-92 中复选框和滚动条链接的单元格。

单元格 D3 输入公式"=INDEX($H$3:$J$72,F3,$M$2)"，并填充复制到单元格 D72，单元格区域 D3:D72 返回控件选项按钮所选择的股票的价格。

2. 标记产量最高值动态图

图 9-95 反映的是三种产品 A 产品、B 产品和 C 产品 2022 年每月的生产产量，三种产品的切换通过选项按钮控件实现，图示为 C 产品产量。另外，图中通过一个突出的圆点标记产量最高值。

图 9-95　标记产量最高值动态图

本图的原始数据源和图表数据源如图 9-96 所示。

选项按钮链接的单元格。

	A	B	C	D	E	F	G	H	I	J	K	L
29		2022年甲公司产品产量（台）					3					
30		日期	A产品	B产品	C产品				日期	C产品	最大值标记	
31		1月	332	357	410				1月	410	#N/A	
32		2月	367	445	480				2月	480	#N/A	
33		3月	273	426	504				3月	504	#N/A	
34		4月	216	499	465				4月	465	#N/A	
35		5月	323	498	537				5月	537	#N/A	
36		6月	219	413	458				6月	458	#N/A	
37		7月	261	421	455				7月	455	#N/A	
38		8月	317	374	409				8月	409	#N/A	
39		9月	388	408	592				9月	592	651	
40		10月	256	429	419				10月	419	#N/A	
41		11月	310	453	421				11月	421	#N/A	
42		12月	245	330	528				12月	528	#N/A	

原始数据源。　　图表数据源。

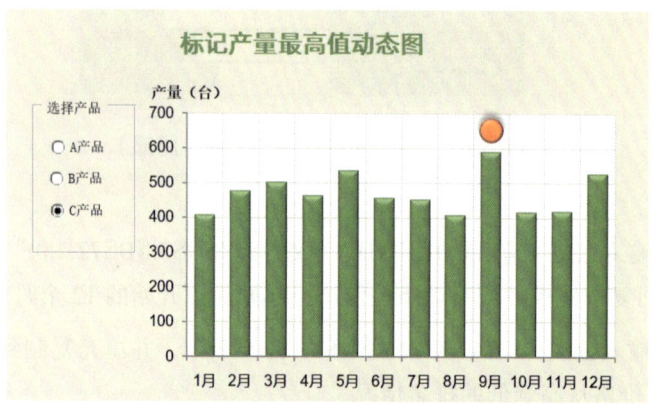

图 9-96　图表原始数据和数据源

上图中，单元格区域 B30:E42 为原始数据源，单元格区域 I30:K30 为图表数据源，选项按钮链接单元格 G29，图表数据源区域的公式设置如下：

单元格 J30 输入公式"=INDEX($C$30:$E$42,$H31,$G$29)"，并填充复制到单元格 J42，单元格区域 J30:J42 返回控件选项按钮所选择的产品产量数据，图中选项为 C 产品，单元格 G29 显示为 3，即第 3 项。

单元格 K31 输入公式"=IF(J31=MAX($J$31:$J$42)，ROUND(J31*1.1,0)，NA())"，并填充复制到单元格 K42，得到 C 产品 9 月的产量，其中 592 台为最高值，为了突出最高值，在单元格 K39 中计算的结果为 651 台，该数据系在 592 台的基础上增加了 10%。

在图表数据源中，单元格区域 J31:J42 数据设置为柱形图，单元格区域 K31:K42 数据设置为折线图，图中只有单元格 K39 中 651 这个数据点，对图表进行适当修饰，添加图表标题等元素，形成前述图 9-95 所示标记产量最高值动态图。

3. 滚动显示所选期间动态图

图 9-97 反映的是全年销售额的趋势，分析全年的销售额可以通过图中的复选框控件和滚动条控件选择图中所滚动显示的期间，图中选择的期间是 1～10 月。

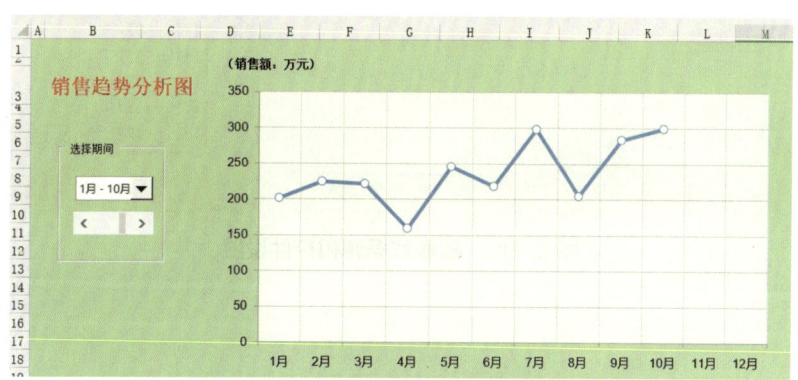

图 9-97　滚动显示所选期间动态图

本图的数据源及其设置参见"数据源"工作表，如图 9-98 所示。

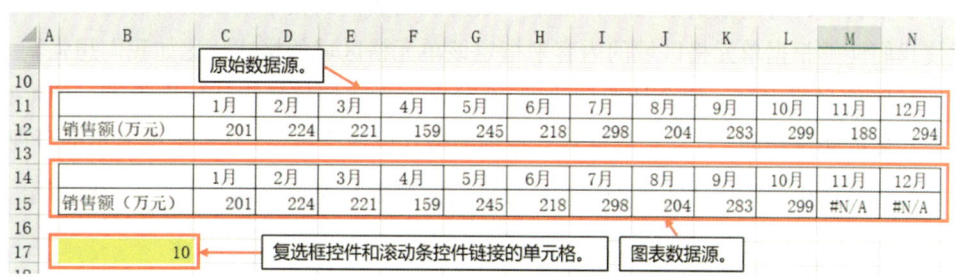

图 9-98　图表原始数据和数据源

上图中，单元格区域 B11:N12 为原始数据源，单元格区域 B14:N15 为图表数据源。复选框控件和滚动条控件链接单元格 B17，图表数据源区域的公式设置如下：

单元格 C15 输入公式"=IF($B$17>=COLUMN()-2,OFFSET($B$11,1,COLUMN()-2),NA())"，并填充复制到单元格 N15，单元格区域 C15:N15 返回复选框控件和滚动条控件所选择的销售期间的数据，图中为 1～10 月的销售数据。

另外，复选框控件中的"数据源区域"为"数据源"工作表的单元格区域 B26:B37，如图 9-99 所示。

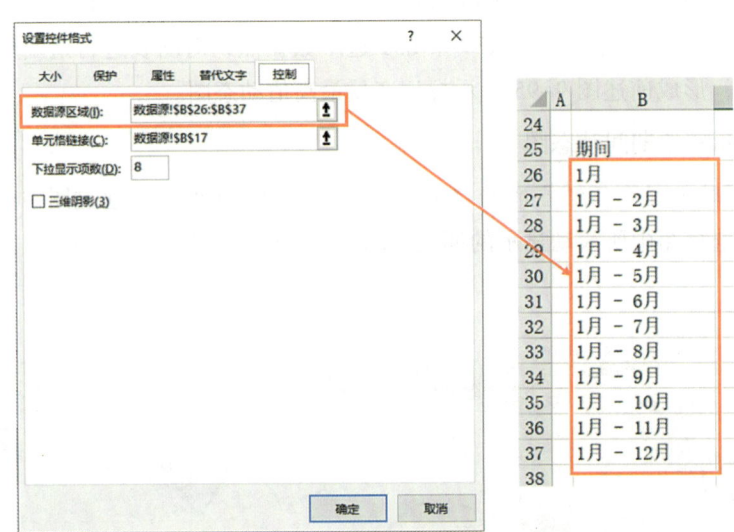

图 9-99　图表数据源和控件设置

第五节　运用条件格式实现数据可视化

一、条件格式的设置

在工作表中，当数据量很大时，很难一眼辨识出数值的大小或找出所需的项目，条件格式使我们能够根据单元格区域的内容来指定该单元格区域的格式，比如我们想强调工作表中的某些项目或内容，如会计成绩达到 90 分以上者、销售额未达标准者等，便可利用设定格式化的条件功能，自动将数据套上特别的格式以便于辨识，达到数据显示的可视化。

在设定格式化的条件功能中，有多种数据设定规则与视觉效果，如图 9-100 所示。

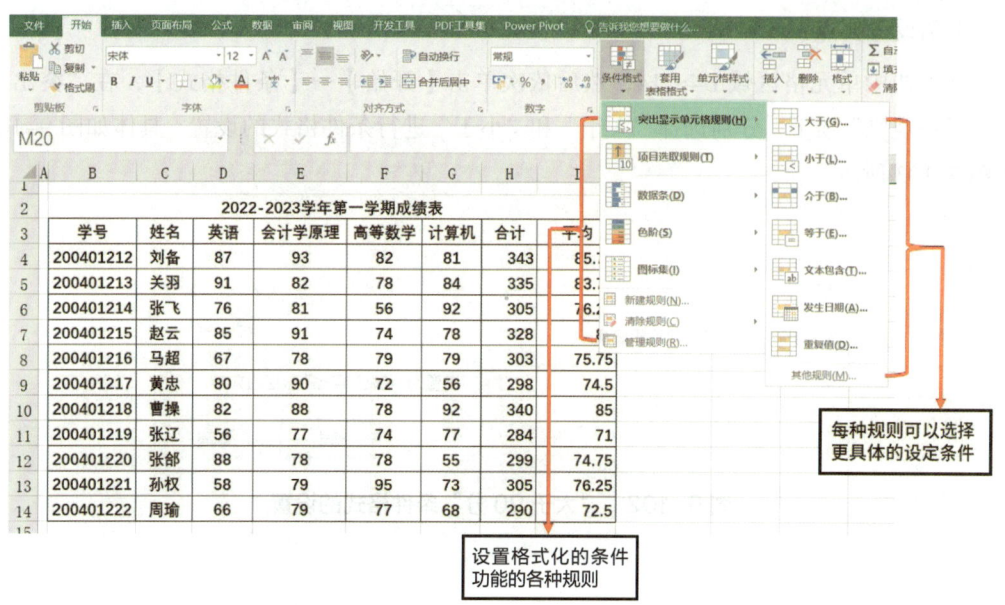

图 9-100　条件格式的多种设定规则

二、条件格式设置数据可视化案例

1. 突出显示考试成绩

要求：突出显示大于 90 分和小于 70 分的单元格，如图 9-101 所示。

学号	姓名	英语	会计学原理	高等数学	计算机	合计	平均
\multicolumn{8}{c}{2022—2023 学年第一学期成绩表}
200401212	刘备	87	93	82	81	343	85.75
200401213	关羽	91	82	78	84	335	83.75
200401214	张飞	76	81	56	92	305	76.25
200401215	赵云	85	91	74	78	328	82
200401216	马超	67	78	79	79	303	75.75
200401217	黄忠	80	90	72	56	298	74.5
200401218	曹操	82	88	78	92	340	85
200401219	张辽	56	77	74	77	284	71
200401220	张郃	88	78	78	55	299	74.75
200401221	孙权	58	79	95	73	305	76.25
200401222	周瑜	66	79	77	68	290	72.5

图 9-101　突出显示考试成绩

上图设置要点：

首先选中单元格区域 D4:G14，然后依次单击【开始】→【条件格式】，在"突出显示单元格规则"项下，分别选择"大于"和"小于"进行条件格式的设置，具体如图 9-102 和图 9-103 所示。

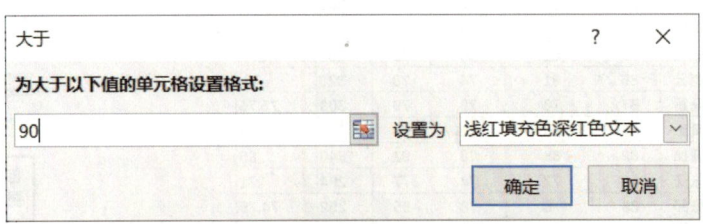

图 9-102　"大于 90 分"条件格式的设置

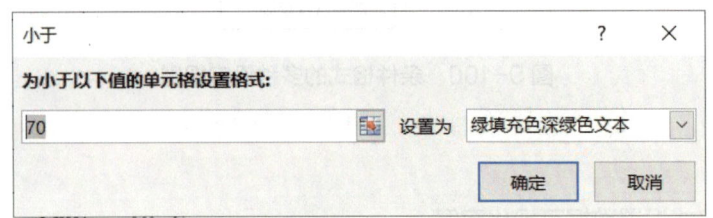

图 9-103　"小于 70 分"条件格式的设置

2. 突出显示销售业绩

要求：突出显示每季度前三名的销售业绩，如图 9-104 所示。

序	销售员	第一季度	第二季度	第三季度	第四季度	合计
1	赵云	1712	1374	1461	2106	6653
2	典韦	2414	1465	2305	1766	7950
3	关羽	843	1469	1572	1326	5210
4	马超	1211	1259	2258	1280	6008
5	张飞	1333	1477	1733	728	5271
6	黄忠	937	1462	1746	875	5020
7	许褚	1596	1651	888	761	4896
8	孙策	936	2015	1462	2284	6697
9	太史慈	1386	1613	1999	1615	6613
10	夏候惇	1575	2296	830	992	5693
11	夏候渊	2354	1493	916	1865	6628
12	张辽	2225	1437	965	1171	5798
13	甘宁	2348	2214	756	1042	6360
14	周泰	1257	2074	1419	2152	6902

图 9-104　查询业务员业绩

上图设置要点：

首先选中单元格区域 C3:F16，然后依次单击【开始】→【条件格式】，在"突出显示单元格规则"项下选择"其他规则"，在"选择规则类型"选项框中选择"仅对排名靠前或靠后的数值设置格式"，然后选择排名"前 3"，在格式设置中，选择"红底斜体加粗白色字体"，具体如图 9-105 所示。

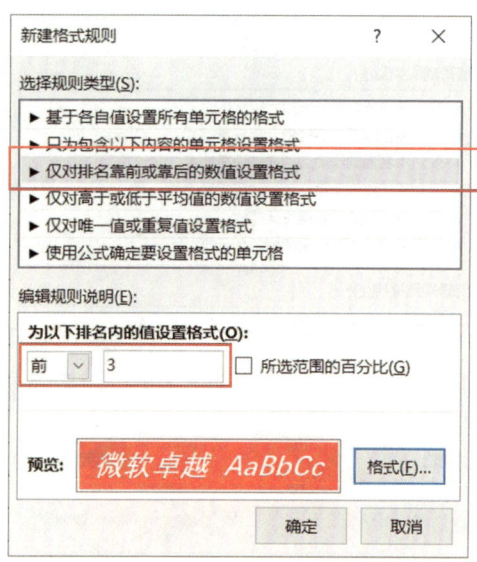

图 9-105　选择新建规则类型和条件设置

3. 突出显示未完成任务的品种

要求：突出显示未完成销售量计划的品种，如图 9-106 所示。

	A	B	C
1			
2			
3	行标签	求和项:计划销量	求和项:实际销量
4	餐桌	19590	19905
5	餐桌椅	19700	19870
6	茶几	19510	19926
7	床	19470	19662
8	单人沙发	20170	19918
9	电视柜	19880	19733
10	酒柜	19290	19571
11	六门衣柜	20090	19933
12	三人沙发	20030	19559
13	书柜	19790	19945
14	书桌	20550	19857
15	四门衣柜	19870	19967
16	总计	237940	237846
17			

图 9-106　突出显示未完成任务的品种

上图设置要点：

首先选中单元格区域 A4:A15，然后依次单击【开始】→【条件格式】，在"新建规则"项下的"选择规则类型"点击"使用公式确定要设置格式的单元格"，在公式的值中设置格式为"=B4>C4"，在格式设置中，选择"红底加粗斜体白色字体"，具体如图 9-107 所示。

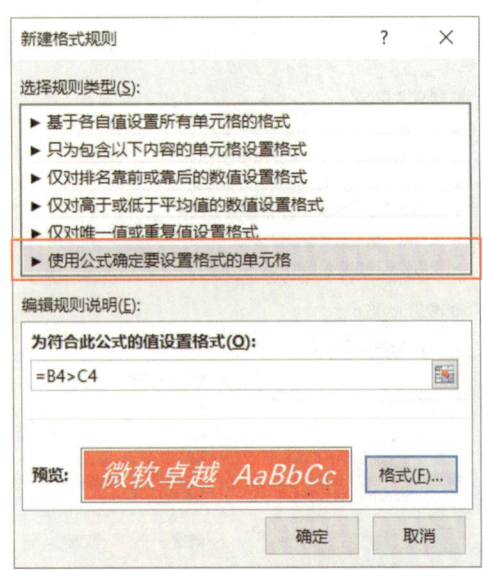

图 9-107　选择新建规则类型和条件设置

4. 用数据横条标识销售业绩值的大小

要求：用条件格式的"数据横条"规则标识销售业绩值的大小，如图 9-108 所示。

序	销售员	第一季度	第二季度	第三季度	第四季度	合计
		业务员销售业绩一览表				
1	赵云	1712	1374	1461	2106	6653
2	典韦	2414	1465	2305	1766	7950
3	关羽	843	1469	1572	1326	5210
4	马超	1211	1259	2258	1280	6008
5	张飞	1333	1477	1733	728	5271
6	黄忠	937	1462	1746	875	5020
7	许褚	1596	1651	888	761	4896
8	孙策	936	2015	1462	2284	6697
9	太史慈	1386	1613	1999	1615	6613
10	夏候惇	1575	2296	830	992	5693
11	夏候渊	2354	1493	916	1865	6628
12	张辽	2225	1437	965	1171	5798
13	甘宁	2348	2214	756	1042	6360
14	周泰	1257	2074	1419	2152	6902

图 9-108　数据横条标识数据

上图设置要点：

首先选中单元格区域 C3:F16，然后依次单击【开始】→【条件格式】，在“数据条”项下选择“实心填充”，选择绿色填充样式；选中单元格区域 G3:G16，然后依次单击【开始】→【条件格式】，在“数据条”项下选择“实心填充”，选择橙色填充样式。

5. 运用条件格式制作甘特图

要求：如图 9-109 所示，根据单元格区域 B4:E10 的数据，在单元格区域 F4:P10 制作甘特图。

				0	10	20	30	40	50	60	70	80	90	100
工作序号	工作持续时间	开始工作	结束工作	10	10	10	10	10	10	10	10	10	10	
A	10.5	0	10.5	10	0.5									
B	12	10.5	22.5		9.5	2.5								
C	6.5	22.5	29			6.5								
D	15	29	44			1	10	4						
E	22	44	66					6	10	6				
F	23	66	89							4	10	9		
G	9	89	98									1	8	
	98													

图 9-109　制作甘特图

上图设置要点：

首先在 F4 单元格设置公式“=IF(OR($E4<=F$2,$D4>=G$2),"",IF(AND($D4>=F$2,$E4<G$2),$C4,IF(AND($D4>=F$2,$D4<G$2),G$2−$D4,IF(AND($E4>F$2，$E4<G$2),$E4−F$2,F$3))))”，然后填充至单元格区域 F4:P10，此时单元格区域 F4:P10 显示每项工作对应的工作持续时间，如图 9-110 所示。

F4　=IF(OR($E4<=F$2,$D4>=G$2),"",IF(AND($D4>=F$2,$E4<G$2),$C4,IF(AND($D4>=F$2,$D4<G$2),G$2-$D4,IF(AND($E4>F$2,$E4<G$2),$E4-F$2,F$3))))

				0	10	20	30	40	50	60	70	80	90	100
工作序号	工作持续时间	开始工作	结束工作	10	10	10	10	10	10	10	10	10	10	
A	10.5	0	10.5	10	0.5									
B	12	10.5	22.5		9.5	2.5								
C	6.5	22.5	29			6.5								
D	15	29	44			1	10	4						
E	22	44	66					6	10	6				
F	23	66	89							4	10	9		
G	9	89	98									1	8	
	98													

图 9-110　显示每项工作对应的持续时间

然后选中单元格区域 F4:P10，依次单击【开始】→【条件格式】，在"新建规则"项下的"选择规则类型"中点击"使用公式确定要设置格式的单元格"，公式的值设置格式为"=ISNUMBER(F4)"，在格式设置中，选择"蓝底加粗白色字体"，具体如图 9-111 所示。

图 9-111　选择新建规则类型和条件设置

第十章 管理会计报告和管理报表设计

第一节 管理会计报告

一、了解管理会计报告

1. 什么是管理会计报告？

管理会计报告是为企业各个层级进行规划、决策、控制和评价等管理活动提供有用信息的有效工具。

根据《管理会计应用指引第801——号企业管理会计报告》第二条的规定，企业管理会计报告，是指企业运用管理会计方法，根据财务和业务的基础信息加工整理形成的、满足企业价值管理和决策支持需要的内部报告。

2. 管理会计报告与财务会计报告的比较

管理会计报告与财务报告具有高度相关性。财务报告是基础，管理会计报告的许多部分都建立在财务报告之上，管理会计报告中的财务信息大多源自会计数据，但出于业务规划与经营决策的需要，管理会计报告可能需要对相关会计账户数据进行细化和调整，以便深度加工财务报告信息。

管理会计报告与财务会计报告又有明显的区别，主要体现在编制基础、服务对象、报告内容、编制期间、计量方式和编制规范等方面，具体如表10-1所示。

表10-1 管理会计报告与财务会计报告区别

比较内容	管理会计报告	财务会计报告
编制基础	企业各个部门的财务信息和非财务信息	企业的财务信息为主
服务对象	内部管理者	外部信息使用者
报告内容	根据管理需要和报告目标而定	反映企业整体的财务状况、经营成果和现金流量的状况，都是历史信息
编制期间	定期报告和不定期报告相结合	定期报告
计量方式	根据需要，不限于货币形式	必须是货币形式
编制规范	没有统一的格式和规范	比较规范、统一

3. 管理会计报告的分类

企业管理会计报告体系可按照多种标准进行分类：

（1）按照企业管理会计报告使用者所处的管理层级可分为战略层管理会计报告、经营层管理会计报告和业务层管理会计报告。

（2）按照企业管理会计报告内容可分为综合企业管理会计报告和专项企业管理会计报告。

（3）按照管理会计功能可分为管理规划报告、管理决策报告、管理控制报告和管理评价报告。

（4）按照责任中心可分为投资中心报告、利润中心报告和成本中心报告。

（5）按照报告主体整体性程度可分为整体报告和分部报告。

4. 管理会计报告的流程

企业管理会计报告流程包括报告的编制、审批、报送、使用、评价等环节。

（1）编制：企业管理会计报告由负责管理会计信息归集、处理并报送的责任部门编制。

（2）审批：企业应根据报告的内容、重要性和报告对象等确定不同的审批流程，经审批后的报告方可报出。

（3）报送：企业应合理设计报告报送路径，确保企业管理会计报告及时、有效地送达报告对象。企业管理会计报告可以根据报告性质、管理需要进行逐级报送或直接报送。

（4）使用：企业应建立管理会计报告使用的授权制度，报告使用人应在权限范围内使用企业管理会计报告。

（5）评价：企业应对管理会计报告的质量、传递的及时性、保密情况等进行评价，并将评价结果与绩效考核挂钩。

（6）信息化：企业应当充分利用信息技术，强化管理会计报告及相关信息集成和共享，将管理会计报告的编制、审批、报送和使用等纳入企业统一信息平台。

（7）优化：企业应定期根据管理会计报告使用效果以及内外部环境变化对管理会计报告体系、内容以及编制、审批、报送、使用等流程进行优化。

接下来，将主要介绍战略层管理会计报告，经营层管理会计报告，业务层管理会计报告等三种管理会计报告。

二、战略层管理会计报告

1. 战略层管理会计报告概念

战略层管理会计报告是指为战略层在进行战略规划、决策、控制和评价以及其他方面的管理活动时提供相关信息的对内报告。战略层管理会计报告的报告对象是企业的战略层，包括股东大会、董事会和监事会等。

战略层管理会计报告适用于管控型企业集团或具有相似特征的部分企业。其关注的重点包括战略方向、产品产业布局、重大投资、重大风险以及集团或产业盈利能力等方面。

战略层管理会计报告应精炼、简洁、易于理解，应报告主要结果、主要原因，并提出具体的建议。

2. 战略层管理会计报告内容

战略层管理会计报告包括战略管理报告、综合业绩报告、价值创造报告、经营分析报告、风险分析报告、重大事项报告和例外事项报告等，主要内容详见表10-2。

表10-2　战略层管理会计报告的主要内容

报告名称	主要内容
战略管理报告	内容一般包括内外部环境分析、战略选择与目标设定、战略执行及其结果，以及战略评价等
综合业绩报告	内容一般包括关键绩效指标预算及其执行结果、差异分析以及其他重大绩效事项等
价值创造报告	内容一般包括价值创造目标、价值驱动的财务因素与非财务因素、内部各业务单元的资源占用与价值贡献，以及提升公司价值的措施等
经营分析报告	内容一般包括过去经营决策执行情况回顾、本期经营目标执行的差异及其原因、影响未来经营状况的内外部环境与主要风险分析、下一期的经营目标及管理措施等
风险分析报告	内容一般包括企业全面风险管理工作回顾、内外部风险因素分析、主要风险识别与评估、风险管理工作计划等
重大事项报告	内容是针对企业的重大投资项目、重大资本运作、重大融资、重大担保事项、关联交易等事项进行的报告
例外事项报告	内容是针对企业发生的管理层变更、股权变更、安全事故、自然灾害等偶发性事项进行的报告

三、经营层管理会计报告

1. 经营层管理会计报告概念

经营层是指企业中的中层管理者，他们在企业整体战略目标的分解和落实中扮演着关键人物，经营层是企业战略层目标有效执行的根本保障，经营层既关注企业整体的发展方向，也密切关注企业具体的生产环节，如收入来源、成本控制、绩效管理等一系列的日常经营活动。

经营层管理会计报告适用于各公司及其子公司或者具有公司性质的独立经营的事业部等经济实体，重点关注的是公司产品、产业规划、产品产业生命周期、产品盈利能力、成本竞争能力、资金安全、其他财务风险以及生产、销售、采购、品质、研发等业务管控方面的内容。

经营层管理会计报告应确保内容完整、分析深入。

2. 经营层管理会计报告内容

经营层管理会计报告主要包括全面预算管理报告、投资分析报告、项目可行性报告、融资分析报告、盈利分析报告、资金管理报告、成本管理报告和绩效评价报告等，主要内容如表10-3所示。

表10-3　经营层管理会计报告的主要内容

报告名称	主要内容
全面预算管理报告	内容一般包括预算目标制定与分解、预算执行差异分析以及预算考评等
投资分析报告	内容一般包括投资对象、投资额度、投资结构、投资进度、投资效益、投资风险和投资管理建议等
项目可行性报告	内容一般包括项目概况、市场预测、产品方案与生产规模、厂址选择、工艺与组织方案设计、财务评价、项目风险分析，以及项目可行性研究结论与建议等
融资分析报告	内容一般包括融资需求测算、融资渠道与融资方式分析及选择、资本成本、融资程序、融资风险及其应对措施和融资管理建议等
盈利分析报告	内容一般包括盈利目标及其实现程度、利润的构成及其变动趋势、影响利润的主要因素及其变化情况，以及提高盈利能力的具体措施等。企业还应对收入和成本进行深入分析。盈利分析报告可基于企业集团、单个企业，也可基于责任中心、产品、区域、客户等进行
资金管理报告	内容一般包括资金管理目标、主要流动资金项目如现金、应收票据、应收账款、存货的管理状况、资金管理存在的问题以及解决措施等。企业集团资金管理报告的内容一般还包括资金管理模式（集中管理还是分散管理）、资金集中方式、资金集中程度、内部资金往来等
成本管理报告	内容一般包括成本预算、实际成本及其差异分析，成本差异形成的原因以及改进措施等
绩效评价报告	内容一般包括绩效目标、关键绩效指标、实际执行结果、差异分析、考评结果，以及相关建议等

四、业务层管理会计报告

1. 业务层管理会计报告概念

业务层是企业中的基层管理者，他们主要负责企业中具体问题的决策，他们具体执行企业的各项政策和目标，切实解决企业产品销售、机器运转、成本耗费等问题。业务层的人员主要包括采购主管、生产车间主任和销售主管。因此，业务层管理会计报告是为企业开展日常业务或作业活动提供相关信息的对内报告。

业务层管理会计报告的报告对象是企业的业务部门、职能部门以及车间、班组等，重点关注专门业务的计划、实施过程及其中出现的偏差，并做好原因分析及解决方案。

业务层管理会计报告应确保内容具体、数据充分。

2. 业务层管理会计报告内容

业务层管理会计报告主要包括研究开发报告、采购业务报告、生产业务报告、配送业务报告、销售业务报告、售后服务业务报告和人力资源报告等，主要内容如表 10-4 所示。

表 10-4　业务层管理会计报告的主要内容

报告名称	主要内容
研究开发报告	内容一般包括研发背景、主要研发内容、技术方案、研发进度、项目预算等
采购业务报告	内容一般包括采购业务预算、采购业务执行结果、差异分析及改善建议等。采购业务报告要重点反映采购质量、数量以及时间、价格等方面的内容
生产业务报告	内容一般包括生产业务预算、生产业务执行结果、差异分析及改善建议等。生产业务报告要重点反映生产成本、生产数量以及产品质量、生产时间等方面的内容
配送业务报告	内容一般包括配送业务预算、配送业务执行结果、差异分析及改善建议等。配送业务报告要重点反映配送的及时性、准确性以及配送损耗等方面的内容
销售业务报告	内容一般包括销售业务预算、销售业务执行结果、差异分析及改善建议等。销售业务报告要重点反映销售的数量结构和质量结构等方面的内容
售后服务业务报告	内容一般包括售后服务业务预算、售后服务业务执行结果、差异分析及改善建议等。售后服务业务报告重点反映售后服务的客户满意度等方面的内容
人力资源报告	内容一般包括人力资源预算、人力资源执行结果、差异分析及改善建议等。人力资源报告重点反映人力资源使用及考核等方面的内容

第二节　管理报表设计

管理报表是对企业的财务数据和业务数据进行深加工和再利用，以表格和图表的展现形式，为经营过程的预测、决策、规划、控制、考核和评价等职能提供信息和依据，是企业管理会计报告的重要组成部分。各管理层次相关业务单元的管理报表组成企业管理报表体系。

一、管理报表设计的四个要点

1. 重点突出

每张报表都应有明确的定位，当报表中包含多个图表对象时，务必要明确这张报表最想向用户展示的重点是什么。

2. 发现问题

例如，展示销售收入指标时，仅报告本月销售收入为 1 000 万元是没有意义的。我们还应告知用户这 1 000 万元是好是坏。那么，如何确定是好是坏呢？

最简单的方法就是对比，可以和目标或预算对比，如果目标是 1 500 万元，那么 1 000 万元就相对较低，如果目标是 800 万元，那么 1 000 万元就相对较高。此外，还可以与去年同期或上一个期间进行对比，即同比或环比，这样也可以快速了解这 1 000 万元的情况是改善还是恶化。在展示数据时，我们可以使用颜色来进行预警，比如目标完成率低于 70% 或者同环比下降，指标显示为红色，这样大家一眼就能发现问题，这就是数据可视化的优势所在。

3. 价值聚焦

最好是体现 KPI 指标，明确报表的实际用途和问题发现功能。现在很多大屏密密麻麻，铺满了图表，虽展示无碍，但仅限于此。

4. 高效准确

通过控件实现筛选和联动，要让用户打开报表时获得即时响应的体验，一定要关注打开报表及筛选联动的效率是否能达到用户的预期。同时要确保数据的准确性，这是最基本的要求。

二、管理报表设计的四大思路

1. 遵循"点、线、面、体"的设计思路

点，即单个指标，例如销售收入、销售毛利、销售毛利率。

线，就是趋势线，通常以时间为维度来展示数据的变化趋势。

面，则是展示数据的多面性，也就是通过多个维度来查看同一个数据，比如按客户或按产品来查看收入，进行横向对比。

体，则是强调报表的完整性，通常通过联动来实现图表之间的互动，帮助用户深入分析。比如，当查看客户的收入时，可以联动查看某个客户主要购买了哪些产品，以及该客户历史销售趋势的变化。

2. 展示的过程是从粗到细、从总体到具体

例如：某集团公司下设四个二级公司，分析思路是：总体指标分析——集团总部情况分析——各二级公司情况分析；在每个部分里，按本月分析——本年累计分析展开；再往下按销售情况分析——盈利能力分析——成本控制情况分析展开。如此层层分解，环环相扣。比如，在销售情况分析中，首先展示全部收入，然后按区域展示收入，然后再呈现客户的 TOP10 等重要数据。

3. 错维筛选

在一般管理报表中都会预设几个筛选条件，除了时间这个共性的维度，其他维度可以根据报表的主要展示内容来选择。举个例子，我们有一张报表主要是从客户这个维度来展示销售情况，那么，我们的筛选条件就可以按商品维度来进行（比如商品分类或具体商品）。这样做可以使得筛选条件与报表的主要的维度错开。

4. 布局合理、UI 属性统一

布局合理，元素不能太多，如有必要，可以考虑将内容分页面展示，而且同主题的内容应放在同一个区域。

统一 UI 属性非常重要，图表对象的颜色应当统一，字体及大小也要一致，这些都需要一致的 UI 属性。

三、管理报表总体设计

1. 确定管理报表的目标

管理报表的设计首先要从报表使用者的需求出发，管理报表总体设计目标是满足报表使用者的信息需求。

通常，一个组织的管理层次可以分为高层、中层和基层，他们对信息的需求是不一样的。

高层管理者关注组织的全局性、方向性以及与目标有关的大政方针和战略问题。组织的高层管理者在战略制定过程中需要了解组织的内部数据、外部数据，包括宏观环境、市场、竞争对手、顾客需求、行业发展、政府政策倾向等方面的信息，以决定未来的发展方向。其信息需求具有以外部信息为主、概括性强、面向预测和未来、不确定程度高等特点。

中层主要关注在既定组织战略方针下如何进行组织和安排。中层由组织的中层管理者构成，如财务、营销、生产、人力资源、研发等部门的主管等。他们需要对职能部门的业务数据进行概括、综合和分析，以确保对组织资源进行有效利用，计划并控制相关业务活动，确保组织总目标和部门分目标的实现。其信息需求具有以内部信息为主、概括性较高、面向阶段性综合、中等程度不确定性等特点。

基层关注怎样执行，如具体执行计划、进行生产等。基层由组织的基层管理者组成，如车间主任、财务会计、生产调度员等。他们收集、验证和记录事务处理数据，以监督日常业务活动，对其负责的业务活动进行指导以保证组织的正常运转。其信息需求具有来源于组织内部、详细程度高、重复性和预见性程度高、精确性高等特点。

不同管理层次的信息需求特点如表 10-5 所示。

表10-5　不同管理层次的信息需求特点

比较基准	高层（战略层）	中层（管理层）	基层（作业层）
信息来源	外部为主，内部为辅	内部为主，外部为辅	组织内部
概括性	概括	较概括	详细
时间性	预测和未来	阶段性综合	重复可预见
不确定程度	高	中	低

2. 确定报表的分析指标

高层管理者承担着完成公司战略目标的责任，如董事会、总经理等。他们最关注结果性的 KPI 指标、销售目标完成率、销售利润率、资产回报率等指标。

中层管理者主要负责日常运营过程的管理，如销售经理、采购经理和生产经理等。他们最关注运营过程中的分析指标，便于进行比较、对比和趋势等方面的数据分析。

基层管理者主要负责具体的业务操作，如市场专员、销售业务员等。他们需要及时了解日常运营情况，需要对运营过程进行动态跟踪分析。

各管理层次分析指标参考示例如表 10-6 所示。

表10-6　各管理层次分析指标参考示例

管理层次	分析指标参考示例
高层	销售总额、净利润、总资产利润率、资产回报率、计划完成率等分析指标
中层	多维度销售分析（如地区、客户、产品等维度）、市场占有率、业务员业绩提成、产品销售排名、坪效和人效等分析指标
基层	产品销售日报、产品生产日报、订单执行、客户发展等分析

四、管理报表结构设计

1. 从基础数据到管理报表的 3 个步骤

计算机处理信息流程通常包括输入、中间处理和输出 3 个环节，参照此流程，从基础数据到管理报表包括搜集整理基础数据、数据处理和结果输出 3 个步骤。

（1）搜集整理基础数据。管理报表的数据来源一般为企业的财务数据和业务数据，比如企业的财务报表、预算、销售台账、生产记录、采购明细等。这些数据的载体一般为普通数据报表，统称为数据源表。数据源中的数据可以是人工录入到 Excel 中的，或者是从内部的财务或业务管理系统中导出数据，也可能是从外部的数据库、Web 网页、TXT 文本文件、ACCESS 等多种途径获取。数据源表在管理报表中一般被称为基础数据表。

（2）数据处理。本步骤是管理报表制作过程中的核心工作，根据管理报表的目标和分析指标，需要设置中间计算表，作为结果输出表与基础数据表之间的衔接与桥梁。中间计算表需要从基础数据表中提取数据，通过符合逻辑关系和勾稽关系的 Excel 计算公式，进行计算扣分分析，最终将计算和分析的结果传递到报表输出表中。

（3）结果输出。本步骤通过结果输出表呈现分析结果，结果输出表一般作为管理报表的界面，需要进行格式设计、美化和修饰，常见的呈现形式包括表格、普通图表、动态图表、仪表盘和迷你图表等。

2. 管理报表结构

根据上述从基础数据到管理报表的 3 个步骤，管理报表中至少包括基础数据表、中间计算表和结果输出表。另外，根据需要，管理报表还可能包括目录表、报表说明表和参数表。管理报表结构如图 10-1 所示。

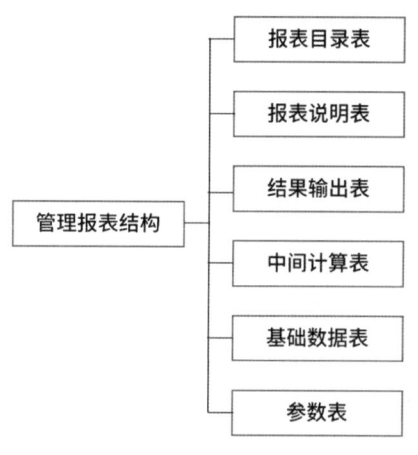

图 10-1　管理报表结构

图 10-1 所示中间计算表是结果输出表与基础数据表之间的衔接与桥梁。有时根据需求还需要设置参数表，严格来说，参数表也属于中间计算表，其作用有两个：一是当"结果输出表"设置有控件时，控件的"数据源区域"和"单元格链接"可存放参数表；二是"结果输入表"和"中间计算表"的函数公式中的参数会调用"参数表"中"单元格链接"的单元格里的数字作为参数。

五、管理报表涉及的 Excel 技术应用

1. 函数的应用

本书的第四章介绍了 Excel 的函数，它们不仅在单独的数据分析中非常有用，在管理报表中，Excel 函数也发挥了很大的作用，几乎是不可或缺的。在管理报表中，常用的

Excel 函数包括：

（1）逻辑函数：IF、IFERROR、AND、OR、NOT。

（2）数学和三角函数：SUM、SUMIF、SUMIFS、ROUND、SUMPRODUCT。

（3）统计函数：COUNT、COUNTA、COUNTIF、COUNTIFS。

（4）文本函数：LEFT、RIGHT、MID、TEXT。

（5）查找与引用函数：VLOOKUP、LOOKUP、INDEX、OFFSET、MATCH。

（6）日期和时间函数：DATEDIF、WORKDAY。

（7）财务函数：PV、FV、PMT、NPV、IRR。

（8）数据库函数：DGET、DSUM、DCOUNT。

（9）信息函数：ISBLANK、ISNUMBER。

使用 Excel 函数可以满足管理报表中各种数据处理的要求，使表间数据处理简单方便、高效和快捷。上述函数的具体用法可以参见本书第四章有关内容。

2. 控件工具的应用

在本书的第九章介绍了 Excel 中的控件工具，包括【表单控件】（又叫窗体控件）和【ActiveX 控件】。由于【ActiveX 控件】的设置选项大多比较复杂，建议在管理报表中使用【表单控件】，管理报表中常用的控件作用如下：

（1）组合框控件：报表界面组成部分，在分项分析时选择和切换，链接的单元格返回的数字作为查找与引用等函数的参数。

（2）列表框控件：同组合框控件。

（3）复选框控件：报表界面组成部分，在分项分析时选择和切换，链接的单元格返回的数字作为查找与引用等函数的参数。

（4）选项按钮控件：基本同复选框控件，区别是选项按钮控件只能选择单项分析对象，复选框控件可以选择多项分析对象。

（5）滚动条：报表界面组成部分，对链接的单元格数据范围进行调节。

（6）数值调节钮控件：同滚动条控件。

上述控件的具体用法可以参见本书第九章的有关内容。

3. 图表的应用

Excel 提供了 70 余种基本图表样式，用户可以根据分析内容的需要选择合适的图表类型。此外，Excel 还允许对基本图表进行设置，制作出特殊的图表，如仪表盘图表、动态图表等。关于图表的制作技术和方法可以参见本书第九章的有关内容。

4. 数据透视表的应用

数据透视表是 Excel 中的一个强大的数据分析工具，是一种交互式的分析表，能够根据分析需求动态地改变其版面布置,快速变换不同的分析维度,以便按照不同方式分析数据。

有关数据透视表的应用可以参见本书第五章的有关内容。

第十一章 管理报表应用实战

第一节 A商贸有限公司管理报表应用实战

一、管理报表总体设计

1. 需求分析

A商贸有限公司是一家小型连锁零售企业,总部位于广州,在广州的11个区均设有连锁门店。根据店铺面积配备店员人数,店铺面积 30m² 以上的门店配备 3 名店员,30m² 以下的配备 2 名店员,每家门店的店员中,其中 1 名为该门店的店长。该公司销售的商品分为三大品类,包括电子产品、日用百货和食品饮料,共有 34 种不同的商品。

2022 年该公司实现销售额 1 784.63 万元,毛利额为 952.81 万元,2023 年经营目标销售额为 1 994.12 万元,毛利额为 1 061.87 万元,为了保证经营目标的实现,该公司将经营目标同时分解到 11 家门店和三大商品品类。

A商贸有限公司拟开发管理报表对经营目标完成情况进行动态跟踪管理。

通过与该公司总经理和店长沟通,经过分析、整理和总结得到公司经理级和店长级管理信息的需求,如表 11-1 所示。

2. 确定报表的分析指标

管理报表的分析指标根据经营人员的需求确定,根据表 11-1 所示的公司经理级和店长级的管理信息需求,拟定以下指标(或分析内容),如表 11-2 所示。

表 11-1　管理信息需求分析表

管理信息需求人	管理信息需求
公司经理级	（1）总体、各门店和各品类销售额月份目标完成情况以及同比分析。 （2）总体、各门店和各品类毛利额月份目标完成情况以及同比分析。 （3）总体、各门店和各品类销售额年度目标完成情况以及同比分析。 （4）总体、各门店和各品类毛利额年度目标完成情况以及同比分析。 （5）按月度和商品名称，对门店销售额和毛利额排名分析。 （6）按月度和门店名称，对商品销售额和毛利额排名分析。 （7）投入产出分析，即人效分析（每名店员平均销售额）和坪效分析（每平方米门店面积平均销售额），包括各门店和门店之间的对比分析和排名分析
店长级	（1）门店和各品类销售额月份目标完成情况以及同比分析。 （2）门店和各品类毛利额月份目标完成情况以及同比分析。 （3）门店和各品类销售额年度目标完成情况以及同比分析。 （4）门店和各品类毛利额年度目标完成情况以及同比分析。 （5）本门店商品销售额和毛利额排名分析。 （6）投入产出分析，即人效分析（每名店员平均销售额）和坪效分析（每平方米门店面积平均销售额），包括本门店与其他门店之间对比分析

表 11-2　管理报表分析指标及说明

指标名称（或分析内容）	指标说明	管理信息需求人
销售额	当月和累计销售额，包括总体、各门店和各品类	公司经理级 / 店长级
毛利额	当月和累计毛利额，包括总体、各门店和各品类	公司经理级 / 店长级
销售额完成率	截至分析当月累计销售额完成率，包括总体、各门店和各品类	公司经理级 / 店长级
毛利额完成率	截至分析当月累计毛利额完成率，包括总体、各门店和各品类	公司经理级 / 店长级
同比差异额	销售额和毛利额与去年同期相比差异额，包括各门店和各品类	公司经理级 / 店长级
同比差异率	销售额和毛利额与去年同期相比差异率，包括各门店和各品类	公司经理级 / 店长级
目标比差异额	销售额和毛利额与去年同期相比差异额，包括各门店和各品类	公司经理级 / 店长级
目标比差异率	销售额和毛利额与去年同期相比差异率，包括各门店和各品类	公司经理级 / 店长级
人效	各门店平均每人销售额，以及各门店人效排名	公司经理级 / 店长级
坪效	各门店平均每平方米销售额，以及各门店坪效排名	公司经理级 / 店长级
排名分析 – 门店	门店销售额和毛利排名，可按月份和商品筛选	公司经理级 / 店长级
排名分析 – 商品	商品销售额和毛利排名，可按月份和商品筛选	公司经理级 / 店长级
排名分析 – 本门店	本门店商品销售额和毛利排名，可按月份筛选	店长级

注：上述分析指标的管理信息需求人为"公司经理级/店长级"时，公司经理级关注的是总体和各门店情况，店长级关注的是本门店情况。

二、管理报表结构设计

1. 收集财务和业务基础数据

根据管理报表设计的需要，收集以下财务和业务基础数据表，如表 11-3、图 11-1 至图 11-6 所示。

表 11-3　基础数据表及内容

基础数据表名称	主要数据内容
B1 本年销售台账	2023 年 1～10 月，每日商品销售记录，包括门店、品类、商品名称、数量、销售金额和销售毛利等数据，如图 11-1 所示
B2 上年销售台账	2022 年每日商品销售记录，包括门店、品类、商品名称、数量、销售金额和销售毛利等数据，如图 11-2 所示
B3 门店面积和人数	每家门店的面积和人数，如图 11-3 所示
B4 各品类经营目标	各品类销售额和毛利额目标值，如图 11-4 所示
B5 各门店经营目标	各门店销售额和毛利额目标值，如图 11-5 所示
B6 月份目标分解比例	销售额和毛利额月份目标占比，将年度目标销售额和毛利额乘以月份占比，可得到当月的目标销售额和毛利额，如图 11-6 所示

	A	B	C	D	E	F	G	I	K	L
1	日期	年度	月份	门店	品类	商品名称	销量	销售额（元）	销售成本（元）	毛利
2	2023/1/1	2023	1月	荔湾区	日用百货	卫浴清洁	90	3006	1278	1728
3	2023/1/1	2023	1月	越秀区	日用百货	杯具	10	526	238	288
4	2023/1/1	2023	1月	天河区	日用百货	雨伞	30	1314	582	732
5	2023/1/1	2023	1月	黄埔区	日用百货	毛衣链	70	3500	1575	1925
6	2023/1/1	2023	1月	越秀区	食品饮料	烟	90	13050	6300	6750
7	2023/1/1	2023	1月	越秀区	食品饮料	烟	90	9450	4500	4950
8	2023/1/1	2023	1月	天河区	食品饮料	个性烟具	20	724	312	412
1059	2023/10/31	2023	10月	番禺区	日用百货	毛衣链	60	3120	1410	1710
1060	2023/10/31	2023	10月	荔湾区	食品饮料	烟	50	21250	10500	10750
1061	2023/10/31	2023	10月	天河区	食品饮料	烟	40	3400	1600	1800

图 11-1　本年销售台账

	A	B	C	D	E	F	G	I	K	L
1	日期	年度	月份	门店	品类	商品名称	销量	销售额（元）	销售成本（元）	毛利
2	2022/1/1	2022	1月	南沙区	日用百货	纸巾抽	60	1812	756	1056
3	2022/1/1	2022	1月	黄埔区	日用百货	牙签盒	30	1086	468	618
4	2022/1/1	2022	1月	荔湾区	日用百货	生活竹炭	70	2142	896	1246
5	2022/1/1	2022	1月	增城区	日用百货	纸巾抽	70	2464	1057	1407
6	2022/1/1	2022	1月	南沙区	食品饮料	烟	40	3400	1600	1800
7	2022/1/1	2022	1月	天河区	电子产品	耳机和耳麦	30	948	399	549
4848	2022/12/31	2022	12月	黄埔区	日用百货	卫浴清洁	40	1132	466	666
4849	2022/12/31	2022	12月	从化区	电子产品	电脑周边	50	1400	575	825
4850	2022/12/31	2022	12月	天河区	日用百货	生活竹炭	70	2282	966	1316
4851	2022/12/31	2022	12月	海珠区	日用百货	卫浴清洁	40	1424	612	812
4852	2022/12/31	2022	12月	荔湾区	日用百货	其他百货	30	927	388.5	538.5
4853	2022/12/31	2022	12月	荔湾区	食品饮料	烟	30	2550	1200	1350

图 11-2　上年销售台账

	A	B	C	D
1		门店名	门面面积（m²）	店员数（人）
2				
3		白云区	37	3
4		从化区	21	2
5		番禺区	16	2
6		海珠区	36	3
7		花都区	38	3
8		黄埔区	17	2
9		荔湾区	21	2
10		南沙区	16	2
11		天河区	16	2
12		越秀区	20	2
13		增城区	33	3
14		合计	271	26

图 11-3　门店面积和人数

	A	B	C
1	品类	目标销售额（元）	目标毛利额（元）
2	电子产品	1,773,841.03	944,570.35
3	日用百货	7,376,589.58	3,928,033.96
4	食品饮料	10,790,758.90	5,746,079.11
5	合计	19,941,189.51	10,618,683.42

图 11-4　各品类经营目标

	A	B	C
1	门店名	目标销售额（元）	目标毛利额（元）
2	白云区	1,527,943.51	813,629.92
3	从化区	2,623,462.16	1,396,993.60
4	番禺区	1,476,495.87	786,234.05
5	海珠区	1,688,900.15	899,339.33
6	花都区	1,218,910.21	649,069.69
7	黄埔区	1,413,618.03	752,751.60
8	荔湾区	2,107,312.92	1,122,144.13
9	南沙区	2,152,025.41	1,145,953.53
10	天河区	2,289,211.52	1,219,005.14
11	越秀区	2,142,495.34	1,140,878.77
12	增城区	1,300,814.39	692,683.66
13	合计	19,941,189.51	10,618,683.42

图 11-5　门店经营目标

	A	B
1	月份	目标分解比例
2	1月	8%
3	2月	9%
4	3月	8%
5	4月	7%
6	5月	9%
7	6月	9%
8	7月	8%
9	8月	9%
10	9月	9%
11	10月	11%
12	11月	7%
13	12月	6%

图 11-6　月份目标分解比例

2. 设置中间计算表和参数表

中间计算表和参数表需要根据管理报表的目标和分析指标并考虑"结果输出表"进行设置，本案例具体设置如表 11-4 所示。

表 11-4　中间计算表及数据内容

中间计算表名称	主要数据内容
C1 总体销售额完成情况仪表盘结构表	绘制销售额完成情况的仪表盘结构数据，包括总体情况，各门店和各品类
C2 总体毛利额完成情况仪表盘结构表	绘制毛利额完成情况的仪表盘结构数据，包括总体情况，各门店和各品类
C3 总体完成情况仪表盘数据表	为销售额和毛利额完成情况在仪表盘显示提供数据
C4 销售额和毛利额分析图数据表	销售额和毛利额的同比分析、目标比分析的折线图数据源
C5 人效、坪效分析辅助表	人效和坪效各门店对比分析的折线图数据源，以及排名分析数据源
C6 参数表	"结果输出表"设置的控件"数据源区域"和"单元格链接"存放此表，以及一些表间计算涉及的参数也从该表取值

3. 设计结果输出表

经营数据通过分析之后成为管理信息，在结果输出表展现有关内容，本案例根据需要设计的结果输出表如表 11-5 所示。

表 11-5　结果输出表及展现内容

结果输出表名称	展示内容	展示形式
F1 总体情况分析	总体、各门店和各品类各月以及累计的实现的销售额、毛利额，以及月度完成情况和累计完成进度	控件＋文本框看板＋指针式仪表盘
F2 销售额分析	总体、各门店和各品类各月以及累计实现的销售额，月度目标完成情况和同比情况，以及对比图示分析	控件＋表格＋图表
F3 毛利额分析	总体、各门店和各品类各月以及累计实现的毛利额，月度目标完成情况和同比情况，以及对比图示分析	控件＋表格＋图表
F4 排名分析——门店	按月度或商品名称筛选，对门店销售额和毛利额排名分析	数据透视表＋切片器＋图表
F5 排名分析——商品	按月度或门店名称筛选，对商品销售额和毛利额排名分析	数据透视表＋切片器＋图表
F6 人效、坪效分析	人效和坪效分析，包括各门店内部和门店之间的对比分析和排名分析	控件＋表格＋图表

三、管理报表涉及主要技术要领

1. 通用技术要领

要领 1：应用函数"OFFSET+COUNTA"定义名称创建自动更新数据源。

对于基础数据表《B1 本年销售台账》，应用函数"OFFSET+COUNTA"定义名称创建自动更新数据源，当本年销售台账数据记录不断添加和更新时，引用该表数据的结果输出表也将自动更新，定义的动态数据源名称如表 11-6 所示的。

表 11-6　定义自动更新数据源名称明细表

定义的名称	定义的名称对应的公式
B1.毛利	=OFFSET('B1 本年销售台账 '!$L$1,1,0,COUNTA('B1 本年销售台账 '!$L:$L)−1,1)
B1.门店	=OFFSET('B1 本年销售台账 '!$L$1,1,0,COUNTA('B1 本年销售台账 '!$D:$D)−1,1)
B1.年度	=OFFSET('B1 本年销售台账 '!$L$1,1,0,COUNTA('B1 本年销售台账 '!$B:$B)−1,1)
B1.品类	=OFFSET('B1 本年销售台账 '!$L$1,1,0,COUNTA('B1 本年销售台账 '!$E:$E)−1,1)
B1.商品名称	=OFFSET('B1 本年销售台账 '!$L$1,1,0,COUNTA('B1 本年销售台账 '!$F:$F)−1,1)
B1.销售额	=OFFSET('B1 本年销售台账 '!$L$1,1,0,COUNTA('B1 本年销售台账 '!$I:$I)−1,1)
B1.月份	=OFFSET('B1 本年销售台账 '!$L$1,1,0,COUNTA('B1 本年销售台账 '!$C:$C)−1,1)
B1.数据透视表	=OFFSET('B1 本年销售台账 '!$L$1,1,0,COUNTA('B1 本年销售台账 '!$A:$A),COUNTA('B1 本年销售台账 '!$1:$1))

另外，本管理报表还定义了其他有关名称，以方便数据或区域的引用，以及方便计算公式的应用，定义的其他有关名称如表 11-7 所示。

表 11-7　定义的其他名称明细表

定义的名称	定义的名称对应的公式
B2. 毛利	='B2 上年销售台账 '!$L$2:$L$4853
B2. 门店	='B2 上年销售台账 '!$D$2:$D$4853
B2. 年度	='B2 上年销售台账 '!$B$2:$B$4853
B2. 品类	='B2 上年销售台账 '!$E$2:$E$4853
B2. 商品名称	='B2 上年销售台账 '!$F$2:$F$4853
B2. 销售额	='B2 上年销售台账 '!$I$2:$I$4853
B2. 月份	='B2 上年销售台账 '!$C$2:$C$4853
分析项目	=CHOOSE('C6 参数表 '!$H$2, 门店 , 品类)
门店	='C6 参数表 '!$D$3:$D$14
品类	='C6 参数表 '!$F$3:$F$6
月份	='C6 参数表 '!$B$3:$B$14

要领 2：控件组合应用的设置。

本案例的管理报表涉及两个控件综合应用的设置，即 "2 个选项按钮控件 +1 个组合框控件" 的综合应用，比如当 "分析项目" 选择 "门店分析" 选项按钮时，则组合框控件用于筛选各区的门店，当 "分析项目" 选择 "品类分析" 选项按钮时，则组合框控件筛选的是商品的品类。这意味着这些控件之间实现了联动，如图 11-7 所示。

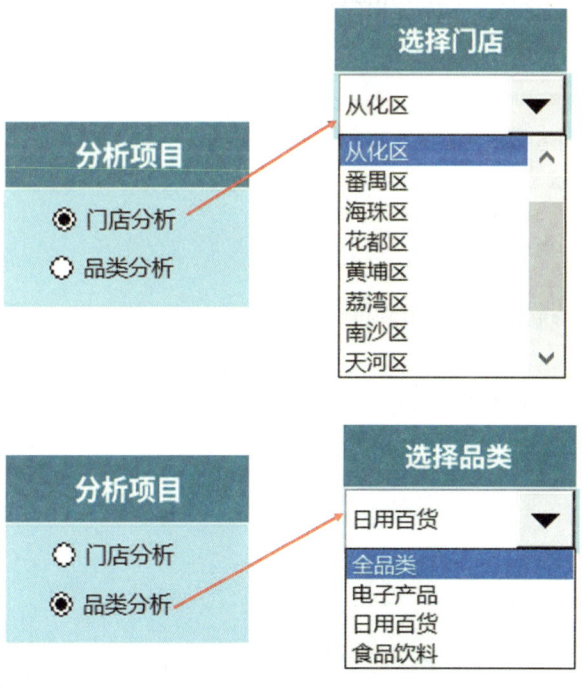

图 11-7　控件组合应用示例

本案例中，控件组合应用的设置首先需要定义两个名称，分别为"门店"和"品类"，这些名称对应的区域和内容，如图 11-8 所示。

图 11-8　三个名称对应的区域和内容

接下来，可以使用 CHOOSE 函数创建跳转的动态数据源区域，公式为"=CHOOSE('C6 参数表 '!$H$2，门店，品类)"，该公式定义名称为"分析项目"。

选项按钮控件格式设置："单元格链接"为"'C6 参数表 '!$H$2"，如图 11-9 所示。

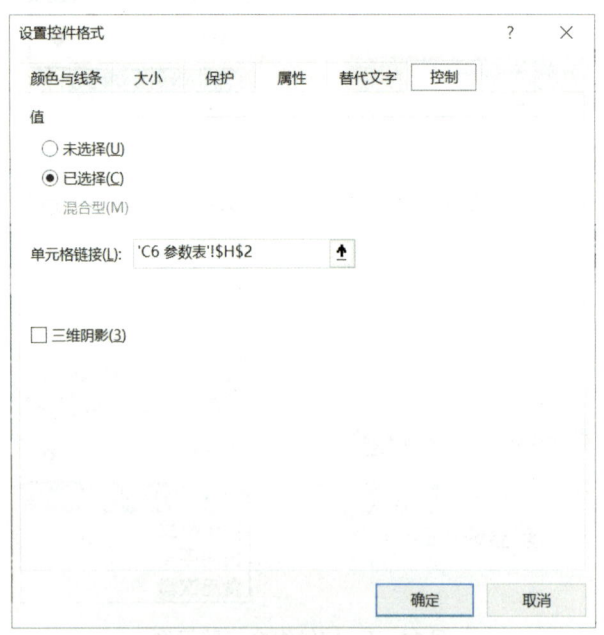

图 11-9　选项按钮控件的设置

组合框控件的格式设置:"数据源区域"为"分析项目","单元格链接"为"'C6 参数表 !$D$16'",如图 11–10 所示。

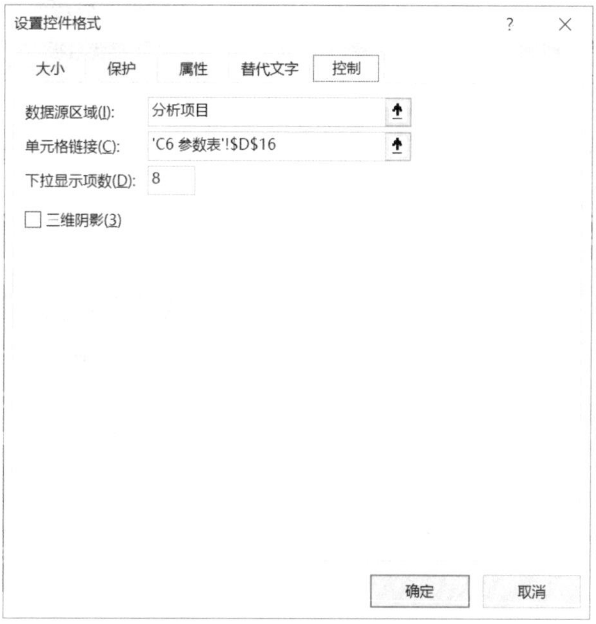

图 11–10　组合框控件设置

控件组合实现联动效果的原理:

当"分析项目"选择"门店分析"选项按钮时,则"'C6 参数表 '!$H$2"单元格返回数字 1,此时组合框控件的数据源区域"选择项目"名称对应的公式 "=CHOOSE('C6 参数表 '!$H$2,门店,品类)"会根据"'C6 参数表 '!$H$2"的数字 1,将"数据源区域"切换名称"门店",显示所有门店。

当"分析项目"选择"品类分析"选项按钮时,则"'C6 参数表 '!$H$2"单元格返回数字 2,此时组合框控件的数据源区域"选择项目"名称对应的公式 "=CHOOSE('C6 参数表 '!$H$2,门店,品类)"会根据"'C6 参数表 '!$H$2"的数字 2,将"数据源区域"切换名称"品类",显示所有品类。

控件联动效果的原理如图 11–11 所示。

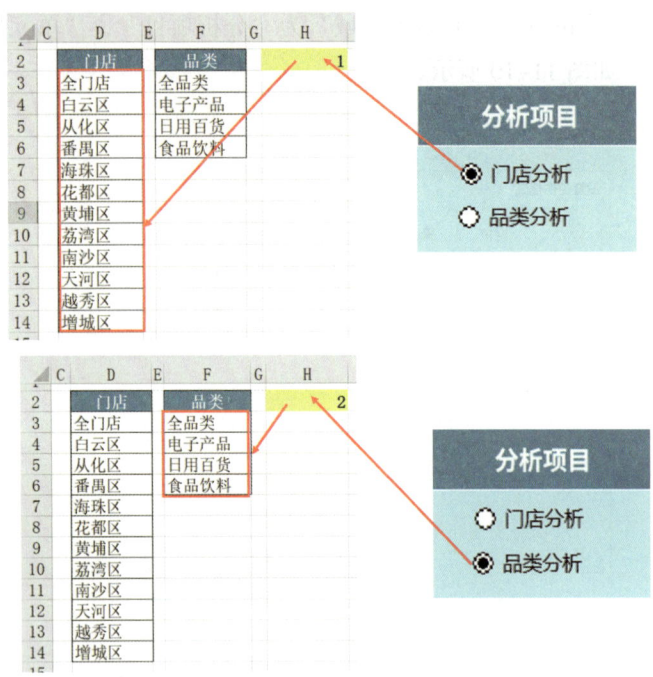

图 11-11 控件联动效果原理

2. 结果输出表涉及的技术要领

本案例结果输出表数据信息的来源包括中间计算表和基础数据表，表间关联如图 11-12 所示。

结果输出表：	关联到中间计算表和基础数据表：											
	C1 总体销售额完成情况仪表盘结构表	C2 总体毛利额完成情况仪表盘结构表	C3 总体完成情况仪表盘数据表	C4 销售额和毛利额分析图数据表	C5 人效.坪效分析辅助表	C6 参数表	B1 本年销售台账	B2 上年销售台账	B3 门店面积和人数	B4 各品类经营目标	B5 各门店经营目标	B6 月份目标分解比例
F1 总体情况分析	√	√	√		√	√			√	√	
F2 销售额分析			√	√		√	√	√			√
F3 毛利额分析			√	√		√	√	√			√
F4 排名分析-门店						√					
F5 排名分析-商品						√					
F6 人效.坪效分析					√	√			√		

图 11-12 表间关联图

下面将结果输出表的报表界面展现形式、展现内容和技术要领说明如下。

（1）F1 总体完成情况（以下简称 F1 报表）。

F1 报表界面展现形式是"控件 + 文本框看板 + 指针式仪表盘"，如图 11-13 所示。

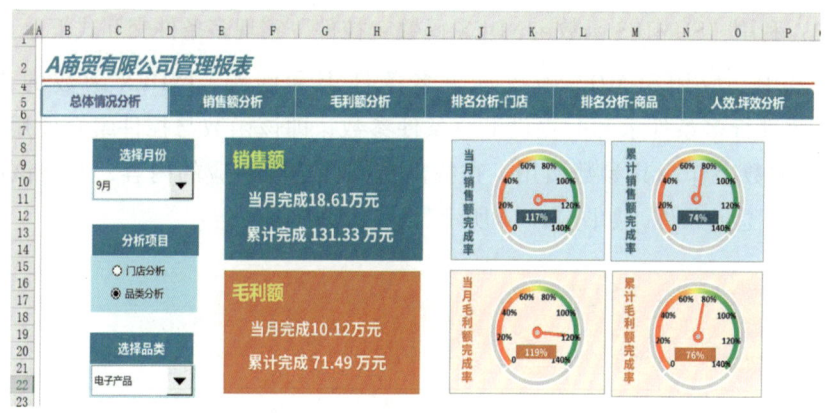

图 11-13　F1 报表展现界面

F1 报表通过组合框控件选择"月份"，选项按钮控件选择"分析项目"，与选项按钮控件关联的组合框控件根据选项按钮控件的选择，分别筛选"门店"或"品类"，文本框看板展示的内容是所选分析项目当前月份和累计完成的销售额和毛利额，指针式仪表盘则展示当前月份和累计的销售额、毛利额的完成率。

F1 报表的表间关联及关联内容如表 11-8 所示。

表 11-8　F1 报表的表间关联表及内容

表间关联表	简称	关联内容
C1 总体销售额完成情况仪表盘结构表	C1 表	关联销售额完成率的仪表盘的数据
C2 总体毛利额完成情况仪表盘结构表	C2 表	关联毛利额完成率的仪表盘的数据
C3 总体完成情况仪表盘数据表	C3 表	为 C1 表、C2 表的仪表盘数据提供完成率数据；为 F1 报表的文本框提供数据
C6 参数表	C6 表	关联 F1 报表组合框控件"数据源区域"的单元格区域和"单元格链接"的单元格，以及选项按钮控件"单元格链接"的单元格；"单元格链接"的单元格数字作为 INDEX 函数的参数，根据对应控件的筛选项，返回相应月份、门店或品类
B1 本年销售台账	B1 表	包括 2023 年 1～10 月的每日商品销售记录，为 C3 表计算提供基础数据
B4 各品类经营目标	B4 表	各品类销售额和毛利额目标值，为 C3 表计算提供基础数据
B5 各门店经营目标	B5 表	各门店销售额和毛利额目标值，为 C3 表计算提供基础数据
B6 月份目标分解比例	B6 表	销售额和毛利额月份目标占比，为 C3 表计算提供基础数据

F1 报表涉及的主要技术要领：

要领 1：经营目标完成进度利用"指针式仪表盘"展现。

"指针式仪表盘"的绘制可参考本书第九章的相关内容，仪表盘数据的关联可参考上述表 11-8 的说明。

要领 2：利用"SUMIFS 函数 +INDEX 函数 + 控件"实现多条件交互式汇总。

在 C3 表中，应用 SUMIFS 函数解决多条件求和问题，INDEX 函数的作用是为 SUMIFS 函数进行多条件求和时提供汇总条件参数，即该函数与控件组合使用，利用控件选项返回的数字作为其参数引用，查找出与控件选项对应的内容，并将该内容作为 SUMIFS 函数汇总的条件，如图 11-14 所示。

	A	B	C	D	E	F	G	H	I	J	K	L	M	N
1		实际数												
2		项目	1月	2月	3月	4月	5月	6月	7月	8月	9月	10月	11月	12月
3		销售额	15.81	9.27	14.51	14.63	16.11	8.99	17.87	15.53	18.61	10.63	-	-
4		毛利额	8.64	5.03	7.98	7.92	8.82	4.90	9.67	8.41	10.12	5.82	-	-
5														
6		目标数												
7		项目	1月	2月	3月	4月	5月	6月	7月	8月	9月	10月	11月	12月
8		销售额	14.19	15.96	14.19	12.42	15.96	15.96	14.19	15.96	15.96	19.51	12.42	10.64
9		毛利额	7.56	8.50	7.56	6.61	8.50	8.50	7.56	8.50	8.50	10.39	6.61	5.67

图 11-14　C3 表多条件求和计算表

上图中计算销售额和毛利额的计算公式为：

C3 单元格输入公式"=IF('C6 参数表 '!$D$16=1,ROUND(SUMIFS(B1. 销售额 ,B1. 月份 ,C2)/10000,2),IF('C6 参数表 '!$H$2=1,ROUND(SUMIFS(B1. 销售额 ,B1. 月份 ,C2,B1. 门店 ,'C6 参数表 '!$D$17)/10000,2),ROUND(SUMIFS(B1. 销售额 ,B1. 月份 ,C2,B1. 品类 ,'C6 参数表 '!$D$17)/10000,2)))"，并填充复制到 N3 单元格，可以根据 F1 报表控件的选项，计算本年各月的实际销售额。

C4 单元格输入公式"=IF('C6 参数表 '!$D$16=1,ROUND(SUMIFS(B1. 毛利 ,B1. 月份 ,C2)/10000,2),IF('C6 参数表 '!$H$2=1,ROUND(SUMIFS(B1. 毛利 ,B1. 月份 ,C2,B1. 门店 ,'C6 参数表 '!$D$17)/10000,2),ROUND(SUMIFS(B1. 毛利 ,B1. 月份 ,C2,B1. 品类 ,'C6 参数表 '!$D$17)/10000,2)))"，并填充复制到 N4 单元格，可以根据 F1 报表的控件的选项，计算本年各月的实际毛利额。

C8 单元格输入公式"=IF('C6 参数表 '!$D$16=1,'B4 各品类经营目标 '!$B$5/10000*INDEX('B6 月份目标分解比例 '!$B$2:$B$13,MATCH(C$7,'B6 月份目标分解比例 '!$A$2:$A$13,0),),IF('C6 参数表 '!$H$2=1,VLOOKUP('C6 参数表 '!$D$17,'B5 各门店经营目标 '!$A$2:$C$12,2,0)/10000*INDEX('B6 月份目标分解比

例'!$B$2:$B$13,MATCH(C$7,'B6月份目标分解比例'!$A$2:$A$13,0),),VLOOKUP('C6参数表'!$D$17,'B4各品类经营目标'!$A$2:$C$4,2,0)/10000*INDEX('B6月份目标分解比例'!$B$2:$B$13,MATCH(C$7,'B6月份目标分解比例'!$A$2:$A$13,0),)))",并填充复制到N8单元格,可以根据F1报表控件选项,计算本年各月的目标销售额。

C9单元格输入公式"=IF('C6参数表'!$D$16=1,'B4各品类经营目标'!$C$5/10000*INDEX('B6月份目标分解比例'!$B$2:$B$13,MATCH(C$7,'B6月份目标分解比例'!$A$2:$A$13,0),),IF('C6参数表'!$H$2=1,VLOOKUP('C6参数表'!$D$17,'B5各门店经营目标'!$A$2:$C$12,3,0)/10000*INDEX('B6月份目标分解比例'!$B$2:$B$13,MATCH(C$7,'B6月份目标分解比例'!$A$2:$A$13,0),),VLOOKUP('C6参数表'!$D$17,'B4各品类经营目标'!$A$2:$C$4,3,0)/10000*INDEX('B6月份目标分解比例'!$B$2:$B$13,MATCH(C$7,'B6月份目标分解比例'!$A$2:$A$13,0),)))",并填充复制到N9单元格,可以根据F1报表控件的选项,计算本年各月的目标毛利额。

要领3:利用"OFFSET函数+控件"实现滚动累计数。

F1报表中,当组合框控件选择月份时,能显示截至当月的滚动累计数,如图11-15所示,选择的是9月,则显示的是截至9月的滚动累计数。

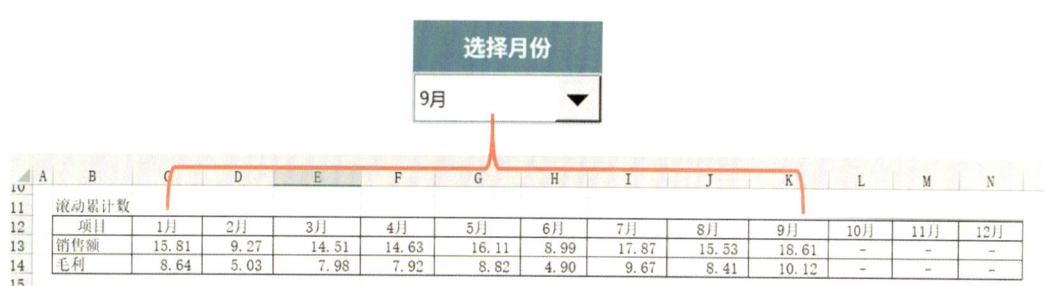

图11-15 显示截至当月的滚动累计数

上图中计算销售额和毛利额的每月实际滚动数的计算公式为:

C13单元格输入公式"=IF('C6参数表'!$B$16>=COLUMN()-2,OFFSET($B$3,0,COLUMN()-2),0)",并填充复制到N13单元格,可以根据F1报表选择月份的组合框控件的选项显示截至所选月份的实际销售额。

C14单元格输入公式"=IF('C6参数表'!$B$16>=COLUMN()-2,OFFSET($B$4,0,COLUMN()-2),0)",并填充复制到N14单元格,可以根据F1报表选择月份的组合框控件的选项显示截至所选月份的实际毛利额。

另外,C3表中的其他公式较为简单,包括:本年销售额和累计销售额的计算、本年毛利额和累计毛利额的计算、当月和累计销售额和毛利额的完成情况,以及截至本年当月的完成情况。

（2）F2销售额分析（以下简称F2报表）。

F2报表界面展现形式是"控件+表格+图表"，如图11-16所示。

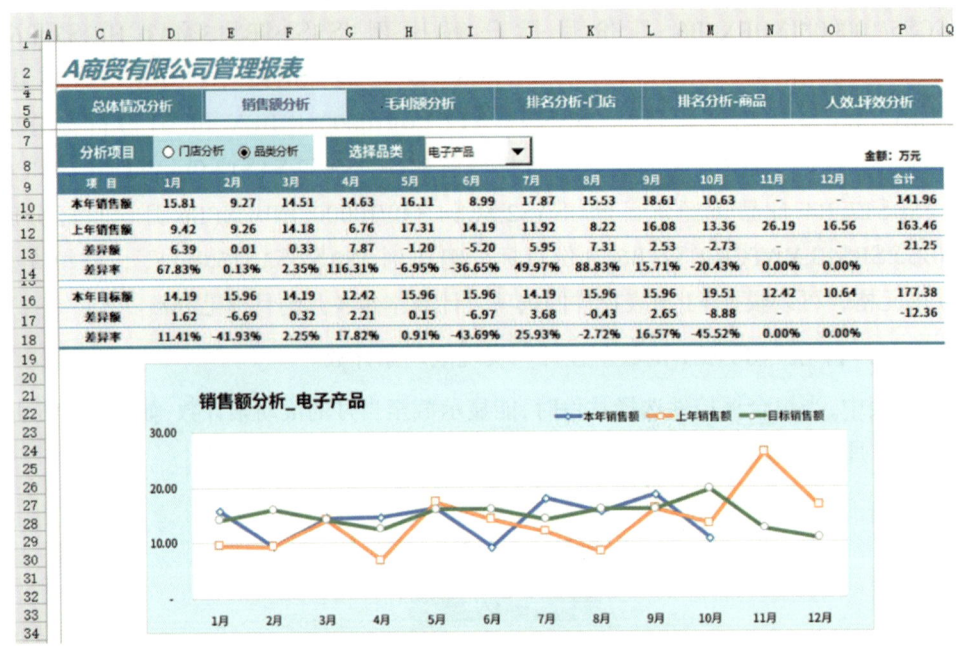

图11-16　C3表多条件求和计算表

F2报表通过选项按钮控件选择"分析项目"，与选项按钮控件关联的组合框控件根据选项按钮控件的选择，分别筛选"门店"或"品类"。表格展现的内容是所选分析项目截至当前月份的每月实际销售额，以及上年每月的销售额和本年每月的目标销售额。同时，将实际销售额与上年销售额和本年目标销售额进行比较，得到差异额和差异率；图表通过折线图来展现所选分析项目的本年销售额、上年销售额和目标销售额的对比情况。

F2报表的表间关联及关联内容如表11-9所示。

F2报表涉及的主要技术要领如下。

要领1：利用"SUMIF函数+INDEX函数+控件"实现多条件交互式汇总。

详见前述F1报表说明。

要领2：利用"OFFSET函数+控件"实现滚动累计数。

详见前述F1报表说明。

要领3：利用NA函数美化折线图表。

表 11-9　F2 报表的表间关联表及内容

表间关联表	简称	关联内容
C3 总体完成情况仪表盘数据表	C3 表	为 F2 报表各分析项目的销售额实际数和目标数提供数据
C4 销售额和毛利额分析图数据表	C4 表	为 F2 报表的分析图提供数据源
C6 参数表	C6 表	关联 F2 报表组合框控件"数据源区域"的单元格区域和"单元格链接"的单元格，以及选项按钮控件"单元格链接"的单元格。"单元格链接"的单元格数字作为 INDEX 函数的参数，根据对应控件的筛选项，返回相应月份、门店或品类
B1 本年销售台账	B1 表	为 F2 报表的各分析项目本年销售额提供数据，通过 C3 表提供
B2 上年销售台账	B2 表	为 F2 报表的各分析项目上年销售额提供数据
B4 各品类经营目标	B4 表	为 F2 报表品类分析项目的经营目标提供数据，通过 C3 表提供
B5 各门店经营目标	B5 表	为 F2 报表门店分析项目的经营目标提供数据，通过 C3 表提供
B6 月份目标分解比例	B6 表	销售额和毛利额月份目标占比，为 C3 表计算提供基础数据依据，并通过 C3 表关联到 F2 报表

　　Excel 中 NA 函数可以用于判断一个单元格中是否存在空值或错误值，并返回相应的结果。NA 函数在折线图表方面的应用是为了使图表显示准确，将不符合条件或不需要显示的值隐藏，以达到美化图表的效果。C4 表为 F2 报表提供分析图数据源，图 11-17 所示为反映销售额图表的数据源。

		1月	2月	3月	4月	5月	6月	7月	8月	9月	10月	11月	12月
1	销售额												
3	本年销售额	15.81	9.27	14.51	14.63	16.11	8.99	17.87	15.53	18.61	10.63	#N/A	#N/A
4	上年销售额	9.42	9.26	14.18	6.76	17.31	14.19	11.92	8.22	16.08	13.36	26.19	16.56
5	目标销售额	14.19	15.96	14.19	12.42	15.96	15.96	14.19	15.96	15.96	19.51	12.42	10.64

图 11-17　反映销售额图表的数据

　　上图中 C3 单元格输入公式"=IF('F2 销售额分析'!D10=0,NA(),'F2 销售额分析'!D10)"，并填充复制到 N3 单元格，将显示本年各月的销售额，由于当前月份为截至 10 月的数据，所以利用 NA 函数后，在 11 月和 12 月的单元格将显示为"#N/A"，当以本年销售额作为数据源绘制折线图时，在图表上 11 月和 12 月将默认为空值，不显示折线线段。如果不使用 NA 函数，而是将空值或零值显示为数据点，那么 11 月或 12 月将显示零值，仍将显示折线线段，如图 11-18 所示，该图上方的图使用了 NA 函数，下方的图没有使用 NA 函数，则 11 月和 12 月以零值显示线段。

　　（3）F3 毛利额分析（以下简称 F3 报表）。

　　F3 报表界面展现形式是"控件 + 表格 + 图表"，如图 11-19 所示。

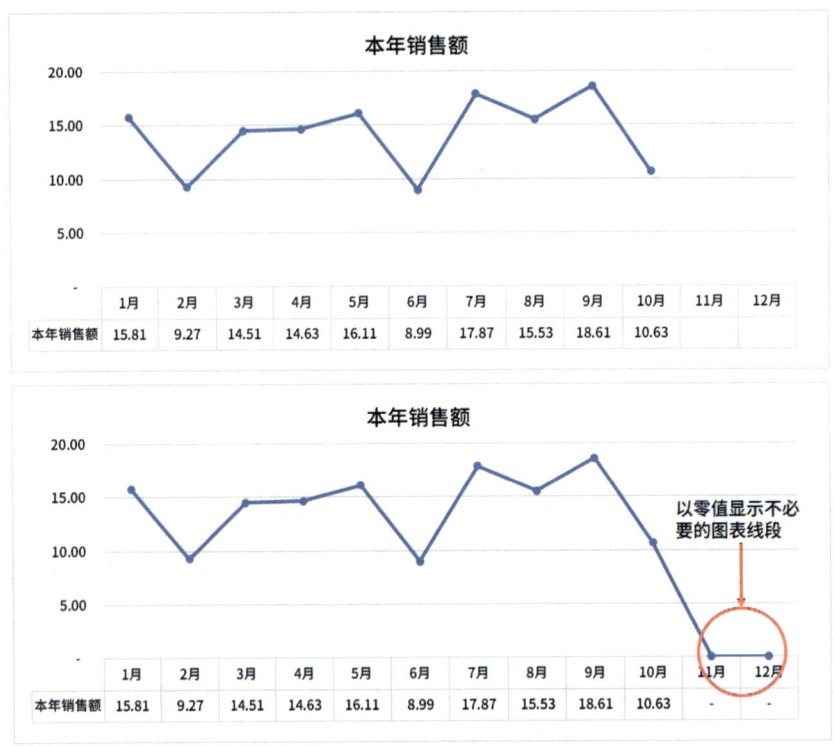

图 11-18　NA 函数应用对比示意图

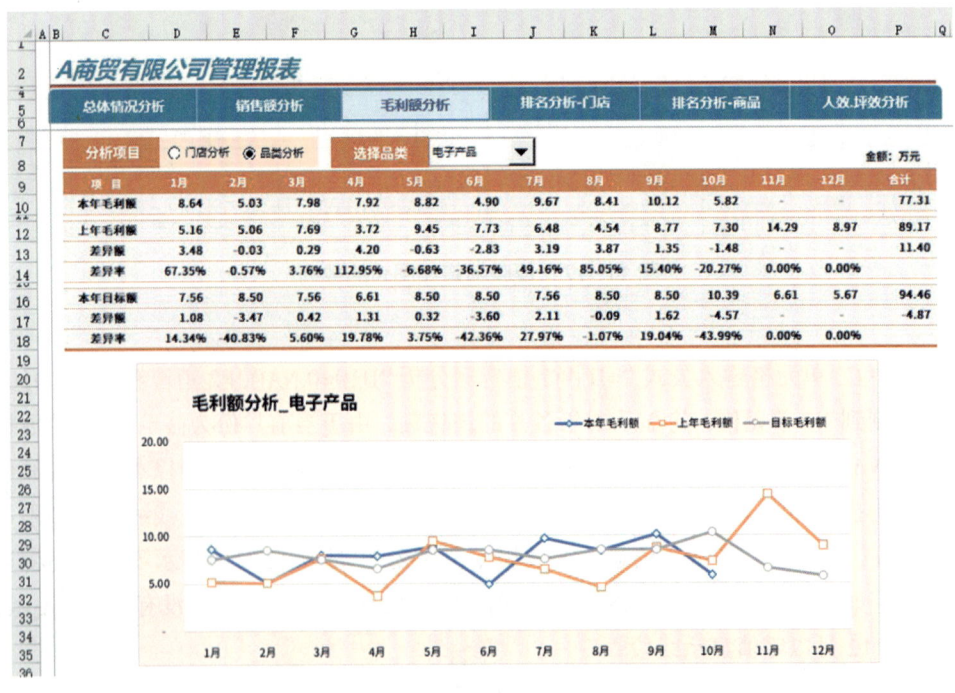

图 11-19　"毛利额分析"报表展现界面

F3 报表通过选项按钮控件选择"分析项目",与选项按钮控件关联的组合框控件根据选项按钮控件的选择,分别筛选"门店"或"品类",表格展现的内容是所选分析项目截至当前月份的每月的实际毛利额,以及上年每月的毛利额和本年每月的目标毛利额。同时将实际毛利额与上年毛利额和本年目标毛利额进行比较,得到差异额和差异率。图表通过折线图来展现所选分析项目的本年毛利额、上年毛利额和目标毛利额的对比情况。

F3 报表的表间关联及关联内容如表 11-10 所示。

表 11-10　F3 报表的表间关联表及内容

表间关联表	简称	关联内容
C3 总体完成情况仪表盘数据表	C3 表	为 F3 报表各分析项目的毛利额实际数和目标数提供数据
C4 销售额和毛利额分析图数据表	C4 表	为 F3 报表的分析图提供数据源
C6 参数表	C6 表	关联 F3 报表组合框控件"数据源区域"的单元格区域和"单元格链接"的单元格,以及选项按钮控件"单元格链接"的单元格;"单元格链接"的单元格数字作为 INDEX 函数的参数,根据对应控件的筛选项,返回相应月份、门店或品类
B1 本年销售台账	B1 表	为 F3 报表的各分析项目本年毛利额提供数据,通过 C3 表提供
B2 上年销售台账	B2 表	为 F3 报表的各分析项目上年毛利额提供数据
B4 各品类经营目标	B4 表	为 F3 报表品类分析项目的经营目标提供数据,通过 C3 表提供
B5 各门店经营目标	B5 表	为 F3 报表门店分析项目的经营目标提供数据,通过 C3 表提供
B6 月份目标分解比例	B6 表	毛利额和毛利额月份目标占比,为 C3 表计算提供基础数据依据,并通过 C3 表关联到 F3 报表

F3 报表涉及的主要技术要领:

要领 1:利用"SUMIFS 函数 +INDEX 函数 + 控件"实现多条件交互式汇总。

详见前述 F1 报表说明。

要领 2:利用"OFFSET 函数 + 控件"实现滚动累计数。

详见前述 F1 报表说明。

要领 3:利用 NA 函数美化折线图表。

详见前述 F2 报表说明。

(4)F4 排名分析——门店(以下简称 F4 报表)。

F4 报表界面展现形式是"数据透视表 + 切片器 + 图表",如图 11-20 所示。

F4 报表通过数据透视表对门店的销售额和毛利额进行排名分析,并根据数据透视表添加了"月份"和"商品名称"两个切片器,可以分别根据切片器筛选项目对应的销售额和毛利额进行排名分析。在数据透视表汇总的销售额和毛利额所在单元格的右边相邻单元格应用条件格式添加迷你图表,以增加报表视觉化效果。

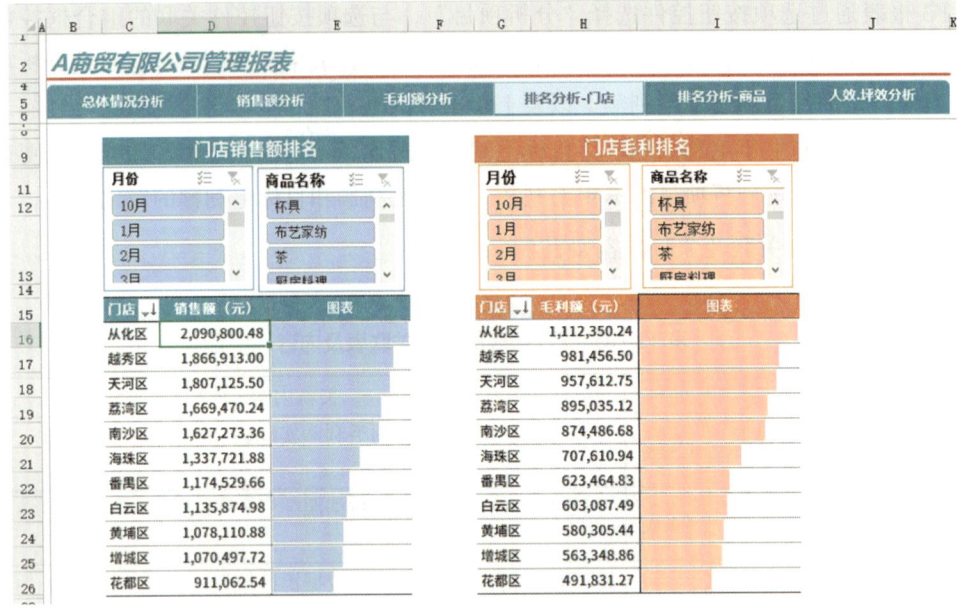

图 11-20 "排名分析——门店"报表展现界面

F4 报表的表间关联及关联内容如表 11-11 所示。

表 11-11　F4 报表的表间关联表及内容

表间关联表	简称	关联内容
B1 本年销售台账	B1 表	包括 2023 年 1～10 月的每日商品销售记录,为 F4 报表的数据透视表提供基础数据依据

F4 报表涉及的主要技术要领是数据透视表的切片器和条件格式图表的应用。

(5) F5 排名分析——商品(以下简称 F5 报表)。

F5 报表界面展现形式是"数据透视表 + 切片器 + 图表",如图 11-21 所示。

F5 报表通过数据透视表按商品名称对销售额和毛利额进行排名分析,并根据数据透视表添加了"月份"和"门店"两个切片器,可以分别根据切片器筛选项目对应的销售额和毛利额进行排名分析。在数据透视表汇总的销售额和毛利额所在单元格的右边相邻单元格应用条件格式添加迷你图表,增加报表视觉效果。

F5 报表的表间关联及关联内容同上述 F4 报表。

F5 报表涉及的主要技术要领同上述 F4 报表,即数据透视表的切片器和条件格式图表的应用。

(6) F6 人效、坪效分析(以下简称 F6 报表)。

F6 报表界面展现形式是"控件 + 表格 + 图表",如图 11-22 所示。

图 11-21 "排名分析——商品"报表展现界面

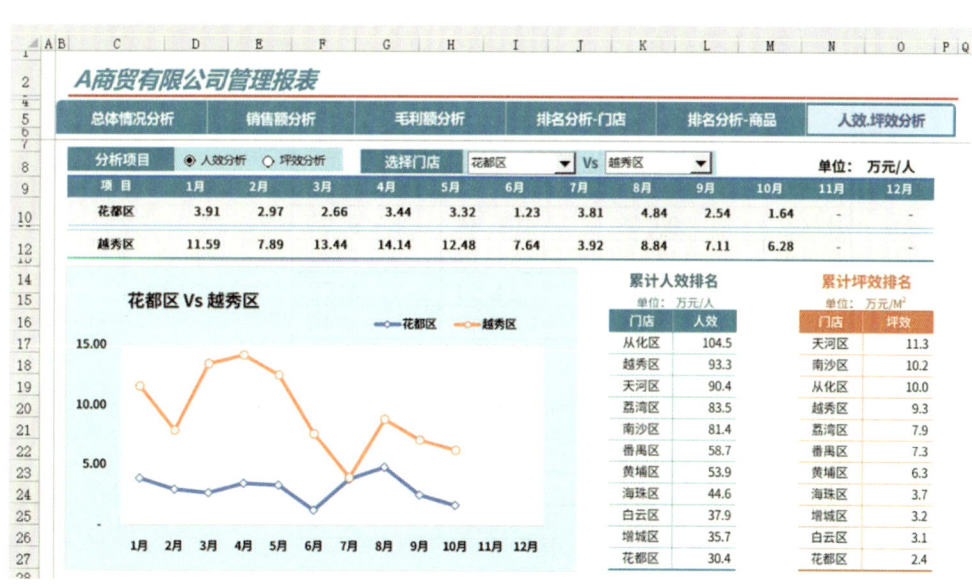

图 11-22 "人效、坪效分析"报表展现界面

F6 报表通过选项按钮控件选择"分析项目"（即人效或坪效分析），并使用两个组合框控件分别筛选要进行对比的门店。报表以表格形式列示对比数据，并通过折线图直观显示对比情况。此外，报表还以列表的形式按门店对累计人效和累计坪效进行排名。

F6 报表的表间关联及关联内容如表 11-12 所示。

表 11-12　F6 报表的表间关联表及内容

表间关联表	简称	关联内容
C5 人效、坪效分析辅助表	C5 表	F6 报表图表分析的数据源，以及累计排名分析数据源
C6 参数表	C6 表	关联 F6 报表组合框控件"数据源区域"的单元格区域和"单元格链接"的单元格，以及选项按钮控件"单元格链接"的单元格。"单元格链接"的单元格数字作为 INDEX 函数的参数，根据对应控件的筛选项，返回相应的门店
B1 本年销售台账	B1 表	包括 2023 年 1～10 月的每日商品销售记录，为 F6 报表的计算提供基础数据依据
B3 门店面积和人数	B3 表	计算坪效和人效必备的基础数据

F6 报表涉及的主要技术要领为 LAGER 函数与 INDEX 函数的关联应用，用于计算累计人效和累计坪效排名。

首先，在 C5 表的单元格区域 B6:E17 计算每家门店销售到当前月份（10 月）的累计销售额、人效和坪效。然后在单元格区域 G7:G17 输入排序的序号，如图 11-23 所示。

	B	C	D	E	F	G
5/6	门店	销售额（万元）	人效（万元/人）	坪效（万元/m²）		排序
7	白云区	113.59	37.86	3.07		1
8	从化区	209.08	104.54	9.96		2
9	番禺区	117.45	58.73	7.34		3
10	海珠区	133.77	44.59	3.72		4
11	花都区	91.11	30.37	2.40		5
12	黄埔区	107.81	53.91	6.34		6
13	荔湾区	166.95	83.47	7.95		7
14	南沙区	162.73	81.36	10.17		8
15	天河区	180.71	90.36	11.29		9
16	越秀区	186.69	93.35	9.33		10
17	增城区	107.05	35.68	3.24		11

图 11-23　C5 表的设置

上图中相关函数计算公式如下：

C7 单元格输入公式 "=SUMIF(B1.门店,B7,B1.销售额)/10000"，并填充复制到 C17 单元格，计算各门店的累计销售额。

D7 单元格输入公式 "=C7/INDEX('B3 门店面积和人数'!\$C\$3:\$D\$14,MATCH('C5 人效.坪效分析辅助表'!B7,'B3 门店面积和人数'!\$B\$3:\$B\$13,0),2)"，并填充复制到 D17 单

元格，计算各门店的累计人效。

E7 单元格输入公式"=C7/INDEX('B3 门店面积和人数 '!$C$3:$D$14,MATCH('C5 人效 . 坪效分析辅助表 '!B7,'B3 门店面积和人数 '!$B$3:$B$13,0),1)"，并填充复制到 E17 单元格，计算各门店的累计坪效。

然后，F6 报表调用 C5 表数据，依据应用函数计算公式进行如下计算：

L17 单元格输入公式"=LARGE('C5 人效 . 坪效分析辅助表 '!$D$7:$D$17,'C5 人效 . 坪效分析辅助表 '!G7)"，并填充复制到 L27 单元格，将从大到小返回各门店的人效数值。

K17 单元格输入公式"=INDEX('C5 人效 . 坪效分析辅助表 '!$B$7:$B$17,MATCH('F6 人效 . 坪效分析 '!L17,'C5 人效 . 坪效分析辅助表 '!$D$7:$D$17,0))"，并填充复制到 K27 单元格，将根据右边相邻单元格的人效数值返回各门店的门店名称。

O17 单元格输入公式"=LARGE('C5 人效 . 坪效分析辅助表 '!$E$7:$E$17,'C5 人效 . 坪效分析辅助表 '!G7)"，并填充复制到 O27 单元，将从大到小返回各门店坪效的数值。

N17 单元格输入公式"=INDEX('C5 人效 . 坪效分析辅助表 '!$B$7:$B$17,MATCH('F6 人效 . 坪效分析 '!L17,'C5 人效 . 坪效分析辅助表 '!$D$7:$D$17,0))"，并填充复制到 N27 单元格，将根据右边相邻单元格的坪效数值返回各门店的门店名称。

第二节　F 物流公司公路运输事业部管理报表应用实战

一、管理报表总体设计

1. 需求分析

F 物流有限公司（以下简称 F 公司）有公路运输、铁路运输、海上运输和仓储服务四条业务线，设有四个事业部分别负责该四项业务。

F 公司公路运输事业部采用第三方物流的业务模式，接到运输业务订单后，委托合作的承运商负责运输。该部门的业务包括集装箱货运和普通货运两项。2023 年，公司对公路运输事业部的主要考核指标是营业收入和部门利润（部门可控边际贡献），公路运输事业部的年度目标是营业收入 2 400 万元，部门利润 200 万元。

公路运输事业部将营业收入和部门利润的年度目标分解为集装箱货运和普通货运两项业务，具体如表 11-13 所示。

表 11-13　年度目标分解表

运输项目	营业收入（万元）	部门利润（万元）
集装箱运输	1 400	50
普通运输	1 000	150
合计	2 400	200

【要求】根据上述资料，设计 F 公司公路运输事业部的管理报表。

通过与公路运输事业部负责人和两个运输项目组组长沟通，得到他们的管理信息的需求分析如表 11-14 所示。

表 11-14　管理信息需求分析表

管理信息需求人	管理信息需求
事业部负责人	（1）本部门月度和累计销售额及部门利润完成情况 （2）各运输项目月度和累计销售额及部门利润完成情况 （3）本部门总体和各运输项目的销售额和利润额的趋势分析
运输项目组组长	（1）本运输项目月度和累计销售额及部门利润完成情况 （2）本运输项目各客户月度和累计销售额及毛利 （3）本运输项目各客户销售额和毛利趋势分析

2. 确定报表的分析指标

管理报表的分析指标根据经营人员的需求确定，根据表 11-15 所示的事业部负责人和运输项目组组长的管理信息需求，拟定以下分析指标，如表 11-15 所示。

表 11-15　管理报表的分析指标表

指标名称	指标说明	管理信息需求人
销售额	当月和累计销售额，包括事业部级和运输项目级	事业部负责人/项目组组长
利润额	当月和累计销售额完成情况，包括事业部级和运输项目级	事业部负责人/项目组组长
销售额完成率	截至分析当月累计销售额完成率，包括事业部级和运输项目级	事业部负责人/项目组组长
利润完成率	截至分析当月累计销售额完成率，包括事业部级和运输项目级	事业部负责人/项目组组长
分客户销售额	对本项目的各客户的销售额进行分析	项目组组长
分客户毛利额	对本项目的各客户的毛利额进行分析	项目组组长

二、管理报表结构设计

1. 收集财务和业务基础数据

根据管理报表设计的要求，收集了以下财务和业务基础数据表，如表 11-16、图 11-24 至图 11-26 所示。

表 11-16 基础数据表及内容

基础数据表名称	主要数据内容
B1 运输收入与成本明细表	各运输项目和客户每月销售收入及对应的运输成本费用，如图 11-24 所示
B2 部门管理费用明细表	各运输项目每月部门可控管理费用，包括人工费用、差旅费、招待费和场地租金，如图 11-25 所示
B3 年度目标分解表	各运输项目年度目标营业收入和利润，如表 11-13 所示
B4 运输项目和客户明细表	各运输项目和对应的客户明细表，如图 11-26 所示

	A	B	C	D	E	F	G	H
1	月份	运输项目	客户名称	营业收入	运费成本	燃油成本	装卸费	车架租金
2	1月	普通运输	PT001	966,908.44	743,125.14	-	-	-
3	1月	普通运输	PT002	45,706.68	46,824.37	-	-	-
4	1月	集装箱运输	JX001	1,202,381.98	586,022.52	412,735.04	40,226.40	122,440.00
5	1月	集装箱运输	JX002	77,800.00	58,254.95	-	-	8,480.00
6	2月	普通运输	PT001	361,650.78	289,371.23	-	-	-
7	2月	普通运输	PT002	42,161.89	39,963.27	-	-	-
8	2月	集装箱运输	JX001	579,163.60	257,450.45	183,256.41	8,258.40	50,856.00
9	2月	集装箱运输	JX002	44,700.00	33,371.17	-	-	6,360.00
10	3月	普通运输	PT001	988,518.51	767,080.83	-	-	-
11	3月	普通运输	PT003	254,152.14	222,590.33	-	-	-

图 11-24 运输收入与成本明细表

	A	B	C	D	E	F
1	月份	运输项目	人工费用	差旅费	招待费	场地租金
2	1月	普通运输	9,657.73	20,262.11	2,296.43	1,785.00
3	1月	普通运输	3,250.77	7,065.25	8,351.43	-
4	1月	集装箱运输	24,014.70	17,487.12	4,592.87	14,250.00
5	1月	集装箱运输	-	3,367.50	480.00	-
6	1月	集装箱运输	10,594.13	2,487.61	2,296.43	-
7	2月	普通运输	9,660.84	1,048.11	1,856.78	1,785.00
8	2月	普通运输	3,260.88	1,048.11	1,856.78	-
9	2月	集装箱运输	24,110.92	2,096.22	5,873.56	14,250.00
10	2月	集装箱运输	-	-	-	-
11	2月	集装箱运输	10,811.24	1,048.11	1,856.78	-

图 11-25 部门与管理费用明细表

	A	B
1	运输项目	客户名称
2	集装箱运输	JX001
3		JX002
4	普通运输	PT001
5		PT002
6		PT003

图 11-26　运输项目与客户名称

2. 设置中间计算表和参数表

中间计算表和参数表需要根据管理报表的目标和分析指标并考虑"结果输出表"进行设置，本案例具体设置如表 11-17 所示。

表 11-17　中间计算表及数据内容

中间计算表名称	主要数据内容
C1 总体完成情况仪表盘结构表	绘制营业收入和部门利润总体完成情况的仪表盘结构数据
C2 总体完成情况仪表盘数据表	总体完成进度仪表盘数据以及相关数据
C3 项目完成情况仪表盘结构表	绘制营业收入和部门利润各项目完成情况的仪表盘结构数据
C4 项目完成情况仪表盘数据表	各项目完成进度仪表盘数据以及相关数据
C5 趋势分析图辅助表	本部门及各项目营业收入和部门利润趋势图数据，以及各项目所属客户营业收入和毛利趋势图数据
C6 参数表	"结果输出表"设置的控件"数据源区域"和"单元格链接"存放此表

3. 设计结果输出表

经营数据通过分析之后成为管理信息，通过结果输出表展现有关内容，本案例根据需求设计的结果输出表如表 11-18 所示。

表 11-18　结果输出表及展现内容

结果输出表名称	展示内容	展示形式
F1 总体完成情况	展示本部门各月以及累计的营业收入和部门利润完成情况以及完成进度	控件＋文本框看板＋指针式仪表盘
F2 项目完成情况	展示两个运输项目各月以及累计的营业收入和部门利润完成情况以及完成进度	控件＋文本框看板＋指针式仪表盘
F3 部门级利润表	展示本部门以及两个运输项目的利润表	控件＋表格
F4 项目级利润表	展示各项目所属客户的收入与毛利表	控件＋表格
F5 趋势分析表	展示本部门以及两个运输项目的营业收入与部门利润的变动趋势，以及各运输项目所属客户的收入与毛利的变动趋势	控件＋图表

三、管理报表涉及主要技术要领

1. 通用技术要领

要领 1：应用函数"OFFSET+COUNTA"定义名称创建自动更新数据源。

对于基础数据表《B1 运输收入与成本明细表》和《B2 部门管理费用明细表》，应用函数"OFFSET+COUNTA"定义名称创建自动更新数据源，当基础数据表的数据不断更新，结果输出表也自动更新，如表 11-19 所示。

表 11-19　定义的自动更新数据源名称明细表

定义的名称	定义的名称对应的公式
B1. 车架租金	=OFFSET('B1 运输收入与成本明细表 '!$H$1,1,0,COUNTA('B1 运输收入与成本明细表 '!$H:$H)−1,1)
B1. 客户名称	=OFFSET('B1 运输收入与成本明细表 '!$C$1,1,0,COUNTA('B1 运输收入与成本明细表 '!$C:$C)−1,1)
B1. 燃油成本	=OFFSET('B1 运输收入与成本明细表 '!$F$1,1,0,COUNTA('B1 运输收入与成本明细表 '!$F:$F)−1,1)
B1. 营业收入	=OFFSET('B1 运输收入与成本明细表 '!$D$1,1,0,COUNTA('B1 运输收入与成本明细表 '!$D:$D)−1,1)
B1. 月份	=OFFSET('B1 运输收入与成本明细表 '!$A$1,1,0,COUNTA('B1 运输收入与成本明细表 '!$A:$A)−1,1)
B1. 运费成本	=OFFSET('B1 运输收入与成本明细表 '!$E$1,1,0,COUNTA('B1 运输收入与成本明细表 '!$E:$E)−1,1)
B1. 运输项目	=OFFSET('B1 运输收入与成本明细表 '!$B$1,1,0,COUNTA('B1 运输收入与成本明细表 '!$B:$B)−1,1)
B1. 装卸费	=OFFSET('B1 运输收入与成本明细表 '!$G$1,1,0,COUNTA('B1 运输收入与成本明细表 '!$G:$G)−1,1)
B2. 差旅费	=OFFSET('B2 部门管理费用明细表 '!$D$1,1,0,COUNTA('B2 部门管理费用明细表 '!$D:$D)−1,1)
B2. 场地租金	=OFFSET('B2 部门管理费用明细表 '!$F$1,1,0,COUNTA('B2 部门管理费用明细表 '!$F:$F)−1,1)
B2. 人工费用	=OFFSET('B2 部门管理费用明细表 '!$C$1,1,0,COUNTA('B2 部门管理费用明细表 '!$C:$C)−1,1)
B2. 月份	=OFFSET('B2 部门管理费用明细表 '!$A$1,1,0,COUNTA('B2 部门管理费用明细表 '!$A:$A)−1,1)
B2. 运输项目	=OFFSET('B2 部门管理费用明细表 '!$B$1,1,0,COUNTA('B2 部门管理费用明细表 '!$B:$B)−1,1)
B2. 招待费	=OFFSET('B2 部门管理费用明细表 '!$F$2,1,0,COUNTA('B2 部门管理费用明细表 '!$F:$F)−1,1)

另外，本管理报表还定义了其他有关名称，以方便数据或区域的引用，以及方便计算

公式的应用,定义的其他有关名称如表 11-20 所示。

表 11-20　定义的其他名称明细表

定义的名称	定义的名称对应的公式
集装箱运输	='C6 参数表 '!$F$3:$F$4
普通运输	='C6 参数表 '!$H$3:$H$5
选择部门	='C6 参数表 '!$J$3:$J$5
选择客户	=CHOOSE('C6 参数表 '!$D$6,集装箱运输,普通运输)
月份	='C6 参数表 '!$B$3:$B$14
运输项目	='C6 参数表 '!$D$3:$D$4

要领 2:控件组合应用的设置。

本案例的管理报表涉及两个控件组合应用的设置,比如第一个组合框控件是选择运输项目,则第二个组合框控件根据第一个组合框所选择的运输项目可以筛选对应的客户,即实际联动的效果,如图 11-27 所示。

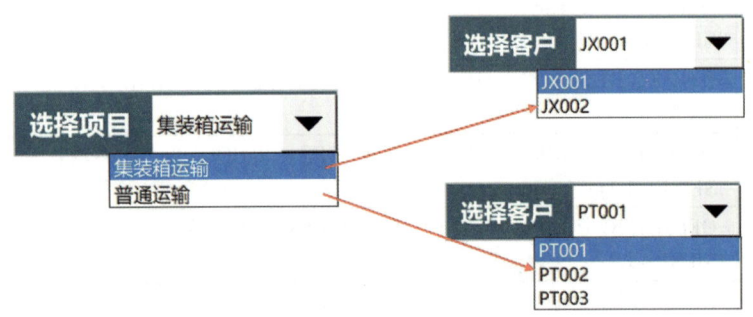

图 11-27　控件组合应用示例

本案例的控件组合应用的设置首先需要定义三个名称,分别为"运输项目""集装箱运输"和"普通运输",名称对应的区域和内容如图 11-28 所示。

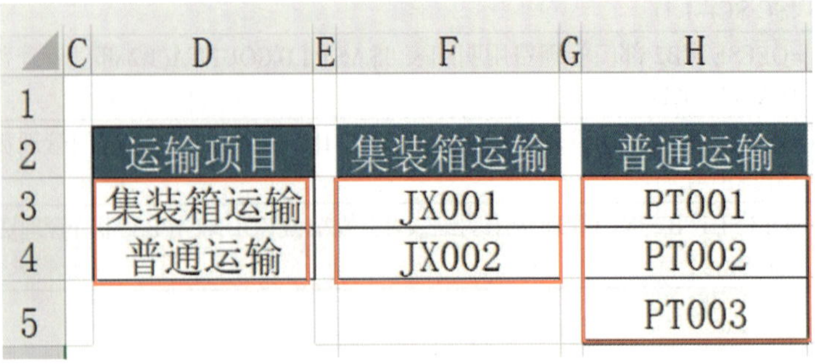

图 11-28　三个名称对应的区域和内容

然后，应用 CHOOSE 函数创建跳转的动态数据源区域，公式为"=CHOOSE('C6 参数表 '!$D$6, 集装箱运输 , 普通运输)"，该公式定义名称为"选择客户"。

第一个组合框控件（选择项目）的格式设置："数据源区域"为"运输项目"，"单元格链接"为"'C6 参数表 '!$D$6"，如图 11-29 所示。

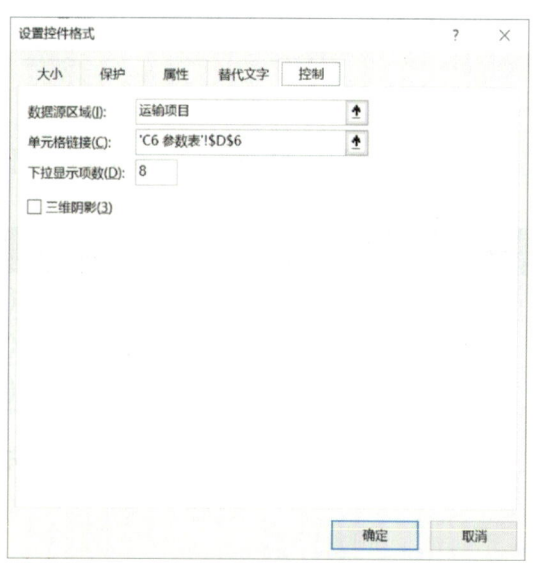

图 11-29　第一个组合框控件设置

第二个组合框控件（选择项目）的格式设置："数据源区域"为"选择客户"，"单元格链接"为"'C6 参数表 '!$D$10"，如图 11-30 所示。

图 11-30　第二个组合框控件设置

控件组合实现联动效果的原理：当第一个控件选择对应的运输项目时，在"C6 参数表!$D$6"单元格则显示数字 1 或 2，而此时，第二个控件的数据源区域"选择客户"名称对应的公式"=CHOOSE('C6 参数表'!$D$6,集装箱运输,普通运输)"会根据"'C6 参数表'!$D$6"的数字改变，当数字为 1 时，第二个控件的"数据源区域"则为名称"集装箱运输"数据源区域的客户列表，当数字为 2 时，第二个控件的"数据源区域"则为名称"普通运输"数据源区域的客户列表。如图 11-31 所示。

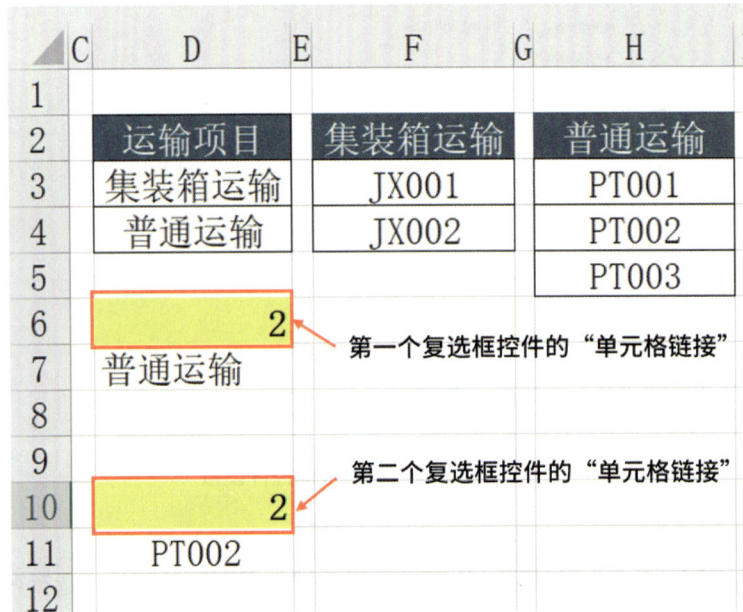

图 11-31 组合框的单元格链接

上图中，D7 单元格输入公式"=INDEX(运输项目,D6,1)"，则返回第一个组合框控件的选择项目，图示选择的运输项目为"普通运输"。

D11 单元格输入公式"=IF(D7="集装箱运输",INDEX(集装箱运输,D10,1),INDEX(普通运输,D10,1))"，则返回第二个组合框控件的选择项目，图示选择的运输项目对应的客户为"PT002"。

2. 结果输出表涉及的技术要领

本案例结果输出表数据信息的来源包括中间计算表和基础数据表，表间关联如图 11-32 所示。

下面将结果输出表的报表界面展现形式、展现内容和技术要领说明如下。

（1）F1 总体完成情况（以下简称 F1 报表）。

F1 报表界面展现形式是"控件+文本框看板+指针式仪表盘"，如图 11-33 所示。

第十一章 管理报表应用实战

结果输出表： \ 关联到中间计算表和基础数据表：	C1 总体完成情况仪表盘结构表	C2 总体完成情况仪表盘数据表	C3 项目完成情况仪表盘结构表	C4 项目完成情况仪表盘数据表	C5 趋势分析图辅助表	C6 参数表	B1 运输收入与成本明细表	B2 部门管理费用明细表	B3 年度目标分解表	B4 运输项目和客户明细表
2 F1 总体完成情况	√	√				√	√	√		
3 F2 项目完成情况			√	√		√	√		√	
4 F3 部门级利润表							√	√		
5 F4 项目级利润表							√		√	√
6 F5 趋势分析表					√	√				

图 11-32　表间关联关系图

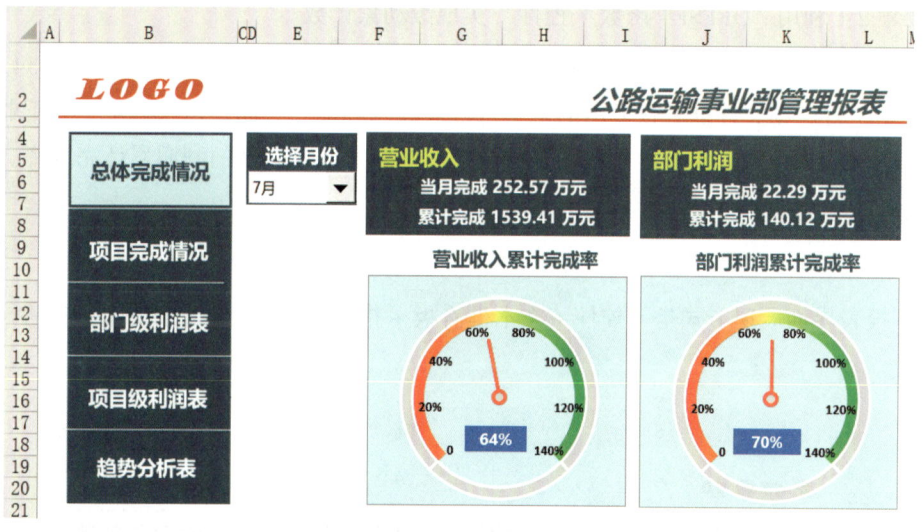

图 11-33　F1 报表界面

F1 报表通过组合框控件选择月份，文本框看板显示公路运输事业部的当前月份和累计营业收入金额，以及当前月份和累计部门利润的金额，指针式仪表盘则显示截至当前月份的营业收入和部门利润累计完成率。当基础数据表的数据增加时，报表将随之动态更新。

F1 报表的表间关联及关联内容如表 11-21 所示。

309

表 11-21 F1 报表的表间关联表及内容

表间关联表	简称	关联内容
C1 总体完成情况仪表盘结构表	C1 表	关联 F1 报表营业收入和部门利润累计完成率仪表盘数据
C2 总体完成情况仪表盘数据表	C2 表	为 C1 表仪表盘数据提供完成率数据；为 F1 报表的文本框提供数据
C6 参数表	C6 表	关联 F1 报表组合框控件"数据源区域"的单元格区域，"单元格链接"的单元格数字作为 INDEX 函数的参数，根据对应控件的筛选项，返回相应月份
B1 运输收入与成本明细表	B1 表	计算毛利润的数据，结合 B2 表完成部门利润的计算
B2 部门管理费用明细表	B2 表	计算管理费用的数据，结合 B1 表完成部门利润的计算
B3 年度目标分解表	B3 表	年度目标数据，为 F1 报表的计算提供基础数据

F1 报表涉及的主要技术要领：

要领 1：经营目标完成进度应用"指针式仪表盘"展现。

"指针式仪表盘"的绘制可参考本书第九章的相关内容，仪表盘数据的关联可参考上述表 11-21 的说明。

要领 2：利用"OFFSET 函数 + 控件"实现滚动累计数。

F1 报表中，当组合框控件选择月份时，能显示截至当月的滚动累计数，如图 11-34 所示，选择的是 7 月，则文件框看板显示的是 7 月营业收入和部门利润，以及截至 7 月营业收入和部门利润的累计数，仪表盘显示的是截至 7 月的营业收入和部门利润累计完成率。

该技术要领可参考本章第一节案例的相关内容。

（2）F2 项目完成情况（以下简称 F2 报表）。

F2 报表界面展现形式是"控件 + 文本框看板 + 指针式仪表盘"，如图 11-34 所示。

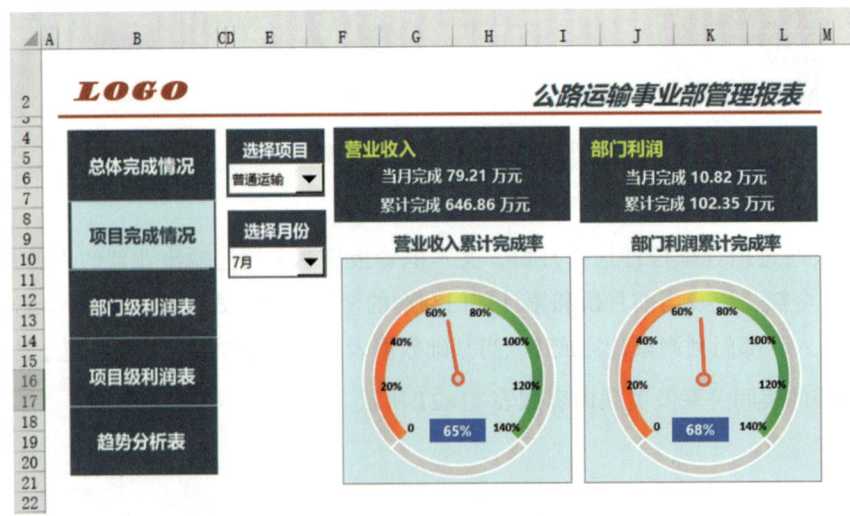

图 11-34 F2 报表界面

F2 报表通过组合框控件选择运输项目和月份，文本框看板显示所选项目的当前月份和累计营业收入金额，当前月份和累计部门利润的金额，指针式仪表盘则显示截至当前月份该运输项目的营业收入和部门利润累计完成率。当基础数据表的数据增加时，报表将随之动态更新。

F2 报表的表间关联及关联内容如表 11-22 所示。

表 11-22　F2 报表的表间关联表及内容

表间关联表	简称	关联内容
C3 项目完成情况仪表盘结构表	C3 表	关联 F2 报表营业收入和部门利润累计完成率仪表盘数据
C4 项目完成情况仪表盘数据表	C4 表	为 C3 表仪表盘数据提供完成率数据；为 F2 报表的文本框提供数据
C6 参数表	C6 表	关联 F2 报表组合框控件“数据源区域”的单元格区域，“单元格链接”的单元格数字作为 INDEX 函数的参数，根据对应控件的筛选项，返回相应月份
B1 运输收入与成本明细表	B1 表	计算毛利润的数据，结合 B2 表完成部门利润的计算
B2 部门管理费用明细表	B2 表	计算管理费用的数据，结合 B1 表完成部门利润的计算
B3 年度目标分解表	B3 表	年度目标数据，为 F1 报表的计算提供基础数据

F2 报表涉及的主要技术要领同本案例 F1 报表。

（3）F3 部门级利润表（以下简称 F3 报表）。

F3 报表界面展现形式是“控件 + 表格”，如图 11-35 所示。

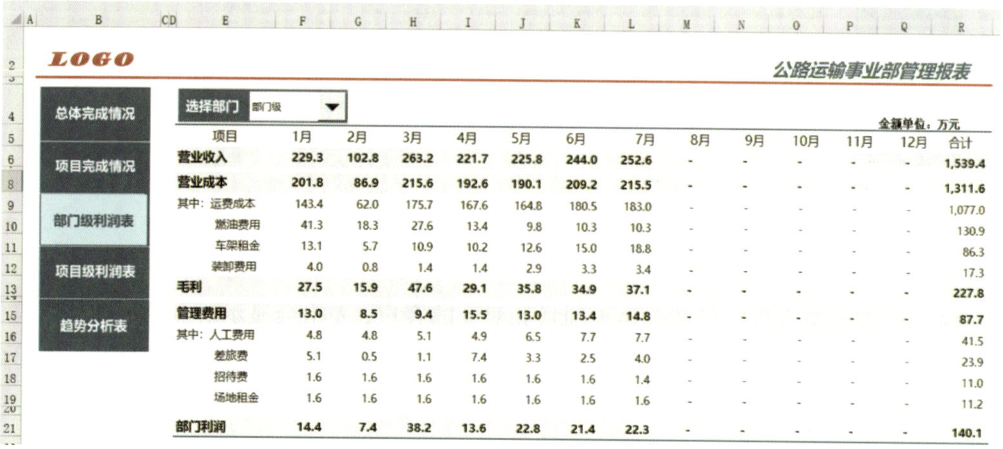

项目	1月	2月	3月	4月	5月	6月	7月	8月	9月	10月	11月	12月	合计
营业收入	229.3	102.8	263.2	221.7	225.8	244.0	252.6	-	-	-	-	-	1,539.4
营业成本	201.8	86.9	215.6	192.6	190.1	209.2	215.5	-	-	-	-	-	1,311.6
其中：运费成本	143.4	62.0	175.7	167.6	164.8	180.5	183.0	-	-	-	-	-	1,077.0
燃油费用	41.3	18.3	27.6	13.4	9.8	10.3	10.3	-	-	-	-	-	130.9
车架租金	13.1	5.7	10.9	10.2	12.6	15.0	18.8	-	-	-	-	-	86.3
装卸费用	4.0	0.8	1.4	1.4	2.9	3.3	3.4	-	-	-	-	-	17.3
毛利	27.5	15.9	47.6	29.1	35.8	34.9	37.1	-	-	-	-	-	227.8
管理费用	13.0	8.5	9.4	15.5	13.0	13.4	14.8	-	-	-	-	-	87.7
其中：人工费用	4.8	4.8	5.1	4.9	6.5	7.7	7.7	-	-	-	-	-	41.5
差旅费	5.1	0.5	1.1	7.4	3.3	2.5	4.0	-	-	-	-	-	23.9
招待费	1.6	1.6	1.6	1.6	1.6	1.6	1.4	-	-	-	-	-	11.0
场地租金	1.6	1.6	1.6	1.6	1.6	1.6	1.6	-	-	-	-	-	11.2
部门利润	14.4	7.4	38.2	13.6	22.8	21.4	22.3	-	-	-	-	-	140.1

图 11-35　F3 报表界面

F3 报表通过组合框控件选择部门级、集装箱运输项目和普通运输项目，则表格显示对应的利润表，包括截至当前月份的每月和累计营业收入、营业成本、毛利、管理费用和部门利润等项目。本报表显示的是截至 7 月的各月和累计数据，当基础数据表的数据增加时，报表将随之动态更新。

F3 报表的表间关联及关联内容如表 11–23 所示。

表 11–23　F3 报表的表间关联表及内容

表间关联表	简称	关联内容
F3 参数表	C6 表	关联 F3 报表组合框控件“数据源区域”的单元格区域，“单元格链接”的单元格数字作为 INDEX 函数的参数，根据对应控件的筛选项，返回的运输项目
B1 运输收入与成本明细表	B1 表	计算毛利润的数据，结合 B2 表完成部门利润的计算
B2 部门管理费用明细表	B2 表	计算管理费用的数据，结合 B1 表完成部门利润的计算

F3 报表涉及的主要技术要领是利用“SUMIFS 函数 +INDEX 函数 + 控件”实现多条件交互式汇总。

（4）F4 项目级利润表（以下简称 F4 报表）。

F4 报表界面展现形式是“控件 + 表格”，如图 11–36 所示。

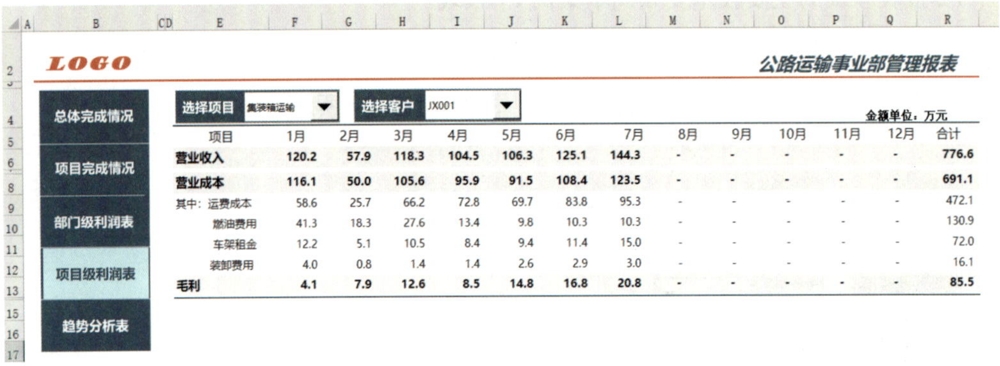

项目	1月	2月	3月	4月	5月	6月	7月	8月	9月	10月	11月	12月	合计
营业收入	120.2	57.9	118.3	104.5	106.3	125.1	144.3	-	-	-	-	-	776.6
营业成本	116.1	50.0	105.6	95.9	91.5	108.4	123.5	-	-	-	-	-	691.1
其中：运费成本	58.6	25.7	66.2	72.8	69.7	83.8	95.3	-	-	-	-	-	472.1
燃油费用	41.3	18.3	27.6	13.4	9.8	10.3	10.3	-	-	-	-	-	130.9
车架租金	12.2	5.1	10.5	8.4	9.4	11.4	15.0	-	-	-	-	-	72.0
装卸费用	4.0	0.8	1.4	1.4	2.6	2.9	3.0	-	-	-	-	-	16.1
毛利	4.1	7.9	12.6	8.5	14.8	16.8	20.8	-	-	-	-	-	85.5

图 11–36　F4 报表界面

F4 报表通过组合框控件选择运输项目和对应的客户，表格会显示对应的毛利计算表，包括截至当前月份的每月和累计营业收入、营业成本和毛利。本报表显示的是截至 7 月的各月和累计数据，当基础数据表的数据增加时，报表将随之动态更新。

F4 报表的表间关联及关联内容如表 11–24 所示。

F4 报表涉及的主要技术要领是利用“SUMIFS 函数 +INDEX 函数 + 控件”实现多条件交互式汇总。

（5）F5 趋势分析表（以下简称 F5 报表）。

F5 报表界面展现形式是"控件 + 文本框看板 + 指针式仪表盘",如图 11-37 所示。

表 11-24　F4 报表的表间关联表及内容

表间关联表	简称	关联内容
C6 参数表	C6 表	关联 F4 报表组合框控件"数据源区域"的单元格区域,"单元格链接"的单元格数字作为 INDEX 函数的参数,根据对应控件的筛选项,返回的运输项目以及对应的客户
B1 运输收入与成本明细表	B1 表	计算 F4 报表对应客户毛利的数据
B4 运输项目和客户明细表	B4 表	提供不同运输项目对应的客户信息

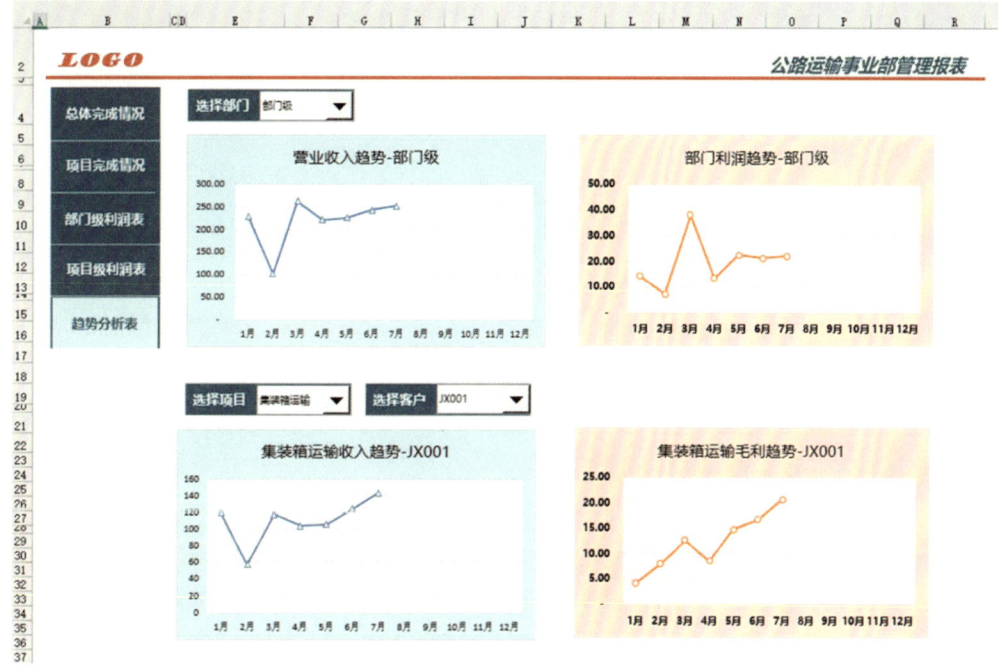

图 11-37　F5 报表界面

F5 报表分为两部分:上半部分通过组合框控件选择部门级、集装箱运输项目和普通运输项目,相应的折线图显示营业收入和部门利润表的变动趋势;下半部分通过组合框控件选择运输项目和对应的客户,相应的折线图显示对应的营业收入和部门利润表的变动趋势。本报表图示显示的是截至 7 月的数据,当基础数据表的数据增加时,本报表的折线图将随之动态更新。

F5 报表的表间关联及关联内容如表 11-25 所示。

表 11-25 F5 报表的表间关联表及内容

表间关联表	简称	关联内容
C5 趋势分析图辅助表	C5 表	提供 F5 报表趋势分析的源数据
C6 参数表	C6 表	关联 F5 报表组合框控件"数据源区域"的单元格区域,"单元格链接"的单元格数字作为 INDEX 函数的参数,根据对应控件的筛选项,返回的运输项目以及对应的客户

F5 报表涉及的主要技术要领:利用"SUMIFS 函数 +INDEX 函数 + 控件"实现多条件交互式汇总。

第 十二 章 项目数据分析实战

第一节 项目数据分析概述

一、项目概述

1. 项目的定义

项目的一般概念是指在规定的时间内、在规定的预算范围内,按照一定质量进行的一系列复杂并相互关联的活动,从而实现预定目标的一次性任务。例如,建造一家工厂、一条生产装配流水线、设计一项新产品、开展一项科学研究等。经营性长期资产投资项目有五种类型:

(1)新产品开发或现有产品的规模扩张项目。

(2)设备或厂房的更新项目。

(3)研究与开发项目。

(4)勘探项目。

(5)其他项目,包括劳动保护设施建设、购置污染控制装置等。这些项目虽直接产生营业现金流入,但有助于使企业在履行社会责任方面的形象得到改善。它们有可能减少未来的现金流出。

以上五类投资项目的现金流量分布有不同的特征,分析的具体方法也有区别。最具一般意义的是第一种投资即新添置固定资产的投资项目。

2. 项目的特征

从项目的定义上看,项目一般具有唯一性、目标性、约束性、多变性,以及一次性和不可逆性等主要特征。

(1)唯一性。

项目具有明确的起点和终点,只在一段有限的时间里存在,经过一定的寿命周期后,原来构成一个项目的各种要素就不作为一个项目而存在。正如赫拉克利特所说"人不能两次踏入同一条河流",我们也不能找到两个完全一样的项目,这是项目与日常经营活动的一个重要区别。

（2）目标性。

项目都具有目标性，包括明确的目标、项目管理的目标和效益目标。其中，明确的目标是项目最基本的特征之一，因为只有确定了明确的目标，项目才能够有方向性地前进，而目标一旦确定，就不能轻易变动和改动。项目目标的制定要根据工作范围、进度计划和成本、资源来约束。人类有组织的活动都有其目的性，没有明确的目标，行动就没有方向，也就不会有项目的存在。

（3）约束性。

任何项目都有限定条件，这些条件构成了项目的约束性，每一个项目都需要运用各种资源来实施，而资源是有限的，一般包括项目投入要素（人、财、物）、时间和质量等，这些约束对项目的决策和实施有很大的限制性和制约性，也为项目任务的实施和完成提供了一个最低的参考标准。

（4）多变性。

外部条件及阶段结果的不确定性和多变，使得项目具有多变性。这种多变性可能会导致项目的规划、执行和控制存在不确定性，需要灵活应对。项目多变的特征可以体现在各个阶段和各个阶段的结果不同，以及不同因素对项目的影响不同。因此，在项目管理中，需要对项目进行多变性分析，以便更好地规划、执行和控制项目，确保项目的质量和成功。

（5）一次性和不可逆性。

一次性和不可逆性是项目的重要特征，比如投资建设地点一次性固定，建成后不可移动。这种特征使得项目在建设和运营过程中需要高度的控制和可预测性，以确保项目的成功和质量，因为项目一旦建设完成，就无法改变其用途。

二、项目数据分析

1. 项目数据定义

项目数据分析是指在规定的时间和预算范围内，按照一定的质量要求，为实现预定目标，对拟定项目的各方面数据进行收集与整理，并运用专业数据分析方法，研究分析项目数据，揭示项目性质、描述项目经济效益的一种行为或过程。

2. 项目数据分析内容

根据项目数据分析定义，项目数据分析内容主要是项目经济分析，包括财务分析、国民经济分析、不确定性分析和社会影响分析。不同类型的投资项目可能会选择不同的经济分析方法，具体选择参考表如表12-1所示。

表 12-1　建设项目经济分析内容选择参考表

			财务分析			国民经济分析	不确定性分析	社会影响分析
			盈利能力分析	偿债能力分析	生存能力分析			
政府投资	直接投资	经营	☆	☆	☆	☆	☆	△
		非经营		△	☆	☆	△	△
	资本投资	经营	☆	☆	☆	☆	☆	△
		非经营		△	☆	☆	△	△
	转贷	经营	☆	☆	☆	☆	☆	△
		非经营		☆	☆	☆	△	△
	补助	经营	☆	☆	☆	☆	☆	△
		非经营		☆	☆	☆	△	△
	贴息	经营	☆	☆	☆	☆	☆	△
		非经营						
企业投资（核准）		经营	☆	☆	☆	☆	☆	△
企业投资（备案）		经营	☆	☆	☆	☆	☆	△

注：1. 表中☆表示要求做，△表示根据项目的特点，有要求时做，无要求时可以不做，具体使用指标见《建设项目经济评价方法与参数（第三版）》。

2. 企业投资项目的经济评价内容可以根据规定要求进行，经营性项目选用，非经营项目可参照政府投资项目评价内容。

项目财务分析是项目经济效益分析的最主要的内容，也是项目可行性研究的一个重要环节，是在项目技术可行性和商业可行性研究的基础上，按照项目经济评价的要求，调查、收集和测算一系列的财务数据，如总投资、销售收入、项目寿命期等，并编制有关财务数据测算表，进行经济效益分析的工作，如项目财务内部收益率（IRR）、财务净现值（NPV）、动态回收期、敏感性分析等，对项目的经济效益进行评估和分析。

三、项目基础数据

1. 项目基础数据的作用

项目基础数据是项目财务评价的基础。这部分数据可以直接影响项目的经济效益和费用，而经济效益与费用又是财务分析的基础，其估算的准确性与可靠程度会直接对项目财务分析结果构成重大影响。

2. 项目基础数据的内容

项目基础数据可以分为基础参数、原始数据和派生数据，主要内容包括：

（1）项目基本信息。

涉及项目的所在地、项目所属行业、项目类型等。

（2）建设期。

项目建设期是指项目资金正式投入工程开始到项目建成投产止所需要的建设时间。

（3）计算期。

项目计算期指项目资金正式投入工程开始建设到项目运营的寿命期结束为止的时间段，这个期间粗略划分大致可以分为两个阶段。即：

$$计算期＝建设期＋运营期$$

（4）项目开始投产年份。

项目工程建设全部竣工完成后或单项工程建设竣工完成后，从下一个时间点开始生产或开始产生效益的年份。例如，某项目建设期2年，该项目人第3年开始投产，那第3年就是该项目的开始投资年份或开始发挥效益的年份。

（5）财务基准收益率。

建设项目财务评价中对可货币化的项目费用与效益采用折现方法计算财务净现值的基准折现率，是衡量项目财务内部收益率的基准值。财务基准收益率反映投资者对项目占用资金时间价值的判断，也是投资者对项目的最低可接受能力。

（6）价格体系。

项目财务评价中涉及的价格有：基价、时价和实价。

基价，也称固定价格或基年价格，是指不考虑通货膨胀因素影响的价格，以指定的基年价格水平表示。

时价，指的是任何时候的价格，它包括通货膨胀因素影响在内，以当时的价格水平表示。

实价，是以基年价格水平表示的，体现相对价格变化的价格，可以由时价中扣除通货膨胀因素影响来计算得出实价。

（7）建设项目投资估算。

在进行项目财务评价时，首先需要我们收集的数据也就是建设投资估算表中的相关数据，这部分数据对项目的评价工作起至关重要的作用。

（8）资金筹措。

根据项目投资估算，对项目的投资进行资金筹措。内容大致包括：项目有几个投资方、每个投资方的出资情况（现金出资或实物出资）、投资方的出资比例、利润分配情况；项目的外部融资方式、外部融资额度、计息方法、偿还方式等。

（9）产品相关信息。

产品相关信息的内容涉及产品名称、产品种类、产品规格、产品价格、产品产量、生产负荷及产品的销售情况。

（10）成本费用数据。

成本费用这部分数据的收集，主要包括：项目产品涉及的原材料、燃料及动力的价格和单耗，人员编制、工资和福利费标准，制造费用（修理费、折旧费、机物料费等）。

（11）流动资金估算。

流动资金估算这部分内容主要涉及的基础数据有：流动资金借款年利率、短期借款年利率、应收账款周转天数、应付账款周转天数、在产品周转天数、产成品周转天数等。

第二节　项目的投资估算和资金筹措

一、投资估算的含义和作用

1. 投资估算的含义

投资估算是在投资决策阶段，以方案设计或可行性研究文件为依据，按照规定的程序、方法和依据，对拟建项目所需总投资及其构成进行的预测和估计，是在研究并确定项目的建设规模、产品方案、技术方案、工艺技术、设备方案、厂址方案、工程建设方案以及项目进度计划等的基础上，依据特定的方法，估算项目从筹建、施工直至建成投产所需全部建设资金总额并测算建设期各年资金使用计划的过程。

投资估算的成果文件称作投资估算书，也简称为投资估算。投资估算书是项目建议书或可行性研究报告的重要组成部分，是项目决策的重要依据之一。投资估算按委托内容可分为建设项目的投资估算、单项工程投资估算、单位工程投资估算。投资估算的准确与否不仅影响到可行性研究工作的质量和经济评价结果，而且直接关系到下一阶段设计概算和施工图预算的编制，以及建设项目的资金筹措方案。因此，全面准确地估算建设项目的工程造价，是可行性研究乃至整个决策阶段造价管理的重要任务。

2. 投资估算的作用

（1）项目建议书阶段的投资估算是项目主管部门审批项目建议书的依据之一，也是编制项目规划、确定建设规模的参考依据。

（2）项目可行性研究阶段的投资估算，是项目投资决策的重要依据，也是研究、分析、计算项目投资经济效果的重要条件。

（3）项目投资估算对工程设计概算起控制作用，设计概算不得突破有关部门批准的投资估算，并应控制在投资估算额以内。

（4）项目投资估算可作为项目资金筹措及制定建设贷款计划的依据，建设单位可根据批准的项目投资估算额，进行资金筹措和向银行申请贷款。

（5）项目投资估算是核算建设项目固定资产投资需要额和编制固定资产投资计划的重要依据。

（6）项目投资估算是进行工程设计招标、优选设计方案的依据之一。它也是工程限额设计的依据。

二、投资估算的内容

投资估算按照编制估算的工程对象划分,包括建设项目投资估算、单项工程投资估算和单位工程投资估算等。投资估算文件一般由封面、签署页、编制说明、投资估算分析、总投资估算表、单项工程估算表、主要技术经济指标等内容组成。

1. 投资估算编制说明

投资估算编制说明一般包括以下内容:

(1)工程概况。

(2)编制范围。说明建设项目总投资估算中所包括的和不包括的工程项目和费用,如有几个单位共同编制时,说明分工编制的情况。

(3)编制方法。

(4)编制依据。

(5)主要技术经济指标,包括投资、用地和主要材料用量指标。当设计规模有远期、近期不同的考虑时,或者土建与安装的规模不同时,应分别计算后再综合。

(6)有关参数、率值选定的说明,如征地拆迁、供电供水、考察咨询等费用的费率标准选用情况。

(7)特殊问题的说明(包括采用新技术、新材料、新设备、新工艺);必须说明的价格的确定;进口材料、设备、技术费用的构成与技术参数;采用特殊结构的费用估算方法;安全、节能、环保、消防等专项投资占总投资的比重;建设项目总投资中未计算项目或费用的必要说明等。

(8)采用限额设计的工程还应对投资限额和投资分解做进一步说明。

(9)采用方案比选的工程还应对方案比选的估算和经济指标做进一步说明。

(10)资金筹措方式。

2. 投资估算分析

投资估算分析应包括以下内容:

(1)工程投资比例分析。一般民用项目要分析主体工程和附属工程占总投资的比例。

(2)各类费用构成占比分析。分析设备及工器具购置费、建筑工程费、安装工程费、工程建设其他费用、预备费、建设期利息占建设总投资的比例;分析引进设备费用占全部设备费用的比例等。

(3)分析影响投资的主要因素。

(4)与国内类似工程项目的比较,分析说明投资高低的原因。

3. 总投资估算

总投资估算包括汇总单项工程估算、工程建设其他费用、基本预备费、价差预备费、计算建设期利息等。

4. 单项工程投资估算

单项工程投资估算中，应按建设项目划分的各个单项工程分别计算组成工程费用的建筑工程费、设备及工器具购置费和安装工程费。

5. 工程建设其他费用估算

工程建设其他费用估算应按预期将要发生的工程建设其他费用种类，逐项详细估算其费用金额。

6. 主要技术经济指标

工程造价人员应根据项目特点，计算并分析整个建设项目、各单项工程和主要单位工程的主要技术经济指标。

三、投资估算的编制

根据投资估算的不同阶段，主要包括项目建议书阶段及可行性研究阶段的投资估算。可行性研究阶段的投资估算的编制一般包含静态投资部分、动态投资部分与流动资金估算三部分，主要包括以下步骤：

（1）分别估算各单项工程所需建筑工程费、设备及工器具购置费、安装工程费。在汇总各单项工程费用的基础上，估算工程建设其他费用和基本预备费，完成工程项目静态投资部分的估算。

（2）在静态投资部分的基础上，估算价差预备费和建设期利息，完成工程项目动态投资部分的估算。

（3）估算流动资金。

（4）估算建设项目总投资。

投资估算编制的具体流程图，如图 12-1 所示。

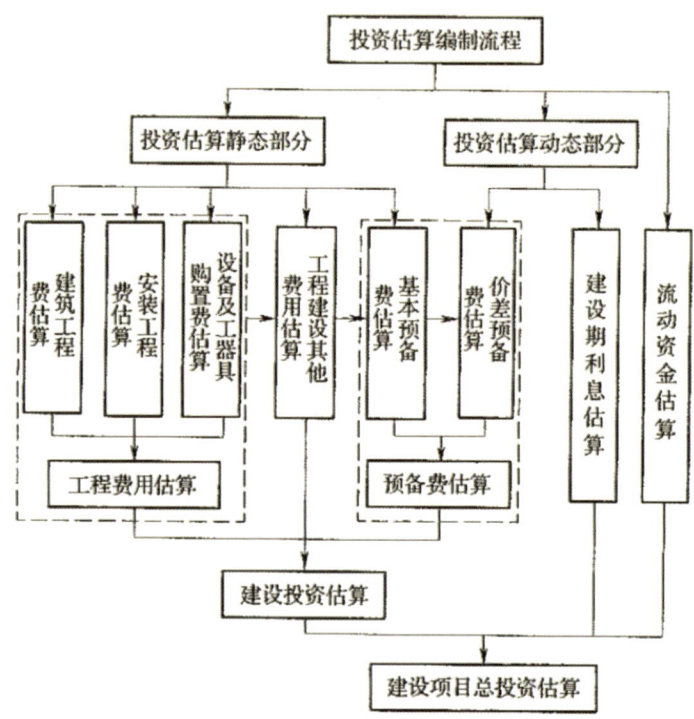

图 12-1　建设项目投资估算编制流程

四、静态投资部分的估算方法

静态投资部分的估算方法很多，各有其适用的条件和范围，而且误差程度也不相同。一般情况下，应根据项目的性质、占有的技术经济资料和数据的具体情况，选用适宜的估算方法。在项目建议书阶段，可采取生产能力指数法、系数估算法、比例估算法或混合法等，在条件允许时，也可采用指标估算法；在可行性研究阶段，可采用相对详细的投资估算方法，如指标估算法等。

【案例 12-1】

W 公司准备进入运动自行车行业，计划投资年产 10 万辆运动自行车项目，拟建项目的厂房建筑面积为 5 000m^2，同行业已建类似项目的建设工程费用为 3 000 元/m^2。

另外，类似项目工程费用所含的人工费、材料费、机械费和综合税费占建筑工程造价的比例分别为 18.26%、57.63%、9.98%、14.13%。因建设时间、地点、标准不同，相应的综合调整系数分别为 1.25、1.32、1.15、1.12，其他内容不变。

【要求】计算该项目的建筑工程费用。

【解析】根据上述资料，构建如图 12-2 所示模型，计算项目建筑工程费用为 3 028.78 万元。

本模型工作表中计算公式的设置如下：

C15 单元格输入公式"=C9*D9+C10*D10+C11*D11+C12*D12"，计算综合调整系数。

C16 单元格输入公式"=C5*C6*C15/10000"，计算项目建筑工程费用。

图 12-2　建筑工程费用造价分析模型

【案例 12-2】

W 公司的运动自行车项目需要采购一台国产非标设备，制造厂生产该台设备所用材料费 200 万元，加工费 20 万元，辅助材料费 4 万元。专用工具费率 1.5%，废品损失费率 10%，外购配套件费 50 万元，包装费率 1%，利润率为 7%，增值税率为 13%，非标准设备设计费 20 万元。

【要求】估算该国产非标设备的原价（计算结果保留两位小数）。

【解析】建设项目的设备购置费是指购置或自制的达到固定资产标准的设备、工器具及生产家具等所需的费用。它由设备原价和设备运杂费构成，具体公式如下：

设备购置费＝设备原价（含备品备件费）＋设备运杂费

上述公式中，设备原价指国内采购设备的出厂价格，或国外采购设备的抵岸价格，设备原价通常包含备品备件费在内，备品备件费指设备购置时随设备同时订货的首套备品备件所发生的费用；设备运杂费指除设备原价之外的关于设备采购、运输、途中包装及仓库保管等方面支出费用的总和。

国产设备原价一般指的是设备制造厂的交货价或订货合同价，即出厂价格。它一般根据生产厂或供应商的询价、报价、合同价确定，或采用一定的方法计算确定。国产设备原价分为国产标准设备原价和国产非标准设备原价。

国产标准设备是指按照主管部门颁布的标准图纸和技术要求，由国内设备生产厂批量生产的，符合国家质量检测标准的设备。国产标准设备一般有完善的设备交易市场，因此可通过查询相关交易市场价格或向设备生产厂家询价得到国产标准设备原价。

国产非标准设备是指国家尚无定型标准，各设备生产厂不可能在工艺过程中采用批量生产，只能按订货要求并根据具体的设计图纸制造的设备。非标准设备由于单件生产、无定型标准，所以无法获取市场交易价格，只能按其成本构成或相关技术参数估算其价格。

非标准设备原价有多种不同的计算方法，如成本计算估价法、系列设备插入估价法、分部组合估价法、定额估价法等。但无论采用哪种方法都应该使非标准设备计价接近实际出厂价，并且计算方法要简便。成本计算估价法是一种比较常用的估算非标准设备原价的方法。按成本计算估价法，非标准设备的原价由以下各项组成：

（1）材料费，其计算公式如下：

材料费＝材料净重×(1＋加工损耗系数)×每吨材料综合价

（2）加工费，包括生产工人工资和工资附加费、燃料动力费、设备折旧费、车间经费等，其计算公式如下：

加工费＝设备总重量（吨）×设备每吨加工费

（3）辅助材料费（简称辅材费），包括焊条、焊丝、氧气、氩气、氮气、油漆、电石等费用。其计算公式如下：

辅助材料费＝设备总重量×辅助材料费指标

（4）专用工具费，按（1）～（3）项之和乘以一定百分比计算。

（5）废品损失费，按（1）～（4）项之和乘以一定百分比计算。

（6）外购配套件费，按设备设计图纸所列的外购配套件的名称、型号、规格、数量、重量，根据相应的价格加运杂费计算。

（7）包装费，按（1）～（6）项之和乘以一定百分比计算。

（8）利润，可按（1）～（5）项加第（7）项之和乘以一定利润率计算。

（9）税金，主要指增值税，通常是指设备制造厂销售设备时向购入设备方收取的销项税额。计算公式为：

当期销项税额＝销售额×适用增值税率

其中，销售额为（1）～（8）项之和。

（10）非标准设备设计费，按国家规定的设计费收费标准计算。

综上所述，单台非标准设备原价可用下面的公式表达：

单台非标准设备原价＝{[（材料费＋加工费＋辅助材料费）×（1＋专用工具费率）×（1＋废品损失费率）＋外购配套件费]×（1＋包装费率）－外购配套件费}×（1＋利润率）＋外购配套件费＋销项税额＋非标准设备设计费

根据上述资料，构建如图12-3所示模型，计算国产非标准设备的原价为382.53万元。

本模型工作表中计算公式的设置如下：

F5单元格输入公式"=ROUND((C5+C6+C7)*C8,2)"，计算专用工具费。

F6 单元格输入公式"=ROUND((C5+C6+C7+F5)*C9,2)",计算废品损失费。
F7 单元格输入公式"=ROUND((C5+C6+C7+F5+F6+C10)*C11,2)",计算包装费。
F8 单元格输入公式"=ROUND(SUM(C5:C7,F5:F7)*C12,2)",计算利润。
F9 单元格输入公式"=ROUND(SUM(C5:C7,F5:F8,C10)*C13,2)",计算销项税额。
F14 单元格输入公式"=SUM(C5:C7,F5:F9,C10,C14)",计算非标准设备的原价。

	A	B	C	D	E	F
2	国产非标准设备造价分析模型					
4	数据输入			结果输出		
5	材料费(万元)		200	专用工具费(万元)		3.36
6	加工费(万元)		20	废品损失费(万元)		22.74
7	辅助材料费(万元)		4	包装费(万元)		3
8	专用工具费率		1.5%	利润(万元)		17.72
9	废品损失费率		10.0%	销项税额		41.71
10	外购配套件费(万元)		50			
11	包装费率		1.0%			
12	利润率		7.0%			
13	增值税率		13.0%			
14	非标准设备设计费(万元)		20	非标准设备的原价		382.53

图 12-3 国产非标设备造价分析模型

【案例 12-3】

W 公司的运动自行车项目需要从国外引进一台进口设备,该设备的货价(离岸价)为 200 万美元。目前海洋运输公司的海运费率为 6%,海运保险费率为 0.35%,外贸手续费率、银行手续费率、关税税率和增值税率分别按 1.5%、0.5%、17%、13% 计取。国内供销手续费率为 0.4%,运输、装卸和包装费率为 0.1%,采购保管费率为 1%。假设美元兑换人民币的汇率均按 1 美元= 6.6 元人民币计算,设备的安装费率为设备原价的 10%。

【要求】估算进口设备的购置费用和安装工程费(计算结果保留两位小数)。

【解析】进口设备的原价是指进口设备的抵岸价,即设备抵达买方边境、港口或车站,缴纳完各种手续费、税费后形成的价格。抵岸价通常是由进口设备到岸价(CIF)和进口从属费构成。进口设备的到岸价,即设备抵达买方边境港口或边境车站所形成的价格。在国际贸易中,交易双方所使用的交货类别不同,则交易价格的构成内容也有所差异。进口设备从属费用是指进口设备在办理进口手续过程中发生的应计入设备原价的银行财务费、外贸手续费、进口关税、消费税、进口环节增值税及进口车辆的车辆购置税等。

(1)进口设备的交易价格。

在国际贸易中,较为广泛使用的交易价格术语有 FOB、CFR 和 CIF。

① FOB（Free on Board），意为装运港船上交货，亦称为离岸价格。

FOB 术语是指当货物在装运港被装上指定船时，卖方即完成交货义务。风险转移，以在指定的装运港货物被装上指定船时为分界点。

② CFR（Cost and Freight），意为成本加运费，或称为运费在内价。

CFR 术语是指货物在装运港被装上指定船时，卖方即完成交货，卖方必须支付将货物运至指定的目的港所需的运费和费用，但交货后货物灭失或损坏的风险，以及由于各种事件造成的任何额外费用，即由卖方转移到买方。

③ CIF（Cost Insurance and Freight），意为成本加保险费、运费，一般称到岸价格。

在 CIF 术语中，卖方除负有与 CFR 相同的义务外，还应办理货物在运输途中最低险别的海运保险，并应支付保险费。如买方需要更高的保险险别，则需要与卖方明确地达成协议，或者自行做出额外的保险安排。

（2）进口设备到岸价的构成及计算：

$$进口设备到岸价（CIF）＝离岸价格＋国际运费＋运输保险费$$
$$＝运费在内价（CRF）＋运输保险费$$

① 货价。一般指装运港船上交货价（FOB）。设备货价分为原币货价和人民币货价，原币货价一律折算为美元表示，人民币货价按原币货价乘以外汇市场美元兑换人民币汇率中间价确定。进口设备货价按有关生产厂商询价、报价、订货合同价计算。

② 国际运费。即从装运港（站）到达我国目的港（站）的运费。我国进口设备大部分采用海洋运输，小部分采用铁路运输，个别采用航空运输。进口设备国际运费计算公式为：

$$国际运费（海、陆、空）＝原币货价（FOB）×运费率$$
$$国际运费（海、陆、空）＝单位运价×运量$$

其中，运费率或单位运价参照有关部门或进出口公司的规定执行。

③ 运输保险费。对外贸易货物运输保险是由保险人（保险公司）与被保险人（出口人或进口人）订立保险契约，在被保险人交付议定的保险费后，保险人根据保险契约的规定对货物在运输过程中发生的承保责任范围内的损失给予经济上的补偿。这是一种财产保险，计算公式为：

$$运输保险费＝\frac{（原币货价（FOB）＋国际运费）}{（1－保险费率）}×保险费率$$

其中，保险费率按保险公司规定的进口货物保险费率计算。

（3）进口从属费的构成及计算：

进口从属费＝银行财务费＋外贸手续费＋关税＋消费税＋进口环节增值税＋车辆购置税

① 银行财务费，一般是指在国际贸易结算中，金融机构为进出口商提供金融结算服务所收取的费用，可按公式简化计算：

$$银行财务费＝离岸价格（FOB）×人民币外汇汇率×银行财务费率$$

② 外贸手续费，指按对外经济贸易部门规定的外贸手续费率计取的费用，外贸手续费率一

般取 1.5%，计算公式为：

$$外贸手续费 = 到岸价格（CIF）\times 人民币外汇汇率 \times 外贸手续费率$$

③关税，由海关对进出国境或关境的货物和物品征收的一种税，计算公式为：

$$关税 = 到岸价格（CIF）\times 人民币外汇汇率 \times 进口关税税率$$

到岸价格作为关税的计征基数时，通常又可称为关税完税价格。进口关税税率分为优惠和普通两种。优惠税率适用于与我国签订了关税互惠条款的国家或地区的进口设备；普通税率适用于与我国未签订关税互惠条款的国家或地区的进口设备。进口关税税率按我国海关总署发布的进口关税税率计算。

④消费税，仅对部分进口设备（如轿车、摩托车等）征收，一般计算公式为：

$$应纳消费税税额 = \frac{[到岸价格（CIF）\times 人民币外汇汇率 + 关税]}{(1-消费税税率)} \times 消费税税率$$

其中，消费税税率根据规定的税率计算。

⑤进口环节增值税，是对从事进口贸易的单位和个人，在进口商品报关进口后征收的税种。我国增值税征收条例规定，进口应税产品均按组成计税价格和增值税税率直接计算应纳税额，即：

$$进口环节增值税额 = 组成计税价格 \times 增值税税率$$

$$组成计税价格 = 关税完税价格 + 关税 + 消费税$$

其中，增值税税率根据规定的税率计算。

⑥进口车辆购置税。进口车辆需缴纳进口车辆购置税，其公式如下：

$$进口车辆购置税 = （关税完税价格 + 关税 + 消费税）\times 车辆购置税率$$

（4）设备运杂费的构成及计算。

①设备运杂费的构成。

设备运杂费是指国内采购设备自来源地、国外采购设备自到岸港运至工地仓库或指定堆放地点发生的采购、运输、运输保险、保管、装卸等费用，通常由下列各项构成。

A. 运费和装卸费。国产设备由设备制造厂交货地点起至工地仓库（或施工组织设计指定的需要安装设备的堆放地点）止所发生的运费和装卸费；进口设备由我国到岸港口或边境车站起至工地仓库（或施工组织设计指定的需安装设备的堆放地点）止所发生的运费和装仓费。

B. 包装费。在设备原价中没有包含的，为运输而进行的包装支出的各种费用。

C. 设备供销部门的手续费。按有关部门规定的统一费率计算。

D. 采购与仓库保管费。指采购、验收、保管和收发设备所发生的各种费用，包括设备采购人员、保管人员和管理人员的工资、工资附加费、办公费、差旅交通费，设备供应部门办公和仓库所占固定资产使用费、工具用具使用费、劳动保护费、检验试验费等。这些费用可按主管部门规定的采购与保管费费率计算。

②设备运杂费的计算。

设备运杂费按设备原价乘以设备运杂费率计算，其公式为：

设备运杂费＝设备原价×设备运杂费率

根据上述资料，构建如图 12-4 所示模型，估算进口购置费用和安装费用分别为 1 912.39 万元和 188.40 万元。

	A	B	C	D	E	F
2		进口设备造价分析模型				
4		数据输入			结果输出	
5		离岸价（万美元）	200		货价（人民币万元，下同）	1,320.00
6		海运费率	6%		国外运输费	79.20
7		海运保险费率	0.35%		国外运输保险费	4.91
8		外贸手续费率	1.50%		关税	238.70
9		银行手续费率	0.50%		增值税	213.57
10		关税税率	17%		银行财务费	6.60
11		增值税率	13%		外贸手费费	21.06
12		国内供销手续费率	0.40%		进口设备原价	1,884.04
13		运输、装卸和包装费率	0.10%		供销以及运输、装卸、包装费	9.42
14		采购保管费率	1%		采购保管费	18.93
15		汇率（1美元兑人民币）	6.6		进口设备购置费	1,912.39
16		设备的安装费率	10%		设备的安装费	188.40

图 12-4　进口设备造价分析模型

本模型工作表中计算公式的设置如下：

F5 单元格输入公式"=C5*C15"，计算货价。

F6 单元格输入公式"=F5*C6"，计算国外运输费。

F7 单元格输入公式"=ROUND((F5+F6)*C7/(1−C7),2)"，计算国外运输保险费。

F8 单元格输入公式"=ROUND((F5+F6+F7)*C10,2)"，计算关税。

F9 单元格输入公式"=ROUND((F5+F6+F7+F8)*C11,2)"，计算增值税。

F10 单元格输入公式"=F5*C9"，计算银行财务费。

F11 单元格输入公式"=ROUND((F5+F6+F7)*C8,2)"，计算外贸手续费。

F12 单元格输入公式"=SUM(F5:F11)"，计算进口设备原价。

F13 单元格输入公式"=ROUND(F12*(C12+C13),2)"，计算供销以及运输、装卸、包装费。

F14 单元格输入公式"=ROUND((F12+F13)*C14,2)"，计算采购保管费。

F15 单元格输入公式"=F12+F13+F14"，计算进口设备购置费。

F16 单元格输入公式"=ROUND(F12*C16,2)"，计算设备的安装费。

五、动态投资部分的估算方法

动态投资部分包括价差预备费和建设期利息两部分。动态部分的估算应以基准年静态投资的资金使用计划为基础来计算，而不是以编制年的静态投资为基础计算。

1. 价差预备费

价差预备费是指为在建设期内利率、汇率或价格等因素的变化而预留的可能增加的费用，亦称价格变动不可预见费。价差预备费的内容包括：人工、设备、材料、施工机具的价差费，建筑安装工程费及工程建设其他费用调整，利率、汇率调整等增加的费用。涉外项目的投资中包含人民币以外的币种，需要按照相应的汇率把外币投资额换算为人民币投资额，所以汇率变化就会对涉外项目的投资额产生影响。

（1）外币对人民币升值。项目从国外市场购买设备材料所支付的外币金额不变，但换算成人民币的金额增加；从国外借款，本息所支付的外币金额不变，但换算成人民币的金额增加。

（2）外币对人民币贬值。项目从国外市场购买设备材料所支付的外币金额不变，但换算成人民币的金额减少；从国外借款，本息所支付的外币金额不变，但换算成人民币的金额减少。

估计汇率变化对建设项目投资的影响，是通过预测汇率在项目建设期内的变动程度，以估算年份的投资额为基数，相乘计算求得。

2. 建设期利息

建设期利息主要是指在建设期内发生的为工程项目筹措资金的融资费用及债务资金利息，以及其他融资费用。其他融资费用是指某些债务融资中发生的手续费、承诺费、管理费、信贷保险费等融资费用，一般情况下应将其单独计算并计入建设期利息；在项目前期研究的初期阶段，也可做粗略估算并计入建设投资；对于不涉及国外贷款的项目，在可行性研究阶段，也可做粗略估算并计入建设投资。

当总贷款是分年均衡发放时，建设期利息的计算可按当年借款在年中支用考虑，即当年贷款按半年计息，上年贷款按全年计息。计算公式为：

$$q_j = \left(P_{j-1} + \frac{1}{2}A_j\right) \cdot i$$

式中：q_j——建设期第 j 年应计利息；

P_{j-1}——建设期第（$j-1$）年年末累计贷款本金与利息之和；

A_j——建设期第 j 年贷款金额；

i——年利率。

【案例12-4】

某新建项目，建设期为3年，分年均衡进行贷款，第一年贷款300万元，第二年贷款600万元，第三年贷款400万元，年利率为12%，建设期内利息只计息不支付，求建设期利息。

【解析】在建设期，各年利息计算如下：

$q_1 = 300 \div 2 \times 12\% = 18$（万元）。

$q_2 = (300 + 18 + 600 \div 2) \times 12\% = 74.16$（万元）。

$q_2 = (300 + 18 + 600 + 74.16 + 400 \div 2) \times 12\% = 143.06$（万元）。

所以，建设期利息 $= q_1 + q_2 + q_3 = 18 + 74.16 + 143.06 = 235.22$（万元）。

六、项目流动资金估算

流动资金是指项目运营需要的流动资产投资，指生产经营性项目投产后，为进行正常生产运营，用于购买原材料、燃料，支付工资及其他经营费用等所需的周转资金。流动资金估算一般采用分项详细估算法，个别情况或者小型项目可采用扩大指标法。

1. 分项详细估算法

各项流动资金均计算其年平均占用额，即为流动资金的年周转额度除以流动资金的年周转次数。计算公式为：

流动资金＝流动资产－流动负债

流动资产＝应收账款＋预付账款＋存货＋库存现金　流动负债＝应付账款＋预收账款

流动资金本年增加额＝本年流动资金－上年流动资金

其中：

应收账款＝年经营成本÷应收账款周转次数

存货＝外购原材料、燃料＋其他材料＋在产品＋产成品

产成品＝（年经营成本－年其他营业费用）÷产成品周转次数　现金

＝（年工资及福利费＋年其他费用）÷现金周转次数

应付账款＝外购原材料、燃料动力及其他材料年费用÷应付账款周转次数

2. 扩大指标估算法

扩大指标估算法简便易行，但准确度不高，适用于项目建议书阶段的估算。扩大指标估算法计算流动资金的公式为：

年流动资金额＝年费用基数 × 各类流动资金率

一般常用的基数有营业收入、经营成本、总成本费用和建设投资等。

3. 流动资金估算时应注意的问题

（1）流动资金属于长期性（永久性）流动资产，流动资金的筹措可通过长期负债和资本金的方式解决。借款部分按全年计算利息，流动资金利息应计入生产期间财务费用。

（2）在不同生产负荷下的流动资金，应按不同生产负荷所需的各项费用金额，根据上述公式分别估算，而不能直接按照100%生产负荷下的流动资金乘以生产负荷百分比来计算。

七、项目资金筹措

1. 项目资本金来源

项目资本金可以用货币出资；也可以用实物、工业产权、非专利技术、土地使用权作价出资。

以工业产权、非专利技术作价出资的比例不得超过投资项目资本金总额的20%，国家对采用高新技术成果有特别规定的除外。

投资者以货币方式认缴的资本金，其资金来源有：

（1）各级人民政府的财政预算内资金、国家批准的各种专项建设基金、经营性基本建设基金回收的本息、土地批租收入、国有企业产权转让收入、地方人民政府按国家有关规定收取的各种规费及其他预算外资金。

（2）国家授权的投资机构及企业法人的所有者权益、企业折旧资金以及投资者按照国家规定从资金市场上筹措的资金。

（3）社会个人合法所有的资金。

2. 项目资本金的比例

项目资本金的具体比例在审批可行性研究报告时核定。经国务院批准，个别特殊的国家重点建设项目，可适当降低资本金比例。项目资本金占项目总投资最低比例如表12-2所示。

表12-2　项目资本金占项目总投资最低比例

序号	投资项目		项目资本金占项目总投资最低比例
1	城市和交通基础设施项目	城市轨道交通项目	20%
		港口、沿海及内河航运项目	
		铁路、公路项目	
		机场项目	25%
2	房地产开发项目	保障性住房和普通商品住房项目	20%
		其他项目	25%

续表

序号	投资项目		项目资本金占项目总投资最低比例
3	产能过剩行业项目	钢铁、电解铝项目	40%
		水泥项目	35%
			30%
4	其他工业项目	玉米深加工项目	20%
		化肥（钾肥除外）项目	25%
		电力等其他项目	20%

3. 债务资金筹措方式

债务资金筹措最主要的方式是信贷方式融资和发行债券融资，信贷方式融资是项目负债融资的重要组成部分，是公司融资和项目融资中最基本和最简单，也是比重最大的债务融资形式。信贷方式融资主要包括：

（1）商业银行贷款。

按照贷款的期限，可以分为短期贷款、中期贷款和长期贷款。期限在1年以内的为短期贷款，超过1年至3年的为中期贷款，3年以上的为长期贷款。国外商业银行贷款有浮动利率和固定利率两种。

（2）政策性银行贷款。

我国的政策性银行有中国进出口银行、中国农业发展银行。

（3）出口信贷。

按照获得贷款资金的借款人不同，出口信贷分为买方信贷、卖方信贷和福费廷（FORFEIT）等。

（4）银团贷款。

使用银团贷款，除了贷款利率之外，借款人还要支付一些附加费用，包括管理费、安排费、代理费、承诺费和杂费等。

（5）国际金融机构贷款。

国际金融机构贷款包括国际货币基金组织、世界银行、亚洲开发银行和亚洲基础设施投资银行等。

第三节 项目的财务评价

项目的财务评价，即对投资项目经济效果的评价。

一、项目经济效果评价的内容和基本方法

1.项目经济效果评价的内容

经济效果评价是指对评价方案计算期内各种有关技术经济因素和方案投入与产出的有关财务、经济资料数据进行调查、分析、预测,对方案的经济效果进行计算、评价、分析比较各方案的优劣,从而确定和推荐最佳方案的过程。

投资方案经济效果评价的内容主要包括盈利能力、偿债能力、财务生存能力和抗风险能力评价。

盈利能力分析。分析和测算投资方案计算期的盈利能力和盈利水平。

清偿能力分析。分析和测算投资方案偿还借款的能力。

财务生存能力分析。分析和测算投资方案各期的现金流量,判断投资方案能否持续运行。

抗风险能力。分析投资方案在建设期和运营期可能遇到的不确定性因素和随机因素对项目经济效果的影响程度,考虑项目承受各种投资风险的能力。

2.项目经济效果评价的基本方法

经济效果评价是项目经济分析的核心内容,其目的在于确保决策的正确性和科学性,避免或最大限度地减少投资方案的风险,明确投资方案的经济效果水平,最大限度地提高项目投资的综合经济效益。

经济效果评价的基本方法包括确定性分析和不确定性分析。对同一投资方案而言,必须同时进行确定性评价和不确定性评价。

按是否考虑资金时间价值,经济效果评价方法又可分为静态评价方法和动态评价方法。

静态评价方法是不考虑资金时间价值,其最大特点是计算简便,适用于方案的初步评价,或对短期投资项目评价。

动态评价方法考虑资金时间价值,能较全面地反映投资方案整个计算期的经济效果。因此,在进行方案比较时,一般以动态评价方法为主。

二、项目经济效果评价指标

投资方案经济效果评价指标不是唯一的,根据不同评价深度要求和可获得资料的多少,以及项目本身所处的条件不同,可选用不同的评价指标,这些指标有主有次,可以从不同侧面反映投资方案的经济效果。

根据是否考虑资金时间价值,可分为静态评价指标和动态评价指标,如图 12-5 所示。

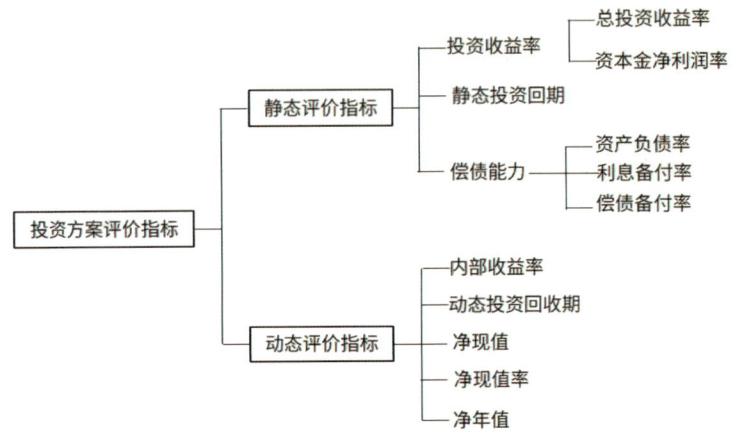

图 12-5 投资方案经济评价指标体系

1. 投资收益率

（1）一般计算公式：

投资收益率（R）＝（年净收益或年平均收益 ÷ 投资总额）×100%

（2）评价准则：

若 R ≥ Rc，则方案可以考虑接受。

若 R ＜ Rc，则方案是不可行的。

（其中 Rc 为基准收益率）

（3）具体分类：

根据分析目的的不同，投资收益率又可分为：总投资收益率（ROI）和资本金净利润率（ROE），即：

总投资收益率（ROI）＝［正常年份（或平均）年息税前利润 ÷ 投资总额］×100%

资本金净利润率（ROI）＝［正常年份（或平均）年净利润 ÷ 项目资本金］×100%

（4）指标优点与不足：

投资收益率指标的经济意义明确、直观，计算简便，在一定程度上反映了投资效果的优劣，可适用于各种投资规模。但不足的是，没有考虑投资收益的时间因素，忽视了资金具有时间价值的重要性。

【案例12-5】

某建设项目建设期2年，运营期8年。建设投资（不含建设期利息）为7 000万元。其中，第1年自有资金投入4 000万元，第2年年初贷款投入3 000万元，贷款年利率为8%。流动资金800万元，全部为自有资金。运营期内年平均息税前利润均为1 300万元。则该项目总投资收益率为多少？

【解析】投资收益率是指投资方案建成达到设计生产能力后的一个正常生产年份的年净收益总额与方案投资总额的比率。它表明投资方案正常生产年份中，单位投资每年所创造的年净收益额。

总投资收益率（ROI），表示项目总投资的盈利水平，公式如下：

$$ROI = \frac{EBIT}{TI} \times 100\%$$

其中：TI ＝ 4 000 ＋ 3 000×（1 ＋ 8%）＋ 800 ＝ 8 040（万元）。

则：ROI ＝ 1 300÷8 040 ＝ 16.17%。

2. 投资回收期（静态/动态）

（1）计算公式：

静态投资回收期（Pt）＝（累计净现金流量出现正值的年份－1）＋（上一年累计净现金流量的绝对值 ÷ 当年净现金流量）

动态投资回收期（Pt）＝（累计净现金流量现值出现正值的年份－1）＋（上一年累计净现金流量现值的绝对值 ÷ 当年净现金流量现值）

（2）评价准则：

若 Pt ≤ N（项目寿命期）时，说明项目（或方案）是可行的。

若 Pt ＞ N 时，则项目（或方案）不可行，应予拒绝。

（3）指标优点与不足：

指标容易理解，计算比较简便；其不足是没有全面地考虑投资方案整个计算期内现金流量，只考虑了投资回收之前的效果。

【案例12-6】

某项目净现金流量如表12-3所示，请计算该项目的静态投资回收期和动态投资回收期。

表12-3 项目资本金占项目总投资最低比例

年份	净现金流量	净现金流量累积	折现系数（8%）	净现金流量现值	净现金流量现值累积
0	－400	－400	1	－400	－400
1	－400	－800	0.9259	－370.36	－770.36
2	100	－700	0.8573	85.73	－684.63
3	150	－550	0.7938	119.07	－565.56
4	150	－400	0.735	110.25	－455.31
5	150	－250	0.6806	102.09	－353.22
6	150	－100	0.6302	94.53	－258.69
7	150	50	0.5835	87.525	－171.165

续表

年份	净现金流量	净现金流量累积	折现系数（8%）	净现金流量现值	净现金流量现值累积
8	150	200	0.5403	81.045	−90.12
9	150	350	0.5002	75.03	−15.09
10	150	500	0.4632	69.48	54.39
……	……	……	……	……	……

【解析】

静态投资回收期 = 6 + 100÷150 = 6.67（年）。

动态投资回收期 = 9 + 15.09÷69.48 = 9.22（年）。

3. 偿债能力指标

（1）利息备付率（ICR），公式如下：

$$\text{利息备付率（ICR）} = \text{当期息税前利润} \div \text{当期应付利息}$$

分子"息税前利润"是指投资方案在借款偿还期内的息税前利润（EBIT）。

利息备付率越高，表明利息偿付的保障程度越高。利息备付率应大于1，并结合债权人的要求确定。

利息备付率从付息资金来源的充裕性角度反映投资方案偿付债务利息的保障程度。

（2）偿债备付率（DSCR），公式如下：

$$\text{偿债备付率（DSCR）} = \text{当期可用于还本付息的资金} \div \text{当期应还本付息金额}$$

分子"可用于还本付息的资金"是指"净利润+折旧和摊销"。

偿债备付率越高，表明可用于还本付息的资金保障程度越高。偿债备付率应大于1，并结合债权人的要求确定。

偿债备付率表示可用于还本付息的资金偿还借款本息的保障程度。

（3）资产负债率（LOAR），公式如下：

$$\text{资产负债率（LOAR）} = (\text{期末负债总额} \div \text{期末资产总额}) \times 100\%$$

适度的资产负债率，表明企业经营安全、稳健，具有较强的筹资能力，也表明企业和债权人的风险较小。对该指标的分析，应结合国家宏观经济状况、行业发展前景、企业所处的竞争环境状况、发展阶段等具体条件确定。

4. 净现值

（1）净现值含义。

净现值，是指特定项目未来现金流入的现值与未来现金流出的现值之间的差额。计算净现值的公式如下：

$$\text{净现值（NPV）} = \text{未来现金流入的现值} - \text{未来现金流出的现值}$$

【案例12-7】

设企业某项目的资本成本为10%，某项目净现值的计算如下图12-6所示。

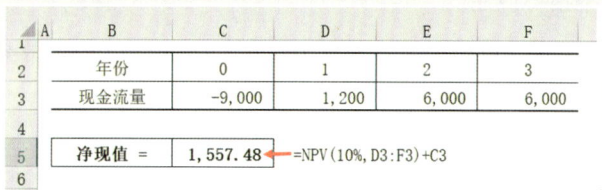

图12-6 净现值的计算

图12-6中，工作表单元格区域C3:F3为投资项目的现金流量（万元），计算项目净现值时，在C5单元格输入公式"=NPV(10%,D3:F3)+C3"，可以计算该项目的净现值为1557.48万元。因为净现值为正数，说明项目的投资报酬率超过10%，应予采纳。

（2）净现值指标的应用。

如果NPV＞0，表明投资报酬率大于资本成本，该项目可以增加股东财富，应予采纳。

如果NPV＝0，表明投资报酬率等于资本成本，不改变股东财富，没有必要采纳。

如果NPV＜0，表明投资报酬率小于资本成本，该项目将减损股东财富，应予放弃。

（3）净现值指标的评价。

净现值法具有广泛的适用性，在理论上也比其他方法更完善。

净现值反映一个项目按现金流量计量的净收益现值，它是个金额的绝对值，在比较不同投资额的项目时有一定的局限性。

5. 内部收益率

（1）内部收益率的含义。

内部收益率又称作内含报酬率，是指能够使未来现金流入量现值等于未来现金流出量现值的折现率，或者说是使投资项目净现值为零的折现率。

【案例12-8】

某项目内部收益率的计算如图12-7所示。

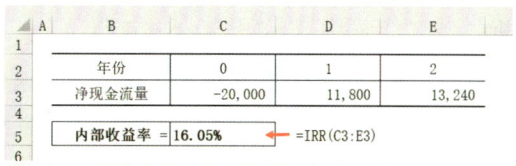

图12-7 内部收益的计算

图 12-7 中，工作表单元格区域 C3:E3 为投资项目的净现金流量（万元），计算项目内部收益率时，在 C5 单元格输入公式"=IRR(C3:E3)"，可以计算该项目的内部收益率为 16.05%。

（2）内含报酬率指标应用。

如果 IRR＞资本成本，应予采纳；如果 IRR≤资本成本，应予放弃。

NPV 指标与 IRR 指标之间的关系：

净现值＞0→内含报酬率＞项目资本成本。

净现值＜0→内含报酬率＜项目资本成本。

净现值＝0→内含报酬率＝项目资本成本。

第四节　项目投资的不确定性分析

不确定性分析是项目经济评价中的一项重要内容。常用的不确定性分析方法有盈亏平衡分析、敏感性分析和概率分析。在具体应用时，要综合考虑项目的类型、特点，决策者的要求，相应的人力、财力，以及项目对国民经济的影响程度等条件。一般来说，盈亏平衡分析只适用于项目的财务评价，而敏感性分析和概率分析则可同时用于财务评价和国民经济评价。

一、盈亏平衡分析

1. 盈亏平衡分析的概念

对于投资项目而言，随着产销量的变化，盈利与亏损之间至少有一个转折点，称为盈亏平衡点，也就是利润为零时的点，在这一点上，销售收入等于总成本费用，既不亏本也不盈利。

盈亏平衡分析是在一定市场、生产能力及经营管理条件下，通过对产品产量、成本、利润相互关系的分析（量本利分析原理），判断企业对市场需求变化适应能力的一种不确定性分析方法。

盈亏平衡分析包括线性盈亏平衡分析和非线性盈亏平衡分析。

2. 线性盈亏平衡分析

建立成本与产量、销售收入与销售量之间的函数关系，通过函数运算找出平衡点。

产量、销售收入与销售量之间的函数关系分析，公式如下：

$$利润＝总销售收入－总成本$$

总销售收入＝销售单价×销售量

总成本＝固定成本＋可变成本＝固定成本＋单位可变成本×销售量

盈亏平衡点是指利润为0时，求销售量或销售单价，公式如下：

总销售收入＝总成本

销售单价×销售量＝单位可变成本×销售量＋固定成本

盈利平衡点销售量＝固定成本÷（销售单价－单位可变成本）

盈利平衡点销售单价＝总成本（固定成本＋销售量×单位变动成本）÷销售量

图12-8是线性盈亏平衡的本量利关系图，从图中可以看出，盈亏平衡点越低，项目适应市场变化的能力就越强，项目抗风险能力也越强，但是盈亏平衡分析的缺点是无法揭示风险产生的根源及有效控制风险的途径。

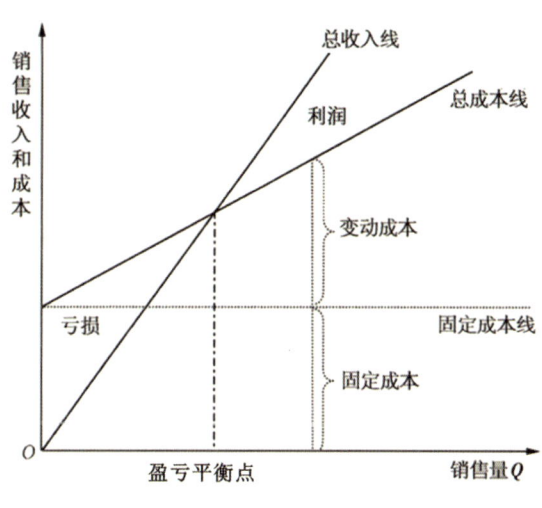

图12-8 本量利关系图

【案例12-9】

某项目设计生产能力为80万件，预计单位产品售价为150元，单位产品可变成本为130元，固定成本为400万元。假设销售税金及附加为销售收入的5%，则用产销量表示的盈亏平衡点是多少万件？设计生产能力利用率为多少？

【解析】盈亏平衡点的产销量（BEP）＝CF÷（P－CV－T）＝400÷（150－130－150×5%）＝32（万件）。

设计生产能力利用率＝（32÷80）×100%＝40%。

二、敏感性分析

1. 敏感性分析概念

敏感性分析是在确定性分析的基础上,通过进一步分析、预测项目主要不确定性因素的变化对评价指标的影响,从中找出敏感因素,确定该因素对评价指标的影响程度及项目对其变化的承受能力。

2. 敏感性分析种类

(1)单因素敏感性分析。

假设各不确定性因素之间相互独立,每次只考察一个因素,其他因素保持不变以分析这个可变因素对经济评价指标的影响程度和敏感程度。

(2)多因素敏感性分析。

假设两个或两个以上互相独立的不确定性因素同时变化时,分析这些可变因素对经济评价指标的影响程度和敏感程度。

3. 敏感性分析的方法

(1)敏感度系数(S_{AF})。

敏感度系数指项目评价指标变化率与不确定性因素变化率之比,可按以下公式计算:

$$S_{AF} = \frac{\Delta A/A}{\Delta F/F}$$

式中:$\Delta F/F$——不确定性因素的变化率;

$\Delta A/A$——不确定性因素发生变化时,评价指标的相应变化率。

(2)临界点(转换值)。

临界点指不确定性因素的变化使项目由可行变为不可行的临界数值,一般采用不确定性因素相对基本方案的变化率或其对应的具体数值表示。

【案例12-10】

某投资方案设计年生产能力为10万台,计划项目投产时总投资为1 200万元,其中建设投资为1 150万元,流动资金为50万元;预计产品价格为39元/台;销售税金及附加为销售收入的10%;年经营成本为140万元;方案寿命期为10年;到期时预计固定资产余值为30万元,基准折现率为10%,试就投资额、单位产品价格、经营成本这三个影响因素对该投资方案进行敏感性分析。

【解析】(1)绘制投资方案现金流量图,如图12-9所示。

(2)选择净现值为敏感性分析的对象,根据净现值的计算公式,可计算出项目在初始条件下的净现值。

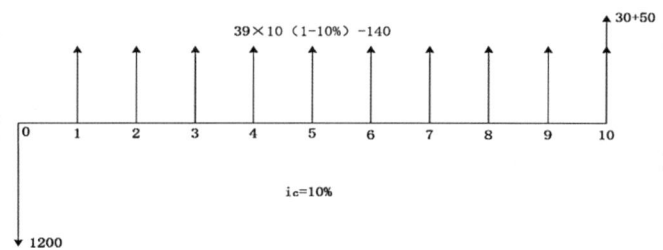

图 12-9 投资方案现金流量图

$NPV_0 = -1\,200 + [39 \times 10 \times (1 - 10\%) - 140] \times (P/A, 10\%, 10) + 80 \times (P/F, 10\%, 10) = 127.35$（万元）。

由于 $NPV_0 > 0$，该项目是可行的。

（3）对项目进行敏感性分析。确定三个因素：投资额、产品价格和经营成本，然后令其逐一在初始值的基础上按 ±10%、±20% 的变化幅度变动。

分别计算相对应的净现值的变化情况，得出结果如表 12-4 所示。

表 12-4 敏感性分析结果

金额单位：万元

变化幅度 项目	－20%	－10%	0	10%	20%	平均＋1%	平均－1%
投资额	367.475	247.475	127.475	7.475	－112.525	－9.41%	9.41%
产品价格	－303.904	88.215	127.475	343.165	558.854	16.92%	－16.92%
经营成本	299.535	213.505	127.475	41.445	－44.585	－6.75%	6.75%

将表 12-4 的计算结果绘制敏感性分析图，可以直观反映各因素敏感性程度，如图 12-10 所示。

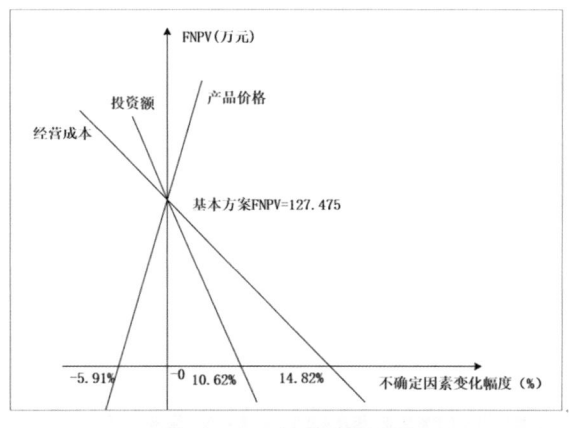

图 12-10 敏感性分析图

（4）敏感性分析表和敏感性分析图可以看出，在各个变量因素变化率相同的情况下：

产品价格每下降1%，净现值下降16.92%，且产品价格下降幅度超过5.91%时，净现值将由正变负，也即项目由可行变为不可行。

投资额每增加1%，净现值将下降9.41%，当投资额增加的幅度超过10.62%时，净现值由正变负，项目变为不可行。

经营成本每上升1%，净现值下降6.75%，当经营成本上升幅度超过14.82%时，净现值由正变负，项目变为不可行。

由此可见，按净现值对各个因素的敏感程度来排序，依次是：产品价格、投资额、经营成本，最敏感的因素是产品价格。

第五节 案例：H公司太阳能集热管项目的经济效果评价

一、项目概述

H公司成立于2021年10月，是一家集太阳能集热管、集热器及配套装置研发、生产、销售、设计、安装、调试，冷暖工程设计及施工于一体的专业化公司。目前，该公司拟实施太阳能集热管项目，太阳能集热管是太阳能槽式热利用的核心部件，该产品主要应用于太阳能蒸汽发生系统，用于产生高温高压水蒸气，利用蒸汽可以用于工业锅炉，也可以用于蒸汽发电。

本项目全部建成后，将实现年产3万只太阳能集热管的生产能力。

本项目用地面积8 000㎡，建筑面积5 870㎡，其中办公楼2 000㎡、综合厂房3 870㎡，计容建筑面积9 740㎡（厂房层高8米，按两层计容），容积率1.22，建筑密度54.6%。附属工程包括厂区道路、围墙及绿化。

二、项目的投资估算与资金筹措

1. 投资估算

本项目总投资由固定资产投资和流动资金组成，总投资为7 000万元，其中固定资产投资5 700万元，流动资金为1 300万元。

（1）投资估算编制的依据和说明。

①国家发展计划委员会、建设部《工程勘察设计收费标准》2002年修订本。

②国家发改委、建设部《建设项目经济评价方法与参数》（第三版）。

③建设单位和有关专业提供的估算条件。

（2）固定资产投资估算。

本项目固定资产投资为 5 700 万元，分为建设投资及建设期借款利息。

①建设投资。

本项目建设投资为 5 553 万元。

A. 设备购置及安装费用为 4 502.82 万元，其中：生产设备购置费用为 4 400 万元，附属工程设备购置费费用 102.82 万元。

B. 建筑工程费用为 515.18 万元。

C. 其他费用 535 万元，包括土地使用费、建设单位管理费、工程监理费、勘察设计费、生产准备费和预备费等，其中土地使用费为 23 万元/亩，预备费用只列基本预备费，按第一部分费用和第二部分费用总值的 3% 计算，基本预备费为 161.74 万元。

②建设期固定资产投资借款利息。

本项目拟申请银行借款 4 900 万元，贷款利率 6%，在建设期（第 1 年）均匀使用，建设期借款利息为 147 万元（4 900×6%×50%），该贷款本金和利息从经营期开始即项目第 2 年开始三年等额还本付息。（建设投资估算表详见辅助报表 1）

（3）流动资金估算。

根据企业现有流动资金周转情况和产品的生产特点，本项目流动资金估算按分项详细估算法进行估算，正常年项目流动资金占用额 1 300 万元。（流动资金估算表详见辅助报表 2）

（4）总投资。

项目总投资由固定资产投资和流动资金组成。

项目总投资估算为 7 000 万元。

其中：固定资产投资为 5 700 万元；流动资金为 1 300 万元。

2. 资金筹措

（1）资金来源。

①固定资产来源。

固定资产投资为 5 700 万元，拟申请银行借款 4 900 万元，其余为企业自筹。

②流动资金来源。

项目正常年流动资金 1 300 万元，全部为企业自筹。

（2）投资计划。

根据本项目的实际情况，项目建设期按 1 年计算，固定资产投资为 5 700 万元，于建设期全部投入。流动资金根据各年生产负荷的安排。（项目总投资使用计划与资金筹措表详见辅助报表 3）

三、项目的生产成本和费用估算

本项目建设期 1 年，生产期为 10 年，财务评价计算期按 11 年计算。

1. 成本与费用估算依据及说明

产品成本估算依据《企业财务通则》（财政部令第 41 号）《企业会计准则》、国家发改委、建设部《建设项目经济评价方法与参数》（第三版）及当地的有关规定。

2. 生产成本和费用估算

本产品生产成本估算按费用要素分类：包括外购原辅材料、外购燃料与动力、工资及福利费、折旧摊销费、大修理费等。

（1）本项目产品所需的原辅材料的年用量、年金额。（原辅材料及燃料动力费用估算表详见辅助报表 4）

（2）产品合格率为 98%，有 2% 为返修产品，返修成本为 1 500 元 / 只。

（3）固定资产折旧按照国家有关规定采用分类直线折旧方法计算，房屋建筑按 20 年折旧，残值率为 10%，生产设备按 10 年折旧，残值率为 5%。（固定资产折旧表详见辅助报表 7）

（4）无形资产及其他资产合计 394.64 万元，按 5 年摊销。（无形资产及其他资产摊销表详见辅助报表 8）

（5）该项目定员为 70 人，年人均工资按 50 000 元估算，福利费按工资总额的 14% 估算。正常年工资总额及福利费总额为 399 万元。

（6）大修理费按固定资产原值 1% 提取估算，正常生产年为 53.05 万元。

（7）该项目正常年其他制造费用为直接材料的 1%；其他管理费用按职工工资总额的 50% 估算；其他销售费用按年销售收入的 3% 估算。以上几项计入其他费用。

该项目正常生产年总成本费用为 9 033.99 万元，其中：可变成本 7 826.74 万元，固定成本 1 207.25 万元。正常年经营成本 8 480.29 万元。（总成本费用估算详见辅助报表 6）

四、项目的财务评价

1. 产品销售收入和销售税金及附加估算

根据近期产品销售价格测算，项目销售收入估算如表 12-5 所示。

表12-5 销售收入估算一览表

序号	产品名称	单位	产量	单价（元/单位）	收入（万元）	备注
1	太阳能集热管	只	30 000	5 000.00	15 000.00	
	合计				15 000.00	

正常年增值税为885.37万元，销售税金及附加为106.24万元。（销售收入、销售税金及附加和增值税估算详见辅助报表5）

2. 财务盈利能力分析

本项目产品按《中华人民共和国企业所得税法实施条例》的有关规定，按25%的税率缴纳所得税，税后利润提取10%的法定盈余公积金和5%的任意盈余公积金，其余部分为企业未分配利润。

项目正常年利润总额为4 974.39万元，税后利润为3 730.80万元，项目在正常年的总投资收益率和资本金净利润率分别为：

总投资收益率（ROI）= [4 974.39÷（7 000 + 147）]×100% = 69.6%。

资本金净利润率（ROE）=（3 730.80÷2 100）×100% = 177.66%。

（利润与利润分配表详见基本报表3）

3. 财务现金流量和资金来源运用分析

项目投资现金流量表是以假设本项目建设所需的全部资金均为投资者投入作为计算基础，计算项目本身的盈利能力。

该项目全部投资财务现金流量分析结果如表12-6所示。

表12-6 全部投资财务现金流量分析结果表

序号	指标名称	单位	所得税前	所得税后	备注
1	财务内部收益率	%	58.28	73.54	
2	财务净现值	万元	13 955.17	19 463.49	ic=13%
3	投资回收期	年	2.94	2.6	

从上表可以看出，该项目盈利能力较强，项目能较快收回投资，因此，在财务上可以接受。（项目投资财务现金流量表详见基本报表1）

项目资本金现金流量表是以投资者的出资额作为计算基础，把借款本金偿还和利息支付作为现金流出，用以计算资本金的财务内部收益率、财务净现值等分析指标的表格。（项目资本金现金流量表详见基本报表2）

五、项目的风险分析

1. 盈亏平衡分析

以生产能力利用率表示的盈亏平衡点（BEP）为（正常年）：

BEP = 1 207.25 ÷ （15 000 − 7 826.74 − 106.24）× 100% = 17.08%。

由盈亏平衡分析可知，项目生产能力利用率达到 17.08% 时，即能达到盈亏平衡，超过该比率就有盈利，否则将产生亏损。该项目指标表明该项目有相当强的抗风险能力。

2. 敏感性分析

考虑到项目实施过程中的一些不确定因素，对本项目在建设期和生产期存在的主要不确定因素进行敏感性分析，具体结果如表 12-7 所示。

表 12-7 敏感性分析表（全部投资，所得税前）

	变化因素	变化幅度	内部收益率	财务净现值（万元）
	基本方案		73.54%	19 463.49
1	产品价格	10%	93.19%	26 314.06
		5%	83.40%	22 888.78
		−5%	63.59%	16 038.21
		−10%	53.49%	12 612.93
2	原辅材料	10%	64.42%	16 331.15
		5%	68.99%	17 897.32
		−5%	78.08%	21 029.67
		−10%	82.60%	22 595.84
3	固定资产投资	10%	67.04%	18 860.43
		5%	70.15%	19 161.96
		−5%	77.28%	19 765.03
			81.40%	20 066.56

通过对财务净现值的变化与不确定因素变化的比较得到各变化因素的敏感系数如下表 12-8 所示。

表 12-8 各变化因素敏感系数

变化因素	敏感系数
产品价格	3.51
原辅材料	−1.61
固定资产投资	−0.31

通过上述分析可知，在众多敏感性因素中，对全部投资财务内部收益率（所得税前）影响较大的因素是产品的销售价格，其次是外购原辅材料成本。

本案例附表如下：

《辅助报表 1 建设投资估算表》

《辅助报表 2 流动资金估算表》

《辅助报表 3 项目总投资使用计划与资金筹措表》

《辅助报表 4 原辅材料及燃料动力费用估算表》

《辅助报表 5 销售收入、销售税金及附加和增值税估算表》

《辅助报表 6 总成本费用估算表》

《辅助报表 7 固定资产折旧费估算表》

《辅助报表 8 无形资产和其他资产摊销估算表》

《基本报表 1 项目投资财务现金流量表》

《基本报表 2 项目资本金现金流量表》

《基本报表 3 利润与利润分配表》

《基本报表 4 借款还本付息计划表》

辅助报表 1　建设投资估算表

单位：万元

序号	工程和费用名称	建筑工程费	设备购置及安装费	其他费用	合计	占投资总额比例
一	建设投资费用	515.18	4 502.82	535.00	5 553.00	97.40%
1	第一部分：工程费用	515.18	4 502.82		5 018.00	88.00%
1.1	主体工程	306.18	4 400.00		4 706.18	82.60%
1.1.1	厂房	306.18			306.18	5.40%
1.1.2	主要设备		4 400.00		4 400.00	77.20%
1.2	附属工程		102.82		102.82	1.80%
1.2.1	环保设施		50.00		50.00	0.90%
1.2.2	电讯设施		35.22		35.22	0.60%
1.2.3	给排水设施		17.60		17.60	0.30%
1.3	总图运输工程	20.00			20.00	0.40%
1.4	绿化工程	9.00			9.00	0.20%
1.5	服务性工程项目	180.00			180.00	3.20%
1.5.1	综合楼	180.00			180.00	3.20%

续表

序号	工程和费用名称	建筑工程费	设备购置及安装费	其他费用	合计	占投资总额比例
2	第二部分：其他费用			373.26	373.26	6.50%
2.1	土地使用费			253.00	253.00	4.40%
2.2	建设单位管理费			50.18	50.18	0.90%
2.3	前期工程费			10.00	10.00	0.20%
2.4	工程监理费			21.87	21.87	0.40%
2.5	勘察设计费			15.05	15.05	0.30%
2.6	生产员工培训费			8.16	8.16	0.10%
2.7	办公和生活家居购置费			5.00	5.00	0.10%
2.8	生产准备费			10.00	10.00	0.20%
	第一、二部分之和	515.18	4 502.82	373.26	5 391.26	94.60%
3	第三部分：预备费			161.74	161.74	2.80%
3.1	基本预备费 (3%)			161.74	161.74	2.80%
3.2	涨价预备费 (0%)			–	–	0
二	建设期贷款利息			147.00	147.00	2.60%
三	固定资产投资总额	515.18	4 502.82	682.00	5 700.00	100%
	占投资总额比例	9.00%	79.00%	12.00%	100%	

辅助报表 2　流动资金估算表

单位：万元

序号	项目	最低周转天数	第1年	第2年	第3年	第4年	第5年	第6年	第7年	第8年	第9年	第10年	第11年
1	流动资产		0	1 445.00	2 009.43	2 009.43	2 009.43	2 009.43	2 009.43	2 009.43	2 009.43	2 009.43	2 009.43
1.1	应收账款	30	0	619.04	859.33	859.33	859.33	859.33	859.33	859.33	859.33	859.33	859.33
1.2	存货		0	777.45	1 093.50	1 093.50	1 093.50	1 093.50	1 093.50	1 093.50	1 093.50	1 093.50	1 093.50
1.2.1	原材料	20	0	318.10	454.43	454.43	454.43	454.43	454.43	454.43	454.43	454.43	454.43
1.2.2	辅助材料	20	0	—	—	—	—	—	—	—	—	—	—
1.2.3	燃料、动力	30	0	26.66	38.08	38.08	38.08	38.08	38.08	38.08	38.08	38.08	38.08
1.2.4	在产品	2	0	36.91	51.58	51.58	51.58	51.58	51.58	51.58	51.58	51.58	51.58
1.2.5	产成品	20	0	395.78	549.41	549.41	549.41	549.41	549.41	549.41	549.41	549.41	549.41
1.2.6	其他												
1.3	现金	15	0	48.51	56.60	56.60	56.60	56.60	56.60	56.60	56.60	56.60	56.60
1.4													
2	流动负债		0	496.60	709.43	709.43	709.43	709.43	709.43	709.43	709.43	709.43	709.43
2.1	应付账款	30	0	496.60	709.43	709.43	709.43	709.43	709.43	709.43	709.43	709.43	709.43
3	流动资金		0	948.40	1 300.00	1 300.00	1 300.00	1 300.00	1 300.00	1 300.00	1 300.00	1 300.00	1 300.00
	铺底流动资金		0	284.52	390.00	390.00	390.00	390.00	390.00	390.00	390.00	390.00	390.00
4	流动资金本年增加额		0	948.40	351.60	—	—	—	—	—	—	—	—

辅助报表 3 项目总投资使用计划与资金筹措表

单位：万元

序号	项目	合计	第 1 年	第 2 年	第 3 年	第 4 年	第 5 年
1	项目总投资	7 000.00	5 700.00	948.40	351.60	—	—
1.1	固定资产投资	5 700.00	5 700.00	—	—	—	—
1.2	流动资金	1 300.00	—	948.40	351.60	—	—
2	资金筹措	7 000.00	5 700.00	948.40	351.60	—	—
2.1	项目资本金	2 100.00	800.00	948.40	351.60	—	—
2.1.1	用于固定资产投资	800.00	800.00	—	—	—	—
2.1.2	用于流动资金	1 300.00	—	948.40	351.60	—	—
2.2	债务资金	4 900.00	4 900.00	—	—	—	—
2.2.1	用于建设投资	4 900.00	4 900.00	—	—	—	—
2.2.2	流动资金借款	—	—	—	—	—	—
2.2.3	其他短期借款	—	—	—	—	—	—

辅助报表 4 原辅材料及燃料动力费用估算表

序号	项目	单位	单价（元/单位）	数量	年金额（万元）	进项税额（万元）
一	原材料及辅助材料				6 930.00	797.25
1	金属管	t	41 000.00	600.00	2 460.00	283.01
2	玻璃管	支	550.00	30 000.00	1 650.00	189.82
3	可伐封接段	个	220.00	60 000.00	1 320.00	151.86
4	玻璃尾管	支	2.00	30 000.00	6.00	0.69
5	波纹管	个	120.00	60 000.00	720.00	82.83
6	吸气剂固定盒	个	20.00	30 000.00	60.00	6.90
7	吸气剂	万片	26 000.00	240.00	624.00	71.79
8	返修成本	只	1 500.00	600.00	90.00	10.35
二	燃料和动力				374.59	43.04
1	水	t	2.40	8 353.00	2.00	0.18
2	电	kW·h	0.80	4 657 300.00	372.58	42.86

辅助报表 5　销售收入、销售税金及附加和增值税估算表

单位：万元

序号	项目	税率	合计	第1年	第2年	第3年	第4年	第5年	第6年	第7年	第8年	第9年	第10年	第11年
1	销售收入		145 500.00	—	10 500.00	15 000.00	15 000.00	15 000.00	15 000.00	15 000.00	15 000.00	15 000.00	15 000.00	15 000.00
1.1	太阳能集热管	万元	145 500.00	—	10 500.00	15 000.00	15 000.00	15 000.00	15 000.00	15 000.00	15 000.00	15 000.00	15 000.00	15 000.00
	销售收入	万元	145 500.00	—	10 500.00	15 000.00	15 000.00	15 000.00	15 000.00	15 000.00	15 000.00	15 000.00	15 000.00	15 000.00
	单价	万元/只		5 000.00	5 000.00	5 000.00	5 000.00	5 000.00	5 000.00	5 000.00	5 000.00	5 000.00	5 000.00	5 000.00
	数量	万只	29.10	—	2.10	3.00	3.00	3.00	3.00	3.00	3.00	3.00	3.00	3.00
	销项税额	13%	16 738.90	—	1 207.96	1 725.66	1 725.66	1 725.66	1 725.66	1 725.66	1 725.66	1 725.66	1 725.66	1 725.66
3	增值税		8 588.09	—	619.76	885.37	885.37	885.37	885.37	885.37	885.37	885.37	885.37	885.37
3.1	销项税额		16 738.90	—	1 207.96	1 725.66	1 725.66	1 725.66	1 725.66	1 725.66	1 725.66	1 725.66	1 725.66	1 725.66
3.2	进项税额		8 150.81	—	588.20	840.29	840.29	840.29	840.29	840.29	840.29	840.29	840.29	840.29
2	销售税金及附加		1 030.57	—	74.37	106.24	106.24	106.24	106.24	106.24	106.24	106.24	106.24	106.24
2.1	城市维护建设税	7.00%	601.17	—	43.38	61.98	61.98	61.98	61.98	61.98	61.98	61.98	61.98	61.98
2.2	教育费附加	3.00%	257.64	—	18.59	26.56	26.56	26.56	26.56	26.56	26.56	26.56	26.56	26.56
2.3	地方教育附加	2.00%	171.76	—	12.40	17.71	17.71	17.71	17.71	17.71	17.71	17.71	17.71	17.71

辅助报表 6 总成本费用估算表

单位：万元

序号	项目	合计	第 1 年	第 2 年	第 3 年	第 4 年	第 5 年	第 6 年	第 7 年	第 8 年	第 9 年	第 10 年	第 11 年
1	外购原辅材料	66 348.00	—	4 788.00	6 840.00	6 840.00	6 840.00	6 840.00	6 840.00	6 840.00	6 840.00	6 840.00	6 840.00
2	返修成本	873.00	—	63.00	90.00	90.00	90.00	90.00	90.00	90.00	90.00	90.00	90.00
3	外购燃料及动力	3 745.89	—	374.59	374.59	374.59	374.59	374.59	374.59	374.59	374.59	374.59	374.59
4	工资及福利费	3 990.00	—	399.00	399.00	399.00	399.00	399.00	399.00	399.00	399.00	399.00	399.00
5	修理费	530.50	—	53.05	53.05	53.05	53.05	53.05	53.05	53.05	53.05	53.05	53.05
6	折旧费	4 767.75	—	476.78	476.78	476.78	476.78	476.78	476.78	476.78	476.78	476.78	476.78
7	摊销费	394.64	—	78.93	78.93	78.93	78.93	78.93	—	—	—	—	—
8	利息支出	617.39	—	302.82	207.70	106.87	—	—	—	—	—	—	—
9	其他费用	7 059.86	—	565.01	721.65	721.65	721.65	721.65	721.65	721.65	721.65	721.65	721.65
9.1	其他制造费用	699.86	—	50.51	72.15	72.15	72.15	72.15	72.15	72.15	72.15	72.15	72.15
9.2	其他管理费用	1 995.00	—	199.50	199.50	199.50	199.50	199.50	199.50	199.50	199.50	199.50	199.50
9.3	其他销售费用	4 365.00	—	315.00	450.00	450.00	450.00	450.00	450.00	450.00	450.00	450.00	450.00
10	总成本费用	88 327.02	—	7 101.17	9 241.69	9 140.86	9 033.99	9 033.99	8 955.06	8 955.06	8 955.06	8 955.06	8 955.06
	其中：固定成本	12 295.28	—	1 510.07	1 414.95	1 314.12	1 207.25	1 207.25	1 128.33	1 128.33	1 128.33	1 128.33	1 128.33
	可变成本	76 031.74	—	5 591.09	7 826.74	7 826.74	7 826.74	7 826.74	7 826.74	7 826.74	7 826.74	7 826.74	7 826.74

续表

序号	项目	合计	第1年	第2年	第3年	第4年	第5年	第6年	第7年	第8年	第9年	第10年	第11年
11	经营成本	82 547.24	—	6 242.64	8 478.29	8 478.29	8 478.29	8 478.29	8 478.29	8 478.29	8 478.29	8 478.29	8 478.29
	盈亏平衡点（生产能力利用率）%		—	31.24%	20.02%	18.60%	17.08%	17.08%	15.97%	15.97%	15.97%	15.97%	15.97%

辅助报表 7　固定资产折旧费估算表

单位：万元

序号	项目	折旧年限（年）	残值率	原值	第1年	第2年	第3年	第4年	第5年	第6年	第7年	第8年	第9年	第10年	第11年
	固定资产合计														
	当期折旧费				—	476.78	476.78	476.78	476.78	476.78	476.78	476.78	476.78	476.78	476.78
	净值			5 305.36		4 828.58	4 351.81	3 875.03	3 398.26	2 921.48	2 444.71	1 967.93	1 491.16	1 014.38	537.61
1	房屋及建筑物	20.00	10%												
	当期折旧费				—	24.51	24.51	24.51	24.51	24.51	24.51	24.51	24.51	24.51	24.51
	净值			544.68		520.17	495.66	471.15	446.64	422.13	397.62	373.11	348.60	324.08	299.57
2	机器设备	10.00	5%												
	当期折旧费				—	452.26	452.26	452.26	452.26	452.26	452.26	452.26	452.26	452.26	452.26
	净值			4 760.68		4 308.42	3 856.15	3 403.89	2 951.62	2 499.36	2 047.09	1 594.83	1 142.56	690.30	238.03

辅助报表 8　无形资产和其他资产摊销估算表

单位：万元

序号	项目	摊销年限（年）	原值	第1年	第2年	第3年	第4年	第5年	第6年
1	无形资产小计	5.00	394.64						
	当期摊销费			—	78.93	78.93	78.93	78.93	78.93
	净值			—	315.71	236.78	157.86	78.93	—
2	其他资产	5.00	—						
	当期摊销费				—	—	—	—	—
	净值				—	—	—	—	—
3	无形及其他资产合计		394.64						
	当期摊销费			—	78.93	78.93	78.93	78.93	78.93
	净值			—	315.71	236.78	157.86	78.93	—

基本报表 1 项目投资财务现金流量表

单位：万元

序号	项目	合计	第1年	第2年	第3年	第4年	第5年	第6年	第7年	第8年	第9年	第10年	第11年
1	现金流入	147 337.61	—	10 500.00	15 000.00	15 000.00	15 000.00	15 000.00	15 000.00	15 000.00	15 000.00	15 000.00	16 837.61
1.1	销售收入	145 500.00	—	10 500.00	15 000.00	15 000.00	15 000.00	15 000.00	15 000.00	15 000.00	15 000.00	15 000.00	15 000.00
1.3	回收固定资产余值	537.61											537.61
1.4	回收流动资金	1 300.00											1 300.00
2	现金流出	111 054.48	5 700.00	8 561.35	11 013.18	10 686.78	10 713.50	10 713.50	10 733.23	10 733.23	10 733.23	10 733.23	10 733.23
2.1	建设投资	5 700.00	5 700.00	—	—	—	—	—	—	—	—	—	—
2.2	流动资金	1 300.00		948.40	351.60	—	—	—	—	—	—	—	—
2.3	经营成本	82 547.24		6 242.64	8 478.29	8 478.29	8 478.29	8 478.29	8 478.29	8 478.29	8 478.29	8 478.29	8 478.29
2.4	销售税金及附加	1 030.57		74.37	106.24	106.24	106.24	106.24	106.24	106.24	106.24	106.24	106.24
2.5	增值税	8 588.09		619.76	885.37	885.37	885.37	885.37	885.37	885.37	885.37	885.37	885.37
2.7	所得税	11 888.58		676.18	1 191.67	1 216.88	1 243.60	1 243.60	1 263.33	1 263.33	1 263.33	1 263.33	1 263.33
3	净现金流量	36 283.13	−5 700.00	1 938.65	3 986.82	4 313.22	4 286.50	4 286.50	4 266.77	4 266.77	4 266.77	4 266.77	6 104.37
4	累计净现金流量		−5 700.00	−3 761.35	225.47	4 538.69	8 825.19	13 111.69	17 378.45	21 645.22	25 911.99	30 178.75	36 283.13
5	所得税前净现金流量	48 171.71	−5 700.00	2 614.83	5 178.50	5 530.10	5 530.10	5 530.10	5 530.10	5 530.10	5 530.10	5 530.10	7 367.70
6	所得税前累计净现金流量		−5 700.00	−3 085.17	2 093.32	7 623.42	13 153.52	18 683.61	24 213.71	29 743.81	35 273.90	40 804.00	48 171.71

续表

序号	项目	计算指标	合计	第1年	第2年	第3年	第4年	第5年	第6年	第7年	第8年	第9年	第10年	第11年
7		所得税后	所得税前											
	项目投资财务内部收益率	58.28%	73.54%											
	项目投资财务净现值(万元)	13 955.17	19 463.49		ic=13%									
	投资回收期(年)	2.94	2.60											

基本报表2 项目资本金现金流量表

单位：万元

序	项目	合计	第1年	第2年	第3年	第4年	第5年	第6年	第7年	第8年	第9年	第10年	第11年
1	现金流入	147 337.61	—	10 500.00	15 000.00	15 000.00	15 000.00	15 000.00	15 000.00	15 000.00	15 000.00	15 000.00	16 837.61
1.1	销售收入	145 500.00	—	10 500.00	15 000.00	15 000.00	15 000.00	15 000.00	15 000.00	15 000.00	15 000.00	15 000.00	15 000.00
1.2	回收固定资产余值	537.61	—	—	—	—	—	—	—	—	—	—	537.61
1.3	回收流动资金	1 300.00	—	—	—	—	—	—	—	—	—	—	1 300.00
2	现金流出	111 818.87	800.00	10 449.48	12 901.31	12 574.91	10 713.50	10 713.50	10 733.23	10 733.23	10 733.23	10 733.23	10 733.23
2.1	项目资本金	2 100.00	800.00	948.40	351.60	—	—	—	—	—	—	—	—
2.2	流动资金借款偿还		—	—	—	—	—	—	—	—	—	—	—

续表

序	项目	合计	第1年	第2年	第3年	第4年	第5年	第6年	第7年	第8年	第9年	第10年	第11年
2.3	长期借款本金偿还	5 047.00	—	1 585.31	1 680.43	1 781.26	—	—	—	—	—	—	—
2.4	借款利息支付	617.39	—	302.82	207.70	106.87	—	—	—	—	—	—	—
2.5	经营成本	82 547.24	—	6 242.64	8 478.29	8 478.29	8 478.29	8 478.29	8 478.29	8 478.29	8 478.29	8 478.29	8 478.29
2.6	销售税金及附加	1 030.57	—	74.37	106.24	106.24	106.24	106.24	106.24	106.24	106.24	106.24	106.24
2.7	增值税	8 588.09	—	619.76	885.37	885.37	885.37	885.37	885.37	885.37	885.37	885.37	885.37
2.8	所得税	11 888.58	—	676.18	1 191.67	1 216.88	1 243.60	1 243.60	1 263.33	1 263.33	1 263.33	1 263.33	1 263.33
3	净现金流量	34 309.58	−800.00	−135.85	911.02	3 670.38	4 118.06	4 118.06	4 118.06	4 118.06	4 118.06	4 118.06	5 955.67
4	累计净现金流量		−800.00	−935.85	−24.83	3 645.55	7 763.61	11 881.67	15 999.74	20 117.80	24 235.86	28 353.93	34 309.59
5	计算指标												
	资本金财务内部收益率	119.46%											
	资本金财务净现值（万元）	13 717.31	ic=13%										
	投资回收期（年）	3.01											

基本报表 3　利润与利润分配表

单位：万元

序号	项目	合计	第1年	第2年	第3年	第4年	第5年	第6年	第7年	第8年	第9年	第10年	第11年
1	生产负荷		0%	70%	100%	100%	100%	100%	100%	100%	100%	100%	100%
2	销售收入	145 500.00	—	10 500.00	15 000.00	15 000.00	15 000.00	15 000.00	15 000.00	15 000.00	15 000.00	15 000.00	15 000.00
3	销售税金及附加	1 030.57	—	74.37	106.24	106.24	106.24	106.24	106.24	106.24	106.24	106.24	106.24
4	增值税	8 588.09	—	619.76	885.37	885.37	885.37	885.37	885.37	885.37	885.37	885.37	885.37
5	总成本费用	88 327.02	—	7 101.17	9 241.69	9 140.86	9 033.99	9 033.99	8 955.06	8 955.06	8 955.06	8 955.06	8 955.06
6	利润总额	47 554.32	—	2 704.70	4 766.69	4 867.52	4 974.39	4 974.39	5 053.32	5 053.32	5 053.32	5 053.32	5 053.32
7	所得税	11 888.58	—	676.18	1 191.67	1 216.88	1 243.60	1 243.60	1 263.33	1 263.33	1 263.33	1 263.33	1 263.33
8	净利润	35 665.74	—	2 028.53	3 575.02	3 650.64	3 730.80	3 730.80	3 789.99	3 789.99	3 789.99	3 789.99	3 789.99
9	提取法定盈余公积金（10%）	3 566.57	—	202.85	357.50	365.06	373.08	373.08	379.00	379.00	379.00	379.00	379.00
10	提取任意盈余公积金（5%）	1 783.29	—	101.43	178.75	182.53	186.54	186.54	189.50	189.50	189.50	189.50	189.50
11	可供分配的利润	30 315.88	—	1 724.25	3 038.77	3 103.05	3 171.18	3 171.18	3 221.49	3 221.49	3 221.49	3 221.49	3 221.49
12	应付利润	（略）	（略）	（略）	（略）	（略）	（略）	（略）	（略）	（略）	（略）	（略）	（略）
12.1	本年利润分配	（略）	（略）	（略）	（略）	（略）	（略）	（略）	（略）	（略）	（略）	（略）	（略）
13	未分配利润	（略）	（略）	（略）	（略）	（略）	（略）	（略）	（略）	（略）	（略）	（略）	（略）
*	累计未分配利润	（略）	（略）	（略）	（略）	（略）	（略）	（略）	（略）	（略）	（略）	（略）	（略）
	息税前利润	（略）	（略）	（略）	（略）	（略）	（略）	（略）	（略）	（略）	（略）	（略）	（略）
	息税折旧摊销前利润	（略）	（略）	（略）	（略）	（略）	（略）	（略）	（略）	（略）	（略）	（略）	（略）

辅助报表 4　借款还本付息计划表

单位：万元

序号	年份＼项目	建设期	第 1 年	第 2 年	第 3 年	……
1	期初借款余额	—	5 047.00	3 461.69	1 781.26	……
2	当年新增借款	4 900.00				……
3	当年应计利息	147.00	302.82	207.70	106.87	……
4	当年应还本金		1 585.31	1 680.43	1 781.26	……
5	当年还本付息		1 888.13	1 888.13	1 888.13	……
6	期末借款余额	5 047.00	3 461.69	1 781.26	—	……

参考文献

[1] 中国注册会计师协会.财务成本管理[M].北京:中国财政经济出版社,2022.

[2] 中国注册会计师协会.公司战略与风险管理[M].北京:中国财政经济出版社,2022.

[3] 全国造价工程师职业资格考试培训教材编审委员会.建设工程造价管理[M].北京:中国计划出版社,2021.

[4] 全国造价工程师职业资格考试培训教材编审委员会.建设工程计价[M].北京:中国计划出版社,2021.

[5] 潘士荣.数智时代下财务 BP 决策分析与业务建模实战[M].上海:立信会计出版社,2023.

[6] 程翔.财务决策模型——应用场景与 Excel 实现[M].北京:清华大学出版社,2015.

[7] 温素彬.管理会计——基于 Excel 的决策建模[M].北京:电子工业出版社,2015.

[8] 包凤达,李竹宁.Excel 在管理技术中的应用与拓宽[M].北京:清华大学出版社,2010.

[9] 温斯顿.精通 Excel2007 数据分析与业务建模[M].许达声,译.北京:清华大学出版社,2008.

[10] John Walkenbach.Excel 图表宝典[M].北京:电子工业出版社,2003.

[11] 叶向.实用运筹学——运用 Excel 建模和求解[M].北京:中国人民大学出版社,2007.

[12] 安维默.用 Excel 管理和分析数据[M].北京:人民邮电出版社,2003.

[13] 国家发展改革委建设部.建设项目经济评价方法与参数[M].北京:中国计划出版社,2006.

[14] Reinhold Scheck.精通 Excel 2007 动态图表[M].潘旭燕,贾洪峰,译.北京:清华大学出版社,2011.

[15] James R.Evans.高效商业分析——Excel 建模与决策[M].王正林,王权,肖静,译.北京:电子工业出版社,2015.

[16] 汪星明.管理系统中计算机应用[M].武汉:武汉大学出版社,1997.

[17] 孙义,牛力,黄菊英.大数据财务分析[M].北京:中国财政经济出版社,2021.

[18] Jiawei Han,Micheline Kamber,Jian Pei.数据挖掘:概念与技术[M].3 版.范明,孟小峰,译.北京:机械工业出版社,2012.

[19] 张文霖,刘夏璐,狄松.谁说菜鸟不会数据分析[M].北京:电子工业出版社,2011.

[20] 贾俊平,何晓群,金勇进.统计学[M].8 版.北京:中国人民大学出版社,2021.

[21] 姜辉. Excel 仪表盘实战 [M]. 北京：电子工业出版社，2019.

[22]《注册项目数据分析师培训教程》编委会. CPDA 注册项目数据分析师培训教程 [M]. 北京：中国经济出版社，2007.

[23] 张先治. 财务分析 [M].4 版. 大连：东北财经大学出版社，2011.

[24] 中国房地产估价师与房地产经纪人学会. 房地产估价相关知识 [M]. 北京：中国建筑工业出版社，2021.

[25] 中国房地产估价师与房地产经纪人学会. 房地产开发经营与管理（2021）[M]. 北京：中国建筑工业出版社，2021.

[26] John Walkenbach. 中文版 Excel 2016 宝典 [M].9 版. 北京：清华大学出版社，2016.

[27] 赵萍. Excel 财务数据分析与可视化（微课版）[M]. 北京：人民邮电出版，2022.

[28] Wayne L.Winston.Excel 营销数据分析宝典 [M]. 蒲成，译. 北京：清华大学出版社，2015.

[29] 凌祯，安迪，蔡娟.Excel 数据分析可视化实战 [M]. 北京：电子工业出版社，2023.